Grundlagen des Sportmanagements

von

Dr. rer. soc. Marcel Fahrner
Universität Tübingen

Oldenbourg Verlag München

Bibliografische Information der Deutschen Nationalbibliothek

Die Deutsche Nationalbibliothek verzeichnet diese Publikation in der Deutschen Nationalbibliografie; detaillierte bibliografische Daten sind im Internet über http://dnb.d-nb.de abrufbar.

© 2012 Oldenbourg Wissenschaftsverlag GmbH
Rosenheimer Straße 145, D-81671 München
Telefon: (089) 45051-0
www.oldenbourg-verlag.de

Das Werk einschließlich aller Abbildungen ist urheberrechtlich geschützt. Jede Verwertung außerhalb der Grenzen des Urheberrechtsgesetzes ist ohne Zustimmung des Verlages unzulässig und strafbar. Das gilt insbesondere für Vervielfältigungen, Übersetzungen, Mikroverfilmungen und die Einspeicherung und Bearbeitung in elektronischen Systemen.

Lektorat: Dr. Stefan Giesen
Herstellung: Constanze Müller
Titelbild: Valentin Marquardt, www.valentinmarquardt.de
Einbandgestaltung: hauser lacour
Gesamtherstellung: Grafik & Druck GmbH, München

Dieses Papier ist alterungsbeständig nach DIN/ISO 9706.

ISBN   978-3-486-71213-1
eISBN   978-3-486-71752-5

Geleitwort

„Management im Sport", ob ehrenamtlich oder hauptberuflich, hat es immer schon gegeben. Über dessen Inhalt und Bedeutung waren die handelnden Personen in der Vergangenheit allerdings häufig sehr unterschiedlicher Auffassungen. Aufgrund der ständig wachsenden wirtschaftlichen und medialen Bedeutung des Sports hat sich in den letzten Jahren, unter Heranziehung betriebs-, medien- und rechtswissenschaftlicher Erkenntnisse, ein allgemein akzeptierter Begriff des „Sportmanagements" herausgebildet. „Learning by doing" war hierbei Trumpf.

Während meiner langjährigen Berufskarriere im Sportmanagement konnte ich die rasante Entwicklung des professionellen Sports und dessen Verwertung in den Massenmedien aus nächster Nähe erleben und mitgestalten. Die Zusammenarbeit mit nationalen und internationalen Sportverbänden, Sportligen, Medienunternehmen, Sponsoren und Agenturen ebenso wie meine Aufgaben im Ständigen Schiedsgericht des Deutschen Fußball-Bunds und im „Deutschen Sportschiedsgericht" führen mir dabei täglich vor Augen: die heute erreichte Professionalität des Sportmanagements erfordert für eine seriöse Tätigkeit als Sportmanager zwingend auf die Spezifika des Sports bezogene betriebswirtschaftliche und juristische Grundkenntnisse. Für die nächste Generation von Sportmanagern bedeutet dies: schon zum Berufseinstieg müssen entsprechende fachliche Grundlagen und Kompetenzen nachgewiesen und möglichst problemorientiert eingesetzt werden können.

Zwar gibt es inzwischen diverse Veröffentlichungen zu Einzelaspekten, bis heute fehlte aber ein umfassendes, gleichzeitig aber prägnantes Kompendium des Sportmanagements. Diese Lücke füllt nunmehr das vorliegende Werk von Herrn Dr. Fahrner. Sein Buch gibt Antworten zu allen relevanten Aspekten des Sportmanagements. Nach meiner Auffassung ist es ein hervorragendes Lehrbuch für alle (angehenden) Sportmanager und eine wichtige Orientierungshilfe für die Praxis.

München, im Mai 2012   Prof. Dr. Peter Duvinage

Vorwort

Die Bundesligen der großen Teamsportarten erlösen pro Saison dreistellige Millionenbeträge allein durch Verwertungsverträge mit Medienunternehmen. Erfolgreiche Spitzensportler mit dem Status nationaler Heroes wiederum „versilbern" ihre herausragenden sportlichen Leistungen mittels hoch dotierter Werbeverträge. Gleichzeitig führen wirtschaftliche Schieflagen auch große Traditionsvereine zur Insolvenzanmeldung ins Amtsgericht und mancher Sportverband versinkt mitunter in Führungskonflikten um Geld, Macht und Aufmerksamkeit. Schon diese wenigen, schlaglichtartig aufgeführten Beispiele zeigen, wie facettenreich Sportmanagement als gesellschaftliches Phänomen ist. Das Management und sein Managementpersonal prägen den Alltag des organisierten Sports und beide sind praktisch an allen positiven wie negativen Schlagzeilen unmittelbar oder mittelbar beteiligt.

Aufgrund einer fortschreitenden Professionalisierung der Sportorganisationen und ihres Personals hat das Sportmanagement in den letzten Jahren zunehmende Relevanz erlangt. Im Spannungsfeld „Sport und Wirtschaft" sind dabei zahlreiche sportbezogene Berufsfelder entstanden, die explizite Managementkompetenzen erfordern. Gerade im professionellen Sport genügt ausschließlich erfahrungsbasiertes „Durchwursteln" den Ansprüchen an ein Management mittlerweile nicht mehr. Vielmehr benötigen Führungskräfte auch im Sport möglichst fundierte Kenntnisse über managementrelevante Zusammenhänge, um ihre Führungsaufgaben bewältigen zu können. Davon zeugen unter anderem die zahlreichen Sportmanagement-Studienprogramme der universitären sportwissenschaftlichen Institute und der Fachhochschulen, die Vereinsmanager-Lizenzausbildungen von Deutschem Olympischem Sportbund (DOSB) und Deutschem Fußball-Bund (DFB) sowie die Seminarangebote der Führungs- und Verwaltungsakademie des DOSB.

Das vorliegende Buch richtet sich vor allem an Studierende des Sportmanagements mit dem Ziel, ihnen relevante Grundlagen für ein erfolgreiches Studium und einen späteren Berufseinstieg darzustellen. Im Vordergrund steht dabei, Management als organisationsbezogene Funktion inhaltlich stringent zu bearbeiten und bezogen auf ökonomisch relevante Kontexte des Sports zu kennzeichnen. Neben grundlegenden theoretischen Zusammenhängen hält das Buch außerdem praxisbezogene Darstellungen relevanter Einzelthemen des Sportmanagements bereit und kann somit ehrenamtlichen wie hauptberuflichen Verantwortlichen von Sportvereinen und Sportverbänden Orientierung für deren tägliche Managemententscheidungen geben. Die Darstellung und Erläuterung von Grundlagen des Sportmanagements kann ferner auch Geschäftsführern von Spielbetriebsgesellschaften und Ligaorganisationen des professionellen Teamsports, Verantwortlichen von Sportmarketingagenturen oder im Sportsponsoring engagierten Wirtschaftsunternehmen sowie Mitarbeitern der öffentlichen Sportverwaltung helfen, ein Verständnis für sportspezifische Managementbesonderheiten zu entwickeln und darauf bezogen eigenes Handeln zu reflektieren und auszurichten.

Eine den Erfordernissen eines Sportmanagement-Studiums angemessene Einführung in Grundlagen des Sportmanagements, die auch den bereits beruflich im Sportmanagement tätigen Lesern gerecht wird, erfordert einen inhaltlich möglichst stringenten Einblick in Phänomene des Sportmanagements und deren Rahmenbedingungen. Damit sind zwangsläufig thematische Festlegungen verbunden, die andere Perspektiven ausblenden – und die auch angesichts des verfügbaren Raums nicht alle offen gelegt oder begründet werden können. Die im Text ausschließlich verwendeten männlichen Personen-Bezeichnungen sind allein der angestrebten sprachlichen Abstraktion und Prägnanz geschuldet. Das Lehrbuch geht jedoch von der Selbstverständlichkeit aus, dass damit jeweils auch Frauen umfasst sind.

Die vielfältigen Sportmanagement-Phänomene und deren typische Dynamik offerieren Absolventen von Sportmanagement-Studiengängen attraktive Berufsfelder und machen Sportmanagement für den sportwissenschaftlichen Betrachter außerordentlich interessant. Bleibt zu wünschen, dass die hier zusammengestellten Inhalte möglichst vielen Lesern anregende Lektüre und Reflexionsgrundlage bieten.

Tübingen, im Mai 2012   Dr. Marcel Fahrner

Inhaltsverzeichnis

Geleitwort		**V**
Vorwort		**VII**
1	**Einführung – Grundlagen des Sportmanagements**	**1**
1.1	Begriff und Funktion von Management	4
1.2	Managementdimensionen und -aufgaben	11
1.2.1	Normatives Management	11
1.2.2	Strategisches Management	16
1.2.3	Operatives Management	21
1.3	Managementinstrumente	25
1.3.1	Stellen	25
1.3.2	Budgets	26
1.3.3	Sitzungen	27
1.3.4	Schriftstücke, insbesondere Business Pläne	29
1.3.5	Persönliche Termine, Routinen und Prioritäten	31
2	**Organisationskontexte des Sportmanagements**	**35**
2.1	Sportvereine	35
2.1.1	Sportvereine als „juristische Personen"	36
2.1.2	Organe von Sportvereinen	37
2.1.3	Satzung als Gesellschaftsvertrag von Sportvereinen	41
2.1.4	Idealtypische Charakteristika von Sportvereinen	43
2.1.5	Sportvereine im Licht aktueller Zahlen	45
2.2	Sportverbände	51
2.2.1	Sportartspezifische Verbände	53
2.2.2	Sportartübergreifende Verbände	57
2.3	Kapitalgesellschaften des Spitzensports	68
2.3.1	Rechtsformalternativen zum Sportverein	69
2.3.2	Organisationsmodelle für das Verhältnis Sportverband/Ligaorganisation	74
3	**Bedingungen und Spannungsfelder des Sportmanagements**	**83**
3.1	Strukturbedingungen des Managements von Sportvereinen und Sportverbänden	83
3.1.1	Zustimmungsvorbehalt der Mitgliederversammlung bei grundlegenden Managemententscheidungen	84
3.1.2	Vage Zweckformulierung und personalisierte Managementprozesse	87

3.1.3	Ehrenamtliche Entscheidungskompetenz vs. hauptberufliche Fachkompetenz	89
3.1.4	Föderaler Verbandsaufbau und rechtlich selbständige Mitgliedsorganisationen	94
3.2	Steuerrechtliche Bedingungen des Sportvereinsmanagements	99
3.3	Sportvereinsmanagement zwischen Mitglieder- und Marktorientierung	108
3.3.1	Spannungsfelder zwischen Mitglieder- und Marktorientierung	109
3.3.2	Spannungsfelder zwischen steuerbegünstigter Gemeinnützigkeit und wirtschaftlicher Geschäftstätigkeit	114
3.3.3	Potenziale alternativer Rechtsformen zum Sportverein	116
3.4	Teamsport-Management zwischen sportlichem und wirtschaftlichem Erfolg	119
3.4.1	Spitzensportliche und wirtschaftliche Orientierungspunkte des Managements	120
3.4.2	Wirtschaftliche Kriterien in Lizenzierungsverfahren der Sportligen	126
3.4.3	„Financial Fairplay" der UEFA	128
3.5	Einflussmöglichkeiten Dritter auf Spielbetriebsgesellschaften des Teamsports	135
4	**Staatliche Sportförderung – Finanzierung im Sport**	**143**
4.1	Finanzierung des Sports durch Bund, Länder und Kommunen	144
4.1.1	Grundsätze staatlicher Sportförderung	144
4.1.2	Sportförderung des Bundes	146
4.1.3	Sportförderung der Länder	151
4.1.4	Staatlich geregeltes Glücksspiel	155
4.1.5	Sportförderung der Kommunen	158
4.2	Finanzierung ausgewählter Sportverbände	162
4.2.1	Finanzierung des Deutschen Olympischen Sportbunds	163
4.2.2	Finanzierung von Bundesfachverbänden	165
4.2.3	Finanzierung von Landessportbünden	170
4.2.4	Finanzierung von Landesfachverbänden	175
4.3	Finanzierung von Sportvereinen	177
4.4	Finanzierung von Spielbetrieben des Spitzenfußballs	182
5	**Verwertung medialer und werblicher Rechte im Spitzensport**	**189**
5.1	Gesellschaftliche Kopplungen des Spitzensports	189
5.1.1	Leistungsbeziehungen von Spitzensport, Massenmedien und Wirtschaft	190
5.1.2	Interessensdimensionen des Spitzensportpublikums	195
5.2	Verwertung medialer Rechte	199
5.2.1	Mediale Rechte – Bewegtbilder im Sport	200
5.2.2	Zentralvermarktung medialer Rechte	205
5.2.3	Ausschreibungen medialer Rechte	207
5.3	Verwertung werblicher Rechte	211
5.3.1	Werbliche Rechte	212
5.3.2	Sportsponsoring	217
5.4	Netzwerke und Geschäftsmodelle der Rechteverwertung	235

5.5	Vertragsrechtliche Gestaltung der Rechteverwertung	241
5.5.1	Vertragsrechtliche Grundlagen	242
5.5.2	Eckwerte von Verwertungsverträgen	245
6	**Zusammenfassung und Ausblick**	**251**
Literatur		**255**
Index		**269**

1 Einführung – Grundlagen des Sportmanagements

Die Bundesligen der großen Teamsportarten erlösen pro Saison dreistellige Millionenbeträge allein durch Verwertungsverträge mit Medienunternehmen. Spitzensportler mit dem Status nationaler Heroes wiederum „versilbern" ihre herausragenden sportlichen Leistungen mittels hoch dotierter Werbeverträge. Gleichzeitig führen wirtschaftliche Schieflagen auch große Traditionsvereine zur Insolvenzanmeldung ins Amtsgericht, und mancher Sportverband versinkt mitunter in Führungskonflikten um Geld, Macht und Aufmerksamkeit. Schon diese wenigen, schlaglichtartig aufgeführten Beispiele zeigen, wie facettenreich Sportmanagement als gesellschaftliches Phänomen ist. Das Management und sein Managementpersonal prägen den Alltag des organisierten Sports und beide sind praktisch an allen positiven wie negativen Schlagzeilen unmittelbar oder mittelbar beteiligt.

Vor diesem Hintergrund hat sich Sportmanagement in den letzten Jahren zu einem massenattraktiven Thema entwickelt. Aufgrund fortschreitender Professionalisierung der Sportorganisationen und ihres Personals wird ihm auch über die Grenzen des Sports hinaus Aufmerksamkeit zuteil. Davon zeugen unter anderem zahlreiche Studienprogramme zum „Sportmanagement" von Universitäten, Fachhochschulen oder Sportverbänden. Seine vielfältigen Phänomene und deren typische Dynamik machen Sportmanagement außerdem für sportwissenschaftliche Betrachter höchst interessant. Darüber hinaus offerieren sie zahlreiche attraktive Berufsfelder, die explizite Managementkompetenzen erfordern, z. B.

- in Sportvereinen und Sportverbänden, wo Führungspersonen immer häufiger auch als Vereins- oder Verbandsmanager bezeichnet werden.
- in Spielbetriebsgesellschaften und Ligaorganisationen des Profisports oder in gewerblichen Sportanbietern der Fitness- und Gesundheitsbranche.
- in Sportmarketingagenturen und -abteilungen werbetreibender oder sportnaher Wirtschaftsunternehmen, z. B. Sportartikelherstellern.

Gerade im professionellen Sport genügt ein ausschließlich erfahrungsbasiertes „Durchwursteln" den Ansprüchen an ein Management mittlerweile nicht mehr. Vielmehr benötigen Führungskräfte möglichst fundierte Kenntnisse über managementrelevante Kontextzusammenhänge, z. B. im Rahmen der finanziellen, arbeits- und steuerrechtlichen Geschäftsführung, der täglichen Gremienarbeit, der Steuerung von Vereins- und Verbandsentwicklung, oder der Gestaltung von Partnerschaften – insbesondere zu Massenmedien, Wirtschaft und Politik.

Im vorliegenden Lehrbuch sind Grundlagen des Sportmanagements in kompakter Form zusammengestellt, um zukünftige Sportmanager mit grundlegenden berufsrelevanten Themen vertraut zu machen und aktuelle Führungskräfte des Sports zur Reflexion genereller Bedingungen und Mechanismen ihres Berufsfelds anzuregen. Das vorliegende Buch richtet sich folglich als Orientierungs- und Reflexionspunkt insbesondere an

- Studierende des Sportmanagements, zur studienbegleitenden Vor- und Nachbereitung zentraler Themen und Inhalte.
- Führungskräfte von Sportvereinen und Sportverbänden sowie Spielbetriebsgesellschaften und Ligaorganisationen des professionellen Spitzensports, zur Reflexion von Entscheidungen der täglichen Managementpraxis.
- Entscheidungsträger von werbetreibenden Wirtschaftsunternehmen zur Auseinandersetzung mit sportspezifischen Managementbesonderheiten.
- Verantwortliche der öffentlichen Sporterwaltung zur Orientierung und Reflexion sportpolitischer Entscheidungen.

Für eine thematische Annäherung und Abgrenzung des Gegenstandsbereichs „Sportmanagement" bietet es sich an, die Sportökonomie als Wirtschaftswissenschaft des Sports in den Blick zu nehmen. Deren generelles Ziel ist es, ökonomische Gesetzmäßigkeiten sportspezifischer Kontexte zu beschreiben und zu erklären – und nach Möglichkeit auch zu prognostizieren (vgl. Daumann, 2011, S. 3–6).

> Gesamtwirtschaftliche Wirkungen des Sports werden aus einer *makroökonomischen, volkswirtschaftlichen Perspektive* beleuchtet. Neben Beschäftigungswirkungen und ökonomischen Wertschöpfungen des Sports geht es dabei insbesondere um theoretische Erklärungsmuster sportspezifischer Nachfrage, z. B. nach Tickets von Sportevents, um ökonomische Charakteristika der Produktion sportlicher Leistungen/Angebote, z. B. bei Teamsportarten in Ligensystemen, um ökonomische Determinanten von Angebot und Nachfrage nach Sportprodukten/-dienstleistungen sowie entsprechende Preisfunktionen, um ligaspezifische Arbeitsmärkte und um gesamtwirtschaftliche Effekte von Sportereignissen, insbesondere von Sportgroßveranstaltungen (vgl. Meyer & Ahlert, 2000; Breuer, Wicker & Pawlowski, 2010, S. 28–44; Daumann, 2011).
>
> Ökonomische Bedingungen und Wirkungsweisen in organisierten Zusammenhängen („Betrieben") stehen hingegen im Fokus einer *mikroökonomischen, betriebswirtschaftlichen Perspektive*. Dieser Bezug auf sportspezifische Organisationskontexte rechtfertigt es, sie – im Sinne einer speziellen Betriebswirtschaftslehre des Sports – als *Sportmanagement* zu bezeichnen. Ihre zentralen Fragestellungen von Führung, Planung und Steuerung in Organisationskontexten des Sports werden allerdings nicht nur unter Zugriff auf ökonomische, sondern insbesondere auch auf politische, soziologische und psychologische Erklärungsmuster bearbeitet (vgl. Thieme, 2011, S. 55–56).

Parallel zur wissenschaftlichen Auseinandersetzung mit Problem- und Fragestellungen des Sportmanagements erfolgt in den Organisationskontexten des Sports außerdem eine facettenreiche *Praxis* des Sportmanagements – in Form einer Anwendung und Umsetzung theoretischer Erkenntnisse und Konzeptionen. Diese Praxis liefert gleichzeitig als lebendiger Gegenstandsbereich wiederum zahlreiche Anknüpfungspunkte für eine theoretische, wissenschaftliche Auseinandersetzung mit dem Sportmanagement.

Grundlagen des Sportmanagements

Die vorliegende Publikation zielt auf eine inhaltlich stringente Einführung in das komplexe, facettenreiche Phänomen des Sportmanagements. Um dessen Themenvielfalt handhabbar zu machen, wird Management als organisationsbezogene Funktion zur zentralen Leitorientierung der inhaltlichen Ausrichtung gemacht. Damit zwangsläufig verbundene theoretische Festlegungen können angesichts des verfügbaren Raums jedoch nicht immer offen gelegt oder ausführlich diskutiert werden. Sie sind aus Autorensicht aber insofern gerechtfertigt, dass sie anschlussfähig an ein Studium und hilfreich für eine Berufspraxis des Sportmanagements sind.

Mit dem übergreifenden Ziel eines Einblicks in generelle Bedingungen, Funktionsweisen und Mechanismen des Sportmanagements führt das Buch in zahlreiche berufsrelevante Kernthemen ein und regt diesbezüglich zur kritischen Reflexion an. Eine vertiefte Auseinandersetzung mit konkreten Einzelthemen kann somit nur an wenigen Stellen geleistet werden. Die Inhalte sind in sechs großen Kapiteln dargestellt:

1. Das Hauptaugenmerk in Kapitel 1 liegt auf dem Begriff und der Funktion von Management. Dabei geht es darum, welche Aufgaben Management erfüllt und welche Instrumente dem Management hierfür zur Verfügung stehen.
2. Nachdem Management als organisationsbezogene Funktion charakterisiert ist, werden in Kapitel 2 spezifische Organisationskontexte des Sportmanagements beleuchtet, um deutlich zu machen, „wo" Sportmanagement stattfindet. Neben Sportvereinen und Sportverbänden als Freiwilligenvereinigungen des Sports stehen dabei kapitalgesellschaftlich verfasste Spielbetriebe und Ligaorganisationen des Spitzensports im Fokus.
3. Aus diesen Organisationskontexten jeweils resultierende spezifische Bedingungen und Spannungsfelder des Sportmanagements greift Kapitel 3 auf. Im Einzelnen wird dabei vor allem auf Strukturbedingungen des Managements von Freiwilligenvereinigungen (Sportvereinen, Sportverbänden), auf steuerrechtliche Bedingungen des Sportvereinsmanagements und auf Spannungsfelder des Managements zwischen Mitglieder- und Marktorientierung sowie zwischen sportlichem und wirtschaftlichem Erfolg eingegangen.
4. Im Anschluss folgt in Kapitel 4 eine Darstellung genereller Bedingungen und Mechanismen der Finanzierung des Sports. Ausgehend von der Sportförderung durch Bund, Länder und Gemeinden wird staatlich geregeltes Glücksspiel als zentraler Baustein der Sportförderung gekennzeichnet. Am Beispiel ausgewählter Sportverbände erfolgt eine Beschreibung genereller Finanzierungsquellen des organisierten Sports, bevor auf die Finanzierung von Sportvereinen sowie von Spielbetrieben des Spitzenfußballs eingegangen wird.
5. Als weiteres Spezialthema rückt Kapitel 5 Austauschverhältnisse und Leistungsbeziehungen zwischen Spitzensport, Massenmedien und Wirtschaft in den Blick. Vor dem Hintergrund gesellschaftlicher Zusammenhänge erfolgt eine differenzierte Beschreibung von Bedingungen und Mechanismen der Verwertung medialer und werblicher Rechte im Spitzensport. Gängige Geschäftsmodelle der Managementpraxis und vertragsrechtliche Gestaltungsmöglichkeiten der Rechteverwertung runden diese Thematik ab.
6. Abschließend wird in Kapitel 6 auf weitere wichtige Sportmanagementthemen hingewiesen, die in den vorliegenden „Grundlagen des Sportmanagements" ausgeklammert oder eher am Rande diskutiert werden – gleichwohl aber als wichtige Bestandteile des Phänomens Sportmanagement eine Betrachtung wert sind.

Um die Leser in ihrer inhaltlichen Auseinandersetzung zu unterstützen und eine möglichst effektive Lektüre zu gewährleisten, sind die Themen im Folgenden didaktisiert aufgearbeitet. Zu diesem Zweck werden in den Kapiteln der zweiten Gliederungsebene

- zum Einstieg explizite thematische *Zielsetzungen* festgehalten, um den Lesern einen inhaltlichen Überblick zu geben und ihnen Orientierung zu ermöglichen.
- am Ende wesentliche Inhalte anhand eines realen *Praxisbeispiels* zusammengeführt, um den Lesern einen Nachvollzug der dargestellten thematischen Zusammenhänge zu erleichtern.
- am Ende *Kontrollfragen* formuliert, um die Leser bei einer abschließenden Wiederholung und Reflexion der dargestellten Inhalte zu unterstützen.

1.1 Begriff und Funktion von Management

Der Managementbegriff gehört mittlerweile nicht nur im Sport, sondern in vielen Lebensbereichen zur Umgangssprache. Dennoch bleibt er regelmäßig vage und weitgehend unbestimmt. Häufig ist in Gesprächen oder Diskussionen unklar, ob alle Beteiligten mit „Management" das gleiche bezeichnen – und wenn ja – was damit genau gemeint ist. Mitunter bleibt der Verdacht, dass Alltagsphänomene in der Kommunikation durch den Zusatz „Management" besonders attraktiv gemacht werden sollen.

Lernziele des Kapitels

> Die Leser setzen sich mit der Bedeutung des Managementbegriffs auseinander und sie erkennen, welche organisationsbezogene Funktion Management übernimmt.
> Sie lernen organisationale Strukturen als wichtige Prämissen („Schienennetz") und Bezugspunkte von Management kennen.

Der Managementbegriff ist heute gängiger Bestandteil der Umgangssprache. Suchanfragen bei Google liefern für „Management" in kürzester Zeit rund 4,1 Mrd. (!) Treffer – ein deutlicher Hinweis darauf, dass es sich hierbei ganz offensichtlich um einen wichtigen Gegenstand gesellschaftlicher Kommunikation handelt. Der Managementbegriff ist somit in der Alltagskommunikation beinahe allgegenwärtig und wird ganz selbstverständlich auf zahlreiche, durchaus unterschiedliche Lebens- und Aufgabenbereiche angewendet: Angebotsmanagement, Sportstättenmanagement, Vereins- und Verbandsmanagement, Personalmanagement, Teammanagement, Finanzmanagement, Qualitätsmanagement, Risikomanagement, Konfliktmanagement, Zeitmanagement, Projektmanagement, Umweltmanagement, Verkehrsmanagement, Energiemanagement – selbst Hausmeistertätigkeiten werden heute häufig als Facilitymanagement bezeichnet. Fragt man allerdings Gesprächspartner, was sie denn jeweils explizit als Management bezeichnen, bleibt der Begriff regelmäßig unbestimmt. Mitunter scheint man Alltagsphänomene durch den in der Kommunikation positiv eingeschätzten Zusatz „Management" zu wichtigen, attraktiven Themen machen zu wollen.

> Die Attraktivität des Managementbegriffs ergibt sich insbesondere daraus, dass er in der Kommunikation Wirtschaftlichkeit suggeriert, d. h., dass sich die mit ihm bezeichneten Tätigkeiten (vermeintlich) an ökonomischen Grundprinzipien orientieren.

Effektivität steht dabei für solche Aktivitäten, die angesichts konkreter Problem- und Aufgabenstellungen als angemessen wirksam – und damit als „richtig" – eingeschätzt werden, ganz im Sinne eines „Doing the right things!". Beispielsweise kann eine Trainerentlassung im Abstiegskampf effektiv sein, wenn die Mannschaft den Klassenerhalt schafft. *Effizienz* hingegen bezieht sich auf die angemessene Ausführung der jeweiligen Aktivitäten, etwa dass vorgegebene Ziele mit minimalem Mitteleinsatz erreicht werden, oder dass ein maximaler Output mit vorab festgelegten Mitteln erzielt wird, ganz im Sinne eines „Doing the things right!". Beispielsweise kann eine effizient arbeitende Verbandsgeschäftsstelle mit nur wenigen personalen und finanziellen Mitteln den Verbandsmitgliedern eine hohe Verwaltungs- und Servicequalität bieten (vgl. Malik, 2006, S. 312).

Diese ökonomischen Prinzipien gelten angesichts einer gesellschaftsweit um sich greifenden *Deutungshoheit der Wirtschaft* mittlerweile in vielen gesellschaftlichen Teilbereichen als relevante Orientierungsgrößen. Selbst im Sport, in der Kultur oder in der Medizin ist durchaus eine generelle Erwartungshaltung hinsichtlich der Verfolgung von Effektivitäts- und Effizienzmaßstäben beobachtbar, etwa indem Kostenbewusstsein und Verlustvermeidung zu sekundären Handlungszielen avancieren (vgl. Schimank & Volkmann, 2008, S. 385–386).

Management als organisationsbezogene Funktion

Um für die Auseinandersetzung mit „Grundlagen des Sportmanagements" eine angemessene thematische Orientierung zu erhalten, braucht es ein explizites, möglichst tragfähiges begriffliches Fundament. Aus diesem Grund ist zur Abgrenzung des Gegenstandsbereichs folgender – für Studium und Berufspraxis des Sportmanagements anschlussfähiger – Zugang hilfreich: Ausgehend vom englischen Wortsinn des „to manage something" – etwas bewältigen, bewerkstelligen oder schaffen – lassen sich generelle Bedingungen und Aufgaben von Management identifizieren:

- Management erfordert konkrete *Zielsetzungen*, die Anreize schaffen und die Beteiligten unter Druck setzen, diese Ziele erreichen zu wollen, z. B. den Gewinn der Meisterschaft, den Aufstieg in die nächst höhere Liga, die hohe Zufriedenheit der eigenen Kunden.
- Hierfür benötigt Management *Kennzahlen/Kriterien*, die Soll- und Ist-Zustände messbar und vergleichbar machen, z. B. Tabellen- oder Rangplätze im Ligawettbewerb, Qualitätskriterien der Trainer-/Übungsleitertätigkeit und
- erfordert *Soll-Ist-Vergleiche* anhand der definierten Kennzahlen/Kriterien. Dabei sind bestehende Differenzen und deren Ursachen zu reflektieren, um Potenziale zur Erreichung der angestrebten Soll-Zustände offen zu legen, z. B. wie angesichts einer aktuellen Mittelfeldposition der Aufstiegsplatz erreicht werden kann, oder wie die aktuell mangelnde Kundenzufriedenheit zu verbessern ist.
- Schließlich muss Management *Bedingungen der Zielerreichung schaffen*, also gangbare Wege für die Umsetzung der aufgezeigten Potenziale festlegen, z. B. einen Trainerwechsel herbeiführen oder die Erfolgsprämien für die Spieler erhöhen (vgl. Baecker, 2003, S. 256–257; Baecker, 2004, S. 14; Thiel & Mayer, 2008, S. 135).

> Anders formuliert, stellt Management die Fähigkeit dar, sich Ziele zu setzen, Aufgaben zur Zielerreichung zu formulieren, Abweichungen von Zielsetzungen zu beobachten und auf diese entweder durch Verstärkung oder durch Korrektur zu reagieren (vgl. Baecker 2003, S. 336–337). Damit wird deutlich, dass die Funktion von Management nicht auf ökonomische Kalküle beschränkt bleibt. Die Wirksamkeit oder Richtigkeit von Managementaktivitäten kann allerdings nur eingeschätzt werden, wenn z. B. klar ist, welcher Tabellenplatz erreicht werden soll, welche Ressourcen zur Verfügung stehen, oder anhand welcher Kriterien Qualität gemessen wird.

Organisationale Strukturen als „Schienennetz" und Bezugspunkte von Management

Als Management bezeichnete Aufgaben werden praktisch immer im Rahmen formaler Organisationen verfolgt, d. h., mit mehr oder weniger unmittelbarem Bezug zu bestimmten Organisationskontexten – etwa Sportvereinen, Sportverbänden oder Kapitalgesellschaften des Profisports. Aus diesem Grund wird Management im Folgenden als *organisationsbezogene Funktion* verstanden, die jeweils mit Blick auf organisationale Zwecke und Zielsetzungen für einen angemessenen Einsatz verfügbarer Ressourcen sorgt.

- Management wird dabei im Alltag üblicherweise dem *Manager als* konkreter *Person* zugerechnet. Beispielsweise ist beobachtbar, dass *der Geschäftsführer* den Trainer entlässt, *der Sportdirektor* neue Spieler kauft, oder *der Finanzvorstand* die Budgetplanung für das nächste Geschäftsjahr aufstellt. Insofern hängen Effektivität, Effizienz und damit letztlich Qualität von Management ganz wesentlich von den Fähigkeiten und den Kompetenzen der konkreten Persönlichkeiten ab, die in Organisationen Managementaufgaben übernehmen (vgl. Abb. 1).
    - Dabei unterscheiden sich Manager als Personen zwangsläufig voneinander: neben Alter und Geschlecht ergibt sich dies insbesondere aus individuellen Bildungs- und Berufskarrieren, eigenen Lebenshintergründen und Erfahrungen. *Persönliche Grundüberzeugungen und Sichtweisen* bestimmen dabei erheblich, was dem Einzelnen überhaupt in den Blick gerät, wie er dies interpretiert und bewertet (vgl. Senge, 2003).
    - Darüber hinaus verfügen Manager über jeweils spezifische *fachliche Kompetenzen*, z. B. sportartspezifisches Fachwissen oder konzeptionelle Planungs- und Problemlösungskompetenzen.
    - Schließlich sind für Manager als Personen *soziale Kompetenzen* kennzeichnend, z. B. Diskurs-/Kommunikationsfähigkeiten, (Fremd-) Sprachenbeherrschung sowie soziale Kontakte und Beziehungen.
- Jedoch agieren Manager in organisierten Kontexten nie gänzlich frei von Erwartungen und Vorgaben, sondern sind vielmehr in einen Rahmen mehr oder weniger expliziter *organisationsstruktureller Prämissen* eingebunden (vgl. Abb. 1). Diese definieren im Organisationssinn angemessene Aktivitäten und geben dem Management auf diese Weise für seine Aufgabenerfüllung ein „Schienennetz" vor. Gerade angesichts der in der Person des Managers angelegten Unsicherheit ermöglichen solche Prämissen der Organisation ein gewisses Maß an Verlässlichkeit und Sicherheit (vgl. Luhmann, 1992, S. 178; Kieserling, 1999, S. 354; Luhmann, 2000, S. 145; 225; 238; Malik, 2004, S. 108–109; Thiel & Meier, 2004; Thiel, Meier & Cachay, 2006, S. 16–35):

- Als Personen werden Manager dabei konkreten *Stellen* zugeordnet, die organisationsintern über bestimmte fachliche und hierarchische Kompetenzen verfügen, z. B. verantwortet der Finanzvorstand die Investitions- und Kostenrechnung, ist der Vereinsgeschäftsführer gegenüber den Mitarbeitern der Vereingeschäftsstelle weisungsbefugt.
- Die Stellen wiederum sind organisationsintern eingebunden in vertikale und horizontale *Kommunikationswege/-netze*, auf denen Information Bindungswirkung entfalten kann. Beispielsweise gehören Stellen zu Teams oder Gruppen und sind konkreten Abteilungen zugeordnet. Und je nach Situation oder Sachverhalt müssen sie sich an bestimmte, vorab definierte fachspezifische oder hierarchische Dienst- und Verfahrenswege halten. Der Sportdirektor etwa kann meist nur in Abstimmung mit dem Trainer und dem Vorstand neue Spieler kaufen, oder muss sich in Fragen der Saisonplanung mit dem Betreuerteam verständigen.
- Des Weiteren sind Bedingungen und Spielräume des Managements durch vorab definierte *Organisationszwecke* bestimmt, die deutlich machen, warum die Organisation überhaupt existiert, z. B. für die Förderung einer bestimmten Sportart, für die erfolgreiche Teilnahme an Ligawettbewerben, für die Herstellung bestimmter Gesundheitsdienstleistungen.
- Aus den Organisationszwecken wiederum abgeleitete Ziele, z. B. angestrebte Tabellen-/Rangplätze oder Qualitätsansprüche für die eigenen Bewegungsangebote, geben dem Management ebenfalls eine konkrete Richtung. Dies gilt auch für die z. B. in Form von Satzungen, Leitbildern, Geschäftsordnungen oder Dienstanweisungen festgelegten *Einsätze von Finanz-, Sach- und Personalmitteln*.
- Schließlich existieren in jeder Organisation über die Zeit eingespielte informelle Regeln, die zwar nirgends explizit festgelegt sind, als *Organisationskultur* aber dennoch intern von jedem verstanden und als Selbstverständlichkeiten akzeptiert werden, z. B. dass in einem Unternehmen nur derjenige als ernsthafter Arbeiter gilt, der auch spätabends im Büro sitzt und nur derjenige Karrierechancen hat, der jederzeit am Wochenende für Sonderaufgaben verfügbar ist.

- Solche den Kern einer jeden Organisation kennzeichnende organisationsstrukturelle Prämissen – die Rationalitätsfiktionen des Managements – stammen mehrheitlich aus den gesellschaftlichen Bezügen von Organisationen, ihren jeweils *spezifischen Umfeldbedingungen* (vgl. Schimank, 2002, S. 49–50; Baecker, 2004, S. 20–21). Managementrelevante Randbedingungen können beispielsweise die Pluralisierung der Sportnachfrage, die Reduktion staatlicher Sportförderung, oder die Rahmenrichtlinien der Ligaorganisationen darstellen. Das Verhältnis zwischen Management/Organisation und externem Umfeld ist dabei wechselseitig angelegt. Denn „einerseits limitieren Umweltabhängigkeiten das, was in einer Organisation überhaupt an Gestaltungsmöglichkeiten gegeben ist; andererseits greifen Gestaltungsaktivitäten in die Umwelt der Organisation hinaus, um bessere Möglichkeiten für eine bestimmte Gestaltung der organisatorischen Innenwelt zu schaffen" (Schimank, 2003, S. 266). Zum Beispiel kann politisch gewünschtes Festhalten am Ehrenamt ein Vereinsmanagement angesichts steigender Qualitätserwartungen der Vereinsmitglieder unter Druck setzen – aber vom politischen Umfeld wiederum auch als positiver Beitrag zur Bürgergesellschaft anerkannt und mit steuerrechtlichen Sonderregeln oder direkter finanzieller Unterstützung honoriert werden.

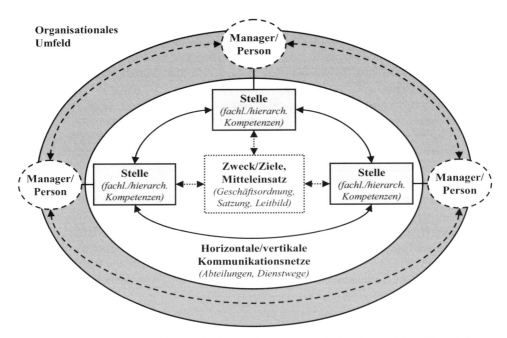

Abb. 1: Dem Management Richtung gebende, organisationsstrukturelle Prämissen – gleichzeitig zentrale Anknüpfungspunkte von Management. Für Organisationskultur fehlen grafische Darstellungsmöglichkeiten.

Wollen Managementoperationen organisationsintern anerkannt werden und damit Bindungswirkung entfalten, haben sie zwangsläufig den strukturell vorgezeichneten Richtungen zu folgen, z. B. etablierte Verfahren und Dienstwege einhalten und vorgeschriebene Stellen oder Abteilungen einbinden. Auf diese Weise entstehen organisationsintern Gewissheit und Sicherheit. Gleichzeitig *müssen* gezielte Störungen der organisationalen Selbstorganisation durch Management an eben diesen Strukturelementen und Routinen ansetzen, z. B. in Form neuer Geschäftsordnungen, veränderter Abteilungs- oder Stellenzuschnitte, neuer Dienstwege oder neuen Personals. Hieraus folgt ein *Spannungsfeld*, in dem sich das Management zwangsläufig zurechtfinden muss – ohne dass die Organisation daran zerbricht.

Damit Management für seine Unterscheidungen, z. B. die Entlassung des Trainers, die Neugliederung von Abteilungen oder die Änderung von Geschäftsordnungen im Organisationskontext notwendige Aufmerksamkeit erhält, müssen diese *in Form von Entscheidungen* kommuniziert werden. Gleichzeitig ist deutlich zu machen, dass bei der Entscheidungsfindung organisationsintern übliche Verfahren, etwa Dienstwege und Geschäftsordnungen, eingehalten wurden. Denn Organisationen müssen alles für sie Wichtige zum Gegenstand von Entscheidungen machen, die angesichts „*von Ungewißheit, Komplexität und Widersprüchlichkeit an einem bestimmten Punkt eine Gewißheit, einen Ausgangspunkt*" (Baecker, 1999, S. 146; Hervorhebungen im Original) definieren, z. B. wenn der Vorstand einen neuen Trainer anstellt, oder der Sportdirektor eine neue Scouting-Abteilung einführt. Indem jede Entscheidung die Spielräume weiterer Entscheidungen einengt, fungiert sie wiederum als

1.1 Begriff und Funktion von Management

Prämisse von Folgeentscheidungen, etwa für den Einsatz konkreter Trainings- und Spielkonzepte, oder die Rekrutierung bestimmter Spielertypen. Auf diese Weise wird das Risiko willkürlicher Entscheidungen deutlich reduziert. Da Entscheidungen aber nicht von Dauer sind und immer auch anders ausfallen könnten – der Vorstand stellt einen anderen Trainer an, der Sportdirektor baut die neue Abteilung anders auf – generieren sie gleichzeitig permanent weitere Unsicherheit, auf die das Management dann wiederum mit Entscheidungen reagieren muss (vgl. Kieserling, 1999, S. 352; Luhmann, 2000, S. 65).

Praxisbeispiel

> Der USC Leipzig e.V. ist mit rund 600 Mitgliedern in 12 Abteilungen einer der großen Sportvereine der Stadt Leipzig. Seine Basketball-Tradition reicht bis ins Gründungsjahr 1949 zurück und hatte in den 1970er Jahren mit fünf DDR-Meisterschaften einen ersten Höhepunkt. Nach einer längeren Phase des Niedergangs setzte Mitte der 1990er Jahre eine Art Basketball-Renaissance ein. Seit 2007 besteht die Basketball-Abteilung aus mehr als 200 Sportlern und insgesamt 12 Mannschaften unterschiedlicher Altersklassen und Leistungsniveaus. Ab 2008 wurde der Spielbetrieb der ersten Mannschaft schrittweise in die LBM Leipziger Basketball Marketing GmbH ausgegliedert. Unter dem aus einem Wahrzeichen der Stadt abgeleiteten Label „Uni-Riesen Leipzig" gelang es, ein leistungsstarkes semiprofessionelles Team in der zweiten Bundesliga ProB zu etablieren. Doch auf diesem Ergebnis will man sich in Leipzig nicht ausruhen. Vielmehr formuliert das Management Anfang 2012 als langfristiges Entwicklungsziel für den Profi-Basketball das Erreichen der Basketball Bundesliga bis 2016 und die anschließende Qualifikation für europäische Wettbewerbe. Diese Leitorientierung verursacht intern wie extern wichtige Veränderungen, beispielsweise sorgt sie für eine Neubewertung und Unterstützung des Projekts durch die Stadt Leipzig.
>
> Infrastrukturell bestehen in der Großstadt Leipzig mit einer 7.000 Zuschauer fassenden Multifunktionshalle, die bereits über die notwendigen technischen Voraussetzungen für höhere Ligen und einen attraktiven VIP-Bereich verfügt, beste Voraussetzungen. Dazu gehören ebenfalls das universitäre Umfeld, günstige Verkehrsanbindungen, ausreichende Hotelkapazitäten und moderne medizinische Einrichtungen. Auch die hohe Lebensqualität der Stadt ist ein wichtiger Faktor, etwa bei der Personalrekrutierung. Der Spielbetrieb verursacht aber einen großen logistischen und planungstechnischen Aufwand, auch weil zeitlich begrenzte Hallenkapazitäten von Konzertveranstaltern, den Erstliga-Handballerinnen des HC Leipzig und den Zweitliga-Handballern des SC DHfK Leipzig mit beansprucht werden. Sehr umfangreiche Um- und Aufbauten sind in kürzester Zeit zu realisieren, komplizierte Terminabsprachen erfordern ein hohes Maß an Kompromissfähigkeit. Angesichts dieser Gesamtsituation sind vom Management Entscheidungsprozesse mit Blick auf den Profibereich, auf den gemeinnützigen Verein sowie auf deren Zusammenspiel zu gestalten.
>
> Eine wichtige Veränderung betrifft die Jugendarbeit des Vereins. Der bestehende Talentstützpunkt U-14 muss auf die Lizenz-Erfordernisse der Basketball Bundesliga, die die Stellung von Jugendbundesligateams im U-16- und U-19-Bereich beinhalten, ausgerichtet werden. Das Zusammenwirken mit den Partnern in der Stadt, den angrenzenden Bundesligastandorten – Chemnitz, Weißenfels und Jena mit den dazugehörigen Sportinternaten – und dem Basketballverband Sachsen ist zu überdenken. Erste Schritte, z. B. ein Kooperationsvertrag mit Leipziger Schulen der Rahn Dittrich Group und die Initiierung eines großen

Schulprojekts gemeinsam mit der Stadtverwaltung Leipzig, dem Basketballverband und den Sponsoren, weisen die Richtung. Die Anzahl der hauptberuflichen Jugendtrainer und der Basketball affinen Lehrer wird langfristig eine ebenso entscheidende Rolle spielen wie ausreichende Hallenkapazitäten. Voraussetzung hierfür sind jedoch solide finanzielle Grundlagen, die nur von allen Beteiligten gemeinsam geschaffen werden können. Ein zwischen Verein, GmbH und Förderverein abgestimmtes Finanzkonzept wird als Ausgangspunkt gesehen – dem muss dann systematische Projektarbeit folgen.

Darüber hinaus stellt sich den Uni-Riesen vor allem die Frage nach den optimalen Stellenbeschreibungen und dem richtigen Verhältnis zwischen hauptberuflichem und ehrenamtlichem Engagement im Managementbereich. Die in Personalunion besetzten Stellen im Vereinsvorstand, in der GmbH-Geschäftsführung und im Bereich Trainer/Sportlicher Leiter werden angesichts der ambitionierten Zielsetzungen nicht mehr als angemessene Lösung betrachtet. Das Zusammenwirken von Marketing-Manager, Sponsorenakquisiteuren und Merchandising-Verantwortlichem befindet sich ebenfalls auf dem Prüfstand. Doch geht es bei allen Überlegungen nicht nur um eine möglichst passgenaue Abgrenzung fachlicher und hierarchischer Verantwortlichkeiten, sondern auch um eine möglichst reibungsfreie interne Vernetzung der Stellen untereinander. Diese Überlegungen werden ab einem bestimmten Zeitpunkt zwangsläufig auch von einem Blick auf das aktuelle Personaltableau der Uni-Riesen begleitet. Perspektivisch sind interne Versetzungen und/oder die Rekrutierung neuen Personals notwendig, um die internen wie externen Erwartungen und Qualitätsansprüche an das Management erfüllen zu können.

Letztendlich stehen all diese Planungen immer unter Finanzierungsvorbehalt, d. h., insbesondere mit der Stadtverwaltung und mit der regionalen Wirtschaft sind im Sinne der Zielerreichung die aufgebauten partnerschaftlichen Beziehungen möglichst zu pflegen und zu vertiefen (vgl. Scholz, 2012, o. S.).

Kontrollfragen

1. Die Attraktivität des Managementbegriffs ergibt sich insbesondere daraus, dass er in der Kommunikation suggeriert, die mit ihm bezeichneten Tätigkeiten orientierten sich an ökonomischen Grundprinzipien. Welche beiden Grundprinzipien werden typischerweise unterschieden und für was stehen sie jeweils?
2. Trotz – oder gerade wegen – seiner beinahe inflationären Verwendung ist der Management-Begriff mitunter nur vage bestimmt. Welche Bedingungen und Aufgaben bezeichnet Management, wenn man damit seine organisationsbezogene Funktion im Blick hat?
3. Management als organisationsbezogene Funktion verläuft auf organisationsstrukturellen „Schienennetzen". Welche Prämissen lassen sich dabei unterscheiden und inwiefern ergeben sich diesbezüglich Anknüpfungspunkte für Interventionen des Managements?
4. Um in Organisationskontexten notwendige Aufmerksamkeit zu erhalten, müssen Unterscheidungen des Managements in Form von Entscheidungen kommuniziert werden und deutlich machen, dass bei der Entscheidungsfindung organisationsintern übliche Verfahren eingehalten wurden. Warum hat dies für Organisationen zentrale Bedeutung und inwiefern ist damit eine für das Management durchaus ambivalente organisationale „Dauererregung" angelegt?

1.2 Managementdimensionen und -aufgaben

Mit dem Verständnis von Management als organisationsbezogener Funktion richtet sich der Blick auf verschiedene organisationale Phänomene und Sachverhalte, die auch als Planung, Steuerung, Führung oder (Corporate) Governance erfasst und analysiert werden. Die generellen Aufgaben von Management lassen sich dabei unter sachlichen und zeitlichen Gesichtspunkten spezifizieren und grundlegenden Managementdimensionen zuordnen.

Lernziele des Kapitels

> Die Leser lernen grundlegende Dimensionen und Aufgaben des Managements kennen.
> Sie setzen sich mit Aufgabenstellungen des normativen, strategischen und operativen Managements auseinander und reflektieren damit jeweils verbundene Bedingungen und Mechanismen.

Unter Bezug auf planungs- und steuerungstheoretische Konzeptionen kann Management verschiedenen sachlichen und zeitlichen Dimensionen zugeordnet werden (vgl. Tab. 1) – die jeweils konkrete Managementaufgaben umfassen (vgl. Thiel & Braun, 2009, S. 78–81; Daumann, Langer & Breuer, 2010, S. 121–154).

Tab. 1: Typische Planungs- und Steuerungsaufgaben im Zeitablauf (vgl. Schweitzer, 1997, S. 59–74; Thiel, 1997, S. 40–44).

Steuerung	Planung
Normative Steuerungsdimension: Formulierung fundamentaler Zielgrößen	*Zielbildung*: Festlegung von Zielen
Strategische Steuerungsdimension: Analyse grundlegender Problem- und Wirkungszusammenhänge, Antizipation zukünftiger problemerzeugender Entwicklungen, Reflexion alternativer Lösungswege der Zielerreichung	*Problemfeststellung*: Ermittlung der zukünftig erwartbaren Lücke zwischen „Business as usual" und Zielvorstellung
	Alternativensuche: Identifikation möglicher Vorgehensweisen zur Zielerreichung
	Prognose: Vorhersage von Wirkungszusammenhängen
	Alternativenbewertung und -auswahl: Bewertung von Planalternativen und Entscheidung für eine (möglichst) optimale Alternative
Operative Steuerungsdimension: Reflexion einer Umsetzung gewählter Strategien	--

1.2.1 Normatives Management

Aufgabe eines normativen Managements ist die Festlegung fundamentaler Ziele, die über längere Zeiträume hinweg der gesamten Organisation als zentrale Orientierungsgrößen dienen. Es geht dabei um die Definition von Soll-Zuständen, die angesichts eines potenziell großen Möglichkeitsraums zukünftiger Entwicklungen *in nachfolgenden Entscheidungssituationen Orientierung* geben, z. B. der innovativste Anbieter von Sportgeräten oder die sportpolitisch wichtigste Sportorganisation zu sein.

Attraktive Zukunftsperspektiven und zukünftige Idealvorstellungen von Organisationen werden üblicherweise in Leitbildern zusammengefasst, die verdeutlichen, „in welcher zukünftigen Welt die Organisation ihren spezifischen Beitrag leisten soll" (Willke, 2001a, S. 50). Im Einzelnen hat das Management dabei vor allem folgende *Kernfragen* zu beantworten (vgl. Thiel, 1997, S. 102–109):

- *Zukünftige Produkte/Leistungen*
  - Welche Bedürfnisse sollen zukünftige Produkte/Leistungen befriedigen, z. B. Mobilität, Gesundheit, Jugendlichkeit, Gemeinschaft, Information, Unterhaltung?
  - Welchen Anforderungen sollen die Produkte/Leistungen zukünftig entsprechen, z. B. Trends, Qualität, Kosten?
- *Zukünftige Zielgruppen*
  - Welche Zielgruppen sollen zukünftig angesprochen werden, z. B. Kinder, Jugendliche, geografisch abgrenzbare Gruppen?
- *Zukünftige Operationslogik*
  - Welche Leitvorstellung soll die zukünftige Entwicklung der Organisation prägen, z. B. Gewinnerzielung, Produktivität, Wachstum, Innovationskraft?
- *Zukünftige Verbindungen zum relevanten Umfeld*
  - Welche Grundsätze sollen zukünftig das Verhältnis der Organisation zum relevanten Umfeld bestimmen, z. B. zu Mitarbeitern, Kunden, Konkurrenten, politischen Meinungsbildnern?
  - Welche Haltung soll die Organisation zukünftig gegenüber gesellschaftlichen Problemen einnehmen, z. B. Ressourcenverbrauch, soziale Absicherung von Mitarbeitern?

Die Beantwortung dieser Fragen erfordert vom Management, situative und sachliche Komplexitäten angemessen zu berücksichtigen und nicht einfach standardisierte Schablonen zu verwenden. Gelingt dies, können Leitbilder zentrale Schwerpunkte der zukünftigen Organisationsentwicklung festlegen und damit explizit markierten Themen besondere Wichtigkeit und Aufmerksamkeit zuerkennen. Die Zielvorgaben dienen dann als Weichenstellungen der zukünftigen Arbeit und geben nachfolgenden Entscheidungen die Richtung vor. Für die Definition von Zielsetzungen sind dabei folgende *idealtypische Grundsätze* von Bedeutung:

- Bei der Zieldefinition sind *Prioritäten* zu setzen, wobei eher wenige große Ziele anstatt vieler kleiner Ziele festzulegen sind. Es gilt, sich auf etwas zu konzentrieren, das angesichts der organisationalen Zweckbestimmung auch eine gewisse Bedeutung hat.
- Ziele sollten grundsätzlich *quantifizierbar* sein, um damit Möglichkeiten einer späteren Kontrolle der Zielerreichung zu schaffen. Während dies z. B. bei Umsätzen, Gewinnen, Marktanteilen, sportlichen Siegen/Tabellenplätzen oder Mitgliederzahlen recht leicht gelingt, fällt eine Quantifizierung gerade bei jenen Zielsetzungen schwer, die meist besondere Bedeutung für die Organisation und das Management haben. Beispielsweise lassen sich Qualität, Innovationskraft, Kundennutzen oder Mitgliederzufriedenheit nicht ohne weiteres in Zahlen ausdrücken.
- Außerdem ist zu beachten, dass *Zielsysteme* praktisch *nicht widerspruchsfrei* sein können. Das Management muss vielmehr mit Widersprüchlichkeiten angemessen umgehen – diese abwägen und ausbalancieren – beispielsweise wenn Qualitäts- und Kostenziele in Einklang gebracht werden müssen. Die Offenlegung latent vorhandener Zielunterschiede und damit verbundene kontroverse Selbstbeschreibungen können aber durchaus

zu einem besseren Selbstverständnis und einer geschärften Organisationsidentität beitragen – wenn das Management mit ihnen konstruktiv umgeht.
- Schließlich sind übergreifende Zielsetzungen immer auch auf ihre grundsätzliche *Eignung für die Organisation* selbst *und ihr relevantes Umfeld* zu reflektieren, sowie Neben- oder Folgewirkungen einer möglichen Zielerreichung zu antizipieren. Beispielsweise kann die Umsetzung betriebswirtschaftlicher Modelle in Freiwilligenvereinigungen auf Seiten der Vereinsmitglieder ökonomische Kosten-Nutzen-Kalküle verstärken – weshalb mit der Zeit wiederum Mitgliederbindung zum Problem werden kann, wenn vergleichbare Leistungen anderswo günstiger zu erhalten sind. Aus diesem Grund bietet es sich an, in Ziel-Erarbeitungsprozesse von Beginn an Vertreter relevanter Bezugsgruppen einzubinden (vgl. Willke, 2001a, S. 73; Thiel, 1997, S. 110–111; Malik, 2006, S. 177–183).

Die Entwicklung von Zukunftsentwürfen im Rahmen eines normativen Managements erfordert grundsätzlich eine Distanzierung von bestehenden organisationalen Strukturen und Prozessen. Alle organisationsstrukturellen Prämissen sind darauf hin zu prüfen, ob sie nicht auch anders – im Sinne von „besser" – definiert werden könnten.
Inhaltlich sind fundamentale *Leitziele* eher *breit zu formulieren*, damit sie für einen längeren Zeitraum Gültigkeit beanspruchen können und nicht im Verlauf späterer Umsetzungsprozesse wieder zurückgenommen oder modifiziert werden müssen – beides fördert Verunsicherung und untergräbt die Glaubwürdigkeit des Managements nach innen und außen.

Stärken/Schwächen-Bewertungen und Chancen/Risiken-Einschätzungen

Damit die im Rahmen eines normativen Managements festgelegten, übergreifenden Zielgrößen als Leitplanken der längerfristigen Organisationsentwicklung fungieren können, müssen solche *Managemententscheidungen organisationsintern legitimiert* sein. Dies gelingt vor allem, wenn
- diese sich nicht allein auf subjektive Plausibilitätsüberlegungen weniger Meinungsführer stützen, sondern auf Basis systematischer Analysen intersubjektiv nachvollziehbarer Daten erfolgen.
- den mit dieser Aufgabe betrauten Gremien und Personen organisationsintern repräsentative Entscheidungskompetenzen übertragen werden. Um dies zu stützen, sind möglichst von Anfang an relevante interne und externe Bezugsgruppen einzubinden und Managemententscheidungen umgehend in die Organisation zu spiegeln. Auf diese Weise lassen sich Einschätzungen und Feedbacks der verschiedenen Hierarchieebenen und Fachabteilungen frühzeitig in weiteren Prozessen berücksichtigen (vgl. Thiel, 1997, S. 89–90; Stolzenberg & Heberle, 2009, S. 17–41).

Managemententscheidungen darüber, was organisationsintern als zukunftsträchtig erachtet wird und was nicht, erfordert Distanz zu bisherigen Strukturen, Verhaltensmustern und Routinen – um eine vorschnelle Fixierung auf scheinbar offensichtliche Symptome und Oberflächenphänomene zu vermeiden. Stärken und Schwächen interner Strukturen und Prozesse sind dabei ebenso in den Blick zu nehmen, wie relevante Umfeldbeziehungen und damit verbundene Chancen und Risiken – häufig als *SWOT-Analysen* bezeichnet: Strenghts/Weaknesses vs. Opportunities/Threats (vgl. Stolzenberg & Heberle, 2009, S. 18).

Eine Analyse *organisationsinterner Strukturmerkmale* macht spezifische Kernkompetenzen und Erfolgsfaktoren deutlich, die als Stärken und Schwächen dokumentiert werden können. Allerdings lässt sich für eine solche Analyse kein generelles Beobachtungsmuster benennen, denn die Kriterien werden jeweils vom Management situationsspezifisch festgelegt und sind insofern kontingent. Grundsätzlich können jedoch folgende Fragen aufschlussreich sein:

- *Zwecke, Mittel und Zielsetzungen*
  - Welche übergeordneten Zwecke und Ziele werden verfolgt und wie werden sie begründet?
  - Welche Finanz-, Sach- und Personalmittel stehen für die Zweckerfüllung und die Zielerreichung zur Verfügung?
- *Bedingungen und Konsequenzen des Mitteleinsatzes*
  - Welche Verfahrensregeln bestimmen den Einsatz von Finanz-, Sach- und Personalmitteln, also die Abläufe der internen Leistungserstellung?
  - Welche Management-/Planungssysteme kommen zum Einsatz und welche Daten stehen hierfür zur Verfügung, z. B. hinsichtlich Kunden/Zielgruppen, Zulieferern, Geschäftspartnern, Qualitätsmerkmalen?
- *Stellen und Kommunikationswege/-netze*
  - Welchen Stellen sind welche fachlichen/hierarchischen Kompetenzen zugewiesen (Stellenprofile)?
  - Welche Teams und Abteilungen sind in welche Sachthemen/Aufgaben eingebunden und in welcher Weise sind hierfür notwendige Abstimmungsprozesse geregelt?
  - Wie verlaufen die internen Informationsflüsse?
  - Welche Interessen- und Machtverhältnisse existieren zwischen den Aufgabenbereichen und Hierarchieebenen?
- *Personal*
  - Welches Personal steht mit welchen fachlichen Qualifikationen und sozialen Kompetenzen zur Verfügung?

Die Analyse der *externen Umweltrelationen* wiederum zielt auf eine systematische Beschreibung von Intensitäten und Qualitäten der Beziehungsgeflechte zum relevanten Umfeld, um Chancen und Risiken potenzieller Entwicklungsmöglichkeiten zu identifizieren. Wie bei der Analyse interner Gegebenheiten existiert auch hier kein generelles Beobachtungsmuster, entsprechende Perspektiven sind vom Management also situationsspezifisch festzulegen. Grundsätzlich können aber folgende Fragen aufschlussreich sein (vgl. Nagel & Wimmer, 2008, S. 127–170):

- *Aktuelle Zustände und bisherige Entwicklungen relevanter Umfeldbereiche*
  - Welche Tendenzen der Bevölkerungsentwicklung sind erkennbar, u. a. bezogen auf soziodemographische Indikatoren oder Lebensstile?
  - Was kennzeichnet die gesamtwirtschaftlichen Rahmenbedingungen, z. B. BIP, Arbeitslosigkeit?
  - Was kennzeichnet die politischen Rahmenbedingungen, u. a. die Stabilität des Parteiengefüges?
  - Was kennzeichnet die rechtlichen Rahmenbedingungen, z. B. Verlässlichkeit der Rechtsordnung, aktuelle Gesetzesinitiativen?
  - Was charakterisiert die natürlichen Umweltbedingungen, u. a. Klima, verfügbare Naturressourcen?

1.2 Managementdimensionen und -aufgaben

- *Interessen und Erwartungen der relevanten Stakeholder (Personen/Organisationen) gegenüber der Organisation und ihren Produkten/Leistungen*
  - Welche Erwartungen richten Lieferanten, Händler und Endkunden an die Organisation und ihre Produkte und Leistungen?
  - Welche Mitglieder- oder Konsumentenbedürfnisse befriedigt die Organisation und existieren hierfür Konkurrenz-/Ersatzprodukte?
  - Welche expliziten oder impliziten „Spielregeln" gelten im Verhältnis zu Lieferanten, Kunden, Mitgliedern und Konkurrenten?

Im Rahmen von Umfeldanalysen fokussieren Wirtschaftsunternehmen insbesondere auch das *Kaufverhalten* aktueller wie potenzieller Konsumenten, um ihre betrieblichen Prozesse an deren Bedürfnissen ausrichten zu können. Kaufverhaltensrelevante Kennzeichen sind dabei *sozialstrukturelle Kriterien* wie Geschlecht, Alter, Bildung, Beruf, Einkommen oder Familiensituation, sowie Einschätzungen zu *Lebensführung/Lebensstil*, z. B. persönliche Einstellungen, Motivlagen, Einkommensverwendung oder Mediennutzung.
Für das Management ist dabei eine zentrale Herausforderung, dass es kaum mehr „den" Konsumenten gibt, sondern eine *Atomisierung und Individualisierung des Kauf- und Konsumverhaltens* beobachtbar ist. Die Vereinigung mehrerer, z. T. sogar widersprüchlicher Konsumstile in ein und derselben Person führt praktisch zur Unberechenbarkeit von Kauf- und Konsummustern, was eine zuverlässige Vorhersage des Konsumentenverhaltens erschwert, z. B. wenn Unternehmer mit ihrem PKW der Oberklasse mittags zum Golfspielen fahren und danach im Discounter billige Lebensmittel für zuhause einzukaufen (vgl. Hellmann, 2003; Nagel & Schlesinger, 2010, S. 94–107).

Eine systematische Situationsanalyse liefert dem Management folglich eine ganze Reihe von Daten über interne Zustände und externe Entwicklungszusammenhänge, um sich nicht alleine auf subjektive Plausibilitätsüberlegungen weniger Meinungsführer stützen zu müssen. Gleichwohl sind Stärken/Schwächen-Bewertungen und Chancen/Risiken-Einschätzungen immer das Ergebnis persönlicher Schlussfolgerungen der Beteiligten, die sich angesichts verschiedener Grundüberzeugungen und Sichtweisen voneinander unterscheiden können. Typischerweise gibt es zwischen Top-Management und nachgeordneten Hierarchieebenen abweichende Interpretationen und Einschätzungen derselben Daten, z. B. ist meist nicht unmittelbar ersichtlich, ab wann oder warum ein Sachverhalt als Stärke oder Schwäche gilt.

Für das Gelingen normativer Managementprozesse ist explizit zu klären, von welchen Überzeugungen sich das Management leiten lässt, wie es zu seinen Einschätzungen kommt und ob seine Grundannahmen angesichts aktueller Realitäten und etwaiger konträrer Einschätzungen nach wie vor gelten können. Deshalb sind nach Möglichkeit Rahmenbedingungen zu schaffen, die relevante Personen/Gruppen in solche Managementprozesse einbinden und hohe Komplexität erzeugen – auch um Widersprüchlichkeiten, Paradoxien und Interessengegensätze zu provozieren. Organisationsintern artikulierte Widersprüche sind „immer ein Versuch, eine zusätzliche Perspektive einzubringen oder aufrechtzuerhalten" (Kühl, 2004, S. 16). Eine gemeinschaftliche Sicht auf den aktuellen Zustand der Organisation und deren Verbindungen zur relevanten Umwelt lässt sich unter anderem in Arbeitsgruppen oder Workshops entwickeln, wenn die Beteiligten ihre jeweiligen Überzeugen,

Annahmen und Schlussfolgerungen offenlegen und einer vergleichenden Beobachtung zugänglich machen (vgl. Willke, 2001a, S. 48–49; 2001b, S. 320; Senge, 2003, S. 17; Probst & Büchel, 1998, S. 65; Nagel & Wimmer, 2008, S. 113).

Gelingt es nicht, normative Managemententscheidungen ausreichend zu legitimieren, bleibt von Idealzielen und Leitbildern häufig nichts weiter als ironisch kommentierte Hochglanzpapiere, die schnell in den Schreibtischsschubladen verschwinden – und dann höchstens ins „Schaufenster" gestellt werden können, um zumindest den vorgegebenen Anschein zu wahren (vgl. Fahrner, 2008, S. 272–273).

1.2.2 Strategisches Management

Ausgerichtet an den Zielsetzungen des normativen Managements ist es Aufgabe des strategischen Managements, für mittelfristige Zeiträume alternative Wege der Zielerreichung zu definieren. Hier geht es also nicht mehr um die grundsätzliche Frage, *welche* Ziele angestrebt werden, sondern es ist zu überlegen, *wie* eine Annäherung an die formulierten Ziele erreichbar ist. Um erkennen zu können, welche vom „Business as usual" abweichenden Maßnahmen für eine Annäherung an die beabsichtigten Soll-Zustände notwendig sein werden, ist zunächst *das strategische Entscheidungsproblem* möglichst *präzise zu bestimmen*. Zum Beispiel müssen mögliche Ursachen von Umsatzrückgängen, erhöhten Krankenständen der Mitarbeiter oder Kundenbeschwerden über Qualitätsmängel identifiziert werden. Häufig sind solche Problemursachen nur auf den ersten flüchtigen Blick hin eindeutig und offensichtlich. Deshalb sind persönliche Einschätzungen und Vermutungen nach Möglichkeit mittels systematisch erhobener und intersubjektiv nachvollziehbarer Daten zu prüfen (vgl. Malik, 2006, S. 212–214).

Die vergangenheits- und gegenwartsbezogenen Daten solcher Situationsanalysen (vgl. Kapitel 1.2.1) helfen allerdings nur, strategische Entscheidungsprobleme zu erkennen. Um *alternative Vorgehensweisen zur Zielerreichung* herausarbeiten und bewerten zu können, bedarf es jedoch vor allem einer plausiblen Prognose möglicher *zukünftiger* Entwicklungslinien und denkbarer Diskontinuitäten (vgl. Thiel, 1997, S. 66–75).

Szenarien – Antizipation möglicher zukünftiger Entwicklung

Im Rahmen des strategischen Managements geht es somit vor allem um das Aufzeigen und Herausarbeiten alternativer Möglichkeiten, *zukünftige Entwicklungen* im Sinne der formulierten Zielsetzungen zu beeinflussen. Dabei erweisen sich gegenwarts- und vergangenheitsbezogene Daten nur unter der Voraussetzung als tragfähig, dass *alle* relevanten Bedingungsfaktoren und Zusammenhänge zeitstabil sind – was praktisch so gut wie nie gegeben ist.

1.2 Managementdimensionen und -aufgaben

Insofern „ist es wichtig zu erkennen, daß Entwicklungen kontingent sind. Es kann nicht einfach von einem bestehenden Zustand auf die Zukunft geschlossen werden" (Thiel, 1997, S. 79). Aufgrund dieser Ungewissheit zukünftiger Entwicklung sind strategische Managemententscheidungen in besonderem Maße riskant. Was zum einen Zeitpunkt als „richtig" einschätzt wird, kann in der nächsten Situation schon nicht mehr gelten. Beispielsweise ist offen, wie sich demografische Entwicklungen der Gesellschaft, technische Innovationen oder Klimawandel fortsetzen werden. Deshalb sind potenzielle problemerzeugende Entwicklungen der Organisation und ihrer Umwelt möglichst plausibel zu prognostizieren, um daraus resultierende Chancen/Risiken sowie spezifische Bedingungen der Problembewältigung ableiten und antizipieren zu können.

Methodisch kann dies z. B. auf der Basis von *Szenarien* erfolgen. Hierbei handelt es sich um explizit konstruierte Situationen, in deren Rahmen reale Sachverhalte und Problemstellungen intersubjektiv nachvollziehbar simuliert (vgl. Senge, 2003, S. 219–220) und mögliche Entwicklungsverläufe aus verschiedenen Blickwinkeln antizipiert und beschrieben werden (vgl. Mißler-Behr, 1993, S. 3).

- Bezogen auf das zugrunde liegende Managementproblem sind die wichtigsten *Umweltrelationen und Problembereiche* unter Einbeziehung von internen und externen Experten zu bestimmen, um dann potenzielle zukünftige Entwicklungen z. B. in Form von Delphi-Studien, über einen längeren Zeithorizont zu *projektieren* (vgl. Cuhls, 2009, S. 207–221).
- Diese Aussagen müssen dann in jeweils konsistente, voneinander abgrenzbare *Annahmebündel* zusammengefasst und zu alternativen Szenarien verdichtet werden. Solche Szenarien reduzieren die Komplexität der faktischen Realität und machen damit mögliche zukünftige Entwicklungstrends erkennbar.
- Besondere Qualität erhalten Szenarien, wenn sie auch potenzielle *Störereignisse* in Betracht ziehen – etwa dass ein wichtiger Zulieferer wegen eines Erdbebens ausfallen oder eine havarierte Bohrinsel den Ölpreis in die Höhe treiben kann – und dem Management damit Risiken und Diskontinuitäten alternativer Entwicklungslinien aufzeigen.

Grafisch werden Szenarien üblicherweise als Trichter dargestellt, wobei zwei extreme Ausprägungen den Trichterrand bilden und weitere mögliche Entwicklungsverläufe dazwischen eingeordnet sind. Mögliche Störereignisse verändern unter Umständen die vorab angenommenen Entwicklungslinien (vgl. Abb. 2).

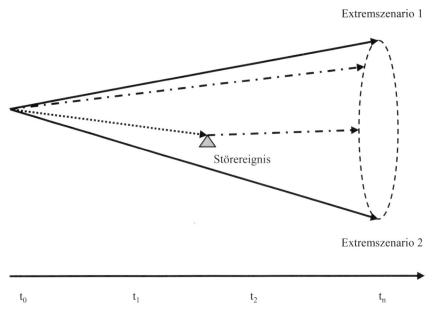

Abb. 2: Szenarien – Simulation möglicher zukünftiger Entwicklungen (vgl. Mißler-Behr, 1993).

Ein sportbezogenes Beispiel zur Erarbeitung von Szenarien liefert Thiel (1997, S. 137–140) mit seinen Überlegungen zur Entwicklung des Alterssports. Bereits die bloße Anzahl der von ihm als relevant eingeschätzten Relationsbereiche verdeutlicht die Komplexität dieses Problemzusammenhangs. Auch deshalb sind hier lediglich für zwei Variablen alternative Ausprägungen skizziert (vgl. Tab. 2).

Eines der drei auf dieser Basis formulierten Szenarien lautet schließlich: „Bei einem explosionsartigen Anstieg des Anteils älterer Menschen an der Gesamtbevölkerung aufgrund einer restriktiven Einwanderungspolitik, im Zusammenhang mit einer leicht negativen Wirtschaftsentwicklung, einer geringen Konsumbereitschaft im Freizeitsektor, einem radikalen Abbau staatlicher Sozialleistungen, einer völligen Verlagerung geriatrischer Leistungen von präventiver auf allgemeine Rehabilitation, einem Rückgang an Projekten zur Gesundheitsförderung sowie dem Finanzierungsstopp für Präventivangebote von Sportvereinen durch Krankenkassen erhöht sich die Nachfrage nach Sportangeboten zum Erhalt individueller Gesundheit älterer Menschen" (Thiel, 1997, S. 140).

1.2 Managementdimensionen und -aufgaben

Tab. 2: Ausgewählte Relationsbereiche/Variablen von Entwicklungszusammenhängen des Alterssports und alternative Ausprägungen von zwei Relationsbereichen (vgl. Thiel, 1997, S. 137–140).

Relationsbereiche/Variablen	Ist-Zustände und mögliche zukünftige Ausprägungen
Medizinische Versorgung	--
Bedeutung sportlicher Betätigung für individuelle Gesundheit	*Ist-Zustand*: Sport wird allgemein als bedeutend für die Erhaltung individueller Gesundheit im Alter angesehen. Die Nachfrage nach Sport zum Erhalt von Gesundheit im Alter ist noch vergleichsweise niedrig. *Ausprägung 1*: Sport wird weiterhin in hohem Maße als gesundheitsfördernd kommuniziert, die Nachfrage von Sport zum Erhalt individueller Gesundheit nimmt zu. *Ausprägung 2*: Sport wird weniger Bedeutung für den Erhalt individueller Gesundheit zugemessen, die Nachfrage nimmt ab.
Angebotsstruktur bei der präventiven Gesundheitsförderung	--
Allgemeine Wirtschaftsentwicklung	--
Konsumverhalten	--
Sozialgesetzgebung	*Ist-Zustand*: Bei aktuell noch vergleichsweise „altenfreundlichem" sozialem Netz ist ein beginnender Abbau altersbezogener Sozialausgaben zu beobachten. *Ausprägung 1*: Radikaler Abbau staatlicher Ausgaben, Übergang zu Kapitaldeckungsverfahren auf privater Basis. *Ausprägung 2*: Reduktion staatlicher Ausgaben, teilweiser Übergang zum privaten Kapitaleckungsverfahren in Kombination mit steuerfinanzierter staatlicher Mindestsicherung. *Ausprägung 3*: Ausbau der Mindestsicherung, Pflegeabsicherung, eigenständige Sicherung der Frau.
Bevölkerungsentwicklung/ Anteil der über 65-Jährigen	--
Kooperation von Sportvereinen mit Krankenkassen	--

Mikrowelten als spezielle Szenarioform

Eine weitere Möglichkeit der Simulation komplexer Situationen und Zusammenhänge eröffnen *Mikrowelten*, spezielle Szenarioformen. „Hier kann man die Probleme und die Dynamik komplexer Geschäftssituationen erforschen, indem man neue Strategien und Verfahren ausprobiert und beobachtet, was geschieht" (Senge, 2003, S. 381).

- Mikrowelten sind stark *vereinfachte, zeitlich wie räumlich verdichtete Abbilder* der Wirklichkeit, in denen nur ganz bestimmte, vorab festgelegte Grundannahmen und Wirkungskräfte gelten, z. B. im Rahmen computergestützter Simulationen von Angebot- und Nachfragezusammenhängen.
- Die Teilnehmer von Mikrowelten werden explizit aufgefordert, mit *alternativen Lösungsansätzen* zu *experimentieren*, die sie bislang als unrealistisch oder nur schwer durchführbar eingeschätzt haben. Auf der experimentellen Basis der Mikrowelten lassen sich Ursachen und Auswirkungen von persönlichen Überzeugungen und Sichtweisen erkennen und überdenken, z. B. welche Auswirkungen konkrete Absatzziele etwa für den Vertrieb haben, oder wie Konsumenten auf Änderungen im Service reagieren.
- Insbesondere mit (digitalen) Simulationen oder Planspielen lassen sich *Versuch-Irrtums-Experimente ohne direkte Folgen* durchführen und damit verschiedene Handlungsalter-

nativen ausprobieren. Einzelne Aktionen können dabei immer wieder rückgängig gemacht und z. B. unter neu gestalteten Rahmenbedingungen wiederholt werden, bis sich in der Simulation die real angestrebten Ergebnisse einstellen. „Mikrowelten bieten die Möglichkeit eines ‚folgenreichen' Spiels. Hier kann man die Probleme und die Dynamik komplexer Geschäftssituationen erforschen, indem man neue Strategien und Verfahren ausprobiert und beobachtet, was geschieht" (Senge, 2003, S. 381).

Indem Szenarien angestrebte Zielsetzungen mit potenziellen Entwicklungen und Wirkungen relevanter Variablen zusammenbringen, verdeutlichen sie generelle Entscheidungsräume, was für die nachfolgende Ableitung potenzieller Alternativen der Zielerreichung hilfreich sein kann.

Strategien – Alternativen der Zielerreichung

Orientiert an alternativen Zukunftsbildern hat das Management in einem nächsten Schritt Prämissen einer Annäherung an die jeweiligen Entwicklungsziele, d. h., adäquate Strategien auszuarbeiten. „Auf Basis der … erarbeiteten Zielgrößen werden unter Berücksichtigung der analysierten Relationen, Regelmechanismen, grundlegenden Wechselwirkungen und Zusammenhänge in Anlehnung an die erstellten alternativen Zukunftsbilder jeweils geeignete Strategien entwickelt. Das heißt, daß mehrere Strategien zu erarbeiten sind, die es ermöglichen, auf verschiedene mögliche zukünftige Entwicklungen jeweils adäquat reagieren zu können" (Thiel, 1997, S. 71). Für die *Erarbeitung strategischer Alternativen* können dabei folgende Grundregeln gelten:

- Zunächst sind *minimale Anforderungen* festzulegen, die eine Alternative erfüllen sollte – im Sinne eines erwünschten Minimalbeitrags zur Problemlösung (vgl. Malik, 2006, S. 215–216).
- Aufbauend auf den Szenarien sind jeweils *alle* denkbaren *Alternativen* herauszuarbeiten, inklusive einer Fortschreibung des Status quo als Nullvariante. „Der Status quo mag zwar Unvollkommenheiten aufweisen und mit Schwierigkeiten verbunden sein. Aber er hat den *großen Vorteil*, dass wir diese Schwierigkeiten wenigstens *kennen*" (Malik, 2006, S. 217; Hervorhebungen im Original).
- Dann sind für jede Alternative mögliche *Folgen und Folgesfolgen* systematisch abzuschätzen, z. B. müssen ihre Auswirkungen auf die verfolgten Ziele verdeutlich werden und es muss transparent sein, welche zeitlichen, personellen oder sachlichen Ressourcen für ihre Umsetzung jeweils erforderlich sein werden (vgl. Tab. 3).
- Schließlich sind auch *Grenzbedingungen* zu definieren, bei deren Eintritt man für den gesamten Managementprozess von einer neuen Entscheidungssituation ausgeht – also Zielsetzungen und Alternativen neu reflektiert (vgl. Malik, 2006, S. 218–220).

Erst auf Basis bewerteter Gegenüberstellungen von Alternativen kann das Management prüfen, welche strategische Option angesichts voraussichtlicher Entwicklungstrends des relevanten Umfelds – und möglicherweise erst in Ansätzen erkennbaren (veränderten) Erwartungen und Bedürfnissen – eine realistische, bestmögliche Annäherung an die formulierten Ziele verspricht, z. B. verbesserte Leistungsqualität, höhere Kundenzufriedenheit oder verstärkte Innovationskraft.

1.2 Managementdimensionen und -aufgaben

Tab. 3: Modellhafte Darstellung strategischer Alternativen mit ihren Auswirkungen auf idealtypische Ziele und ihrem personellen, finanziellen und zeitlichen Ressourcenbedarf.

Geschäftsbereich X	Auswirkung auf Ziel 1	Auswirkung auf Ziel n	Zeitbedarf	Personalbedarf	Finanzbedarf/Budget
Alternative 1	−	+	++	0	5.000 Euro
Alternative 2	+	−	0	+	10.000 Euro
Alternative n	++	0	+	++	15.000 Euro

Die Ausarbeitung systematisch recherchierter Szenarien erfordert mitunter enormen personellen, zeitlichen und finanziellen Aufwand, der häufig gescheut wird – zumal angesichts der Ungewissheit zukünftiger Entwicklung keine Gewähr besteht, dass sich strategische Entscheidungen später nicht doch als „Fehler" herausstellen. Ein strategisches Management muss aber daran interessiert sein, seine Entscheidungen so begründungsfest zu machen und abzusichern, dass ihm auch im Fall eines späteren Misserfolgs nichts vorzuwerfen ist. Auch deshalb sollte es sich nicht ausschließlich von Intuition und persönlichen Plausibilitätsüberlegungen leiten lassen.

Eine wichtige Erfolgsvoraussetzung der Implementierung strategischer Entscheidungen ist die rechtzeitige Identifikation und Beseitigung potenzieller „Realisierungsbarrieren". Insofern sind relevante interne und externe Interessens-/Bezugsgruppen – z. B. Mitarbeiter oder Lieferanten – die später an der operativen Umsetzung beteiligt sind, in strategische Managementprozesse einzubinden. Es gilt, die Spielregeln, mit denen die vorgesehenen Maßnahmen in der Organisation und im relevanten Umfeld konfrontiert sein werden, zu antizipieren und in der strategischen Planung zu berücksichtigen. Jede potenzielle Maßnahme ist darauf hin zu prüfen, was sie vermutlich bei den betroffenen Stellen und Abteilungen auslöst, wie sie in das bestehende Macht- und Einflussgefüge eingreift und mit welchen Gegenkräften zu rechnen ist (vgl. Wimmer, 2004, S. 186).

Wird die operative Umsetzung nicht bereits bei der Strategieentwicklung mit berücksichtigt, sind strategische Managemententscheidungen selten ausreichend legitimiert. Dann enden aber selbst überzeugende Strategiepapiere schnell in den Schreibtischsschubladen – und können dann höchstens ins „Schaufenster" gestellt werden, um zumindest den vorgegebenen Anschein zu wahren (vgl. Fahrner, 2008, S. 272–273).

1.2.3 Operatives Management

Hat das Management angesichts der Entwicklungsziele konkrete Strategien ausgewählt, können auf dieser Basis Detailpläne des operativen Managements ausgearbeitet werden. Es gilt, für die Umsetzung der Strategien konkrete Leitlinien abzuleiten und detaillierte Konzepte – etwa in Form von Masterplänen – mit gut strukturierten Aufgaben zu erarbeiten, die in kurzfristigen Zeithorizonten bearbeitet werden können. Um sicherzustellen, dass solche Pläne später auch umsetzbar sind, bietet es sich an, die betroffenen Abteilungen, Stellen und Personen bereits an deren Ausarbeitung zu beteiligen.

Operatives Management stützt sich dabei häufig auf Kontrollen mittels *Teilzielen/Meilensteinen*, die mit konkreten *Kennzahlen* unterlegt sind, z. B. für Produktivität, Qualität, Personal, Finanzen, Infrastruktur. Indem das Management diese Kennzahlen auf einzelne Geschäftsbereiche, Abteilungen und Mitarbeiter herunter bricht, wird Verantwortung für das Erreichen dieser Teilziele sichtbar und kontrollierbar (vgl. Stolzenberg & Heberle, 2009, S. 47; Malik, 2006, S. 184–185).

Idealtypisch sind *„erstens* die für die Realisierung ... kritischen Maßnahmen festzulegen und schriftlich festzuhalten; *zweitens* muss für jede Maßnahme eine Person bestimmt werden, die die *Verantwortung* für sie trägt; und *drittens* müssen *Termine* festgelegt werden" (Malik, 2006, S. 223; Hervorhebungen im Original).

Ein Reporting der Strategieimplementierung hat dabei grundsätzlich

- möglichst wenige, aber *stichhaltige Kontrollgrößen* zu umfassen. Erstrebenswert ist selten maximale Kontrolle, sondern begründetes Vertrauen, dass nichts Wesentliches aus dem Ruder läuft. Ein verhältnismäßiger Kontrollaufwand ergibt sich regelmäßig durch differenzierte Stichproben (vgl. Malik, 2006, S. 234–235).
- schon erste *Anzeichen möglicher Problementwicklungen* zum Anlass für Rückmeldungen und *Berichte* zu nehmen. Denn im Anfangsstadium kann man Problemen vergleichsweise leicht entgegen wirken, während im Zeitverlauf oftmals überproportionaler Korrekturaufwand entsteht.
- nicht allein auf Berichte zu vertrauen, sondern auch *Kontrollen vor Ort* in Betracht zu ziehen. Denn „auch der beste Bericht, ob schriftlich oder mündlich, enthält nur das, was der Berichterstatter sehen kann und wonach er fragt" (Malik, 2006, S. 239).
- für eine möglichst *lückenlose Wiedervorlage*, also ein Follow-up unerledigter Aufgaben, zu sorgen. „Man muss seine Umgebung daran gewöhnen, dass man nichts von dem, was vereinbart ist, vergisst oder übersieht" (Malik, 2006, S. 238).

Häufig zeigt sich allerdings gerade im Rahmen des operativen Managements, wie sich „die Strategie abnutzt ... Je konkreter ein Masterplan in die Realität umgesetzt wird, desto klarer wird, dass dieses Konzept ähnliche Widersprüchlichkeiten birgt wie alle anderen vorher bekannten Organisationskonzepte ... , desto deutlicher werden die Brüche in der Zielvorstellung" (Kühl, 2004, S. 8). Mitunter machen deshalb Hinweise wie „‚Planung heißt bei uns den Zufall durch den Irrtum zu ersetzen' ... darauf aufmerksam ..., dass zwischen den Masterplänen, den Strategiekonzepten und einer späteren Organisationswirklichkeit nur sehr lockere Verbindungen bestehen" (Kühl, 2004, S. 10).

Das Grundproblem der Steuerung durch Management besteht also in der Auflösung einer meist paradoxen strukturellen Verstrickung der zu managenden Organisation, in welche diese sich mit ihrer spezifischen Vergangenheit hineinmanövriert hat. Gezielte Störungen der organisationalen Selbstorganisation durch Management haben folglich nur dann Aussicht auf Wirksamkeit, wenn sie an die organisationsspezifischen Eigensinnigkeiten anschließen können.

1.2 Managementdimensionen und -aufgaben

Praxisbeispiel

> Der TV Rottenburg gliederte 2008 den Profispielbetrieb seiner Volleyballer in die TVR Volleyball GmbH aus. Seitdem spielt die Mannschaft ohne Unterbrechung in der Volleyball Bundesliga und konnte sich 2011 im Europacup bis ins Achtelfinale kämpfen. Seit ihrem Aufstieg in die Bundesliga profitierten die TVR-Volleyballer vom Engagement ihres Haupt- und Namenssponsors, dem Energieunternehmen EnBW. Zum Saisonende 2011/2012 wird der auslaufende Sponsoring-Vertrag zwischen der EnBW und der TVR Volleyball GmbH jedoch nicht mehr verlängert, weshalb das Rottenburger Management nun in seinen Planungen für die kommende Spielzeit mit einem Etat umgehen muss, dem etwa ein Drittel der bisherigen Mittel fehlen. Die Lizenz für die Spielzeit 2012/2013 ist zwar gesichert, dennoch ist man gezwungen, in den strategischen Planungen verschiedene Entwicklungsszenarien durchzuspielen.
>
> Die sportliche Zielsetzung für die kommende Saison heißt angesichts dieser Ausgangslage zunächst, den Klassenerhalt zu schaffen. Mittel- und langfristig hält das TVR-Management aber an seiner Zielsetzung fest, sich mit Spitzen-Volleyball und einer sympathischen jungen Mannschaft in der Volleyball-Bundesliga zu etablieren. Wirtschaftlich geht es zunächst darum, die Auswirkungen der mit dem Rückzug des Sponsors entstandenen Etat-Lücken so gering wie möglich zu halten. Für die zukünftige Entwicklung sind dabei *verschiedene Szenarien* denkbar, wobei u. a. folgende Variablen von Bedeutung sind:
>
> Beispielsweise können die bestehenden *Sponsoren* des TVR ihr Engagement verstärken, es können weitere regionale Sponsoren an Bord geholt, oder ein neuer großer Hauptsponsor gefunden werden – oder die große Lücke im Etat bleibt bestehen, weil die Unterstützung der Wirtschaft ausbleibt. Bezogen auf den Spielbetrieb ist denkbar, dass die *Trainer und Betreuer* in ihrer aktuellen Zusammensetzung erhalten bleiben, wenn sie finanzielle Einschnitte hinnehmen – oder dass sie den Klub verlassen und Angebote anderer Mannschaften annehmen. Auch der *Spieler-Kader* könnte erhalten bleiben, wenn die Spieler finanzielle Einschnitte mittragen. Allerdings könnten gerade einzelne Top-Spieler der Mannschaft auch zu Liga-Konkurrenten wechseln – oder die Mannschaft könnte angesichts der finanziellen Engpässe komplett auseinander fallen.
>
> Die *regionale Politik* wiederum könnte sich mit Zuschüssen zur Überbrückung engagieren oder über Engagements städtischer Unternehmen als Sponsoren auftreten – sie könnte sich aber auch zurückhalten. Genauso der *Volleyball-Landesverband* Württemberg, der sich für einen Erhalt der Bundesliga-Mannschaft als regionalem „Leuchtturm" des Spitzenvolleyballs einsetzen, aber auch inaktiv bleiben könnte. Und die *Zuschauer* könnten wie bisher zu den Spielen kommen, sollten sportliche Erfolge seltener sein, aber auch weniger werden – sie könnten aber auch zahlreicher kommen, weil die Mannschaft im Kampf gegen Abstieg ihre Unterstützung braucht.
>
> Diese denkbaren alternativen Entwicklungen lassen sich zu verschiedenen Szenarien verdichten. Vor deren Hintergrund werden dann wiederum *mehrere strategische Möglichkeiten* deutlich, die sich dem TVR-Management im Umgang mit dieser schwierigen Situation bieten.

Beispielsweise könnte eine Strategie darin bestehen, in allen Bereichen umfangreiche Kostenreduktionen zu realisieren, etwa indem der Kader verkleinert und der Trainingsumfang sowie die Betreuung der Mannschaft reduziert werden – oder indem vor allem eigene Nachwuchsspieler zum Zuge kommen und verstärkt auf ehrenamtliche Mitarbeit gesetzt wird. Eine andere Strategie könnte den Spielbetrieb wie bisher weiter führen und im Vertrauen auf einen neuen Hauptsponsor in der nächsten Spielzeit mittelfristig gewisse wirtschaftliche Risiken eingehen. Wieder eine andere Strategie könnte sein, den Spielbetrieb wie bisher fortzuführen, aber in allen für den Spielbetrieb nicht unmittelbar relevanten Bereichen Kosten zu senken und dort z. B. auf ehrenamtliche Mitarbeit zu setzen.

Erst wenn das TVR-Management die generelle strategische Ausrichtung geklärt hat, steht die *detaillierte Maßnahmenplanung* für die kommende Spielzeit an. In diese Aufgabe sind dann all jene einzubinden, auf deren Einsatz man im Trainingsbetrieb und z. B. in der Organisation der Heimspiele angewiesen ist.

Kontrollfragen

1. Management kann auf unterschiedliche zeitliche und sachliche Dimensionen bezogen sein. Welche grundlegenden Managementdimensionen lassen sich unterscheiden und welches sind dabei jeweils zentrale Managementaufgaben?
2. Aufgabe des normativen Managements ist die Festlegung fundamentaler Zielgrößen der Organsiationsentwicklung. Welche Kernfragen hat das Management dabei typischerweise zu beantworten und welche Grundsätze sind möglichst zu beachten?
3. Normatives Management stützt sich typischerweise auf Stärken/Schwächen-Bewertungen interner Faktoren und Chancen/Risiken-Einschätzungen externer Umfeldbedingungen. Welche Fragen sind im Rahmen solcher SWOT-Analysen zu beantworten?
4. Das Gelingen normativer Managementprozesse hängt ganz wesentlich davon ab, dass intern eine gemeinschaftlich tragfähige Sicht auf den Zustand der Organisation entwickelt wird. Wie muss das Management vorgehen, um dies wahrscheinlich zu machen und was ist dabei vor allem zu beachten?
5. Aufgabe des strategischen Managements ist die Definition alternativer Wege der Zielerreichung. Voraussetzung wirksamer Strategiearbeit ist dabei vor allem die Antizipation möglicher zukünftiger Entwicklungen. Wie lässt sich dies begründen und welche Teilschritte sind im Rahmen einer Szenarioentwicklung typischerweise zu gehen?
6. Strategisches Management ist auf die Entwicklung von Strategien angewiesen, die eine Annäherung an vorab definierte Zielzustände wahrscheinlich machen. Welche Grundregeln sind bei der Erarbeitung von Strategien typischerweise zu beachten?
7. Die Umsetzung von Strategien im Rahmen des operativen Managements erfolgt meist in Form konkreter Konzepte. Was muss das Management bei der Strategieimplementierung grundsätzlich beachten?
8. Trotz schlüssiger Planungen ist immer wieder ein Scheitern von Managementvorhaben zu beobachten. Worin besteht das Grundproblem organisationaler Steuerung durch Management und wie kann dem angemessen begegnet werden?

1.3 Managementinstrumente

Die Kenntnis zentraler Managementaufgaben, systematisiert nach zeitlichen und sachlichen Dimensionen, ist eine wesentliche Grundlage für alle, die sich mit Fragen des Sportmanagements auseinandersetzen. In der Managementpraxis reicht dies allerdings nicht aus, denn effektives Managerhandeln hängt vor allem von der Beherrschung spezifischer Managementinstrumente ab – die als generelles „Handwerkszeug" angesehen werden können.

Lernziele des Kapitels

> Die Leser lernen Instrumente zur Bewältigung von Managementaufgaben kennen und sie setzen sich mit idealtypischen Grundregeln ihrer praktischen Anwendung auseinander.
> Sie erkennen die generelle Einsetzbarkeit dieser Instrumente sowie deren weitgehende Unabhängigkeit von Persönlichkeitseigenschaften des Managers.

In der Managementpraxis reduziert sich der Umgang mit den vielfältigen Managementaufgaben (vgl. Kapitel 1.2) weitgehend auf die Anwendung weniger Managementinstrumente: Stellen fachlich und hierarchisch angemessen profilieren und adäquat mit Personen besetzen, Ressourceneinsatz mittels Budgets planen und kontrollieren, Sitzungen vorbereiten, leiten und nachbereiten, Schriftstücke – insbesondere Business Pläne – empfängerorientiert erstellen, sowie persönliche Termine, Routinen und Prioritäten einhalten. Die in Anlehnung an Maliks (2006) Heuristik skizzierten Grundsätze einer Handhabung dieser Instrumente lassen sich in der Managementpraxis allerdings nur insoweit umsetzen, wie es die jeweiligen organisationalen Kontextbedingungen – etwa Richtlinien, Vorschriften, Vorgesetzte, Kollegen – zulassen (vgl. Kapitel 1.1).

1.3.1 Stellen

Dank ihrer fachlichen Kompetenzzuschreibungen, ihrer Beteiligung an bestimmten inhaltlichen Vorgängen und ihrer Weisungsbefugnis gegenüber anderen, sind Stellen ein Kernelement organisationaler Struktur. In Abhängigkeit der organisationalen Dienstwege und Verfahren fungieren sie als spezifische Knotenpunkte (Adressen) der internen Kommunikation (vgl. Luhmann, 2000, S. 312–321). Die Stellengestaltung und die Zuweisung konkreter Personen zu Stellen gelten deshalb als ein zentrales Managementinstrument.

In Organisationen müssen Demotivation, Unzufriedenheit und Unproduktivität ihre Ursachen nicht ausschließlich in der Person der Stelleninhaber haben, sondern sie liegen häufig auch in einer unangemessenen *Stellenkonzeption* (Jobdesign) begründet. Einer Stelle zugewiesene fachliche und hierarchische Kompetenzen sind deshalb nach Möglichkeit so auszugestalten, dass potenzielle Stelleninhaber gefordert, aber nicht überfordert werden, d. h., dass angemessene Aufgaben- und Verantwortungsbereiche sowie Gestaltungsspielräume eingeräumt werden. Die explizite *Zuweisung von Verantwortung* zu Stellen erleichtert dem Management auch Ergebniskontrollen der Aufgabenerfüllung und fördert die Motivation der Stelleninhaber (vgl. Malik, 2006, S. 307–310).

Die konkrete Stellengestaltung ist allerdings nur bis zu einem gewissen Grad unabhängig vom jeweiligen Stelleninhaber zu denken. Vielmehr erfordert die Zuordnung von Personen zu Stellen „ein Zueinanderpassen von Erwartungen der Organisation, die über Stellen definiert sind, und dem, was eine Person an Fähigkeiten und Einstellungen mitbringt" (Luhmann, 2000, S. 287), z. B. in Form unterstellter kognitiver und motivationaler Fähigkeiten, Erfahrungen oder Kontakten (vgl. Luhmann, 2000, S. 312–314). Da Personen vielfältigen Einflüssen ihrer sozialen Lebensbereiche unterliegen, können Stellen – je nachdem, mit welcher Person sie besetzt sind – durchaus ihren *Charakter* verändern. Personalentscheidungen sind folglich immer mit großer Unsicherheit behaftet (vgl. Luhmann, 2000, S. 292). Denn selbst wenn Stelleninhaber bereit sind, sich zu ändern, sind sie oftmals durch soziale Erwartungen stark festgelegt – zur Enttäuschung all jener, die im Management mit Personalentwicklung zu tun haben.

Bei der Besetzung von Stellen mit konkreten Einzelpersonen hat sich das Management grundsätzlich an den jeweiligen Stärken der Person zu orientieren, wie „man bei allen wirksamen, erfolgreichen, guten Führungskräften beobachten kann. Sie kümmern sich wenig bis gar nicht um die Schwächen der Menschen. Diese interessieren sie nicht, weil sie darauf nichts aufbauen und aus ihnen nichts herausholen können ... Sie suchen die Stärken, die schon da sind, und dann gestalten sie die Stellen, Aufgaben und Jobs so, dass die Stärken zur Nutzung gelangen können" (Malik, 2006, S. 117).

1.3.2 Budgets

Budgetierung, also Planung und Kontrolle des Ressourceneinsatzes, ist ein im Kern betriebswirtschaftliches Managementinstrument. Budgets fungieren dabei als Kristallisationspunkte, in denen alle Informationen zusammenfließen und „auf den Punkt" gebracht werden. Damit liefern sie dem Management wichtige Hinweise zur Planung, Realisierung und Kontrolle aller organisationalen Leistungsbereiche. Außerdem ermöglichen Budgets *Vergleiche* zu Vorperioden, zu Budgetpositionen anderer Geschäftsbereiche, oder zu externen Vergleichsgrößen/Benchmarks.

Budgets entstehen aus sorgfältigem und gewissenhaftem Durchdenken aller notwendigen Maßnahmen der Zielerreichung und damit verbundenem Ressourceneinsatz. Budgetierung zwingt das Management insofern zum „Durchdenken der Kosten*entstehung*, der Kosten*verursachung* und der Kosten*gestaltung* und ... der Steuerung des Ressourceneinsatzes und damit der Prioritäten einer Organisation" (Malik, 2006, S. 354; Hervorhebungen im Original). Hierfür ist das Management zwangsläufig auf *Kennzahlen* angewiesen, abgeleitet aus einer Operationalisierung *relevanter* sachlicher, personeller, finanzieller und zeitlicher *Ressourcen* und angestrebter *Ziele*, z. B. Produktivität, Umsatz pro Mitarbeiter, Return on Investment, Gesamt-/Eigenkapitalrentabilität.
Es gibt deshalb „kein besseres Mittel, sich in die Natur des Geschäfts, in seine Zusammenhänge und ‚Gesetzmäßigkeiten' einzuarbeiten und sie wirklich profund kennenzulernen, als das betreffende Geschäft *von Grund auf zu budgetieren*" (Malik, 2006, S. 348; Hervorhebungen im Original).

Grundsätzlich lassen sich drei Formen von Budgets zu unterscheiden (vgl. Malik, 2006, S. 356–359):

- Das *Operating Budget* erfasst alle bereits bestehenden, laufenden operativen Aktivitäten und damit jene organisationalen Abläufe, die dem Management bekannt und vertraut sind. Einer solchen Budgetierung geht es im Wesentlichen darum, den Ressourceneinsatz festzulegen, der für die Fortsetzung des „Business as usual" notwendig ist.
- Das *Innovations-Budget* hingegen setzt sich mit Alternativen und möglichen innovativen Abläufen auseinander. Es fokussiert somit vor allem, welche für die Organisation neuen Verfahren oder Geschäftsbereiche in welchem Umfang welche Ressourcen benötigen, um langfristig erfolgreich sein zu können.
- Und schließlich kann es sinnvoll sein, ein *Worst Case-Budget* zu erstellen. Denn aufgrund der generellen Unsicherheit zukünftiger Entwicklung kann Aufmerksamkeit für potenziell mögliche Probleme mitunter unliebsame Überraschungen verhindern oder deren negative Effekte dämpfen helfen. Das präventive Durchdenken eventueller Probleme macht das Management darauf aufmerksam, an welchen Stellen flexibel reagiert werden könnte – falls es sein müsste.

Saubere Budgets und eine funktionierende Budgetierung sind dabei für *alle* Organisationen, Abteilungen, Geschäftsbereiche und Projekte von enormer Bedeutung. Gerade in Organisationen, die keine Wirtschaftsunternehmen sind, wird dieses Instrument allerdings nach wie vor selten eingesetzt. Häufig sind Verantwortliche etwa von Sportvereinen sogar stolz, die profane wirtschaftliche Seite des Managements auszublenden.

1.3.3 Sitzungen

Weitgehend unabhängig von ihren fachlichen Aufgabenbereichen verbringen Manager einen großen Anteil ihrer Arbeitszeit in Sitzungen, z. B. zusammen mit anderen Führungskräften, Mitarbeitern oder Geschäftspartnern. Häufig sind damit auch Dienstreisen verbunden, weshalb der zeitliche, personelle und damit auch finanzielle Ressourcenverbrauch von Sitzungen enorm hoch ist.

Für ein Management ist es deshalb grundsätzlich erstrebenswert, die *Anzahl von Sitzungen* möglichst zu *reduzieren*. Bevor Sitzungen einberufen werden, ist zu prüfen, ob die Beteiligten ihre Zeit tatsächlich gemeinsam in einer Sitzung verbringen müssen. Denn Sitzungen sind ja nicht der eigentliche Zweck des Managements, sondern lediglich ein *Mittel zum Zweck*. Mitunter können auch in Umlaufverfahren Probleme gelöst, Fragen geklärt oder Absprachen getroffen werden. Diese sind meist weniger zeitintensiv als gemeinsame Sitzungen (vgl. Malik, 2006, S. 280–281).

Um *Sitzungen* möglichst effektiv zu gestalten (vgl. Malik, 2006, S. 280–294) sind sie intensiv *vorzubereiten*. Wichtigstes Element der Sitzungsvorbereitung ist die Tagesordnung, die vom Sitzungsleiter vorab mit den wichtigsten Teilnehmern abzustimmen und dann allen Sitzungsteilnehmern zur Kenntnis zu geben ist. Grundsätzlich sind jeweils nur solche *Tagesordnungspunkte* aufzunehmen, die eine gemeinsame Sitzung auch tatsächlich rechtfertigen.

- Mit der Erstellung einer Tagesordnung durch den Sitzungsleiter wird die grundlegende inhaltliche Ausrichtung einer Sitzung festgelegt. Vor dem Hintergrund des eigentlichen Sitzungszwecks und angesichts möglicher inhaltlicher Differenzen und Konfliktpotenziale der Sitzungsteilnehmer ist für jeden Tagesordnungspunkt die jeweils notwendige *Bearbeitungszeit* zu antizipieren – und die Anzahl der Tagesordnungspunkte danach auszurichten.
- Für die Erstellung von Tagesordnungen empfiehlt es sich, immer wiederkehrende thematische *Standards* festzulegen. Beispielsweise muss die Anwesenheit der Teilnehmer geprüft, ein Protokollführer festgelegt, das Protokoll der letzten Sitzung genehmigt, und die Umsetzung offener Arbeitsaufträge der letzten Sitzung kontrolliert werden.
- Häufig ist auch ein Tagesordnungspunkt „Verschiedenes/Sonstiges" üblich. Da sich die Sitzungsteilnehmer zu den hier behandelten Themen jedoch nicht vorbereiten können, sind grundsätzlich auch keine Entscheidungen zulässig. Insofern kann auf solche Tagesordnungspunkte meist verzichtet werden.

Angesichts der für Sitzungen typischen sozialen Interaktionssituationen und des unmittelbaren persönlichen Kontakts der Beteiligten ist die Wahrscheinlichkeit hoch, dass sich Sitzungen in ausufernden, abschweifenden oder umständlichen Diskussionen verlieren oder Konflikte mehr oder weniger offen und zeitaufwändig ausgetragen werden. In solchen Fällen verschwenden Sitzungen knappe Ressourcen. Deshalb obliegt es dem Sitzungsleiter, *Sitzungen* möglichst *diszipliniert zu leiten*:

- Die Sitzungsleitung beginnt bereits mit dem Festlegen einer *Reihenfolge* der Tagesordnungspunkte. Der thematische Einstieg zu Sitzungsbeginn hat dabei meist größere Bedeutung für den späteren Sitzungsverlauf.
- Der Sitzungsleiter ist in der sozialen Interaktion der Sitzungsteilnehmer in besonderer Weise als „Schiedsrichter" gefordert, weshalb er selbstsicher auftreten und vor allem von den Sitzungsteilnehmern in seiner Leitungsfunktion respektiert werden muss. Eine Teilnehmer-adäquate Gesprächsführung und eine angemessene Moderation von Kommunikationsprozessen ist hierfür zentrale Voraussetzung. Im Wesentlichen geht es darum, ein *wechselseitiges Verstehen* der Sitzungsteilnehmer zu fördern und eine möglichst offene Auseinandersetzung mit persönlichen Perspektiven, Argumenten und Schlussfolgerungen zu ermöglichen. Gegenseitiges Erkunden, Argumentieren und Verteidigen legt immer Grenzen des eigenen Horizonts offen – ist aber notwendige Voraussetzung dafür, dass Gruppen gemeinsam akzeptierte Sichtweisen und Überzeugungen entwickeln (vgl. Senge, 2003, S. 238–244; Schack & Thiel, 2009, S. 37–54).

Schließlich sind *Sitzungen* intensiv *nachzubereiten*. Idealtypisch verknüpfen effektive Sitzungen jeden Tagesordnungspunkt mit einer *Entscheidung*, für deren Umsetzung bis zu einem konkreten Termin einer der Sitzungsteilnehmer persönlich verantwortlich gemacht wird.

- Um Entscheidungen und deren Umsetzung zu späteren Zeitpunkten überprüfbar zu machen, sind Beschlüsse, Arbeitsaufträge, Maßnahmen, Verantwortlichkeiten und Termine, zwingend in *Protokollen* schriftlich zu dokumentieren.
- Zur Nachbereitung von Sitzungen zählt schließlich auch ein Nachfassen und Kontrollieren, dass die auf Termin gelegten Maßnahmen nicht im Sande verlaufen und Aufgaben gemäß Absprache erledigt werden. Der Sitzungsleiter hat folglich eine effektive *Wiedervorlage* einzurichten.

1.3.4 Schriftstücke, insbesondere Business Pläne

Die für Sitzungen typischen mündlichen Interaktionssituationen sind regelmäßig durch Zeitknappheit charakterisiert und erfordern meist nur wenig präzise Ausdrucksformen – die Situationen sind häufig bekannt und vieles kann über Wahrnehmung und Erraten von Absichten gesteuert werden. Außerdem ermöglicht mündliche Interaktion unter Anwesenden *soziale Kontrolle der Kommunikation*, z. B. ist es durchaus unangenehm, den Vorgesetzten im Gespräch auf Widersprüche oder Inkonsistenzen in seiner Argumentation hinzuweisen. Hinzu kommt, dass Sitzungen in ihrem Verlauf und mit ihren Ergebnissen zunächst nur den jeweils konkret Anwesenden zugänglich sind. Deshalb braucht ein Management auch Schriftlichkeit.

Mit schriftlichen Texten, z. B. Sitzungsprotokollen, Quartals- oder Jahresberichten, Strategiepapieren oder Geschäftsbriefen, können auch Personen erreicht werden, die nicht direkt an Situationen persönlicher Interaktion, etwa Sitzungen, beteiligt waren.
Außerdem entkoppelt Schriftlichkeit „Verstehen" von „Information" und „Mitteilung", woraus eine gewisse Unempfindlichkeit des Verstehens gegenüber unmittelbaren situativen und sozialen Plausibilitätsbedingungen folgt: Der Leser hat z. B. Zeit, Texte mehrmals zu lesen und sie in Ruhe zu prüfen. Damit bestehen hier aber auch größere Freiheiten, Argumente und Positionen abzulehnen, die Wahrscheinlichkeit eines „Neins" nimmt zu.

Bei der Erstellung von Schriftstücken ist es deshalb empfehlenswert, den jeweiligen *Empfängerhorizont* als wesentliches Kriterium der Argumentation und der Darstellung zentraler Inhalte heranzuziehen. Vom Autor ist möglichst exakt zu antizipieren,

- mit welchem persönlichen Hintergrund der Empfänger den Text lesen wird, z. B. Sprache, Erfahrung, Fachwissen/Beruf, Stelle/Funktion, hierarchische Zuordnung.
- wie viel Zeit der Empfänger für die Lektüre aufbringen wird, wie lange der Text also sein darf.
- welche Themenreihenfolge/Gliederung angemessen ist.
- inwiefern Inhalte mittels Zahlen, Tabellen, Grafiken illustriert werden sollen, um ein Verstehen des Lesers zu unterstützen.

Schriftlichkeit ist aber nicht nur bei „offiziellen" Dokumenten, Berichten und Protokollen vorteilhaft. Empfehlenswert ist vielmehr, auch alltägliche Routinevorgänge, Telefonate oder Verhandlungen, unmittelbar nach ihrem Abschluss schriftlich festzuhalten, z. B. in Form von Memos oder *Aktennotizen*. Solche schriftlichen Gesprächsverläufe und -ergebnisse ermöglichen zu späteren Zeitpunkten oftmals wichtige Erinnerung oder Kontrolle, gerade wenn persönliche Eindrücke „zwischen den Zeilen" oder Originalzitate des Gesprächs festgehalten sind, etwa in Form von: „Wir haben xy besprochen…, mein Eindruck war, dass…".

Für das Management besonders relevante Schriftstücke sind Business Pläne (Geschäftspläne), die in kompakter Form Auskunft über normative Festlegungen und strategische Überlegungen geben – meist für Planungshorizonte bis zu fünf Jahren. Gerade bei der Unternehmensgründung und der Planung neuer Geschäftsfelder/-modelle oder Projekte geben Geschäftspläne wichtige Orientierung: als „Visitenkarte" nach außen, gegenüber potenziellen Geschäftspartnern und Investoren, sowie als Planungs- und Kontrollinstrument nach innen, gegenüber Führungskräften und Mitarbeitern.

Für die Erarbeitung von Business Plänen existieren praktisch keine Formvorschriften. In der Managementpraxis haben sich jedoch folgende Inhalte etabliert, die auf etwa 20 bis 40 DIN-A4-Seiten darzustellen sind (vgl. Bundesministerium für Wirtschaft und Technologie, 2006, o. S.):

- *Executive Summary*: Zentrale Kennzeichen und Erfolgsfaktoren der Geschäftsidee, des Geschäftsmodells oder des Projekts sind für potenzielle Geschäftspartner und Investoren auf maximal einer Seite zusammenzufassen. Damit erhalten sie die Möglichkeit, sich in kurzer Zeit einen Überblick zu verschaffen, um entscheiden können, ob für sie eine vertiefte Auseinandersetzung mit dem Geschäftsplan überhaupt in Frage kommt.
  - Welche übergreifenden Zielsetzungen werden mit der Geschäftsidee verfolgt?
  - Was kennzeichnet das Geschäftsmodell und was sind dessen potenzielle Erfolgsfaktoren?

- *Geschäftsidee/-modell*: Von zentraler Relevanz ist eine nachvollziehbare Beschreibung der Geschäftsidee oder des Projekts mit dessen jeweils charakteristischen Leistungen und Prozessen.
  - An welchen Problemen/Bedürfnissen potenzieller Nachfrager/Kunden setzt die Geschäftsidee an?
  - Welche Verfahren kennzeichnen die Leistungserstellung?
  - Inwiefern handelt es sich bei der Geschäftsidee/dem Projekt um etwas Besonderes, Neues, Zukunftsträchtiges?

- *Branche/Markt und Wettbewerb*: Um das Geschäftsmodell mit seinen Chancen und Risiken für den Leser einschätzbar zu machen, sind zentrale Aspekte des relevanten Umfelds darzustellen.
  - Wer sind potenzielle Zielgruppen/Nachfrager und was kennzeichnet deren Kauf-/Nachfrageverhalten?
  - Wie sollen die Produkte/Leistungen vertrieben werden?
  - Wie ist die Konkurrenzsituation, also welche anderen Anbieter oder Ersatzprodukte existieren und was zeichnet diese jeweils aus?
  - Wie sind die eigenen Produkte/Leistungen vor dem Hintergrund der Wettbewerbssituation einzuschätzen, z. B. hinsichtlich Qualität oder Preis?

- *Verantwortlichkeiten/Gründerteam*: Potenziellen Geschäftspartnern und Investoren ist darzulegen, wer hinter der Geschäftsidee/dem Projekt steckt und über welche Kompetenzen die Verantwortlichen verfügen.
  - Wie sind die Eigentumsverhältnisse geregelt und wer trägt die Verantwortung für Erfolg/Misserfolg?
  - Über welche Fachkompetenzen verfügen die Gründer/Verantwortlichen und welche beruflichen Erfahrungen haben sie?
  - Stehen weitere Expertisen zur Verfügung, etwa in Form von Mitarbeitern oder Beratern?

- *Organisation/Rechtsform*: Die Zuweisung von Verantwortung und Entscheidungsbefugnissen erfolgt im Wesentlichen über die Rechtsform. Sie definiert meist auch generelle Möglichkeiten der Einbindung von Investoren.
  - Welche Rechtsform ist für das Geschäftsmodell/Projekt gewählt worden?
  - Wie sind Verantwortung, Haftung und Entscheidungsbefugnisse geregelt?

- Inwiefern sind Partnerschaften oder Kapitalbeteiligungen möglich und welche Risiken bestehen dabei für potenzielle Investoren?
- *Umsetzung/Realisierung*: Ausgehend von den zentralen Zielsetzungen der Geschäftsidee/des Projekts sind für einen mittelfristigen Zeithorizont mögliche Entwicklungsszenarien und daraus jeweils abgeleitete strategische Alternativen des Geschäftsmodells darzustellen.
  - Welche potenziellen Entwicklungsverläufe der Branche/des Markts sind denkbar – und welche Eintrittswahrscheinlichkeiten sind hierfür jeweils anzunehmen?
  - Welche strategischen Alternativen ergeben sich aus diesen Szenarien und welche Meilensteine kennzeichnen die strategischen Planungen?
  - Inwiefern wird der Gesamterfolg des Geschäftsmodells von den jeweiligen Entwicklungsverläufen positiv/negativ beeinflusst?
- *Finanzierung/Budget*: Schließlich sind für die strategischen Optionen auch jeweils zentrale finanzielle Eckwerte zu hinterlegen, um die wirtschaftliche Tragfähigkeit des Geschäftsmodells/des Projekts zu kennzeichnen.
  - In welcher Gesamthöhe besteht Kapitalbedarf, um die Geschäftsidee realisieren zu können?
  - Welches sind zentrale – fixe oder variable – Kostentreiber, z. B. Personal, Infrastruktur, Kapital?
  - Unter welchen Bedingungen ist das Geschäftsmodell zu welchem Zeitpunkt profitabel, wann ist also Break-even erreichbar?

1.3.5 Persönliche Termine, Routinen und Prioritäten

Unabhängig von ihren fachlichen Aufgaben müssen Manager angemessene Formen des Umgangs mit ihren zeitlichen, sachlichen und finanziellen Ressourcen finden. Stress und Hektik des Managementalltags lassen sich durch die Beachtung einiger idealtypischer Grundregeln, Leitlinien und Arbeitstechniken reduzieren – häufig auch mit positiven Ausstrahlungseffekten ins Privatleben.

Grundsätzlich hängen persönliche Arbeitstechniken von Alter und Erfahrung jedes Einzelnen ab und können immer nur unter den *Bedingungen* der *jeweiligen Organisationskontexte* angewendet werden. Maßgeblich sind dabei insbesondere die jeweiligen fachlichen und hierarchischen Stellenprofile sowie die Persönlichkeitseigenschaften von Mitarbeitern und Vorgesetzten.
Etwa alle drei Jahre sollte jeder Manager seine persönlichen Arbeitstechniken kritisch reflektieren. Auch sind sie immer dann *auf den Prüfstand* zu stellen, wenn der Arbeitsplatz gewechselt wird oder man mit einem neuen Vorgesetzten konfrontiert ist.

Ungeachtet persönlicher und stellenspezifischer Unterschiede können für Manager folgende Themen eines „Zeit- und Selbstmanagements" relevant sein (vgl. Malik, 2006, S. 329–344):
- Besondere Bedeutung hat für Manager die *Nutzung verfügbarer Zeit*. Das wichtigste Instrument des Zeitmanagements ist der persönliche *Kalender*, in dem möglichst langfristig Termine definiert, Aktivitätsbereiche strukturiert und wichtige Eckwerte festge-

legt werden. Es gilt, fixe Zeiträume für wichtige – auch private – Aktivitäten abzustecken, die später nach Möglichkeit auch nicht angetastet werden. Außerdem ist etwa ein Mal jährlich zu reflektieren, welche Aufgaben zukünftig nicht mehr verfolgt werden sollen. Nur wenige Manager setzen sich ganz bewusst damit auseinander, was ihnen hinsichtlich Beruf oder Privatleben wichtig ist, wie viel Zeit sie für sich selbst benötigen und welche Hobbys oder andere Formen von Erholung und Selbstbestätigung sie in welchem zeitlichem Umfang verfolgen wollen.

- Praktische Relevanz hat auch der *Umgang mit Arbeitsvorgängen*. Generell ist jeder Manager mit einer Vielzahl an Vorgängen konfrontiert – Korrespondenzen, Geschäftsberichte, Sitzungsprotokolle, Aktenvermerke, Gesprächsnotizen, Vertragsentwürfe, Angebote, Zeitungsberichte. Nur mit einer *Priorisierung von Vorgängen* gelingt es, sich von der Vielzahl an Inputs nicht sprichwörtlich die Zeit rauben zu lassen. Um Wichtiges, Notwendiges, Interessantes und Überflüssiges zu unterscheiden, helfen persönliche Werte- oder Koordinatensysteme, die festlegen, mit welcher Dringlichkeit – also in welchem zeitlichen Rahmen – welche Vorgänge zu erledigen sind. Als Leitidee kann dabei gelten: „Effective executives do first things first and second things ... not at all!" (Malik, 2006, S. 178). Nachrangige Aufgaben sind also möglichst mit einem Minimum an Aufwand abzuarbeiten und – wenn möglich – an Mitarbeiter oder Sekretariate zu delegieren.
- Des Weiteren benötigen Manager persönliche Regeln für den *Umgang mit Telefonaten und E-Mails*. Grundsätzlich sind spontane Telefonate oder Mails möglichst zu vermeiden. Wie bei Sitzungen auch, sollte man sich zumindest kurz vorbereiten, um die richtigen Themen in der richtigen Reihenfolge auf angemessene Weise ansprechen und so möglichst effektiv die angestrebten Ergebnisse erzielen zu können.
  - Führungskräfte sind darüber hinaus mit einem besonderen Effektivitätsproblem konfrontiert, denn „geistige Arbeit braucht für ihre Wirksamkeit *große Zeiteinheiten – Zeitblöcke – ungestörten Arbeitens* ... Für den Kopfarbeiter ist aber die ständige Unterbrechung die Regel" (Malik, 2006, S. 111; Hervorhebungen im Original). Insofern bietet es sich für Manager an, nicht jederzeit erreichbar zu sein und An- oder Rückrufe möglichst in feste zeitliche Blöcke zusammenzufassen – damit Arbeitszeit nicht über den ganzen Tag hinweg von Telefonaten oder E-Mails unterbrochen wird.
- Glaubwürdigkeit und Effektivität des Managements hängen außerdem erheblich von der *Einhaltung von Terminen* und der *Wiedervorlage unerledigter Vorgänge* ab. Deshalb sind Termine möglichst über den Kalender einzutakten und noch nicht abgeschlossene Geschäftsvorgänge so abzulegen, dass sie bei Bedarf oder Termin ohne Suchen präsent sein können. Gerade bei einer digitalen Ablage auf Intranets oder Festplatten braucht es thematische Kontexte, die ein Auffinden von Vorgängen und deren inhaltliche Erfassung ohne größeren Zeitaufwand gewährleisten (vgl. Willke, 2001a, S. 110–114).
- Zur Effektivität von Management tragen auch *Routineabläufe* bei. Während sich Routinen bei täglichen Aufgaben und Prozessen quasi automatisch einspielen, fehlt dies insbesondere bei Tätigkeiten, die zwar regelmäßig – aber nur in größeren Zeitabständen – stattfinden, z. B. die Vorbereitung und die Durchführung jährlicher Mitglieder- oder Gesellschafterversammlungen. Hier helfen explizite *Checklisten*, wiederkehrende Abläufe wirksam zu routinisieren.

1.3 Managementinstrumente

- Schließlich ist jeder Manager auf den *Aufbau und* die *Pflege persönlicher Beziehungen* zu Kollegen, Mitarbeitern und vor allem Geschäftspartnern angewiesen. Netzwerke persönlicher Bekanntschaften und Beziehungen – nach innen und außen – sind für Manager eine erhebliche Ressource, die permanent zu kultivieren ist. Insofern sind persönliche Formen zur Pflege solcher Beziehungen notwendig, etwa indem man sich Interessen, Hobbys, Geburtstage oder besondere familiäre Aspekte wichtiger Partner systematisch notiert und immer wieder zum Anlass nimmt, den Kontakt aufrecht zu erhalten.

Praxisbeispiel

> Höhepunkt des Wettkampfjahres im Schwimmen sind alle vier Jahre die Olympischen Spiele und alle zwei Jahre alternierend Europa- und Weltmeisterschaften. Im Olympiajahr sind dabei Überschneidungen zweier Events üblich, 2012 finden wenige Wochen vor den Olympischen Spielen noch die Europameisterschaften (EM) statt. Die Teilnahme deutscher Schwimmer wird jeweils von der Fachsparte Schwimmen des Deutschen Schwimm-Verbands (DSV) vorbereitet. Unter der Gesamtverantwortung des Direktors Leistungssport sind an diesem Managementprozess der Bundestrainer für den A-Leistungsbereich, der DSV-Teammanager/Leistungssportreferent und eine Sekretariatsstelle beteiligt.
>
> Rund ein Jahr vor Beginn der Wettkämpfe muss der Teammanager für die im September/Oktober 2011 anstehende Finanz- und Maßnahmenplanung des DSV erste Weichenstellungen vornehmen. Hierzu formulieren der DSV-Cheftrainer und die vier Bundestrainer schriftlich ihre Zielstellungen und Meilensteine sowie die von ihnen im Jahresverlauf geplanten Lehrgangs- und Wettkampfmaßnahmen. Diese werden vom Teammanager zusammengefasst und unter Berücksichtigung der Kostendächer des Gesamtfinanzhaushalts budgetiert. Das vorläufige EM-Budget in Höhe von rund 65 Tsd. Euro (2012) basiert zu diesem Zeitpunkt auf Hochrechnungen der geplanten Teilnehmer und der zentralen Kostenfaktoren Anreise (rund 25%), Aufenthalt vor Ort (Unterbringung/Verpflegung, rund 65%) und Honorare (rund 10%).
>
> Bis Ende Oktober 2011 folgen eingehende Beratungen zwischen dem Direktor Leistungssport, den Bundestrainern, dem Teammanager und den beim DSV angestellten Stützpunkttrainern zur Abstimmung der Nominierungskriterien, welche eine Qualifikation zur Teilnahme an den EM regeln.
>
> Nachdem im November 2011 ein umfassendes Bulletin des Ausrichters über den Ablauf der Wettkämpfe, die Wettkampfstätte, die Unterbringungs- sowie die Transportmöglichkeiten informiert, erfolgt eine Inspektionsreise des Teammanagers und des A-Bundestrainers vor Ort, um die Wettkampfstätte zu inspizieren, verschiedene Hotels und Fahrwege zwischen Unterkunft und Wettkampfstätte zu prüfen, sowie persönliche Kontakte zum Organisationskomitee aufzubauen. Angesichts der konkretisierten Rahmendaten ist dann eine erneute Kostenkontrolle notwendig.
>
> Im Anschluss an den EM-Qualifikationswettkampf berät im März 2012 der Nominierungsausschuss – Direktor Leistungssport, Bundestrainer, Trainer- und Aktivensprecher – über die Nominierung der Sportler, Trainer und Betreuer, d. h., die Wettkampfeinsätze der Aktiven, die Zuständigkeiten und Befugnisse der Trainer, die Verantwortungsbereiche der Betreuer. Es folgen die Planung der An- und Abreise jedes Mannschaftsmitglieds und die Wettkampfmeldungen an den Veranstalter. Für den Teammanager bedeutet dies erneut eine Anpassung der Hotelbuchungen und eine Kontrolle des Budgets.

> Während der Wettkämpfe im Mai 2012 ist der Teammanager in Abstimmung mit dem Mannschaftsleiter und dem zuständigen Bundestrainer vor Ort für alle im Umfeld der Wettkämpfe anstehenden Aufgaben und für die Klärung etwaiger Probleme zuständig. Diese findet im Rahmen einer täglichen abendlichen Besprechung aller Verantwortlichen der DSV-Delegation statt.
>
> Nach Abschluss der Wettkämpfe erfolgt im Rahmen einer Auswertungssitzung mit allen an der Maßnahme beteiligten Verantwortlichen die Evaluation der realisierten sportlichen Ergebnisse, Umfeldbedingungen und Kosten.

Kontrollfragen

1. Zur Bewältigung ihrer Aufgaben stehen Managern verschiedene Managementinstrumente zur Verfügung. Welche sind dies?
2. Die Profilierung und Besetzung von Stellen ist ein zentrales Managementinstrument. Welche allgemeinen Grundsätze hat das Management dabei typischerweise zu beachten?
3. Budgets sind im Kern betriebswirtschaftliche Managementinstrumente. Worin liegt die Bedeutung einer systematischen Budgetierung und welche Budget-Formen lassen sich voneinander abgrenzen?
4. Sitzungen erfordern grundsätzlich einen hohen Ressourceneinsatz. Wie können Manager Sitzungen möglichst effektiv gestalten?
5. Schriftlichkeit hat für das Management besondere Vorteile, weshalb sie für bestimmte Geschäfts- und Arbeitsvorgänge sogar vorgeschrieben ist. Welche Grundregeln helfen Managern beim Erstellen von Schriftstücken?
6. Ein zentrales Managementinstrument sind Business Pläne. Welche Funktionen können Business Pläne übernehmen und über welche Themen müssen sie Auskunft geben?
7. Persönliche Arbeitstechniken im Sinne eines Zeit- und Selbstmanagements können helfen, Stress und Hektik des Managementalltags zu reduzieren und die Effektivität des Managements zu erhöhen. Welche persönlichen Arbeitstechniken sind dabei besonders relevant?

2 Organisationskontexte des Sportmanagements

Das in Kapitel 1 vorgeschlagene Begriffsverständnis von Management weist Organisationskontexten des Managements zentrale Bedeutung zu. Sie sind einerseits Gegenstand von Management – z. B. wenn es um Strukturveränderungen geht – und bestimmen andererseits ganz wesentlich dessen Möglichkeiten und Limitierungen. Folglich gehört eine Auseinandersetzung mit Grundprinzipien und Charakteristika relevanter Organisationskontexte des Sports ganz unmittelbar zu den Grundlagen des Sportmanagements. Auf dieser Basis wird es auch möglich, Spezifika eines *Sport*managements herauszuarbeiten und zu reflektieren (vgl. Kapitel 3).

Formale Organisationen, etwa Wirtschaftsunternehmen, Medienverlage, Krankenhäuser oder Sportverbände, sind Träger rollenförmiger Arbeitsteilung. Auf diese Weise schaffen sie dem Einzelnen Bedingungen der Möglichkeit zur *Übernahme sozialer Rollen*, d. h., einer Teilhabe an gesellschaftlichen Zusammenhängen, z. B. als Kunde oder Unternehmer (Wirtschaft), als TV-Zuschauer oder Journalist (Massenmedien), als Patient oder Arzt (Gesundheit). Indem formale Organisationen dem Einzelnen Sozialintegration ermöglichen, übernehmen sie eine zentrale Vermittlerfunktion innerhalb der Gesellschaft (vgl. Brose, Holtgrewe & Wagner, 1994, S. 256–257; Schimank & Volkmann, 1999, S. 39–42; Borggrefe, 2008, S. 109–111).

Die Übernahme sozialer Rollen wird dabei organisationsintern an spezifische Bedingungen und damit eine *selektive Auswahl* von Personen geknüpft, z. B. für die Einstellung eines Geschäftsführers im Sportverein, die Berufung von Spielern ins Profiteam, die Auswahl von Physiotherapeuten zur Betreuung der Nationalmannschaft. Für die Möglichkeit einer Rollenübernahme und die Inanspruchnahme damit verbundener Rechte, z. B. Teilnahmemöglichkeiten von Vereinsmitgliedern am Trainingsbetrieb, binden sich Personen außerdem an jeweilige organisationale Normen und Pflichten, etwa die Zahlung von Mitgliedsbeiträgen. Organisationen definieren damit ganz wesentlich die Bedingungen und die Grenzen personaler *Entfaltungsmöglichkeiten* in der Gesellschaft (vgl. Baecker, 2001, S. 51–52).

2.1 Sportvereine

Wer am sportlichen Spiel- oder Wettkampfbetrieb teilnehmen will, ist in Deutschland zwingend auf eine Vereinsmitgliedschaft angewiesen. Sportvereine stellen deshalb *die* zentrale organisatorische Basis des Sports in Deutschland dar. Folglich müssen Sportmanager idealtypische Charakteristika von Sportvereinen – Freiwilligenvereinigungen in der Rechtsform des eingetragenen Vereins – kennen und wissen, welchen rechtlichen Minimalanforderungen ein Sportvereinsmanagement zu entsprechen hat.

Lernziele des Kapitels

> Die Leser erfahren, welche Voraussetzungen für die Gründung eines Sportvereins erfüllt sein müssen und wie der Gründungsprozess idealtypisch abläuft.
> Sie setzen sich mit dem Sportverein als „juristischer Person" auseinander und lernen dessen Organe mit ihren typischen Aufgaben- und Verantwortungsbereichen kennen.
> Sie erfahren, welche Zuständigkeits- und Verfahrensfragen die Satzung von Sportvereinen möglichst eindeutig zu klären hat.
> Sie setzen sich mit idealtypischen Charakteristika von Sportvereinen auseinander, die sie über juristische Kriterien hinaus als Freiwilligenvereinigung kennzeichnen.
> Sie reflektieren aktuelle Zahlen zur Situation der Sportvereinslandschaft.

Ungeachtet einer vermeintlichen Professionalisierung und Ökonomisierung des Sports sind Sportvereine nach wie vor die Basis des organisierten Sports in Deutschland. Dies ergibt sich aus ihrer großen Anzahl – 2011 zählte der deutsche Sport 91.250 Sportvereine (vgl. DOSB, 2011a, S. 1) – ihrer bundesweiten Verbreitung, ihrer Verankerung in praktisch allen Sportarten und ihrer Relevanz für alle Leistungsniveaus vom Breiten- bis zum Spitzensport.

2.1.1 Sportvereine als „juristische Personen"

Sportvereine lassen sich zunächst ganz allgemein als auf Dauer angelegte Zusammenschlüsse von Personen zur Verfolgung eines gemeinsamen Zwecks verstehen. Die Möglichkeit zur Gründung von Sportvereinen ergibt sich dabei aus der verfassungsrechtlich gewährleisteten Vereinigungsfreiheit in Artikel 9 Grundgesetz (GG[1]). Dort heißt es in Absatz 1, „Alle Deutschen haben das Recht, Vereine und Gesellschaften zu bilden." Im Sport ist dabei insbesondere der nicht wirtschaftliche Verein gemäß § 21 Bürgerliches Gesetzbuch (BGB[2]) die vorherrschende Rechtsform.

Für die Gründung eines Sportvereins sind sieben Gründungsmitglieder erforderlich, die alle natürliche Personen – also konkrete Einzelpersonen – sein müssen (vgl. §§ 56, 59 BGB). Eine Gründungsversammlung muss die Vereinssatzung festlegen und den Vereinsvorstand wählen. Beides ist unter Angabe folgender Daten zu protokollieren:

- Ort und Tag der Versammlung.
- Namen von Versammlungsleiter und Protokollführer.
- Beschlüsse und Abstimmungsergebnisse.
- Name, Vorname, Geburtsdatum und Wohnort der gewählten Vorstandsmitglieder.
- Annahme der Wahl durch die Gewählten.
- Unterschriften der (mindestens sieben) Gründungspersonen.
- Liste der Anwesenden.

---

[1] Grundgesetz in der Fassung vom 21. Juli 2010.
[2] Bürgerliches Gesetzbuch in der Fassung vom 27. Juli 2011.

Mit Registrierung und Eintragung in das Vereinsregister des Amtsgerichts am Sitz des Vereins erhalten Sportvereine Rechtsfähigkeit. Aufgrund dieser eigenen Rechtspersönlichkeit als „juristischer Person" wird ihr Bestehen unabhängig vom Ein- oder Austritt bestimmter Mitglieder. Außerdem können Vereine selbst Träger von Rechten und Pflichten sowie Zurechnungspunkt von Vermögen sein, z. B. können sie Verträge schließen oder Eigentum erwerben. Zur Eintragung des Vereins zeigt der Vereinsvorstand beim zuständigen Finanzamt dessen Gründung an und meldet ihn unter Vorlage der Vereinssatzung und des Gründungsprotokolls beim Vereinsregister an. Diese Anmeldung muss öffentlich, d. h., notariell beglaubigt sein (vgl. Brox, 1997, S. 319–323).

Mit der Eintragung in das Vereinsregister ist auch eine Haftungsfreistellung der Vereinsmitglieder verbunden. Sie haften nicht persönlich und unbeschränkt für Verbindlichkeiten des Vereins, sondern die Haftung ist grundsätzlich auf das Vereinsvermögen beschränkt. Aus diesen Gründen ist die Eintragung in das Vereinsregister zeitnah vorzunehmen, denn bis dahin haben im Zweifel alle Vereinsmitglieder für Verpflichtungen des Vereins einzustehen (vgl. Bardenz, 2004, S. 18–21; 68). Spätere Satzungsänderungen oder Neuwahlen des Vorstands sind ebenfalls dem Vereinsregister zu melden und werden regelmäßig erst mit der Eintragung im Register wirksam (vgl. § 33 BGB).

2.1.2 Organe von Sportvereinen

Mit der Erlangung einer eigenen Rechtspersönlichkeit als „juristischer Person" treten die Persönlichkeiten der (Gründungs-) Mitglieder hinter die Regelungen der Vereinssatzung zurück. Aus diesem Grund brauchen Sportvereine eigene Organe: die Mitgliederversammlung ist das demokratische Willensbildungsorgan nach innen (vgl. § 32 BGB), der Vorstand vertritt den Verein nach außen (vgl. § 26 BGB). Fakultativ sind außerdem Delegiertenversammlungen, Ausschüsse oder Beiräte.

Mitgliederversammlung

Die *Mitgliederversammlung* repräsentiert die Gesamtheit aller Vereinsmitglieder und ist damit das höchste Willensbildungsorgan von Sportvereinen. Grundlegende Entscheidungen hinsichtlich der Vereinsarbeit/-politik sind ausschließlich der Mitgliederversammlung vorbehalten: „Die Angelegenheiten des Vereins werden, soweit sie nicht von dem Vorstand oder einem anderen Vereinsorgan zu besorgen sind, durch Beschlussfassung in einer Versammlung der Mitglieder geordnet" (§ 32 BGB).

Eine Übertragung bestimmter Befugnisse der Mitgliederversammlung auf Vertreter- oder Delegiertenversammlungen ist allerdings zulässig, soweit sie nicht die Bestellung und die Abberufung des Vorstands, tief greifende Satzungsänderungen oder die Auflösung des Vereins betreffen (vgl. Bardenz, 2004, S. 48–51). „Zur Änderung des Zweckes des Vereins ist die Zustimmung aller Mitglieder erforderlich; die Zustimmung der nicht erschienenen Mitglieder muss schriftlich erfolgen" (§ 33 BGB).

Grundsätzlich obliegen der Mitgliederversammlung die Wahl des Vorstands und der Kassenprüfer, die Entgegennahme der Jahresberichte von Vorstand und Kassenprüfer sowie die Entlastung des Vorstands, wenn dieser seine Geschäfte im Sinne des Vereins erfüllt hat. Außerdem setzt sie die Höhe der Mitgliedsbeiträge fest, entscheidet über die Erhebung von Aufnahmegebühren, berät und beschließt über Anträge zur Vereinsarbeit. Bezogen auf damit einhergehende Verfahrensfragen existieren praktisch keine gesetzlichen Vorgaben. Empfehlenswert ist allerdings, in der Satzung folgende Eckpunkte zu klären (vgl. Württembergischer Landessportbund, 2010, S. 17–21):

- *Regelmäßigkeit und Rhythmus der Einberufung*: Empfehlenswert ist eine jährliche Einberufung und Durchführung der Mitgliederversammlung.
- *Einladungsfristen und -form*: Einberufen wird die Mitgliederversammlung grundsätzlich durch den Vorstand. Jedem Vereinsmitglied ist dabei unter zumutbaren Umständen Gelegenheit zu geben, von der Einladung Kenntnis zu nehmen. Empfehlenswert ist, die Einladung inklusive Tagesordnung und Anträgen zur Beschlussfassung drei Wochen vor dem Sitzungstermin den Mitgliedern zuzustellen.
- *Einreichung und Aufnahme von Anträgen*: Für die Zulassung von Anträgen, etwa auf Erhöhung der Mitgliedsbeiträge oder auf Sanierung des Vereinsheims, sind konkrete Voraussetzungen zu definieren, z. B. zeitliche Fristen oder Formerfordernisse.
- *Beschlussfähigkeit und Mehrheitserfordernisse*: Grundsätzlich entscheidet die Mitgliederversammlung per Mehrheit der abgegebenen Stimmen (vgl. § 32 BGB), wobei die Satzung für die Beschlussfähigkeit der Mitgliederversammlung die Anwesenheit einer Mindestanzahl von Mitgliedern festschreiben kann. Beschlüsse über Satzungsänderungen erfordern eine Mehrheit von drei Vierteln der anwesenden stimmberechtigten Mitglieder, wobei diese Mehrheit anhand der abgegebenen gültigen Ja- und Nein-Stimmen errechnet wird (vgl. § 33 BGB).

Vorstand

Gesetzlicher Vertreter des Vereins ist der von der Mitgliederversammlung berufene *Vorstand*, bestehend aus einem oder mehreren Ehrenämtern (vgl. §§ 26; 27 Abs. 3 BGB). Vorstandsmitglieder müssen nur dann Mitglied des Vereins sein, wenn die Satzung dies explizit vorsieht. Empfehlenswert ist ein mindestens zweiköpfiger Vorstand, insbesondere aufgrund der damit einhergehenden wechselseitigen Kontrollmöglichkeiten. Bei mehrköpfigen Vorständen gilt dann grundsätzlich das Mehrheitsprinzip (vgl. Bardenz, 2004, S. 52).

Zwischen Vorstandsmitgliedern und Verein besteht ein Geschäftsbesorgungsvertrag, wobei der Vorstand grundsätzlich an Weisungen und Beschlüsse der Mitgliederversammlung gebunden ist, die u. a. in Geschäftsordnungen festgehalten sein können (vgl. § 27 BGB). Von Beschlüssen der Mitgliederversammlung darf der Vorstand nur abweichen, wenn er dies mit situativen Umständen oder Zwängen rechtfertigen kann und zu einem späteren Zeitpunkt mit Billigung durch die Mitgliederversammlung zu rechnen ist (vgl. § 665 S. 1 BGB).

Der Vorstand ist verpflichtet, die Mitglieder mit relevanten Informationen über die Vereinsarbeit zu versorgen, z. B. mittels Rundschreiben oder Vereinszeitungen. Zu den per Satzung festgelegten Zeitpunkten, wenigstens anlässlich der Mitgliederversammlung, hat der Vorstand den Mitgliedern in Form von *Jahres-/Geschäftsberichten* Rechenschaft über seine

Amtsausübung abzulegen. Wurden die Geschäfte des Vorstands pflichtgemäß geführt, hat er Anspruch auf Entlastung durch die Mitgliederversammlung. Sie kann dem Vorstand pauschal, aber auch allen Vorstandsmitgliedern einzeln erteilt werden und sich auf bestimmte Zeitabschnitte oder die gesamte Amtsdauer beziehen. Die Entlastung wirkt wie ein Verzicht des Vereins auf möglicherweise bestehende Ansprüche gegen den Vorstand.

Aufgaben des Vorstands sind vor allem die Umsetzung von Beschlüssen der Mitgliederversammlung sowie die Einberufung und die Vorbereitung der Mitgliederversammlung. Hierzu zählt insbesondere die Erstellung von Haushaltsplänen/-abschlüssen und Jahresberichten. Des Weiteren entscheidet der Vorstand regelmäßig über Aufnahme und Ausschluss von Mitgliedern. Auch hier existieren praktisch keine gesetzlichen Vorgaben, wobei es empfehlenswert ist, in der Satzung folgende Themen zu klären (vgl. Württembergischer Landessportbund, 2010, S. 21–26):

- *Amtszeit*: Die Dauer der Amtszeit von Vorstandsmitgliedern ist z. B. auf zwei oder vier Jahre festzulegen. Sie beginnt mit der Annahme der Wahl, also der Erklärung des Gewählten, das Vorstandsamt ausüben zu wollen. Bei mehreren Vorstandsmitgliedern können für deren Amtszeiten unterschiedliche Zeiträume festgelegt werden.
- *Altersgrenze*: Die Verankerung einer Altersgrenze für Vorstandsmitglieder ist prinzipiell möglich.
- *Vorzeitiges Ausscheiden*: In der Satzung ist zu regeln, wie bei einem vorzeitigen Ausscheiden eines Vorstandsmitglieds verfahren wird. Empfehlenswert ist, dass der Vorstand bis zur nächsten Mitgliederversammlung kommissarisch ein Ersatzmitglied berufen kann.
- *Einladung und Beschlussfassung*: Die Einladung zu Vorstandssitzungen erfolgt typischerweise schriftlich inklusive Tagesordnung, insbesondere sind die Gegenstände der Beschlussfassung offen zu legen. Bei mehrköpfigen Vorständen ist außerdem zu klären, wie viele Vorstandsmitglieder in Sitzungen anwesend sein müssen, damit der Vorstand beschlussfähig ist.
- *Vertretungsmacht*: Die Vertretungsmacht des Vorstands kann beschränkt werden, so dass er Rechtsgeschäfte ohne explizite Zustimmung der Mitgliederversammlung nur bis zu einem bestimmten Geschäftswert abschließen darf, z. B. 3.000 Euro.

Ehrenamtliche können für ihre freiwillige Mitarbeit in gemeinnützigen Vereinen Einnahmen in Höhe bis zu 500 Euro pro Jahr als Aufwandspauschale steuer- und sozialversicherungsfrei vereinnahmen. Dieser *Ehrenamtsfreibetrag* greift bei nebenberuflichen Tätigkeiten, sofern der Übungsleiterfreibetrag nicht anwendbar ist (vgl. § 3 Nr. 26a EStG[3]). Um bei der Zahlung pauschaler Aufwandsentschädigungen oder sonstigen Vergütungen an den Vereinsvorstand nicht die Gemeinnützigkeit des Vereins in Gefahr zu bringen, ist folgende Formulierung in der Vereinssatzung empfehlenswert: „Mitglieder der Organe und Gremien des Vereins sind grundsätzlich ehrenamtlich tätig. Die ihnen entstehenden Auslagen und Kosten werden ersetzt" (Württembergischer Landessportbund, 2010, S. 4).

---

[3] Einkommensteuergesetz in der Fassung vom 12. April 2012.

Ausschüsse und Beiräte

Während Mitgliederversammlung und Vorstand als Vereinsorgane zwingend vorgeschrieben sind, ist die Einrichtung von *Delegiertenversammlungen, Ausschüssen* oder *Beiräten* frei gestellt. Sieht die Vereinssatzung solche zusätzlichen Organe vor, ist festzulegen, wer diesen jeweils angehören soll und welche Aufgaben ihnen übertragen werden.
Grundsätzlich sind Delegierte oder Beiräte von der Mitgliederversammlung zu wählen. Übernehmen solche Organe Aufgaben im Sinne eines Aufsichtsgremiums, kontrollieren sie also den Vorstand, dürfen ihnen *keine* Vorstandsmitglieder angehören. An Sitzungen von Hauptausschüssen oder Beiräten können Vorstandsmitglieder jedoch ohne Stimmrecht teilnehmen, insofern sind sie auch über Sitzungstermine zu informieren.

Ist die Vertretungsmacht des Vorstands aufgrund eines Beschlusses der Mitgliederversammlung eingeschränkt, liegt es oftmals in der Hand von Ausschuss oder Beirat, Rechtsgeschäften mit höheren Geschäftswerten zuzustimmen, oder diese zu genehmigen. Mangels gesetzlicher Vorgaben können in der Vereinssatzung auch für diese Gremien die oben genannten Verfahrensfragen geklärt sein, z. B. Wahlmodus, Amtszeit, Beschlussfähigkeit, Informationspflicht gegenüber den Mitgliedern.

Die Einrichtung von Delegiertenversammlungen oder Beiräten ermöglicht grundsätzlich tagesaktuellere Diskussionen und Beschlussfassungen unter Einbeziehung von Vertretern der Mitglieder. Gleichwohl schränken solche *Repräsentativverfassungen* die ursprünglichen Rechte der Mitgliederversammlung ein. Deshalb sind in diesen Fällen vor allem Regelungen der Stimmenverteilung zu finden, die eine unangemessene Dominanz einzelner Vereinsabteilungen verhindern können. Häufig wird bei der Stimmverteilung auf das Verhältnis zur Mitgliederzahl der einzelnen Abteilungen Bezug genommen, z. B. dass je angefangene 50 Mitglieder eine Stimme zugewiesen wird. Praktiziert wird bei Delegiertenversammlungen mitunter auch die Mitgliedschaft „qua Amt", also dass etwa die jeweiligen Abteilungsleiter „automatisch" stimmberechtigte Mitglieder dieser Organe sind (vgl. Bardenz, 2004, S. 50–51).

Geschäftsstelle

Über die genannten Organe hinaus besteht die Möglichkeit, zur Unterstützung der Vereinsarbeit *hauptberufliche Mitarbeiter* in einer *Geschäftsstelle* anzustellen. Diese können vom gewählten Vorstand Vertretungsmacht für bestimmte Geschäftsbereiche übertragen bekommen, jedoch dürfen sie formal nicht dessen Funktion übernehmen. Grundlegende Entscheidungen für den Verein zu treffen, bleibt auch bei der Anstellung hauptberuflicher Mitarbeiter allein Aufgabe der Mitgliederversammlung.

Typische Aufgabenbereiche, die in Sportvereinen von Mitarbeitern der Geschäftsstellen abgedeckt werden, sind z. B.
- Finanzbuchhaltung, Mitgliedsbeiträge, Spenden.
- Personal.
- Trainings- und Übungsbetrieb, Übungsleiter, Kindersportschule.

- Sportstätten, Vereinsanlagen.
- PR/Öffentlichkeitsarbeit, Medien.
- Veranstaltungen/Events.

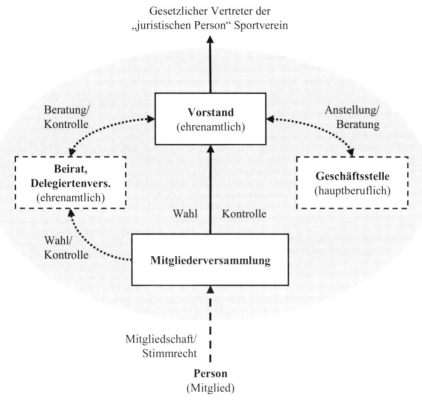

Abb. 3: Organisationskontext Sportverein.

2.1.3 Satzung als Gesellschaftsvertrag von Sportvereinen

Wie bereits mehrfach deutlich wurde, ist die Satzung der grundlegende Gesellschaftsvertrag von Sportvereinen. Sie gibt Auskunft über vereinstypische Leitprinzipien und Grundsatzregelungen und definiert wesentliche Rechte und Pflichten der Mitglieder. Die Regelungen der Satzung führen folglich ein von der Persönlichkeit einzelner Vereinsmitglieder losgelöstes Eigenleben und entfalten gegenüber allen Vereinsmitgliedern Rechtswirkungen. Als konstituierendes Rechtsgeschäft und Gesellschaftsvertrag eines Vereins muss die Satzung einen gesetzlich geregelten Mindestinhalt aufweisen und schriftlich abgefasst sein (vgl. §§ 25; 57–59 BGB). Über die Regelungen zu Mitgliederversammlung und Vorstand hinaus (vgl. Kapitel 2.1.2) müssen Vereinssatzungen weitere Eckpunkte umfassen. Im Rahmen der Eintragung in das Vereinsregister wird beispielsweise geprüft, ob die Satzung folgende *Mindestinhalte* umfasst (vgl. §§ 57; 58 BGB):

- *Zweck*: Der Zweck des Vereins ist grundsätzlich beliebig, soweit er sich nicht gegen die verfassungsmäßige Ordnung, gegen Völkerverständigung oder gegen gesetzliche Verbote richtet. Eine empfehlenswerte Formulierung lautet: „Vereinszweck ist die Pflege und Förderung des Sports. Der Vereinszweck wird insbesondere durch die Förderung sportlicher Übungen und Leistungen verwirklicht … Der Verein verfolgt ausschließlich und unmittelbar gemeinnützige Zwecke im Sinne des Abschnitts ‚steuerbegünstigte Zwecke' der Abgabenordnung. Der Verein ist selbstlos tätig und verfolgt nicht in erster Linie eigenwirtschaftliche Zwecke" (Württembergischer Landessportbund, 2010, S. 4).
- *Name*: Der Name des Vereins ist frei wählbar, er soll sich aber möglichst von den in der jeweiligen Gemeinde bereits eingetragenen Vereinen unterscheiden.
- *Sitz*: Der Sitz des Vereins ist ebenfalls frei wählbar, muss sich aber auf *einen* konkreten Ort beziehen. Üblicherweise gilt als Vereinssitz der Ort, an dem die Verwaltung des Vereins erfolgt.
- *Eintragung*: Bereits in der Satzung ist die angestrebte Eintragung ins Vereinsregister festzuschreiben.

Über diese Mindestinhalte hinaus ist es empfehlenswert, in der Vereinssatzung folgende Verfahrensfragen zu regeln (vgl. § 58 BGB; Württembergischer Landessportbund, 2010):

- *Ein- und Austritt der Mitglieder*: Eine Mitgliedschaft ist grundsätzlich natürlichen und/oder juristischen Personen möglich. Festzulegen ist, welche Vereinsorgane über Aufnahmeanträge entscheiden, welche Verfahrenswege dabei einzuhalten sind – u. a. schriftliche Anträge, verpflichtende Formulare – und auf welche Weise gegenüber welchen Organen mit ggf. welchen Kündigungsfristen eine Mitgliedschaft beendet werden oder in welchen Fällen der Ausschluss aus dem Verein erfolgen kann.
- *Rechte und Pflichten der Mitglieder*: In der Satzung ist festzuhalten, dass die Mitglieder die satzungsmäßigen Regeln des Vereins anerkennen, Beschlüsse der Vereinsorgane befolgen und sich zur Förderung der Vereinsinteressen verpflichten. Im Gegenzug gesteht ihnen der Verein bestimmte Rechte zu, etwa Nutzungsrechte der Vereinsanlagen oder Teilnahmemöglichkeiten an Vereinsveranstaltungen.
- *Vereinsbeiträge*: Zu regeln ist, ob und welche Beiträge Mitglieder leisten müssen, welche Vereinsorgane deren Höhe festlegen und wann diese fällig werden. Empfehlenswert ist, auf eine Beitragsordnung des Vereins zu verweisen, in der weitere detaillierte Festlegungen getroffen werden. Die exakte Höhe von Mitgliedsbeiträgen wird in der Satzung typischerweise nicht angegeben, da sonst bei etwaigen Modifikationen auch die Satzung geändert werden muss.

Darüber hinaus lassen die gesetzlichen Vorschriften im Vereinsrecht sehr viel Gestaltungsspielraum. Dabei bietet es sich an, in der Satzung auch folgende Themen zu regeln (vgl. Württembergischer Landessportbund, 2010):

- *Geschäftsjahr*: Die Bestimmung des Geschäftsjahrs, z. B. des Kalenderjahrs, ist vor allem mit Blick auf steuerliche Fragen zweckmäßig.
- *Haftung der Organmitglieder*: Grundsätzlich haftet der Verein für die Amtsführung seiner Vereinsorgane. Allerdings haben Organmitglieder bei schuldhafter Schlechterfüllung ihrer Aufgaben dem Verein mögliche Schäden zu ersetzen, was in Vereinssatzungen häufig auf Vorsatz und grobe Fahrlässigkeit eingeschränkt wird. Weitergehende Haftungsbeschränkungen sind allerdings nicht zulässig.

- *Vereinsjugend*: Regelungen über die Vereinsjugend sind zur Einbindung der Jugend in den Verein empfehlenswert, z. B. in Form expliziter Jugendgruppen oder Jugendvorstände.
- *Ordnungen*: Sportvereine können neben der Satzung weitere, die Leitlinien der Vereinsarbeit absteckende und für die Mitglieder verbindliche Ordnungen haben, z. B. Geschäftsordnungen, Finanzordnungen, Beitragsordnungen, Ehrungsordnungen, Jugendordnungen. Damit diese Gültigkeit erlangen können, muss die Satzung für den Erlass derartiger Regelungen eindeutige Grundlagen schaffen und Verfahrensfragen klären.
- *Strafbestimmungen*: Um Störungen im Vereinsleben sanktionieren zu können, geben sich Vereine regelmäßig eine Strafgewalt, u. a. Verweise, Geldstrafen, vorübergehende oder endgültige Ausschlüsse aus dem Verein. Eine empfehlenswerte Formulierung diesbezüglich lautet: „Sämtliche Mitglieder des Vereines unterliegen einer Strafgewalt. Der Vorstand kann gegen Mitglieder, die sich gegen die Satzung, gegen Beschlüsse der Organe, das Ansehen, die Ehre und das Vermögen des Vereines vorgehen, folgende Maßnahmen verhängen" (Württembergischer Landessportbund, 2010, S. 32).
- *Kassenprüfer/-in*: In der Satzung ist weiterhin zu regeln, inwieweit die Geschäfts- und die Buchführung des Vereins überprüft werden. Üblicherweise werden Vereinsmitglieder als Kassenprüfer mit einer sachlichen und rechnerischen Prüfung der Buchführung und der Belege betraut, die dann gegenüber der Mitgliederversammlung Bericht erstatten.
- *Datenschutz*: Die Aufnahme einer Datenschutzklausel ist empfehlenswert, denn der Verein erhebt und verarbeitet üblicherweise persönliche Daten seiner Mitglieder. Folgende Formulierung ist diesbezüglich empfehlenswert: „Mit dem Beitritt eines Mitgliedes nimmt der Verein seine Adresse, sein Alter und seine Bankverbindung auf. Diese Informationen werden in dem vereinseigenen EDV-System gespeichert. Jedem Vereinsmitglied wird eine Mitgliedsnummer zugeordnet. Die personenbezogenen Daten werden dabei durch geeignete technische und organisatorische Maßnahmen vor der Kenntnisnahme Dritter geschützt" (Württembergischer Landessportbund, 2010, S. 34).

Wollen Sportvereine Mitglied in übergeordneten Sportverbänden werden, sind in die Satzung Formulierungen aufzunehmen, die eine Bindung an die jeweiligen Regelwerke der Verbände – also deren Satzungsbestimmungen, Ordnungen oder Antidoping-Richtlinien – ausdrücklich erkennen lassen. Außerdem ist darauf hinzuweisen, dass Mitgliederdaten, üblicherweise Name, Geburtsdatum und Anschrift, an die Verbände gemeldet werden.

2.1.4 Idealtypische Charakteristika von Sportvereinen

Die skizzierten formal-juristischen Regelungen bestimmen den Charakter des Organisationskontexts Sportverein ganz erheblich. Für die Beschreibung weiterer managementrelevanter Kennzeichen von Sportvereinen sind darüber hinaus folgende idealtypische Merkmale weitgehend anerkannt (vgl. Horch, 1983; Heinemann & Horch, 1988; Heinemann & Schubert, 1994):

- Kernelement von Sportvereinen als Freiwilligenvereinigungen ist zunächst *freiwillige Mitgliedschaft*, die weder auf Tausch noch auf Zwang, sondern auf einem jeweils spezifischen individuellen Nutzen basiert. Die Zahlung pauschaler Mitgliedsbeiträge führt deshalb nicht zu einem Anspruch auf konkrete Gegenleistungen des Vereins. Vielmehr

werden diese Mittel nach dem Solidarprinzip verwendet und gegebenenfalls auch zu internen Quersubventionierungen, z. B. zwischen Sportarten und Abteilungen, genutzt.
- Hieraus folgt die *Orientierung an Mitgliederinteressen* als zentrales Kennzeichen von Sportvereinen. Denn sehen die Mitglieder ihre Interessen durch die Vereinsaktivitäten nicht angemessen berücksichtigt, können sie ohne weiteres ihre Mitgliedschaft kündigen und aus dem Verein austreten. Idealtypisch besteht deshalb eine weitgehende Gleichheit von Vereinszielen und Mitgliederinteressen, wenngleich Vereinsziele und -aktivitäten in der Realität häufig als Kompromisse von Aushandlungsprozessen zwischen mehr oder weniger differenten Mitgliederinteressen hervorgehen.
- Die Zielsetzungen von Sportvereinen und eine auf die Zielerreichung ausgerichtete Verwendung verfügbarer Mittel werden von den Vereinsmitgliedern regelmäßig auf den Mitgliederversammlungen festgelegt. Dabei verfügt jedes Vereinsmitglied über gleiche Stimmrechte, wobei *demokratische Entscheidungsstrukturen* für die Abstimmungsverfahren charakteristisch sind. Dies gilt auch für Möglichkeiten des Widerspruchs, etwa wenn Vereinsmitglieder ihre Interessen durch Vereinsaktivitäten/-programme nicht angemessen berücksichtigt sehen, deshalb aber dem Verein nicht (gleich) durch Austritt und Kündigung den Rücken kehren wollen.
- Außerdem ist die *Unabhängigkeit von Dritten* ein konstitutives Merkmal von Sportvereinen als Freiwilligenvereinigungen. Denn auch wenn grundsätzlich die Möglichkeit besteht, externe Finanzquellen wie Eintrittsgelder, Gebühren oder Mieteinnahmen zu nutzen, liegt darin nicht die originäre Zielsetzung von Sportvereinen. Über die Beitragsfinanzierung durch die Mitglieder stehen Sportvereinen hingegen verlässliche Ressourcen zur Verfügung, die Stetigkeit und Planungssicherheit der Vereinsfinanzierung gewährleisten.
- Eng damit verknüpft ist die bedeutsame Ressource *ehrenamtliche Mitarbeit*, also die unentgeltliche Leistungserbringung der Vereinsmitglieder zur Verfolgung der Vereinszwecke (vgl. Heinemann, 1988, S. 124; Dierkes, 1989, S. 10–18). Über ehrenamtliches Engagement und solidarische Zusammenarbeit – längerfristig an ein Amt gebunden, oder in Form zeitlich befristeter Hilfe – können Vereinsmitglieder gemeinsame Interessen verwirklichen. Damit besteht grundsätzlich Rollenidentität zwischen Produzenten und Konsumenten der Vereinsangebote/-leistungen, was letztlich wechselseitig Solidarität erzeugt, „nicht auf Kosten des Engagements weniger die Vorteile des Vereins in Anspruch zu nehmen" (Heinemann & Schubert, 1994, S. 15).

> Sportvereine als Freiwilligenvereinigungen sind folglich idealtypisch ein Ort der Freiheit, wie er sonst in der Gesellschaft nicht anzutreffen ist, in dem man sich verwirklichen kann, ohne Ineffizienz und Inkompetenz vorgeworfen zu bekommen (vgl. Krainz & Simsa, 1995, S. 257).

Aus diesen grundlegenden Bedingungen des Organisationskontexts Sportverein resultierende Besonderheiten und Spannungsfelder des Managements werden ausführlich in Kapitel 3 beschrieben und reflektiert.

2.1.5 Sportvereine im Licht aktueller Zahlen

Betrachtet man die Sportvereinslandschaft in Deutschland, wird eine enorme Bandbreite von Mitgliederzahlen, Sportangeboten, ehrenamtlichen und hauptberuflichen Mitarbeitern deutlich. Diese Beobachtung mahnt zur vorsichtigen Interpretation von Daten und Aussagen zu „den" Sportvereinen. Denn im Licht aktueller Zahlen zeigt sich u. a., dass

- neben Einspartenvereinen, die ausschließlich eine Sportart vertreten, Mehrspartenvereine mit einer Vielzahl verschiedener Sportarten/Abteilungen existieren.
- neben kleinen Sportvereinen mit z. T. nur wenigen Dutzend Mitgliedern, Großvereine mit teilweise mehr als 10.000 Mitgliedern stehen.
- neben Sportvereinen, die sich ausschließlich auf Ehrenämter stützen, andere Sportvereine wiederum auch auf hauptberufliche Mitarbeit setzen.

Die zahlenmäßige Entwicklung der Sportvereine und ihrer Mitglieder seit Gründung des Deutschen Sportbunds (DSB) 1950 weist dabei enorme Zuwachsraten auf. Ausgehend von knapp 20.000 Sportvereinen mit rund 3,2 Mio. Mitgliedern 1950 hat der DOSB 2011 insgesamt 91.250 Sportvereine mit rund 27,6 Mio. Mitgliedern registriert (vgl. Abb. 4).

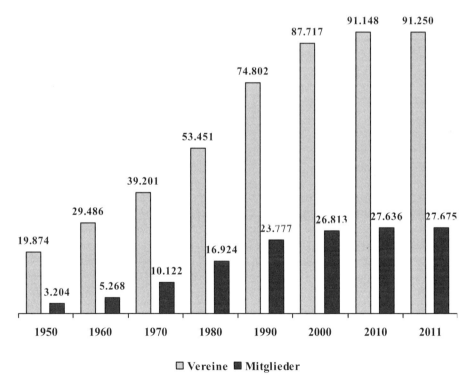

Abb. 4: Entwicklung der Anzahl von Sportvereinen und ihren Mitgliedern (in Tausend) (vgl. Deutscher Sportbund, 2003, S. 77; DOSB, 2011a, S. 1).

In der jüngeren Vergangenheit ist die Anzahl der Sportvereine im Vergleich zu den Mitgliederzahlen etwas stärker gestiegen. Dies deutet darauf hin, dass es offensichtlich *vermehrt* zu

Abspaltungen oder „Ausgründungen" einzelner Abteilungen oder Interessensgruppierungen aus bereits bestehenden Sportvereinen kommt.

Eine pauschale Betrachtung dieser Globalzahlen hat für den Sport vor allem legitimatorische Funktion, da hiermit insbesondere gegenüber Politik und Wirtschaft die gesellschaftliche Bedeutung des organisierten Vereinssports verdeutlicht werden kann. Diese Argumentation funktioniert dank der gesellschaftlich weitgehend geteilten Annahme, dass zahlenmäßige Quantität und Größe für gesellschaftliche Relevanz stehen.

Die *geografische Zuordnung* der Sportvereine verdeutlicht, dass in den vier bevölkerungsreichsten Bundesländern mehr als die Hälfte aller Sportvereine und Sportvereinsmitgliedschaften registriert sind. Dieser Anteil wurde allerdings in den letzten fünf Jahren etwas geringer (vgl. Tab. 4).

Tab. 4: Bundesländer mit den meisten Sportvereinen und Sportvereinsmitgliedern 2006 und 2011 (auf Basis der Landessportbund-Zahlen) sowie deren relative Anteile an der Gesamtzahl der Sportvereine und der Sportvereinsmitglieder im DOSB (Quelle: DOSB, 2006a, S. 3–5; 2011a, S. 3).

Bundesland	Sportvereine (2006)	Sportvereine (2011)	Sportvereinsmitglieder (2006)	Sportvereinsmitglieder (2011)
Nordrhein-Westfalen	19.976	19.592	5.096.265	5.051.641
Bayern	11.778	12.113	4.218.536	4.275.075
Baden-Württemberg	11.349	11.460	3.744.034	3.763.219
Niedersachsen	9.526	9.711	2.839.466	2.756.169
Anteil an DOSB	58,2%	57,9%	58,2%	57,3%

Eine differenzierte Situationsbeschreibung der Sportvereine in Deutschland ermöglicht der Blick auf verschiedene Sportarten, wobei die Unterscheidung nach Zugehörigkeit zum Olympischen Wettkampfprogramm hilfreich und üblich ist. Sportarten des Olympischen Programms erfahren weltweit herausragende Aufmerksamkeit und sportpolitische Wertschätzung, gerade im Spitzensport ist damit auch eine besondere staatliche Förderung verbunden (vgl. Kapitel 4.2.2). Insgesamt sind 2011 mehr als 21,5 Mio. Sportvereinsmitglieder in Deutschland in über 135.000 Sportvereinen oder Sportvereinsabteilungen registriert, deren Sportarten zum Olympischen Programm zählen – rund 78% aller Sportvereinsmitgliedschaften. Erkennbar ist allerdings, dass mit Ausnahme von Fußball und Golf, das ab 2016 wieder zum Olympischen Programm zählt, alle aufgeführten Sportarten seit 2006 vereinsorganisierte Mitglieder eingebüßt haben (vgl. Tab. 5).

- Der *Fußball* mit seinen 6,7 Mio. Vereinsmitgliedschaften und über 25.000 Fußballvereinen oder -abteilungen sticht heraus, schon allein zahlenmäßig ist der Fußball eine herausragende gesellschaftliche Größe. Allerdings sind hinsichtlich der Vereinsmitgliedschaften auch erhebliche Ausstrahlungseffekte des Profifußballs zu beachten: Sportvereine wie der FC Bayern München mit rund 170.000 Mitgliedern oder der FC Schalke mit etwa 100.000 Mitgliedern, fließen mit ihren Fußballmitgliedern in diese Statistiken mit ein. Viele Fußballinteressierte wollen über ihre Vereinsmitgliedschaften aber vor allem ihre Verbundenheit als Fans mit „ihrer" Mannschaft dokumentieren, oder Vorteile beim Erwerb von Eintrittskarten für attraktive Spiele nutzen – ohne dass sie unbedingt selbst aktiv Fußball im Verein spielen müssen. Gerade seit der Fußball-Weltmeisterschaft 2006 in Deutschland verzeichnet eine ganze Reihe der Fußball-Bundesligisten teilweise enorme Zuwachsraten ihrer Vereinsmitgliedschaften. Der VfB Stuttgart beispielsweise zählte Ende 2005 rund 25.000 Mitglieder und steht Anfang 2012 bei fast 44.000 Mitgliedern (vgl. Staudt, 2009, S. 9; VfB Stuttgart, 2012, o. S.)

- An zweiter Stelle steht mit etwa 20.000 Vereinen oder Vereinsabteilungen und knapp fünf Mio. Vereinsmitgliedern das *Turnen*. Hier ist es in besonderer Weise gelungen, neben den Olympischen Disziplinen – Gerätturnen, Rhythmische Sportgymnastik, Trampolin – weitere Sportarten sowie alle möglichen Formen von Gymnastik unter dem Label „Turnen" zu erfassen, z. B. Faustball, Orientierungslauf, Ringtennis, Ropeskipping, Pilates, Yoga, Nordic Walking.
- Vereine und Abteilungen von *Tennis* und *Schießen* wiederum zählen jeweils über eine Mio. Mitglieder, gefolgt von *Leichtathletik*, *Handball* und *Reiten* (vgl. Tab. 5).

Tab. 5: Olympische Sportarten mit den meisten Sportvereinsmitgliedern und Sportvereinen/ Vereinsabteilungen 2006 und 2011 (Quelle: DOSB, 2006a, S. 7; 2011a, S. 5).

Sportart	Sportvereins- mitglieder (2006)	Sportvereins- mitglieder (2011)	Sportvereine/ Abteilungen (2006)	Sportvereine/ Abteilungen (2011)
Fußball	6.351.078	6.749.788	25.805	25.727
Turnen	5.068.417	4.959.236	k. A.	19.952
Tennis	1.658.803	1.531.580	9.945	9.584
Schießen	1.495.676	1.415.587	15.124	14.986
Leichtathletik	899.520	872.650	7.869	7.777
Handball	833.634	832.297	k. A.	4.651
Reiten	761.467	727.866	7.528	7.260
Golf	--	610.104	--	788
Tischtennis	645.735	606.075	k. A.	10.742
Ski	603.906	574.683	k. A.	3.328
...	...	...	...	...
Gesamt	21.052.650	21.513.167	--	135.547

Die nichtolympischen Sportarten wiederum zählen 2011 insgesamt rund 31.000 Vereine und Abteilungen mit etwa 3,7 Mio. Vereinsmitgliedern (vgl. Tab. 6). Die meisten Vereine weisen dabei das *Tanzen* und der *Behindertensport* auf, mit einigem Abstand vor *Sportfischen* und *Karate*. Die meisten Vereinsmitgliedschaften hingegen verzeichnen der *Alpine Sport* und das *Sportfischen*, gefolgt von *Behindertensport* und *Rettungsschwimmen*.

Tab. 6: Nichtolympische Sportarten mit den meisten Sportvereinsmitgliedern und Sportvereinen/ Vereinsabteilungen 2006 und 2011 (Quelle: DOSB, 2006a, S. 9; 2011a, S. 7).

Sportart	Sportvereins-mitglieder (2006)	Sportvereins-mitglieder (2011)	Sportvereine/ Abteilungen (2006)	Sportvereine/ Abteilungen (2011)
Alpine Sportarten	733.075	875.386	355	353
Sportfischen	671.008	632.533	7.000	2.612
Behindertensport	357.693	574.887	4.117	5.614
Rettungsschwimmen	562.425	556.697	2.200	2.100
Tanzen	204.690	216.163	2.117	5.831
Kegeln	135.254	115.158	2.190	1.931
Motoryacht	15.896	110.326	k. A.	0
Karate	106.991	105.501	2.014	2.191
Aero	71.182	99.776	1.758	1.918
Schach	97.184	91.135	2.702	530
...	...	...	...	...
Gesamt	3.945.116	3.783.532	--	30.948

Zahlen zur Sportvereinsentwicklung

Die Entwicklung von Mitgliederzahlen der Sportvereine wird typischerweise als ein Indikator für die Sport- und Vereinsentwicklung herangezogen, wenngleich „Wachstum" kein Selbstzweck oder ausschließlicher Maßstab für „Erfolg" der Sportvereinsentwicklung ist. Auf Basis der Bestandserhebung der Landessportbünde zeigen sich über die Zeitspanne *von 2001 bis 2011* allerdings Entwicklungstendenzen der vereinsorganisierten Sportpraxis, die – ungeachtet dessen, dass vergangenheitsbezogene, sportartübergreifende Daten vorsichtig zu interpretieren sind und kaum Aussagen über etwaige zukünftige Entwicklungen ermöglichen – für das Sportmanagement sehr aufschlussreich sind (vgl. Deutscher Sportbund, 2001, S. 4–5; DOSB, 2011a, S. 2–3; Statistisches Bundesamt, 2012, S. 15):

- Die Anzahl der Sportvereine stieg von 2001 bis 2011 um rund drei Prozent auf nunmehr 91.250. Gleichzeitig war die Anzahl der Sportvereinsmitglieder insgesamt rückläufig, sie sank um rund sechs Prozent auf 23,70 Mio. Mitglieder. Die Anzahl weiblicher Vereinsmitglieder blieb allerdings stabil, weshalb ihr Anteil bezogen auf die Gesamtzahl der Sportvereinsmitglieder im genannten Zeitraum um knapp drei Prozent auf nunmehr fast 40% stieg.

- In den letzten zehn Jahren konnten die Sportvereine außerdem ihre Attraktivität für Kinder, Jugendliche und junge Erwachsene bis 26 Jahre beibehalten und teilweise sogar leicht steigern. Dies ist insofern bemerkenswert, als der Anteil dieser Altersgruppe in Relation zur Gesamtbevölkerung im gleichen Zeitraum um mehr als zehn Prozent zurückging. Im Einzelnen stieg die Anzahl der 7- bis 14-jährigen Sportvereinsmitglieder leicht um 1,6%. Die Anzahl der 15- bis 18-Jährigen blieb praktisch konstant (plus 0,6%), die Mitgliederzahlen der 19- bis 26-Jährigen stiegen leicht um 3,1%. Damit erhöhte sich auch der Anteil der Altersgruppen bis 26 Jahre an der Gesamtzahl der Sportvereinsmitglieder von etwa 38% auf rund 40%.

- Hingegen verzeichneten die Sportvereine bei den 27- bis 40-jährigen Mitgliedern sehr starke Rückgänge um fast ein Drittel der Mitglieder (rund 32%). Damit verringerte sich

der Anteil dieser Altersgruppe an der Gesamtzahl der Sportvereinsmitglieder von knapp 20% auf etwa 14%. Diese Entwicklung übersteigt deutlich die allgemeine, in diesen Altersgruppen leicht fallende Tendenz der Bevölkerungsentwicklung. Ganz offensichtlich sind Personen diesen Alters mittlerweile vermehrt außerhalb vereinsorganisierter Kontexte sportlich aktiv, z. B. selbst organisiert oder bei gewerblichen Anbietern.
- Anstiege der Mitgliederzahlen verzeichneten die Sportvereine wiederum bei den 41- bis 60-Jährigen (plus 7%), sowie bei den über 60-Jährigen – um mehr als 40%. Damit ist auch der relative Anteil dieser Alterskategorien an der Gesamtzahl der Vereinsmitglieder um fast zehn auf rund 43% gestiegen. Dies erklärt sich nur in Teilen mit der Alterung bisheriger Vereinsmitglieder und generellen gesellschaftlichen Alterungstendenzen. Vielmehr gelingt es den Sportvereinen offensichtlich gerade in diesen Altersgruppen, neue Mitglieder zu gewinnen.

Sportvereinsgröße und Mitarbeit in Sportvereinen

Eine differenzierte Beschreibung der Sportvereinslandschaft bietet auch die Unterscheidung nach der *Vereinsgröße*, also nach der Anzahl von Vereinsmitgliedern und Sportarten (Abteilungen, Sparten). Die jüngste in dieser Hinsicht vorliegende *Typisierung* basiert auf fünf in sich homogenen Vereinstypen (vgl. Breuer & Haase, 2007, S. 650–651; Angaben sind Durchschnittswerte):

- 40,2% der Sportvereine zählen 119 Mitglieder in 1,24 Sparten und erheben einen monatlichen Mitgliedsbeitrag für Erwachsene in Höhe von 5,25 Euro.
- 18,4% der Sportvereine gelten mit 145 Mitgliedern in 1,27 Sparten ebenfalls als Kleinvereine. Sie weisen jedoch mit 24,12 Euro deutlich höhere monatliche Mitgliedsbeiträge für Erwachsene auf.
- 21,7% der Sportvereine sind mittlerer Größe. Sie zählen 500 Mitglieder in 5,58 Sparten und erheben einen monatlichen Mitgliedsbeitrag für Erwachsene von 8,05 Euro.
- 3,5% der Sportvereine mittlerer Größe (297 Mitglieder in 1,33 Sparten) erheben einen monatlichen Mitgliedsbeitrag für Erwachsene von 149,06 Euro.
- 16,2% der Sportvereine gelten schließlich mit 1.578 Mitgliedern in 8,84 Sparten als Großvereine. Die monatlichen Mitgliedsbeiträge für Erwachsene liegen hier bei 12,92 Euro.

Mit dem *Freiburger Kreis*, der Arbeitsgemeinschaft größerer deutscher Sportvereine, haben die großen Sportvereine bereits 1974 eine Interessengemeinschaft gegründet, in der heute 164 Mitgliedsvereine mit insgesamt rund 700.000 Mitgliedern vertreten sind. Der Freiburger Kreis berät seine Mitgliedsvereine – die mindestens 2.500 oder in den östlichen Bundesländern mindestens 1.500 Mitglieder aufweisen – hinsichtlich ihrer Sportorganisation/-verwaltung (vgl. § 3 Satzung Freiburger Kreis[4]; Freiburger Kreis, 2012, o. S.). Insofern stellt er in Fragen des Managements großer Sportvereine eine wichtige Adresse dar.

---

[4] Satzung des Freiburger Kreises in der Fassung vom April 2007.

Die typische Form der Mitarbeit in Sportvereinen ist das Ehrenamt, also die unentgeltliche Leistungserbringung von Vereinsmitgliedern. Allein in den Führungsgremien der Sportvereine sind (Stand 2009/2010) etwa 850.000 *Ehrenamtliche* aktiv (vgl. Breuer & Wicker, 2011, S. 25), sodass ehrenamtliche Mitarbeit im Sportvereinsmanagement enorm bedeutsam ist. Etwas ältere Zahlen zeigen, dass die Anzahl ehrenamtlicher Positionen im Bereich des Sportvereinsmanagements – also der Führung und der Verwaltung von Sportvereinen – und die in diesen Ämtern ehrenamtlich geleisteten Arbeitsstunden mit der Anzahl der Sportvereinsmitglieder zunimmt (vgl. Tab. 7).

Ferner ist das ehrenamtliche Sportvereinsmanagement eine *männlich geprägte Domäne*. In den Führungsgremien der Sportvereine (Stand: 2005/2006) sind 91% der Vorsitzenden, 82% der stellvertretenden Vorsitzenden und jeweils 67% der Geschäftsführer und Schatzmeister/Kassiers Männer (vgl. Schubert, Horch & Hovemann, 2007, S. 206).

Tab. 7: Anzahl ehrenamtlicher Positionen und durchschnittlich geleisteter Arbeitsstunden ausgewählter Positionen des Sportvereinsmanagements 2005/2006 (vgl. Schubert, Horch & Hovemann, 2007, S. 202–212).

Durchschnittliche…	Unter 100 Mitglieder	101–300 Mitglieder	301–1.000 Mitglieder	Über 1.000 Mitglieder	Gesamt
… Anzahl ehrenamtlicher Positionen in Vereinsführung und -verwaltung	6,2	10,2	15,6	32,0	12,7
…ehrenamtliche Arbeitsstunden/Monat der Vereinsvorsitzenden	16,2	24,4	28,3	33,8	23,7
… ehrenamtliche Arbeitsstunden/Monat der Geschäftsführer	3,6	5,7	10,4	28,5	8,8
… ehrenamtliche Arbeitsstunden/Monat der Schatzmeister	9,3	16,7	21,0	24,0	16,1

Eine *Bezahlung von Mitarbeitern* ist eher in großen Sportvereinen verbreitet als in kleinen. Aus der Perspektive des Sportmanagements ist allerdings bemerkenswert, dass insgesamt nur wenige Sportvereine bezahlte Mitarbeit im Bereich der Vereinsführung und -verwaltung aufweisen. Meist handelt es sich dabei um Teilzeitstellen, während Sportvereine im Management kaum über Vollzeitstellen verfügen. Im Übungs- und Trainingsbetrieb ist der Einsatz von Honorarkräften noch ausgeprägter (vgl. Tab. 8).

Tab. 8: Anteil der Sportvereine mit bezahlter Arbeit in 2005/2006, differenziert nach Funktionsbereichen und arbeitsrechtlichen Stellungen (vgl. Horch, Hovemann & Schubert, 2007, S. 170).

	Honorarkräfte	Teilzeitstellen	Vollzeitstellen
Vereinsführung und -verwaltung	4%	10%	4%
Übungs- und Trainingsbetrieb	26%	7%	4%
Alle Aufgabenbereiche	28%	17%	7%

Sportvereine kennzeichnet also „tendenziell eine starke Zurückhaltung bei der Bereitstellung von Erwerbsarbeitsplätzen" (Cachay, Thiel & Meier, 2001, S. 213). Eine Auseinandersetzung mit Bedingungen, Mechanismen und Barrieren der Verberuflichung von Sportvereinen zeigt jedoch, dass das weit verbreitete, „ideologische Argument, auf Hauptberuflichkeit sei zu verzichten, da sie die traditionelle Form der Mitarbeit verdränge, ... nicht haltbar" (Cachay, Thiel & Meier, 2001, S. 221) ist. Hingegen kann sich hauptberufliche Mitarbeit gerade im Managementbereich „durchaus positiv für die weitere Vereinsentwicklung auswirken ... auch und vor allem ... [hinsichtlich einer; M. F.] Aufrechterhaltung und Verbesserung der Traditionspflege sowie ... [einer; M. F] Berücksichtigung der Mitgliederbedürfnisse" (Thiel, Meier & Cachay, 2006, S. 300). Voraussetzung für ein Gelingen solcher Entwicklungsprozesse sind jedoch eine umfassende strategische Planung und eine den jeweiligen situativen Umständen angemessene Form der operativen Umsetzung (vgl. Thiel, Meier & Cachay, 2006, S. 300–304).

Kontrollfragen

1. Sportvereine sind *die* organisatorische Basis des deutschen Sports. Welche Bedingungen müssen bei der Gründung von Sportvereinen erfüllt sein und welche managementrelevanten Fragen sind dabei zu beantworten?
2. Die juristische Person Sportverein ist auf eigene Organe angewiesen. Welche Vereinsorgane sind gesetzlich vorgeschrieben, welche können fakultativ eingerichtet werden? Welche Aufgaben werden diesen Organen typischerweise übertragen?
3. Die Satzung ist der grundlegende Gesellschaftsvertrag von Sportvereinen. Sie regelt vereinstypische Leitlinien und definiert Rechte und Pflichten der Vereinsmitglieder. Welche Mindestinhalte müssen Vereinssatzungen aufweisen und für welche Themen sind darüber hinaus explizite Regelungen empfehlenswert?
4. Neben den formal-juristischen Regelungen sind für Sportvereine auch idealtypische Merkmale von Freiwilligenvereinigungen kennzeichnend. Welche sind dies?
5. Die Sportvereinslandschaft in Deutschland zeichnet sich durch eine große Bandbreite von Mitgliederzahlen, Sportangeboten und Mitarbeitsformen aus. Welche Situationsbeschreibung ermöglicht ein Blick auf aktuelle Zahlen und welche managementrelevanten Zusammenhänge sind dabei erkennbar?

2.2 Sportverbände

Sportverbände fungieren als zentrale Regelungsinstanzen des organisierten Sport- und vor allem Wettkampfbetriebs, sowie als Interessenvertretungen des Sports gegenüber allen gesellschaftlichen Partnern – vor allem gegenüber Politik, Wirtschaft und Massenmedien. Sie sind ebenfalls in der Rechtsform des eingetragenen Vereins konstituiert. Aufgrund besonderer Entwicklungsbedingungen unmittelbar nach dem Zweiten Weltkrieg entstanden strukturelle Eigenheiten der deutschen Sportverbandslandschaft, die teilweise bis heute konserviert und gerade auch für die Sportmanagementpraxis relevant sind.

Lernziele des Kapitels

> Die Leser erfahren, inwiefern Sportverbände als Interessenvereinigungen ihrer Mitgliedsorganisationen fungieren und wie sie ihre sportpolitische Ausnahmestellung mit dem „Ein-Platz-Prinzip" absichern.
> Sie lernen den charakteristischen föderalen Aufbau der sportartspezifischen und der sportartübergreifenden Sportverbände in Deutschland kennen.
> Sie setzen sich mit typischen Aufgabenstellungen der föderalen Verbandsebenen/-gliederungen auseinander und sie erkennen diesbezüglich managementrelevante Schnittstellen.
> Sie lernen den DOSB als *die* zentrale Dachorganisation des deutschen Sports kennen und setzen sich mit seinen Gremien und managementrelevanten Regelungen auseinander.

Sportverbände sind Zusammenschlüsse von Sportvereinen und teilweise auch anderen Sportverbänden mit dem Zweck, die Interessen ihrer jeweiligen Mitgliedsorganisationen gegenüber allen gesellschaftlichen Partnern zu vertreten. Dabei sind Sportverbände grundsätzlich ebenfalls nicht wirtschaftliche Vereine gemäß § 21 BGB. Aus diesem Grund gelten die in Kapitel 2.1 dargestellten formal-rechtlichen Regelungen und idealtypischen Charakteristika von Freiwilligenvereinigungen grundsätzlich auch für Sportverbände.

> Seit jeher ist es die originäre und zentrale Aufgabe von Sportverbänden, über *weltweit einheitliche Regelsetzungen* Bedingungen der Möglichkeit eines globalen Leistungsvergleichs in ihren Sportarten, Disziplinen und Wettbewerben zu schaffen. Es gilt sicherzustellen, dass z. B. bei einem 400m-Wettkampf in Asien erzielte Zeiten mit Wettkampfergebnissen in den USA vergleichbar sind, etwa hinsichtlich Laufbahnbeschaffenheit, Windunterstützung, Zeitnahme. Um dies im globalen Kontext ermöglichen zu können, hat sich weltweit ein hierarchisch-monopolistischer Aufbau der Sportverbände etabliert, der insbesondere auf dem *Ein-Platz-Prinzip* basiert. Dahinter steht die Grundregel, dass jede Sportart in einem Land jeweils nur durch *eine* Dachorganisation vertreten wird und dieses Prinzip auch auf untergeordneten Hierarchieebenen oder föderalen Untergliederungen gilt. Hinzu kommt, dass Sportvereine oder regionale Sportverbände – wollen sie Mitglied in einem Sportverband werden – in ihren Satzungen jeweils eine Bindung an die Regelwerke der hierarchisch übergeordneten Sportverbände verankern müssen, u. a. Sportregeln, Anti-Doping-Bestimmungen. Auf diese Weise wird weltweit eine *verbindliche Top-down-Regelsetzung* möglich, was Voraussetzung für globale Leistungsvergleiche in Sportwettkämpfen ist (vgl. Weiler, 2006, S. 38–39; Pfister, 2007, S. 12–14).

Neben sportart*spezifischen* Verbänden, die ihre Zuständigkeiten an ihre jeweilige Sportart knüpfen – z. B. Leichtathletik, Schwimmen, Handball – existieren auch sportart*übergreifende* Zusammenschlüsse, die insbesondere als Interessenvertretungen gegenüber Politik und Wirtschaft fungieren.

2.2 Sportverbände

2.2.1 Sportartspezifische Verbände

Sportvereine sind regelmäßig über Mitgliedschaften in Verbandsorganisationen ihrer jeweiligen *Sportarten* eingebunden. Dies ist u. a. notwendige Bedingung, um ihren Vereinsmitgliedern die Möglichkeit zur Teilnahme an offiziellen Wettkämpfen ihrer Sportarten zu eröffnen. Darüber hinaus fungieren Sportverbände als wichtige gesellschaftliche Interessenvertretungen der Sportvereine und deren Mitglieder. Für die Sportverbandslandschaft lassen sich ungeachtet sportartspezifischer Einzelheiten generelle Muster des organisatorischen Aufbaus erkennen. Grundsätzlich gilt:

> Sportvereine sind über Mitgliedschaften in rechtlich selbständige Sportfachverbände auf Landesebene eingebunden, die wiederum selbst Mitglieder ihrer jeweiligen Sportfachverbände auf Bundesebene sind. Auf internationaler Ebene sind die Bundesfachverbände Mitglied der internationalen Fachverbände ihrer Sportart. Darüber hinaus gibt es Kreis-/Bezirksverbände als Vermittler zwischen der kommunalen und der regionalen Ebene, sowie überregionale Zusammenschlüsse von Landesfachverbänden (vgl. Abb. 5).

In Deutschland existieren auf Bundesebene 62 Sportfachverbände – auch Spitzenverbände genannt – wobei 34 Verbände Sportarten des Olympischen Sportprogramms vertreten. Rechnet man die Landesfachverbände in den 16 Bundesländern sowie die länderübergreifenden Regionalverbände hinzu, addiert sich die Gesamtzahl der sportartspezifischen Verbände in Deutschland auf über 1.000.

Sportartspezifische Verbände auf kommunaler und regionaler Ebene

Sportvereine oder Vereinsabteilungen sind auf kommunaler und regionaler Ebene über Mitgliedschaften unmittelbar in sportartspezifische Verbände eingebunden. In jedem Bundesland existiert pro Sportart ein Landesfachverband. Diese *Landesfachverbände* sind jeweils eigenständige eingetragene Vereine mit dem zentralen Zweck, die sportartspezifischen Interessen ihrer Mitgliedsorganisationen zu fördern. Typische Formulierungen in Verbandssatzungen sind z. B. „Zweck des Verbands ist die Pflege und Förderung des ... Sports auf breitester Grundlage für alle Altersstufen beiderlei Geschlechts" oder „der Verband pflegt und fördert die ... Sportart in allen Formen des Leistungs-, Wettkampf-, Breiten- und Freizeitsports".

Praktisch alle Landesfachverbände weisen mit sog. Kreis- oder Bezirksverbänden *föderale Untergliederungen* auf, die meist operative Aufgaben übernehmen, z. B. die Einsatzplanung von Kampfrichtern oder die Durchführung von Lehrgängen in der Trainerausbildung.

- In manchen Landesfachverbänden sind die Kreis-/Bezirksverbände *rechtlich unselbständige Gliederungen/Verwaltungseinheiten*, die über Vorsitzende, Referenten und Sekretariate die operativen Verbandsaufgaben verantworten.
- In anderen Landesverbänden hingegen sind diese Kreis-/Bezirksverbände eigenständige *eingetragene Vereine*, die *selbst Mitglied im Landesfachverband* sind, z. B. die Turngaue in den Landesturnverbänden.

Auch innerhalb einer Sportart können in den Landesfachverbänden diesbezüglich unterschiedliche Modelle etabliert sein. Relevant ist dies insbesondere mit Blick auf die Delegiertenverteilung und Stimmberechtigung bei den jeweiligen Mitgliederversammlungen der Landesfachverbände.

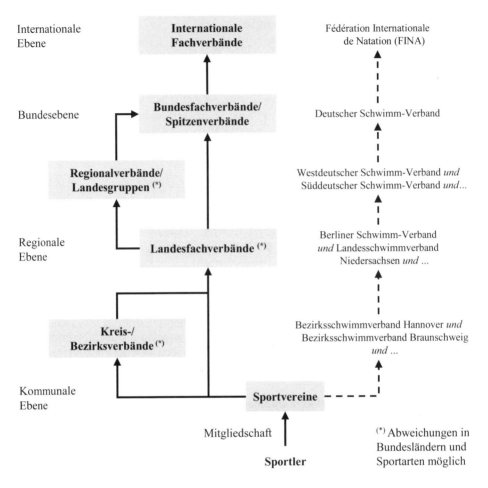

Abb. 5: Generelles Muster des föderalen Aufbaus sportartspezifischer Verbände, dargestellt an ausgewählten Beispielen der Sportart Schwimmen.

Grundsätzlich gilt die Regel, dass es in jedem Bundesland *jeweils nur einen Landesverband* einer Sportart gibt. Aufgrund besonderer landespolitischer Entwicklungsbedingungen nach dem Zweiten Weltkrieg entstanden jedoch in Baden-Württemberg, Rheinland-Pfalz und Nordrhein-Westfalen von diesem Prinzip abweichende Strukturen, die sich bis heute erhalten haben. In diesen Ländern weisen die meisten Sportarten nach wie vor mehrere „Landesfachverbände" auf, z. B. Badischer Schwimmverband und Schwimmverband Württemberg, oder Leichtathletik-Verband Rheinland, Leichtathletikverband Pfalz und Leichtathletik-Verband Rheinhessen. Dies führt teilweise zu schwierigen Managementbedingungen, u. a. bei der Verteilung von Fördergeldern oder der Selektion von Auswahlmannschaften.

2.2 Sportverbände

Aufgaben der Landesfachverbände sind vor allem

- die *Interessenvertretung der Mitgliedsvereine* und ggf. Kreis-/Bezirksverbände gegenüber Sportverbänden auf Landesebene und dem Bundesfachverband sowie gegenüber relevanten Partnern aus Politik, Wirtschaft oder Massenmedien auf Landesebene.
- die *Talentsuche* in der jeweiligen Sportart, z. B. durch Sichtungsmaßnahmen in Sportvereinen oder Schulen.
- die *Auswahl und Förderung von Nachwuchsathleten* (C- und D-Kader) in der jeweiligen Sportart, z. B. durch zentrale Trainingsmaßnahmen mit Landestrainern an Landesleistungszentren, durch Teilnahme von Nachwuchs-Auswahlmannschaften an Wettkämpfen, etwa Vergleichswettbewerben mit anderen Landesverbänden.
- die *Ausbildung von Übungsleitern* und *Trainern* der unteren Niveaustufen (C- und B-Trainer), sowie von *Kampfrichtern* der jeweiligen Sportart.
- die *Veranstaltung von Landesmeisterschaften* der jeweiligen Sportart und die Organisation regionaler nicht-wettkampfbezogener *Veranstaltungen*, z. B. Sportfeste, Kongresse.
- die *Förderung des Breitensports* in der jeweiligen Sportart, z. B. durch Unterstützung von Sportvereinen und Vereinsabteilungen, u. a. in Form von Schulungen, Fortbildungsmaßnahmen oder Informationsveranstaltungen.

In diesen vielfältigen Themengebieten stehen zahlreiche normative, strategische und operative Managementaufgaben an – bezogen auf die jeweilige Sportart und das jeweilige Verbandsgebiet. Neben ihren ehrenamtlich besetzten Verbandsorganen weisen praktisch alle Sportfachverbände in ihren Geschäftsstellen hauptberufliche Mitarbeiter auf. Die Anzahl bezahlter Mitarbeiter im Verbandsmanagement der Landesfachverbände variiert allerdings je nach Sportart – und auch innerhalb der Sportarten zeigen sich teilweise deutliche Unterschiede zwischen den Landesverbänden. Typische Geschäftsbereiche der Geschäftsstellen sind die zentralen Aufgabengebiete der Verbände, z. B. Wettkampf- und Spitzensport, Kinder-, Jugend- und Freizeitsport, Bildung/Lehrwesen, Verwaltung, Finanzen, Personal und Öffentlichkeitsarbeit.

Sportartspezifische Verbände auf überregionaler Ebene und auf Bundesebene

Die Landesfachverbände sind ihrerseits Mitglieder sportartspezifischer Dachverbände auf Bundesebene. Diese Bundesfach- oder Spitzenverbände fungieren als Interessenvertretungen ihrer Sportart, wobei typischerweise auf die Pflege und Förderung der jeweiligen Sportart in allen Facetten des Leistungs-, Wettkampf-, Breiten- und Freizeitsports verwiesen wird.

Mitglieder der Bundesfachverbände sind die rechtlich selbständigen Landesfachverbände ihrer Sportart. Aufgrund der Besonderheiten z. B. in Baden-Württemberg und Rheinland-Pfalz existieren allerdings in manchen Sportarten mehr als 16 „Landesfachverbände", z. B. hat der Deutsche Leichtathletik-Verband 21 Mitgliedsverbände. Darüber hinaus verleihen Bundesfachverbände auch einzelnen Personen Mitgliedsstatus z. B. als Ehrenmitglied, wenn diese sich etwa um die Verbandszwecke besonders verdient gemacht haben.
Die Landesfachverbände sind außerdem regelmäßig in Regionalverbänden – Interessenvereinigungen auf überregionaler Ebene – zusammengeschlossen, z. B. Süddeutscher Fußballverband, Norddeutscher Fußball-Verband. Im Fußball sind diese Regionalverbände

neben den Landesverbänden ebenfalls Mitglieder des Deutschen Fußball-Bunds (vgl. § 7 DFB-Satzung[5]).

Wesentliche Aufgabenbereiche der Bundesfachverbände sind

- die *Interessenvertretung der Mitgliedsverbände* gegenüber anderen Bundesfachverbänden, gegenüber dem internationalen Sportfachverband der jeweiligen Sportart, sowie gegenüber relevanten Partnern aus Politik, Wirtschaft oder Massenmedien auf Bundesebene.
- die *Setzung des Regelwerks* für die Ausübung der jeweiligen Sportart, vor allem durch die Übernahme und satzungsmäßige Verankerung der auf internationaler Ebene vereinbarten Regelwerke.
- die *Auswahl und Förderung von Spitzenathleten* (A- und B-Kader) ihrer jeweiligen Sportart, insbesondere durch zentrale Trainingsmaßnahmen mit Bundestrainern und Leistungsdiagnostiken im Spitzenbereich sowie Antidoping-Maßnahmen in Zusammenarbeit mit der Nationalen Anti Doping Agentur (NADA).
- die Vorbereitung und Entsendung von *Nationalmannschaften* zu internationalen Meisterschaften, z. B. Europa-/Weltmeisterschaften und Olympischen Spielen.
- die *Aus- und Fortbildung von Trainern und Kampfrichtern*, insbesondere der A-Trainer. Dazu zählt auch – in Abstimmung mit Vertretern der Landesverbände – die Ausarbeitung von bundesweit gültigen Rahmenrichtlinien für die Lehrarbeit.
- die *Veranstaltung nationaler Meisterschaften* und die Organisation nichtwettkampfbezogener *Sportveranstaltungen* im Breitensport.
- die *Förderung des Breitensports* in der jeweiligen Sportart, u. a. durch Unterstützung der Landesfachverbände über Schulungen oder Fortbildungsmaßnahmen.

Für die Erfüllung der damit einhergehenden normativen, strategischen und operativen Managementaufgaben verfügen die Bundesfachverbände neben ihren ehrenamtlich besetzten Verbandsgremien regelmäßig auch über Geschäftsstellen mit hauptberuflichen Mitarbeitern. Deren Geschäftsbereiche sind angelehnt an die genannten Verbandsaufgaben. Außerdem existieren in den Sportfachverbänden regelmäßig Kommissionen/Ausschüsse, in denen unter Vorsitz der jeweiligen ehrenamtlichen Vorstandsmitglieder – meist den Vizepräsidenten – Vertreter der Landesverbände gemeinsam mit hauptberuflichen Mitarbeitern – meist Abteilungsleitern der Bundesgeschäftsstelle – in strategischen Fragen zusammenarbeiten. Für das Verbandsmanagement sind darüber hinaus auch verbandsübergreifende Gremien relevant, da hier Gelegenheiten für Absprachen und Vorbereitungen von Entscheidungsprozessen bestehen, z. B.

- die *Ständige Konferenz der Spitzenverbände*, zu der die Präsidenten der Bundesfachverbände zwei Mal im Jahr zusammenkommen.
- die *Sprechergruppe der Generalsekretäre* der Bundesfachverbände.
- die *Interessengemeinschaft der Nichtolympischen Verbände* im Deutschen Olympischen Sportbund.

---

[5] DFB-Satzung in der Fassung vom 22. Oktober 2010.

Sportartspezifische Verbände auf internationaler Ebene

Die Bundesfachverbände wiederum sind jeweils Mitglied ihrer sportartspezifischen Verbände auf europäischer und globaler Ebene, z. B. der Deutsche Leichtathletik-Verband (DLV) im Europäischen Leichtathletikverband (European Athletics Association, EAA) und im Weltleichtathletikverband (International Association of Athletics Federations, IAAF). Wesentliche Aufgabenbereiche der internationalen Fachverbände sind

- die *Interessenvertretung der Mitgliedsverbände* insbesondere gegenüber anderen Internationalen Sportverbänden, gegenüber dem IOC sowie gegenüber relevanten Partnern aus Politik, Wirtschaft oder Massenmedien auf internationaler Ebene.
- die *Setzung des Regelwerks* für die Ausübung der jeweiligen Sportart, sowie für Antidoping-Maßnahmen in Zusammenarbeit mit der World Anti-Doping Agency (WADA).
- die *Veranstaltung internationaler Meisterschaften*, z. B. Europa-/Weltmeisterschaften oder Europa-/Weltcups, sowie die Organisation nicht-wettkampfbezogener Sportveranstaltungen im Breitensport.
- die Förderung der *Sportentwicklung* im internationalen Maßstab, u. a. durch Projekte zur Sportentwicklung, Aus- und Fortbildung von Übungsleitern, Trainern, Funktionären und Multiplikatoren – insbesondere in Regionen, in denen die jeweilige Sportart noch nicht auf internationalem Niveau entwickelt ist.

Zahlreiche internationale Sportfachverbände haben ihren Sitz und ihre Geschäftsstellen in der Schweiz. Während z. B. in Zürich der Weltfußballverband (Fédération Internationale de Football Association, FIFA) und die Internationale Eishockey Föderation (IIHF) ihren Sitz haben, gilt insbesondere Lausanne als „Hauptstadt des internationalen Sports", da hier neben dem IOC mehr als 20 Internationale Fachverbände ihre Managementbasis haben, z. B. der Europäische Fußballverband (Union des Associations Européennes de Football, UEFA), der Europäische Leichtathletik-Verband (EAA) oder der Internationale Radsportverband (Union Cycliste Internationale, UCI). Aus diesem Grund sind diese Verbände regelmäßig als Freiwilligenvereinigungen Schweizer Rechts organisiert.

2.2.2 Sportartübergreifende Verbände

Sportvereine sind in Deutschland nicht nur in sport*artspezifische* Verbände eingebunden, sondern sie sind auch Mitglied sportart*übergreifender* Verbände. Auf der Ebene der Stadt- und Regierungsbezirke sind dies Sportkreise oder Stadt-, Kreis- und Bezirkssportbünde, auf Landesebene existieren Landessportverbände/-bünde und auf Bundesebene fungiert der DOSB als zentrale Dachorganisation des deutschen Sports (vgl. Abb. 6).

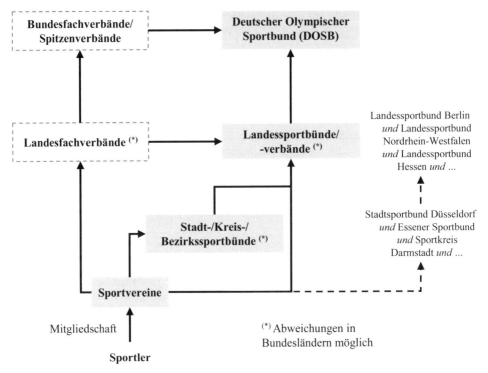

Abb. 6: Generelles Muster des Aufbaus sportartübergreifender Verbände, dargestellt an ausgewählten Beispielen.

Sportartübergreifende Verbände auf kommunaler und regionaler Ebene

Sportvereine sind über Mitgliedschaften in sportartübergreifende *Landessportbünde* eingebunden, deren zentraler Zweck die Förderung des Sports in seinen gesamten Ausprägungsformen und über Sportartengrenzen hinweg ist. Die Landesfachverbände sind ebenfalls Mitglieder der Landessportbünde, in Einzelfällen gibt es auch Ehrenmitgliedschaften verdienter Persönlichkeiten. Alle Landessportbünde weisen *föderale Untergliederungen* auf, sog. Stadt-, Kreis- oder Bezirkssportbünde, die bestimmte operative Aufgaben übernehmen, z. B. die Förderung von Kooperationen zwischen Schulen und Vereinen, die Verwaltung von Förderanträgen für Sportstättenzuschüsse, oder die Durchführung von Übungsleiterfortbildungen.

- In manchen Landessportbünden sind die Stadt-, Kreis- oder Bezirkssportbünde *rechtlich unselbständige Gliederungen/Verwaltungseinheiten*, die über Vorsitzende, Referenten und Sekretariate die operativen Verbandsaufgaben verantworten.
- In anderen Landessportbünden hingegen sind die Stadt-, Kreis- oder Bezirkssportbünde eigenständige *eingetragene Vereine*, die *selbst Mitglied im Landessportbund* sind, z. B. im Badischen Sportbund oder im Landessportbund Nordrhein-Westfalen.

Grundsätzlich gilt die Regel, dass es in jedem Bundesland *jeweils nur einen Landessportbund* gibt. Aufgrund besonderer landespolitischer Entwicklungsbedingungen nach dem

2.2 Sportverbände

Zweiten Weltkrieg entstanden jedoch in Baden-Württemberg und in Rheinland-Pfalz von diesem Prinzip abweichende Strukturen, die auch heute noch bestehen:

In Baden-Württemberg existieren mit dem Württembergischen Landessportbund (WLSB) mit Sitz in Stuttgart, dem Badischen Sportbund Nord mit Sitz in Karlsruhe und dem Badischen Sportbund Freiburg mit Sitz in Freiburg drei „Landessportbünde". Diese drei Verbände sind gemeinsam mit den baden-württembergischen Landesfachverbänden Mitglieder des Landessportverbands Baden-Württemberg (LSV). Der LSV wiederum ist zentraler Ansprechpartner der baden-württembergischen Landesregierung und als Mitglied im DOSB der überfachliche Vertreter des baden-württembergischen Sports auf Bundesebene.

In Rheinland-Pfalz fungiert der Landessportbund Rheinland-Pfalz als oberste sportartübergreifende Dachorganisation. Seine drei Mitgliedsorganisationen sind der Sportbund Pfalz, der Sportbund Rheinland und der Sportbund Rheinhessen.

Sportartübergreifende Aufgabenbereiche der Landessportbünde sind vor allem

- die *Interessenvertretung ihrer Mitglieder*, z. B. durch
  - sportpolitische Lobby-/Öffentlichkeitsarbeit und Meinungsführerschaft in sportpolitischen Fragen, insbesondere durch die Vertretung gemeinsamer Interessen des Sports gegenüber der Landespolitik.
  - die Behandlung von Grundsatzfragen der Sportentwicklung, u. a. über die Mitarbeit in Sportkommissionen der Landkreise, die Organisation von Kongressen und den Aufbau landesweiter Kooperationen.
- die *Zuteilung finanzieller Zuschüsse/Fördermittel* der Landespolitik auf Basis *einheitlicher Sportförderungsgrundsätze*, -richtlinien und -verfahren, insbesondere für
  - die Aus-, Fort- und Weiterbildung sowie die Beschäftigung von Übungsleitern, Sportlehrern und Führungskräften in den Sportvereinen.
  - den Sportstättenbau und die Anschaffung von Sportgeräten durch Sportvereine.
  - die sportärztliche Betreuung von Kaderathleten der Landesfachverbände.
- die *Aus-, Fort- und Weiterbildung* von Übungsleitern, Trainern und Führungskräften.
- die *Förderung des Sports* in den Mitgliedsorganisationen, z. B. durch
  - finanzielle Zuschüsse für Maßnahmen der Sportfachverbände.
  - Unterstützung des Ehrenamts in den Mitgliedsorganisationen, u. a. in Form von Beratungsleistungen und Informationsveranstaltungen zu sportspezifischen Themen wie Sport und Gesundheit, Sport und Umwelt.
  - Maßnahmen zur Integration durch Sport.
- die *Spitzensportförderung* in den Mitgliedsorganisationen, z. B. durch Zuschüsse für Trainingsmaßnahmen der Landesverbände, Trainermischfinanzierungen von Landestrainern für den Spitzensport, Bezuschussungen von Trainingsstätten des Spitzensports und die Einrichtung von Landesleistungszentren.
  - die Verwaltung und Beurkundung sportlicher Leistungsnachweise im Rahmen des DOSB-*Sportabzeichens*.

Für die Erfüllung der damit einhergehenden normativen, strategischen und operativen Managementaufgaben gibt es in den Landessportbünden neben den ehrenamtlich besetzten Verbandsgremien auch Geschäftsstellen mit hauptberuflichen Mitarbeitern. Deren Geschäftsbereiche sind regelmäßig an die zentralen Aufgabengebiete angelehnt.

Für das Verbandsmanagement sind außerdem verbandsübergreifende Gremien relevant, z. B. die *Ständige Konferenz der Landessportbünde*, zu der die Präsidenten der Landessportbünde zwei Mal im Jahr zusammenkommen.

Verbände mit besonderen Aufgaben

Verbände mit besonderen Aufgaben sind keiner der beiden bislang dargestellten Gruppierungen von Sportverbänden zuzuordnen (vgl. Tab. 9). Ihre Aufgabenschwerpunkte liegen vielmehr in den Bereichen Bildung, Wissenschaft und Gesundheit im und durch Sport. Damit stellen sie den Sport in einen größeren gesellschaftlichen Zusammenhang und sind insofern wichtige sportpolitische Multiplikatoren. Sportverbände mit besonderen Aufgaben sind ebenfalls Mitglieder des DOSB, der zentralen Dachorganisation des deutschen Sports. In ihrer *Ständigen Konferenz der Verbände mit besonderen Aufgaben* kommen Verbandsvertreter regelmäßig zwei Mal im Jahr zusammen.

Tab. 9: Verbände mit besonderen Aufgaben und Mitgliedszahlen von 2011 (vgl. DOSB, 2011a, S. 8).

	Einzelmitglieder	Mitgliedsorganisationen
DJK Sportverband	507.285	--
Deutscher Betriebssportverband	286.546	--
Deutsches Polizeisportkuratorium	283.484	--
Verband Deutscher Eisenbahner-Sportvereine	118.596	--
Kneipp-Bund	96.974	--
Special Olympics Deutschland	49.264	--
CVJM-Gesamtverband	43.704	--
Deutscher Verband für Freikörperkultur	38.737	--
RKB „Solidarität" Deutschland 1896	37.717	--
Deutscher Sportlehrerverband	11.000	--
Deutsche Gesellschaft für Sportmedizin und Prävention	8.772	--
Deutscher Aikido-Bund	6.911	--
Makkabi Deutschland	4.180	--
Deutsche Olympische Gesellschaft	1.919	--
Deutsche Vereinigung für Sportwissenschaft	980	--
Allgemeiner Deutscher Hochschulsportverband	--	176 Hochschulen
Bundesverband staatlich anerkannter Berufsfachschulen für Gymnastik und Sport	--	18 Vereine
Deutscher Verband für das Skilehrwesen	--	9 Vereine
Stiftung Sicherheit im Skisport	k. A.	k. A.
Gewerkschaft Erziehung und Wissenschaft – Sportkommission	k. A.	k. A.

Der Deutsche Olympische Sportbund (DOSB) –
der **sportartübergreifende Dachverband auf Bundesebene**

Der zentrale sportartübergreifende Dachverband auf Bundesebene ist der Deutsche Olympische Sportbund (DOSB), dessen Mitglieder die 62 Spitzenverbände olympischer und nichtolympischer Sportarten, die 16 Landessportbünde und die 20 Verbände mit besonderen Aufgaben sind. Außerdem wählt die DOSB-Mitgliederversammlung auch 15 persönliche Mit-

2.2 Sportverbände

glieder, darunter aktuell zehn aktive Spitzensportler. Die aktuell zwei deutschen IOC-Mitglieder sind qua Amt ebenfalls DOSB-Mitglieder.

Der DOSB fungiert national und international als Lobbyist von Breiten- und Spitzensport insbesondere gegenüber Politik, Wirtschaft und Massenmedien, er vertritt den Sport in allen überverbandlichen und überfachlichen Angelegenheiten. „Der DOSB ist die Stimme des organisierten Sports in Deutschland. Er bündelt unter einem Dach die große Vielfalt der Angebote, die der Sport tagtäglich produziert. Er verbindet die Spitzenathletin mit dem Freizeitkicker, die Rückenschule mit dem Marathonlauf, den Seniorensport mit Kinderturnen, den begeisterten Sportfan mit dem begeisternden Aktiven" (DOSB, 2011b, S. 20).

Wesentliche Aufgabenbereiche des DOSB sind vor allem

- die *sportpolitische Interessenvertretung* und Lobby-/Öffentlichkeitsarbeit gegenüber relevanten gesellschaftlichen Partnern, vor allem in Politik, Wirtschaft und Massenmedien auf Bundesebene.
- die *Interessenvertretung im internationalen Sport*, insbesondere über Partnerschaften mit anderen internationalen Sportverbänden, insbesondere dem IOC.
- die *Steuerung und Förderung des Spitzensports*, z. B. durch
  - die Ausarbeitung und die Umsetzung von Konzeptionen, insbesondere zusammen mit den Bundesfachverbänden der olympischen Sportarten, sowie deren Kontrolle über Zielvereinbarungen.
  - die Förderung von Bundesstützpunkten, Bundestrainern, Trainingsmaßnahmen und Spitzensportprojekten der Bundesfachverbände.
  - Maßnahmen zur Förderung der Dualen Karriere im Spitzensport, u. a. über das Programm der Eliteschulen des Spitzensports.
  - die Verbesserung von Arbeits- und Vergütungsbedingungen der Trainer im Spitzensport.
  - die Etablierung eines wissenschaftlichen Verbundsystems und einer prozessbegleitenden Projekt- und Technologieforschung im Spitzensport, u. a. gestützt auf das IAT in Leipzig und das FES in Berlin, sowie universitäre Forschungsleistungen z. B. für das Wissensmanagement im Spitzensport.
- die *Auswahl* und die *Entsendung von Athleten zu Olympischen Spielen*.
- die *Bekämpfung von Doping* in Zusammenarbeit u. a. mit NADA und WADA.
- die *Unterstützung von Sport- und Vereinsentwicklung*, z. B. durch
  - Konzeptionen und Standards für die Arbeit der Sportvereine, u. a. in den Bereichen Sport und Gesundheit, Sport und Umwelt, Sport und Integration.
  - Maßnahmen in der Aus- und Fortbildung von Übungsleitern, Trainern und Funktionären und die Etablierung gemeinsamer Standards in allen Sportverbänden.

Für das Verbandsmanagement von besonderer Bedeutung ist die *Stimmverteilung* auf der DOSB-Mitgliederversammlung, die einer komplexen Arithmetik unterliegt: Die zehn Mitglieder des DOSB-Präsidiums, die 15 Persönlichen Mitglieder und die Verbände mit besonderen Aufgaben haben dabei jeweils eine Stimme. Die Stimmenzahl der Bundesfachverbände und der Landessportbünde wird zunächst im Verhältnis zur Anzahl der Vereinsmitglieder ihrer Sportarten oder ihrer geografischen Hoheitsgebiete berechnet. Je mehr Vereinsmitglieder, umso mehr Stimmen, ist dabei die grundlegende Logik. Die Hälfte der Bundesfachverbände mit den meisten Mitgliederzahlen erhält dann jeweils fünf, die anderen Bundesfachverbände jeweils drei weitere Stimmen. Für die Landessportbünde gilt das gleiche Prinzip, hier sind es aber jeweils sechs und vier Stimmen (vgl. Abb. 7). Für den Deutschen Schwimm-Verband ergaben sich für die DOSB-Mitgliederversammlung 2010 folglich insgesamt neun Stimmen – vier Stimmen für die rund 580.000 Mitglieder der Schwimmvereine und fünf Stimmen dafür, dass der Schwimm-Verband zu den Fachverbänden mit den meisten Vereinsmitgliedern zählte.

Gemäß den Vorgaben der IOC-Charta müssen die Bundesfachverbände, deren Sportarten Teil des Olympischen Wettkampfprogramms sind, auf der Mitgliederversammlung die Stimmenmehrheit haben. Wird dies nach dem genannten Muster verfehlt, erhalten die Bundesfachverbände in der Reihenfolge ihrer Mitgliederstärke weitere Stimmen, bis diese Mehrheit hergestellt ist. Um die sportpolitische Bedeutung der Landessportbünde aber in jedem Fall auch im Stimmenverhältnis der DOSB-Mitgliederversammlung abzubilden, ist außerdem festgeschrieben, dass die Landessportbünde mehr als ein Drittel der Stimmen auf sich vereinigen müssen. Wird dies nach dem genannten Muster verfehlt, erhalten die Landessportbünde in der Reihenfolge ihrer Mitgliederstärke weitere Stimmen, bis das Quorum von einem Drittel erreicht ist (vgl. §§ 10; 11 DOSB-Satzung[6]).

Ausschüsse und Beiräte des DOSB

Neben dem zehnköpfigen Präsidium hat der DOSB außerdem zwei – das Präsidium beratende – *Präsidialausschüsse*, den Präsidialausschuss Breitensport/Sportentwicklung und den Präsidialausschuss Leistungssport. Deren jeweils zehn Mitglieder werden von der DOSB-Mitgliederversammlung gewählt. Darüber hinaus existieren verschiedene *Beiräte*, die den Generaldirektor und die Direktoren der Geschäftsbereiche – das DOSB-Direktorium – beraten. Deren Mitglieder beruft das DOSB-Präsidium (vgl. DOSB, 2012b, o. S.):

- Beirat Leistungssportentwicklung (11 Mitglieder).
- Beirat der Aktiven (6 Mitglieder).
- Beirat Sportentwicklung (14 Mitglieder).
- Wirtschaftsbeirat (6 Mitglieder).
- Beirat Bildung und Olympische Erziehung (17 Mitglieder).

---

[6] DOSB-Satzung in der Fassung vom 03. Dezember 2011.

2.2 Sportverbände

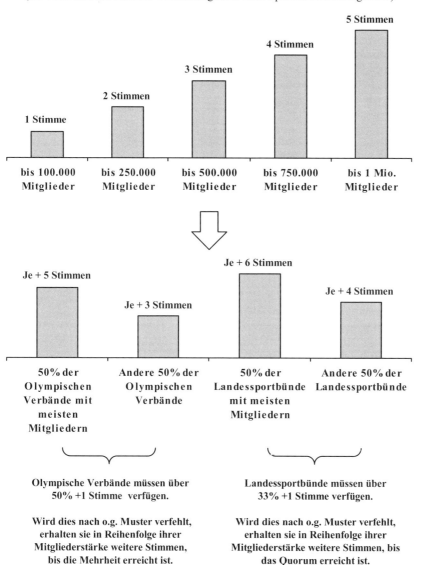

Abb. 7: Zuweisung der Stimmrechte auf der DOSB-Mitgliederversammlung für Bundesfachverbände und Landessportbünde (vgl. §§ 10; 11 DOSB-Satzung).

DOSB-Geschäftsstelle

Der DOSB hat seine *Geschäftsstelle* im Haus des Sports in Frankfurt/Main, das auch zahlreiche Bundesfachverbände für ihren Sitz gewählt haben. Seine fünf Geschäftsbereiche sind jeweils in Ressorts gegliedert (vgl. DOSB, 2012a, o. S.):

- Geschäftsbereich Generaldirektor mit fünf Ressorts (32 Mitarbeiter):
    - Büro des Generaldirektors,
    - Medien-/Öffentlichkeitsarbeit,
    - Politische Kommunikation/Vertretung in Brüssel/Berlin,
    - Internationales,
    - Marketing.
- Geschäftsbereich Leistungssport mit vier Ressorts (35 Mitarbeiter):
    - Olympiastützpunkte/Nachwuchsleistungssport,
    - Olympischer Sommersport,
    - Olympischer Wintersport,
    - Wissenschaftsmanagement, Nichtolympischer Spitzensport.
- Geschäftsbereich Sportentwicklung mit vier Ressorts (34 Mitarbeiter):
    - Breitensport, Sporträume,
    - Präventionspolitik, Gesundheitsmanagement,
    - Bildung, Olympische Erziehung,
    - Chancengleichheit, Diversity.
- Geschäftsbereich Jugendsport mit drei Ressorts (37 Mitarbeiter):
    - Services,
    - Jugendarbeit im Sport,
    - Internationale Jugendarbeit.
- Geschäftsbereich Finanzen mit vier Ressorts (32 Mitarbeiter):
    - Organisation/Verwaltung,
    - Finanzen/Controlling,
    - Personal,
    - Justitiariat.

Schließlich unterhält der DOSB auch ein *Hauptstadtbüro des Deutschen Sports* in Berlin sowie eine *EU-Büro* in Brüssel.

2.2 Sportverbände

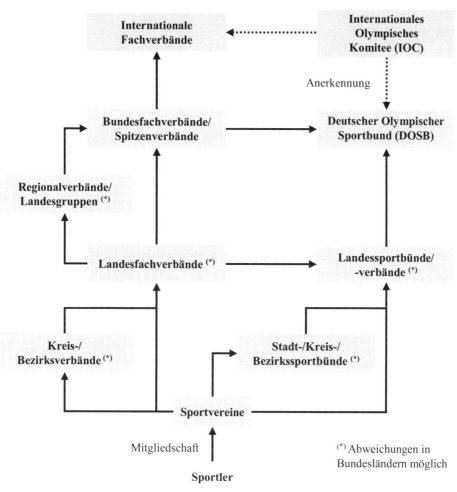

Abb. 8: Organisationskontexte des Sportmanagements: Föderaler Aufbau von Sportvereinen und Sportverbänden (ohne Verbände mit besonderen Aufgaben).

Sportartübergreifende Verbände auf internationaler Ebene

Auch im internationalen Kontext gibt es zahlreiche sportartübergreifende Dachverbände. Dabei ist für die internationale Sportpolitik das *International Olympic Committee* (IOC) mit seinem Sitz in Lausanne von besonderer Bedeutung.

Das IOC veranstaltet mit den Olympischen Spielen alle zwei Jahre (im Wechsel Winter und Sommer) die weltweit größten und bedeutsamsten Sportereignisse und gilt im globalen Sportkontext als *die* zentrale Instanz. Mit seinem organisatorischen Aufbau weicht das IOC wesentlich von der Modellstruktur der internationalen Sportfachverbände ab, deren Mitglieder jeweils die nationalen Fachverbände ihrer Sportarten sind. Als Verein Schweizer Rechts kennt das IOC hingegen *ausschließlich persönliche Mitglieder*, wobei die max. 115 Personen von der IOC-Mitgliederversammlung für eine Amtszeit von acht Jahren gewählt werden. Wiederwahlen sind möglich, bis die Altersgrenze von 70 Jahren erreicht ist. Sportverbände, deren Sportarten Teil des Olympischen Wettkampfprogramms sein und deren Mannschaften an Olympischen Spielen teilnehmen wollen, müssen vom IOC anerkannt werden. Voraussetzung hierfür ist die satzungsgemäße Einbindung und Einhaltung zentraler Vorgaben und Regeln des IOC, die sich insbesondere aus seiner Olympischen Charta ableiten (vgl. Art. 3 und Art. 16 IOC-Charta[7]).

Weder die internationalen Sportfachverbände (z. B. FIFA, IAAF, FINA) noch die Nationalen Olympischen Komitees (z. B. DOSB) sind also Mitglied im IOC – und verfügen folglich auch nicht über Stimmrechte auf der IOC-Mitgliederversammlung. Auch aus diesem Grund haben sich zahlreiche weitere internationale Interessenvertretungen gebildet, um Managementfragen des Weltsports zu diskutieren und sich über gemeinsame Interessen und Einflussmöglichkeiten auf relevante Entscheidungsprozesse im internationalen Kontext zu verständigen:

- Die *Association of National Olympic Committees* (ANOC) ist die Interessenvertretung der Nationalen Olympischen Komitees, deren Sitz und Geschäftsstelle in Lausanne (Schweiz) sind.
- *European Olympic Committees* (EOC) ist die Vereinigung der europäischen Nationalen Olympischen Komitees. Sitz und Geschäftsstelle sind in Rom (Italien). Pendants existieren auch auf den anderen Kontinenten.
- Die *Association of Summer Olympic International Federations* (ASOIF) vertritt die Interessen der internationalen Fachverbände, deren Sportarten Teil des Wettkampfprogramms Olympischer Sommerspiele sind. Sitz und Geschäftsstelle sind in Lausanne (Schweiz).
- Die *Association of the International Olympic Winter Sports Federations* (AIOWF) vertritt die Interessen der internationalen Fachverbände, deren Sportarten Teil des Wettkampfprogramms Olympischer Winterspiele sind. Sitz und Geschäftsstelle sind in Zürich (Schweiz).
- *SportAccord* vertritt rund 90 internationale Sportverbände, unabhängig von ihrer Zugehörigkeit zum Olympischen Programm. Sitz und Geschäftsstelle sind in Lausanne (Schweiz).
- Die *Fédération Internationale du Sport Universitaire* (FISU) ist der Weltverband aller nationalen Hochschulsportverbände. Die FISU veranstaltet für Hochschulangehörige Multisportevents, z. B. Winter- und Sommer-Universiaden sowie Studierenden-Weltmeisterschaften in verschiedenen Sportarten. Sitz und Geschäftsstellen sind in Lausanne (Schweiz) und Brüssel (Belgien).

---

[7] IOC-Charta in der Fassung vom 08. Juli 2011.

Praxisbeispiel

Die Anerkennung durch den DOSB und die Aufnahme als Mitglied der „Sportfamilie", sind für jeden Sportverband erstrebenswert. Denn ein solcher offizieller Status als „echter" Sportverband stärkt nicht zuletzt die gesellschaftliche Reputation der Sportart und ihrer Vereins-/Verbandsorganisationen, etwa gegenüber Wirtschaft, Massenmedien und Politik. Als bislang letzter Sportverband wird im Dezember 2010 nach über 20-jährigen Bemühungen der Deutsche Dart-Verband (DDV) Mitglied im DOSB.
Aus Sicht des organisierten Sports erfüllt Dart somit alle vom DOSB geforderten und in dessen Aufnahmeordnung festgelegten, sportlichen Voraussetzungen. Dies ergibt die Prüfung der schriftlich eingereichten Unterlagen durch DOSB-Direktorium und -Präsidium, und wird im Dezember 2010 von der DOSB-Mitgliederversammlung mehrheitlich entschieden.
Damit sind bei Dart die aus Sicht des DOSB notwendigen Kernbestandteile des Sports gegeben – insbesondere wird es als „eigene, sportartbestimmende motorische Aktivität" (§ 3 Nr. 1, DOSB-Aufnahmeordnung[8]) gesehen, deren Ausübung vor allem Selbstzweckcharakter hat – und nicht etwa als Arbeits- und Alltagsverrichtung zu verstehen ist.
Außerdem kann der Dart-Verband darstellen, dass er durch seine Regelwerke und seine Wettkampf-/Klasseneinteilungen die Einhaltung ethischer Werte des Sports wie etwa Fairplay, Chancengleichheit oder Unverletzlichkeit der Person gewährleistet. Beispielsweise hat der DDV zur Organisation und Durchführung von Dopingkontrollen bei Dart-Wettkämpfen eine Vereinbarung mit der Nationalen Anti Doping Agentur (NADA) geschlossen.
Auch die von der DOSB-Aufnahmeordnung geforderten organisatorischen Voraussetzungen kann der DDV nunmehr nachweisen: in den Dartvereinen sind mehr als 10.000 Vereinsmitglieder organisiert und neun seiner Landesdartverbände – mehr als die geforderten acht – sind Mitglied ihres jeweiligen Landessportbunds. 2011 zählen die 542 Dartvereine 10.218 Mitglieder. Schwieriger, wenngleich am Ende doch erfolgreich, ist hingegen der Nachweis, dass im Verband „Jugendarbeit in nicht nur geringfügigem Umfang" (§ 4 Nr. 1d, DOSB-Aufnahmeordnung) erfolgt. Und schließlich kann der DDV eine Anerkennung des Finanzamts Berlin vorlegen, die ihn gemäß § 52 Abs. 2 Ziffer 2 der Abgabenordnung wegen Förderung des Sports als gemeinnützig ausweist.
Auch international erfüllt der DDV alle geforderten Bedingungen, indem er von der World Darts Federation – die Mitglied der Vereinigung der internationalen Sportverbände Sport Accord ist – als der für Deutschland allein zuständige Dart-Verband anerkannt ist (vgl. DOSB, 2006b, S. 2–3; 2010a, o. S.; 2011a, S. 7).

---

[8] DOSB-Aufnahmeordnung in der Fassung vom 20. Mai 2006.

Kontrollfragen

1. Sportverbände fungieren als zentrale Interessenvereinigungen ihrer Mitgliedsorganisationen. Welche Rolle spielt dabei das „Ein-Platz-Prinzip"?
2. Der föderale Aufbau des deutschen Sports ist durch die Unterscheidung in sportartspezifische und sportartübergreifende Verbände charakterisiert. Wie lässt sich dieser Aufbau der deutschen Sportverbände beschreiben, welche Aufgaben werden von den verschiedenen Verbänden typischerweise übernommen und welche Schnittstellen und Konfliktpunkte des Verbandsmanagements sind dabei erkennbar?
3. Welche Besonderheiten des Verbandsaufbaus existieren in Baden-Württemberg, Rheinland-Pfalz und Nordrhein-Westfalen und inwiefern kann sich dies auf das Sportverbandsmanagement auswirken?
4. Der DOSB ist *der* sportartübergreifende Dachverband des deutschen Sports. Welche Aufgaben übernimmt der DOSB und welche Schnittstellen und Konfliktpunkte sind dabei im Verhältnis zu den Bundesfachverbänden und den Landessportbünden erkennbar?
5. Der DOSB repräsentiert den organisierten deutschen Sport und fungiert als dessen zentrale Interessenvereinigung. Wer sind die Mitglieder des DOSB? Auf welche Organe und Gremien stützt er seine Arbeit? In welche Geschäftsbereiche sind die Aufgaben seiner Geschäftsstelle aufgeteilt?
6. Sportpolitische Möglichkeiten und Grenzen der Bundesfachverbände und der Landessportbünde werden ganz wesentlich über deren Stimmrechte in der DOSB-Mitgliederversammlung bestimmt. Wie sind diese geregelt?
7. Zentrale Instanz des Weltsports ist das IOC. Inwiefern unterscheidet sich das IOC gerade hinsichtlich seiner Mitgliedschaftsregeln von den internationalen Sportfachverbänden und welche Bedeutung hat dies für ein Sportverbandsmanagement im internationalen Kontext?

2.3 Kapitalgesellschaften des Spitzensports

Die Sportverbände der großen Mannschaftssportarten haben ihre sportlichen Wettbewerbe seit jeher in hierarchisch aufgebauten Ligen organisiert, an denen ursprünglich nur Mannschaften von Sportvereinen der betreffenden Sportarten teilnehmen konnten. Insbesondere im professionellen Teamsport – Fußball, Handball, Basketball, Eishockey, Volleyball – haben seit Ende der 1990er Jahre aber auch kapitalgesellschaftlich verfasste Spielbetriebe die Möglichkeit zur Teilnahme an den Ligawettbewerben. Seither ist eine generelle Tendenz zur Umwandlung der Spielbetriebe von Vereinsabteilungen in Kapitalgesellschaften erkennbar. Gleiches gilt auch für die Ligaorganisationen selbst, die heute gegenüber den Bundesfachverbänden ihrer Sportarten mehr oder weniger eigenständig sind. Im Verhältnis von Sportvereinen, Sportverbänden, kapitalgesellschaftlich organisierten Spielbetrieben und Ligaorganisationen sind folglich spezifische Organisationskontexte des Sportmanagements entstanden, die enorme praktische Relevanz haben.

2.3 Kapitalgesellschaften des Spitzensports

Lernziele des Kapitels

> Die Leser erkennen die Bedeutung von Kapitalgesellschaften als Rechtsformalternativen zum Sportverein und lernen typische Kennzeichen kapitalgesellschaftlicher Rechtsformen kennen.
> Sie erfahren, welche Voraussetzungen für die Gründung einer GmbH erforderlich sind und wie deren Gründungsprozess idealtypisch abläuft.
> Sie erkennen die Regelungsbedürftigkeit des Verhältnisses zwischen Sportverband, Ligaorganisation und Spielbetriebsgesellschaften und setzen sich mit gängigen Strukturmodellen der Managementpraxis auseinander.

Neben Sportvereinen und Sportverbänden als eingetragenen nicht wirtschaftlichen Freiwilligenvereinigungen haben sich in den letzten Jahren insbesondere im professionellen Teamsport alternative Organisationskontexte des Sportmanagements etabliert – kapitalgesellschaftlich verfasste Spielbetriebsgesellschaften sind in den Sportligen des professionellen Teamsports mittlerweile eher die Regel als die Ausnahme (vgl. Tab. 10).

2.3.1 Rechtsformalternativen zum Sportverein

Als Rechtsformalternativen zum Sportverein kommen insbesondere Kapitalgesellschaften in Betracht, da hier die Gesellschaft als juristische Person ebenfalls über eine eigene Rechtspersönlichkeit verfügt. Typischerweise begrenzen Kapitalgesellschaften die Haftung nach außen auf das Kapital der Gesellschaft – und erweitern gleichzeitig potenzielle Möglichkeiten der Kapitalbeschaffung (vgl. auch Kapitel 3.3.3). Gerade im professionellen Spitzensport, z. B. im Fußball, Basketball, Handball oder im Radsport, sind deshalb mittlerweile kapitalgesellschaftliche Rechtsformen etabliert. Insbesondere die enorm gestiegene wirtschaftliche Tragweite des professionellen Spitzensports veranlasste auch die Sportverbände, ihre Ligawettbewerbe in Kapitalgesellschaften auszugliedern und die Möglichkeit zur Teilnahme am sportlichen Wettkampf nicht mehr ausschließlich nicht wirtschaftlichen Freiwilligenvereinigungen vorzubehalten. Die Überführung des Spielbetriebs aus einem Sportverein in eine Kapitalgesellschaft ist dabei voraussetzungsvoll, denn die Mitgliederversammlung des ausgliedernden Vereins muss dem Ausgliederungsplan des Vereinsvorstands mindestens „mit einer Mehrheit von drei Vierteln der erschienenen Mitglieder" (Lorz, 2012, S. 800) zustimmen.

Praxisrelevante kapitalgesellschaftliche Rechtsformalternativen zum Sportverein sind dabei grundsätzlich die Aktiengesellschaft (AG), die Kommanditgesellschaft auf Aktien (KGaA) und die Gesellschaft mit beschränkter Haftung (GmbH).

Tab. 10: Kapitalgesellschaftlich verfasste Spielbetriebe der Ligawettbewerbe im Fußball, Basketball und Handball in der Spielzeit 2011/2012 (vgl. Deutsche Fußball Liga, 2012b, o. S; Handball-Bundesliga, 2012, o. S.; Basketball Bundesliga, 2012, o. S.).

Fußball Bundesliga	Basketball Bundesliga	Handball-Bundesliga
1. FC Köln GmbH & Co. KGaA	Franken 1st Bamberg Basketballgesellschaft mbH	THW Kiel Handball-Bundesliga GmbH & Co. KG
TSG 1899 Hoffenheim Fußball-Spielbetriebs GmbH	ALBA BERLIN Basketballteam GmbH	SG Flensburg-Handewitt Handball-Bundesliga GmbH & Co. KG
Bayer 04 Leverkusen Fußball GmbH	SKYLINERS GmbH	HSV Handball Betriebsgesellschaft mbH
Borussia Dortmund GmbH & Co. KG aA	Artland Dragons Sport-Marketing GmbH	TuS N-Lübbecke GmbH
Borussia VfL 1900 Mönchengladbach GmbH	Phantoms Basketball Braunschweig GmbH	TV Großwallstadt Handball AG
FC Augsburg 07 GmbH & Co. KGaA	Baskets Oldenburg GmbH & Co. KG	Rhein-Neckar Löwen GmbH
FC Bayern München AG	starting five GmbH	HSG Wetzlar Handball-Bundesliga Spielbetriebs GmbH & Co. KG
Hannover 96 GmbH & Co. KGaA	Eisbären Bremerhaven Marketing GmbH	Eintracht Hildesheim Handball GmbH
Hertha BSC GmbH & Co. KGaA	Treveri Basketball AG	TBV ProVital Lemgo GmbH & Co.KG
SV Werder Bremen GmbH & Co KG aA	Phoenix Hagen GmbH	BHC Marketing GmbH
VfL Wolfsburg-Fußball GmbH	ProBasket Tübingen GmbH	Handball Magdeburg GmbH
	Basketball Ulm/Alb-Donau GmbH	FRISCH AUF! Göppingen Management & Marketing GmbH
	LTi Giessen46ers - Gispo-GmbH -	TSV-Hannover-Burgdorf Handball GmbH
	BBC Bayreuth Spielbetrieb GmbH	Reinickendorfer Füchse Handball Vermarktungsgesellschaft mbH
	Sport- und Event Würzburg Baskets GmbH	MT Spielbetriebs- u. Marketing GmbH
		Marketing Gesellschaft Hüttenberg mbH
		HBW Balingen-Weilstetten Bundesliga GmbH & Co. KG
		VfL Handball Gummersbach GmbH

Aktiengesellschaft (AG)

Für die AG ist vor allem die Zerlegung des Grundkapitals in Aktien typisch. Dies eröffnet der AG beste Möglichkeiten, am Kapitalmarkt (z. B. Börsen, Banken) auch große Kapitalbeträge zu beschaffen (vgl. Wöhe, 1996, S. 335). Für diese Rechtsform kennzeichnend ist weiterhin eine strikte Trennung zwischen den Aktionären als Eigentümern und dem Vorstand als Unternehmensleitung. Dies dient ebenso dem Gläubigerschutz wie die zahlreichen, sehr strengen Form- und Rechnungslegungsvorschriften, u. a. die Prüfungs- und Veröffentlichungspflicht der Jahresabschlüsse. Die Gründung einer AG setzt außerdem ein Grundkapital von mindestens 50.000 Euro voraus. Im professionellen Sport ist diese Rechtsform eher selten,

2.3 Kapitalgesellschaften des Spitzensports

obwohl sie ein hohes Renommee genießt; Beispiele sind die FC Bayern München AG (Fußball) oder die Treveri Basketball AG.

Oberstes Organ der AG ist die Hauptversammlung, der u. a. die Wahl des Aufsichtsrats, die Entlastung von Vorstand und Aufsichtsrat sowie Entscheidungen über die Gewinnverwendung obliegen. Die Geschäftsführung ist Aufgabe des Vorstands, der in seinen Managementaufgaben „nicht an Weisungen anderer Gesellschaftsorgane gebunden ist und auch keinen Weisungen von Großaktionären der Gesellschaft unterliegt. Dies schränkt also eine direkte Einflussnahme ... auf die Leitung der Aktiengesellschaft ein ... In der fehlenden Weisungsgebundenheit des Leitungsorgans liegt ein entscheidender Unterschied zur GmbH mit der dort gegebenen Weisungsbefugnis der Gesellschafterversammlung" (Lorz, 2012, S. 809). Der Aufsichtsrat überwacht schließlich den Vorstand, z. B. indem er den Jahresabschluss prüft. Ebenso obliegt ihm die Bestellung und Abberufung der Vorstandsmitglieder (vgl. Lorz, 2012, S. 806–811).

Kommanditgesellschaft auf Aktien (KGaA)

Die KGaA kombiniert eine Personengesellschaft – die Kommanditgesellschaft (KG) – mit einer Kapitalgesellschaft. Damit werden die für die AG typischen Kapitalbeschaffungsmöglichkeiten genutzt, gleichzeitig haftet typischerweise nur ein Gesellschafter persönlich unbeschränkt, während die Haftung der Kommanditaktionäre auf deren Kapitaleinlagen beschränkt ist. Insgesamt handelt es sich dabei um eine eher komplizierte gesellschaftsrechtliche Konstruktion. Das Grundkapital der KGaA ist wie bei der AG auf mindestens 50.000 Euro festgelegt, allerdings werden bei der KGaA die Kontroll- und Stimmrechte der Gesellschafter nicht an die Höhe ihrer Kapitalbeteiligung gekoppelt. Vielmehr halten die Komplementäre regelmäßig die Stimmenmehrheiten in ihrer Hand und stellen auch den Vorstand der KGaA – selbst wenn sie nur geringe oder gar keine Vermögenseinlagen geleistet haben (vgl. Wöhe, 1996, S. 342). „Während den Kommanditaktionären dieselbe rechtliche Stellung wie den Aktionären einer AG zukommt, sind die persönlich haftenden Gesellschafter ohne zeitliche Begrenzung das ‚geborene' Geschäftsführungs- und Vertretungsorgan der KGaA ... Die Geschäftsführung ist dabei zwingend von mindestens einem der vollhaftenden Gesellschafter zu übernehmen" (Lorz, 2012, S. 816). Im Profifußball findet sich diese Konstruktion recht häufig, etwa bei der Borussia Dortmund GmbH & Co. KGaA oder bei der TSV München von 1860 GmbH & Co. KGaA.

Gesellschaft mit beschränkter Haftung (GmbH)

Die bevorzugte und im Profisport vorherrschende Rechtsform ist hingegen die GmbH, welche die Haftung der Eigentümer ebenfalls auf ihre Kapitaleinlagen beschränkt. Mit der GmbH ist zwar typischerweise eine etwas geringere Kreditwürdigkeit verbunden als etwa mit der AG, gleichzeitig unterliegt die GmbH im Vergleich aber geringeren Publizitätspflichten und Formvorschriften. Auch existiert kein der Börse entsprechend organisierter Markt für einen Handel der Gesellschafteranteile. Vielmehr sieht § 15 Abs. 3 des GmbH-Gesetzes (GmbHG[9]) für die Übertragung von Gesellschaftsanteilen eine kosten- und zeitintensive notarielle Beurkundung vor. Angesichts dieser Übertragungshürden ist eine hohe Fluktuation von GmbH-Gesellschaftern unwahrscheinlich. Deshalb kommen regelmäßig nur Gesell-

---

[9] GmbH-Gesetz in der Fassung vom 22. Dezember 2011.

schafter in Frage, die eine langfristige Bindung eingehen wollen – also praktisch keine spekulativ agierenden Investoren (vgl. Lorz, 2012, S. 812–814).

Nach § 1 GmbHG ist nur mindestens *ein* Gründer für die GmbH-Gründung erforderlich. Dieser kann eine natürliche oder eine juristische Person sein, sodass ein ausgliedernder Idealverein alleiniger Gründer sein kann. Zur Gründung ist ein notariell beglaubigter und von allen Gesellschaftern unterschriebener *Gesellschaftsvertrag* erforderlich. Darin ist umfassend zu regeln (vgl. §§ 2; 3 GmbHG):

- der Name der Gesellschaft und ihr Sitz.
- der Gegenstand des Unternehmens.
- der Betrag des Stammkapitals.
- die Namen und Anschriften der Gesellschafter.
- die Zahl und die Nennbeträge der Geschäftsanteile, die jeder Gesellschafter gegen Einlage auf das Stammkapital übernimmt (sog. Stammeinlage).

Änderungen des Gesellschaftsvertrags können nur durch Beschluss der Gesellschafterversammlung mit einer Mehrheit von drei Vierteilen der abgegebenen Stimmen erfolgen (vgl. § 53 GmbHG).

Die Gesellschaft ist von dem oder den Geschäftsführern bei dem Gericht, in dessen Bezirk sie ihren Sitz hat, zur Eintragung in das Handelsregister anzumelden (vgl. § 7 GmbHG). Mit der Eintragung ins Handelsregister erlangt die GmbH eigene Rechtsfähigkeit, sie kann folglich selbst Träger von Rechten und Pflichten sowie Zurechnungspunkt von Vermögen sein, z. B. kann sie Verträge schließen oder Eigentum erwerben (vgl. § 13 GmbHG). Zur Anmeldung und Eintragung sind vorzulegen:

- der Gesellschaftsvertrag.
- die Legitimation der Geschäftsführer sowie Art und Umfang ihrer Vertretungsbefugnis.
- eine Liste der Gesellschafter mit Namen, Anschrift und Anteil ihrer Stammeinlage.
- eine Versicherung, dass die Einlagen unbelastet geleistet wurden.
- eine Versicherung, dass die vorgesehenen Geschäftsführer als GmbH-Geschäftsführer geeignet sind.
- bei Sachgründungen: ein Sachgründungsbericht mit Verträgen und Belegen.

Die Gründungskosten und -hürden einer GmbH sind also im Vergleich zur Vereinsgründung recht hoch. Je nach Beratungsaufwand und Ausgestaltung der GmbH entstehen unterschiedliche Kosten, wobei höheres Stammkapital grundsätzlich höhere Gebühren nach sich zieht. Hinzu kommen laufende Pflichten der GmbH-Geschäftsführung, z. B. die Errichtung einer Bilanz und die doppelte Buchführung (vgl. §§ 41; 42 GmbHG).

Organe der GmbH

Mit der Erlangung eigener Rechtspersönlichkeit als Kapitalgesellschaft treten die Persönlichkeiten der (Gründungs-) Mitglieder hinter die Regelungen des Gesellschaftsvertrags zurück. Aus diesem Grund benötigen GmbHs eigene Organe: die Gesellschafterversammlung ist das Willensbildungsorgan nach innen, der Vorstand/die Geschäftsführung vertritt die GmbH nach außen. Fakultativ ist ein Aufsichtsrat als Kontrollorgan.

Die *Gesellschafterversammlung* ist das oberste Willensbildungsorgan der GmbH (vgl. §§ 46–49 GmbHG). Sie repräsentiert die Gesamtheit aller Gesellschafter und ist für die Bestellung und Anstellung der Geschäftsführung verantwortlich. Der Gesellschafterversammlung

2.3 Kapitalgesellschaften des Spitzensports

kommt somit eine wesentliche Weisungsbefugnis und Kontrollfunktion zu, die teilweise an einen wahlweise einzurichtenden Aufsichtsrat übertragen werden kann. Gesellschafterversammlungen sind mittels eingeschriebener Briefe sowie einer Frist von mindestens einer Woche durch die Geschäftsführer einzuberufen (vgl. §§ 49; 51 GmbHG).

Eine wesentliche Bedeutung kommt dem Stimmrecht in der Gesellschafterversammlung zu. Dieses regelt die Einflussmöglichkeiten der Gesellschafter auf Entscheidungsprozesse der GmbH. Grundsätzlich gewährt *jeder Euro* eines Geschäftsanteils *eine Stimme* – ein ganz wesentlicher Unterschied zum Idealverein, wo jedes Mitglied gleiche Stimmanteile hat. Soweit im Gesellschaftsvertrag nicht anders geregelt, ist eine Mehrheit von 50% plus einer der abgegebenen Stimmen ausreichend, um Beschlüsse in der Gesellschafterversammlung zu treffen (vgl. § 47 GmbHG).

Die *Geschäftsführung* vertritt die GmbH gerichtlich und außergerichtlich nach außen (vgl. § 35 GmbHG). Für das operative Geschäft ist mindestens ein Geschäftsführer erforderlich, der eine natürliche, unbeschränkt geschäftsfähige Person sein und im Handelsregister eingetragen werden muss (vgl. § 6 GmbHG). Für Spielbetriebsgesellschaften des Spitzensports bietet es sich an, einen Geschäftsführer für den wirtschaftlich-administrativen Bereich und einen für den sportlichen Bereich/Spielbetrieb vorzusehen. Dies ermöglicht neben einer insgesamt höheren Fachkompetenz auch wechselseitige Kontrolle – und damit häufig auch eine abgestimmte Verfolgung wirtschaftlicher und sportlicher Zielstellungen. Anlässlich der Gesellschafterversammlung hat die Geschäftsführung den Gesellschaftern in Form von Jahres-/ Geschäftsberichten über ihre Amtsausübung Rechenschaft abzulegen.

Während Gesellschafterversammlung und Geschäftsführung zwingend vorgeschrieben sind, ist die Einrichtung eines *Aufsichtsrats* frei gestellt (vgl. § 52 GmbHG). Aufsichtsräte setzen sich üblicherweise aus Vertretern der Gesellschafter zusammen, beispielsweise Vorstandsmitgliedern des ausgliedernden Idealvereins, Vertretern wichtiger Sponsoren, oder (politisch) wichtigen Partnern (vgl. Abb. 9). Grundsätzliche Aufgaben eines Aufsichtsrats sind die Überwachung der Geschäftsführung, die Prüfung des von den Geschäftsführern aufgestellten Jahresabschlusses, Lageberichts und Vorschlags über die Verwendung des Bilanzgewinns. Im Gesellschaftsvertrag können außerdem bestimmte Geschäfte an die Zustimmung des Aufsichtsrats gebunden werden z. B. Investitionsentscheidungen ab einer bestimmten wirtschaftlichen Größenordnung.

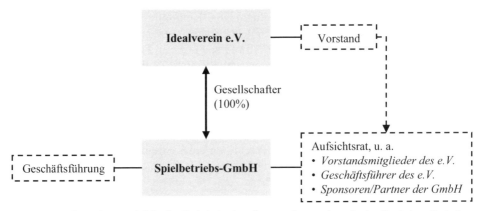

Abb. 9: Allgemeines Modell für das Verhältnis eines Sportvereins zu seinem in eine Kapitalgesellschaft ausgegliederten Spielbetrieb.

2.3.2 Organisationsmodelle für das Verhältnis Sportverband/Ligaorganisation

Die Organisation der sportlichen Ligawettbewerbe ist seit jeher eine originäre Aufgabe der jeweiligen Bundesfachverbände gewesen. Mit zunehmender Professionalisierung und Ökonomisierung der Ligabetriebe sowie der Zulassung kapitalgesellschaftlich verfasster Spielbetriebsgesellschaften reichte aber allein die reibungslose Durchführung des Spielbetriebs durch die Sportverbände nicht mehr aus. Angesichts der insgesamt gestiegenen Erwartungen und der ökonomischen Relevanz wurde verstärkt auch ein Management wirtschaftlicher Belange der Profisportligen notwendig. Insbesondere über die Vermarktung medialer und werblicher Rechte wurden seit den 1990er Jahren enorm hohe Erträge generiert, was die Sportverbände in ihrer Verfasstheit als nicht wirtschaftliche Vereine gemäß § 21 BGB unter Druck setzte und verbandsintern zu massiven Interessenskonflikten zwischen Amateursport und Profisport führte. „Das Idealbild des wirtschaftlichen Geschäftsbetriebs ..., der als Nebenzweck neben Amateur- und Jugendfußball in den Verein eingegliedert ist und dessen Erträge zur Finanzierung und Förderung des Hauptzwecks verwendet werden, entspricht ... immer weniger der Realität" (Lorz, 2012, S. 795).

Vor diesem Hintergrund gliederten die Bundesfachverbände – die ihre Rechtsform als nicht wirtschaftlicher Verein beibehielten – ihre Ligabetriebe und damit einen Großteil ihrer wirtschaftlichen Tätigkeit in Kapitalgesellschaften aus, z. B. die Deutsche Fußball Liga GmbH, die Basketball Bundesliga GmbH, die Deutsche Volleyball-Liga GmbH, die Handball-Bundesliga GmbH (vgl. Holzhäuser, 2004a, S. 145). Für die Ausgestaltung des Verhältnisses von Bundesfachverband, Ligagesellschaft und den am Spielbetrieb teilnehmenden Sportvereinen und Kapitalgesellschaften haben sich in jüngerer Zeit verschiedene Modelle etabliert, die jeweils spezifische Managementkontexte schaffen.

„Modell Fußball"

Das „Modell Fußball", dessen Grundprinzipien auch im Handball umgesetzt sind, ist zunächst dadurch charakterisiert, dass die am Spielbetrieb von Bundesliga und 2. Bundesliga

2.3 Kapitalgesellschaften des Spitzensports

teilnehmenden Vereine und Kapitalgesellschaften im *Die Liga – Fußballverband e. V.* (Ligaverband) zusammengeschlossen sind (vgl. Abb. 10). Dieser ist neben den Landes- und Regionalverbänden, die den Amateurfußball repräsentieren, ordentliches Mitglied des Deutschen Fußball-Bunds (DFB). Aufgrund dieser Mitgliedschaft ist der Ligaverband Satzungen und Ordnungen von DFB, UEFA und FIFA unterworfen (vgl. § 3 Satzung Ligaverband[10]).

Vereine und Kapitalgesellschaften der Fußball-Lizenzligen haben somit beim Ligaverband eine Lizenz zur Teilnahme an der Bundesliga oder 2. Bundesliga zu beantragen. Mit Erteilung der Lizenz erwerben sie gleichzeitig die Mitgliedschaft im Ligaverband. Eine kapitalgesellschaftlich verfasste Spielbetriebsgesellschaft kann allerdings nur dann eine Lizenz erwerben, wenn ein Verein mehrheitlich an ihr beteiligt ist, dessen Fußballabteilung zum Zeitpunkt der erstmaligen Lizenzbeantragung sportlich für die Teilnahme am Ligabetrieb qualifiziert ist (vgl. § 7 und 8 Satzung Ligaverband; ausführlich Kapitel 3.5). Indem der Ligaverband als eingetragener Idealverein konstituiert ist, verlieren Lizenzvereine und Kapitalgesellschaften im Fall eines sportlichen Abstiegs ihre Mitgliedschaftsrechte, während sie bei sportlichem Aufstieg wiederum Neumitglieder des Ligaverbands werden.

Organe des Ligaverbands sind Vorstand, Mitgliederversammlung und Lizenzierungsausschuss. Vertretungsrechte in der Mitgliederversammlung haben ausschließlich Personen, die Mitglieder des geschäftsführenden Vorstands, des Aufsichtsrats oder der Geschäftsführung eines Ligaverbands-Mitglieds sind. Der *Mitgliederversammlung* obliegen insbesondere die Wahl und Entlastung des Ligaverbands-Vorstands, die Benennung der Mitglieder des DFL-Aufsichtsrats, die Genehmigung des Haushaltsplans, sowie die Berufung des Wirtschaftsprüfers des Ligaverbands (vgl. § 25 Satzung Ligaverband).

Der *Vorstand* des Ligaverbands setzt sich aus dem Ligapräsidenten, zwei Vizepräsidenten und bis zu acht weiteren Mitgliedern einschließlich Mitgliedern der DFL-Geschäftsführung zusammen. Der Ligapräsident als oberster Repräsentant des Ligaverbands koordiniert die Arbeit des Vorstands und gehört auch dem DFB-Präsidium als dessen 1. Vizepräsident an (vgl. §§ 15–17 Satzung Ligaverband).

Über die Mitgliedschaft des Ligaverbands im DFB hinaus regelt ein *Grundlagenvertrag* zwischen DFB und Ligaverband wechselseitige Rechte und Pflichten. Beispielsweise überlässt der DFB als originärer Rechteinhaber dem Ligaverband die exklusiven Nutzungsrechte an seinen Vereinseinrichtungen Bundesliga und 2. Bundesliga. Im Gegenzug verpflichtet sich der Ligaverband,

- Fußballspiele in den Lizenzligen nach den internationalen Fußballregeln auszutragen und damit den deutschen Fußballmeister, die Auf- und Absteiger, sowie die Teilnehmer an den internationalen Wettbewerben zu ermitteln. Hierzu gehört auch die Erstellung des Rahmenterminkalenders im Einvernehmen mit dem DFB (vgl. § 48 Nr. 1 DFB-Satzung).
- die sich aus dem Betrieb der Vereinseinrichtungen Bundesliga und 2. Bundesliga ergebenden Vermarktungsrechte, inklusive des Liga-Logos, exklusiv im eigenen Namen zu verwerten.

---

[10] Die Liga – Fußballverband-Satzung in der Fassung vom 30. November 2010.

- Lizenzen an Fußballvereine und -Kapitalgesellschaften nach den in der Lizenzierungsordnung geregelten sportlichen, rechtlichen, personellen und administrativen, infrastrukturellen und sicherheitstechnischen sowie finanziellen Kriterien zu erteilen (vgl. Kapitel 3.4.2).
- sich an der Entwicklung und Förderung des gesamten deutschen Fußballsports aktiv zu beteiligen und insbesondere durch Abgaben aus dem Lizenzspielbetrieb zur Finanzierung des DFB beizutragen (vgl. Präambel und §§ 4; 6 Satzung Ligaverband).

Darüber hinaus ist im Grundlagenvertrag zwischen DFB und Ligaverband u. a. vereinbart, dass der Ligaverband

- drei Prozent seiner Einnahmen aus der Rechtevermarktung als Nutzungsentgelt für die Bundesliga und die 2. Bundesliga an den DFB zahlt. Hierzu zählen z. B. Einnahmen aus dem Eintrittskartenverkauf sowie aus der weltweiten Verwertung aller medialen Rechte, also Fernsehen, Hörfunk, Internet etc.
- je Spielzeit pauschal 4,8 Mio. Euro an den DFB zahlt für die Inanspruchnahme des Schiedsrichterwesens, die Durchführung der Anti-Doping-Maßnahmen und die Inanspruchnahme der DFB-Sportgerichtsbarkeit bei den Spielen der Bundesliga und 2. Bundesliga (vgl. § 4 Grundlagenvertrag DFB-Ligaverband[11]).
- sicherstellt, dass die betreffenden Bundesligaspieler zur Bildung einer starken A-Nationalmannschaft verfügbar sind, d. h., von den Bundesligisten zu Pflicht- und Freundschaftsspielen sowie vorbereitenden Spielen und Lehrgängen abgestellt werden. Hierfür erhält der Ligaverband vom DFB eine variable prozentuale Beteiligung zwischen 15 und 30 Prozent an dessen Einnahmen aus der Vermarktung der A-Nationalmannschaft. Auch etwaige wirtschaftliche Überschüsse des DFB bei Europa- und Weltmeisterschaften gehen zu 50% an den Ligaverband (vgl. § 5 Grundlagenvertrag DFB-Ligaverband).
- zwei Prozent aus dem Eintrittskartenverkauf der Bundesliga und ein Prozent aus dem Eintrittskartenverkauf der 2. Bundesliga an die jeweils zuständigen Landesfußball- und Regionalverbände zahlt und dem DFB darüber hinaus je Spielzeit eine Mio. Euro als Solidaritätsbeitrag für den Amateurfußball zur Verfügung stellt (vgl. § 8 Grundlagenvertrag DFB-Ligaverband).
- alle zwei Jahre Spieler seiner Bundesligisten dem DFB unentgeltlich für ein Benefizspiel zur Verfügung stellt mit der Maßgabe, dass aus den dabei erzielten Einnahmen des DFB eine Mio. Euro der Bundesliga-Stiftung zukommt (vgl. § 9 Grundlagenvertrag DFB-Ligaverband).

---

[11] Grundlagenvertrag DFB-Ligaverband in der Fassung vom April 2009.

2.3 Kapitalgesellschaften des Spitzensports

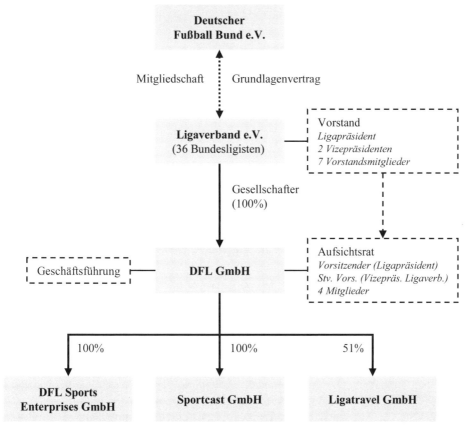

Abb. 10: Deutscher Fußball-Bund, Ligaverband und Deutsche Fußball Liga (DFL) als beispielhaftes Organisationsmodell für das Verhältnis Sportverband/Ligaorganisation.

Zur operativen Geschäftsführung, hat der Ligaverband die *DFL Deutsche Fußball Liga GmbH (DFL)* mit Sitz in Frankfurt am Main gegründet. Das Stammkapital der DFL beträgt eine Mio. Euro und ist vom Ligaverband als Gesellschafter eingebracht (vgl. § 3 Satzung DFL[12]).

Der DFL obliegen insbesondere

- die Leitung des Spielbetriebs der Lizenzligen und die Durchführung der weiteren Wettbewerbe des Ligaverbands.
- die exklusive Vermarktung der vom DFB zur Nutzung überlassenen Rechte an den Vereinseinrichtungen Bundesliga und 2. Bundesliga.
- die Umsetzung und die Weiterentwicklung des Lizenzierungsverfahrens mit seinen sportlichen, rechtlichen, administrativen, infrastrukturellen, sicherheitstechnischen und insbesondere finanziellen Kriterien.

---

[12] DFL-Satzung in der Fassung vom 17. August 2010.

- die Fortentwicklung der DFL zu einem Dienstleistungsunternehmen der Mitglieder des Ligaverbands (vgl. § 3 Satzung DFL).

Organe der DFL sind die Geschäftsführung, der Aufsichtsrat und die Gesellschafterversammlung. Neben dem Vorsitzenden der DFL-Geschäftsführung gibt es höchstens drei weitere Geschäftsführer (vgl. § 5 Satzung DFL), aktuell je einen für den Geschäftsbereich Spielbetrieb und den Geschäftsbereich Medien, Marketing und Kommunikation.

Der DFL-Aufsichtsrat besteht aus dem Ligapräsidenten und dem ersten Vizepräsidenten des Ligaverbands sowie vier weiteren, von der Ligaverbands-Mitgliederversammlung benannten Personen (vgl. § 19 Satzung Ligaverband). Wesentliche Aufgaben des Aufsichtsrats sind die

- Bestellung, Abberufung und Entlastung der Geschäftsführung, d. h., der Abschluss und die Beendigung der Anstellungsverträge der Geschäftsführer.
- Überwachung der Geschäftsführung.
- Aufhebung, die Ergänzung oder die Änderung der Geschäftsordnung der Geschäftsführung.
- Feststellung des Jahresabschlusses und die Unterbreitung eines Gewinnverwendungsvorschlags (vgl. § 7 Satzung DFL).

Der Gesellschafterversammlung schließlich obliegen vor allem die Bestellung, Abberufung und Entlastung des Aufsichtsrats, die Wahl eines Jahresabschlussprüfers, der Beschluss über die Gewinnverwendung sowie Satzungsänderungen (vgl. § 8 Satzung DFL).

Mit der Schaffung von Ligaverband und DFL wurden vormals originäre Aufgaben des DFB auf den Ligaverband und die DFL übertragen. Dies hat zu einer Verselbständigung des bezahlten Fußballs geführt. „Zu betonen ist allerdings, dass keine völlige Verselbständigung des Profifußballs vorliegt, sondern ... (die; M. F.) Verzahnung von Profis und Amateuren im Wege von Auf- und Abstieg, Teilnahme der Lizenzclubs am DFB-Pokal" (Holzhäuser, 2004a, S. 146) abgesichert wurde.

Im Verhältnis von Ligaverband und DFL ist dabei vor allem von Bedeutung, dass der Ligaverband – und nicht die DFL – Rechtsträger der vom DFB überlassenen Nutzungsrechte ist. Während also die DFL beispielsweise Verträge zur medialen oder werblichen Rechteverwertung der Bundesligen operativ verhandelt, bleibt es dem Vorstand des Ligaverbands vorbehalten, diese Verträge final abzuschließen und zu unterzeichnen (vgl. § 19 Satzung Ligaverband). Die DFL fungiert somit vor allem als *Durchführungsgesellschaft* und ausführendes Organ des Ligaverbands (vgl. Holzhäuser, 2004a, S. 146).

Vor dem Hintergrund der zahlreichen wirtschaftlichen Aktivitäten rund um den Ligabetrieb ist die DFL mittlerweile an drei *Tochtergesellschaften* beteiligt (vgl. Deutsche Fußball Liga, 2012b, o. S.):

- Seit 2002 hält die DFL Anteile am Reisedienstleister Ligatravel GmbH, einem Joint Venture mit HRG Germany. Dieses Unternehmen übernimmt für die Klubs unter anderem das Management von Mannschafts-, Sponsoren-, Presse- und Fanreisen.
- Seit 2006 produziert die hundertprozentige DFL-Tochtergesellschaft Sportcast GmbH das TV-Basissignal für alle 612 Spiele der Fußball Bundesliga und 2. Fußball Bundesliga. Auf diese Weise wird eine einheitliche, qualitativ hochwertige und unverwechselbare TV-Präsentation der Liga-Spiele sichergestellt.

- Seit September 2008 verantwortet schließlich die DFL Sports Enterprises die Rechtevermarktung der Spiele der Lizenzligen im Bereich TV-, Hörfunk- und Internetübertragung.

„Modell Basketball"

Das im Basketball verfolgte Organisationsmodell weist große Ähnlichkeiten zum Fußball auf, unterscheidet sich aber in wichtigen, für das Management relevanten Details. Wie im Fußball, haben sich auch im Basketball die Vereine und Kapitalgesellschaften der Bundesliga in einem Verein zusammengeschlossen, der *Arbeitsgemeinschaft der Basketball-Bundesliga Herren e. V.* (AG BL). Während im Fußball auch die Zweitligisten Mitglieder des Ligaverbands sind, ist die AG BL ausschließlich den 18 Basketball-Bundesligisten vorbehalten. Indem die Arbeitsgemeinschaft als Idealverein konstituiert ist, erlischt die Mitgliedschaft der Bundesligisten in der Arbeitsgemeinschaft mit einem sportlichen Abstieg aus der Bundesliga. Im Gegenzug wird bei einem Aufstieg in die Bundesliga eine Neumitgliedschaft erteilt.

Im Unterschied zum Fußball ist die Arbeitsgemeinschaft der Basketball-Bundesliga nicht direkt Mitglied im Bundesfachverband, dem Deutschen Basketball-Bund (DBB). Der DBB hat vielmehr einen Kooperationsvertrag mit der *Basketball Bundesliga GmbH* (BBL) mit Sitz in Köln geschlossen, die für den Spielbetrieb der Bundesliga verantwortlich ist. Gesellschafter der BBL sind mit 26% der DBB und mit 74% die AG BL (vgl. Abb. 11). Damit ist der DBB lediglich Minderheitsgesellschafter der BBL, was eine stärkere Trennung von Amateur- und Profibereich bewirkt und eine deutliche Verselbständigung der Liga mit sich bringt. Denn auch die für den Spielbetrieb und die Lizenzierung der Bundesligisten zuständige BBL ist nicht Mitglied des DBB (vgl. Holzhäuser, 2004a, S. 148).

Der DBB als originärer Rechteinhaber hat der BBL als Gesamtpaket alle Teilnahme- und Vermarktungsrechte der Basketball Bundesliga zur alleinigen Nutzung übertragen, vertraglich festgehalten in einem *Kooperationsvertrag* zwischen DBB und BBL. Die BBL fungiert somit als *alleinige* Organisations- und Leitungsgesellschaft des Ligabetriebs und ist u. a. auch allein für die Vermarktung der Liga zuständig. Da die BBL selbst Rechtsträger der vom DBB überlassenen Nutzungsrechte ist, verfügt sie etwa im Vergleich zur DFL über mehr Eigenständigkeit, weshalb sie beispielsweise im eigenen Namen Vertragsverhandlungen führen und Verträge letztlich auch abschließen kann.

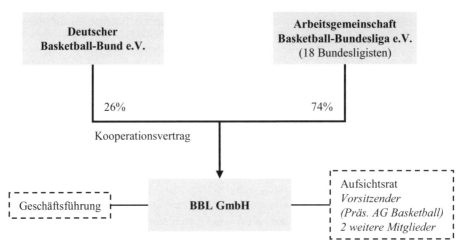

Abb. 11: Deutscher Basketball-Bund, Arbeitsgemeinschaft Basketball-Bundesliga und Basketball Bundesliga als beispielhaftes Organisationsmodell für das Verhältnis Sportverband/Ligaorganisation.

„Modell Eishockey"

Das im Eishockey etablierte Organisationsmodell unterscheidet sich in zentralen Punkten von den bislang beschriebenen. Beispielsweise existiert hier keine Vorschaltgemeinschaft als eingetragener Verein, sondern die *Eishockeyspielbetriebsgesellschaft mbH* (ESBG) mit Sitz in München organisiert für den Deutschen Eishockey-Bund das professionelle Eishockey der 2. Bundesliga und der Oberliga Süd – also die Ligen unterhalb der höchsten Liga der Herren, der Deutschen Eishockey Liga.

- Als Hauptgesellschafter der ESBG hat der DEB auch die 25.000 Euro Stammkapital übernommen. Weitere Gesellschafter sind die 13 lizenzierten Klubs der 2. Bundesliga (Saison 2011/2012) mit Geschäftsanteilen von jeweils 500 Euro. Ist ein Gesellschafterwechsel infolge von Auf- oder Abstieg notwendig, müssen diese Geschäftsanteile zwischen den auf- und absteigenden Klubs übertragen werden (vgl. Holzhäuser, 2004b, S. 245). Lizenzklubs können dabei grundsätzlich als Idealvereine oder als Kapitalgesellschaften konstituiert sein, in der Saison 2011/2012 sind fast alle Teams als Kapitalgesellschaften verfasst.
- Alle von der ESBG lizenzierten Klubs müssen über Mitgliedschaften oder Kooperationsverträge mit einem Eishockeyverein verbunden sein, der Mitglied eines DEB-Landesverbands ist. Dabei muss sich „der ESBG Gesellschafter gegenüber seinem Stammverein zur Nachwuchsförderung und zur finanziellen Unterstützung" (Holzhäuser, 2004, S. 245) verpflichten. Als Idealvereine konstituierte ESBG-Gesellschafter sind unmittelbar auch ordentliche Mitglieder des DEB, bei kapitalgesellschaftlich verfassten Klubs sind dies die jeweiligen Stammvereine.

Neben der ESBG fungiert die *Deutsche Eishockey Liga Betriebsgesellschaft mbH* (DEL) als Zusammenschluss der lizenzierten Bundesligisten zur Durchführung der höchsten Spielklasse im Eishockey. Die DEL ist dabei lediglich über einen Kooperationsvertrag mit

2.3 Kapitalgesellschaften des Spitzensports

dem DEB verbunden und damit u. a. hinsichtlich der Rechtevermarktung umfassend entscheidungsbefugt (vgl. Abb. 12).

DEL-Gesellschafter sind ausschließlich die lizenzierten Eishockey-Klubs, die zwar als Idealverein verfasst sein können, in der Praxis jedoch alle als Kapitalgesellschaften firmieren. Durch diese unmittelbare Beteiligung der Klubs an der DEL ist im Fall eines Auf- oder Abstiegs eine aufwändige Übertragung von Gesellschafteranteilen notwendig, für die eine Reihe von Formerfordernissen gelten, z. B. notarielle Beurkundung (vgl. Holzhäuser, 2004b, S. 246).

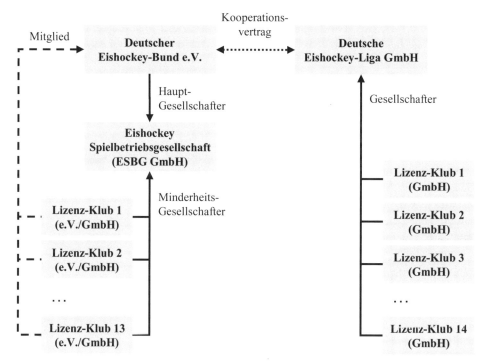

Abb. 12: Deutscher Eishockey-Bund, Eishockey Spielbetriebsgesellschaft und Deutsche Eishockey Liga Betriebsgesellschaft (DEL) als beispielhaftes Organisationsmodell für das Verhältnis Sportverband/Ligaorganisation.

Trotz dieser formalen Eigenständigkeit der DEL gibt es auf Basis des Kooperationsvertrags zwischen DEB und DEL auch einen Ressourcentransfer, z. B. sorgt der DEB für die Schiedsrichter des DEL-Spielbetriebs (vgl. Holzhäuser, 2004b, S. 246).

Zwischen der von der ESBG veranstalteten 2. Bundesliga und der Deutschen Eishockey Liga ist grundsätzlich ein sportlicher Auf- und Abstieg möglich. „Gesellschaftsrechtlich wird der Aufstieg in die DEL geregelt, indem der Absteiger verpflichtet ist, seinen Geschäftsanteil an der DEL GmbH auf den sportlichen Aufsteiger zu übertragen. Gleichzeitig ist der Aufsteiger verpflichtet, eine Art Abfindung in Höhe von 375000€ für die Übertragung des Geschäftsanteils zu zahlen" (Holzhäuser, 2004b, S. 246).

Praxisbeispiel

Im Kreise der 18 Handball-Bundesligisten ist der TV Großwallstadt – mittlerweile in seiner 42. Bundesligasaison – ein nationales Aushängeschild. Für seinen professionellen Handball-Spielbetrieb gründete der TV Großwallstadt 2001 die TV Grosswallstadt Handball AG – bis 2012 die einzige Aktiengesellschaft der Handball-Bundesliga. Allerdings haben sich die mit der AG als Rechtsform einher gehenden Vorschriften und formalen Verpflichtungen für den Bundesligisten als überdimensionaler bürokratischer Aufwand erwiesen. Auch konnte dieser die in der Kapitalisierung liegenden Vorteile der AG nicht wie geplant ausnutzen. Die mit der Gründung der AG verbundene Idee, Aktienanteile ohne Stimmrecht an Fans auszugeben, scheiterte an einer Nachfrage, die bei weitem nicht so groß war, wie ursprünglich gehofft. Insofern tragen sich die Verantwortlichen des Klubs einige Jahre lang mit dem Gedanken, die Rechtsform wieder zu ändern.
Im Februar 2012 wird dann ein Rechtsformwechsel vollzogen und die Aktiengesellschaft in die TV Grosswallstadt Handball GmbH umgewandelt. Dabei wird auch eine Kapitalerhöhung beschlossen, die mit der Aufnahme neuer Gesellschafter umgesetzt werden und den Klub finanziell nach vorne bringen soll. Während die AG inklusive des Hauptvereins – der 26 Prozent der Anteile hielt – vier Gesellschafter (Aktionäre) hatte, sind es bei der GmbH neben dem Hauptverein weitere zehn.
Die Geschäfte der GmbH leiten der Geschäftsführer und der Team-Manager, unterstützt von fünf weiteren Stellen der Geschäftsstelle: Geschäftsstellen-Leitung, Presse- und Öffentlichkeitsarbeit, Marketing & Sales, Ticketing, Betreuung Spielattraktionen. Unter dem Vorsitz des ehemaligen Aufsichtsratsvorsitzenden der TV Grosswallstadt Handball AG besteht der Aufsichtsrat der TV Grosswallstadt Handball GmbH aus sechs Mitgliedern. In den Beirat der TV Grosswallstadt Handball GmbH sind 13 Personen aus Politik und Wirtschaft eingebunden, darunter Mitglieder des Bundestags und des bayerischen Landtags, der Landrat des Landkreises Aschaffenburg und der Bürgermeister der Stadt Aschaffenburg (vgl. Jost, 2012, o. S.; TV Grosswallstadt Handball GmbH, 2012, o. S.)

Kontrollfragen

1. Kapitalgesellschaften sind heute im professionellen Spitzensport als Rechtsformalternative zum Sportverein etabliert. Was kennzeichnet Kapitalgesellschaften im Vergleich zum nicht wirtschaftlichen Verein?
2. Im Vergleich zur Vereinsgründung sind die Kosten und die formalen Hürden einer GmbH-Gründung deutlich höher. Welche Voraussetzungen sind für die Gründung einer GmbH erforderlich und wie läuft der Gründungsprozess idealtypisch ab?
3. Im Verhältnis von Sportverband, Ligaorganisation und Spielbetriebsgesellschaften sind vielfältige Interessen zu koordinieren. Dabei haben sich in den Teamsportarten unterschiedliche Organisationsmodelle etabliert. Was kennzeichnet die im Fußball, Basketball und Eishockey praktizierten Modelle und welche Vor-/Nachteile sind damit für die Beteiligten jeweils verbunden?

3 Bedingungen und Spannungsfelder des Sportmanagements

Mit dem Verständnis von Management als organisationsbezogener Funktion erhalten Organisationskontexte für die Auseinandersetzung mit Managementfragen besondere Bedeutung. Denn erst vor dem Hintergrund sportspezifischer Organisationskontexte werden charakteristische Bedingungen und Spannungsfelder des *Sport*managements deutlich.

Als nicht wirtschaftliche Idealvereine verfasste Freiwilligenvereinigungen des Sports – Sportvereine und Sportverbände – sind dabei durch typische Strukturbedingungen gekennzeichnet, die maßgeblich Möglichkeiten und Grenzen des Vereinsmanagements beeinflussen. Gleiches gilt für den föderalen Aufbau der Sportverbände und damit verbundene charakteristische Rahmenbedingungen des Verbandsmanagements. Mit der Konstituierung als Idealverein ist außerdem regelmäßig die Anerkennung als gemeinnützige Körperschaft verbunden, aus der sich wiederum spezifische steuerrechtliche Bedingungen für das Sportvereins- und Sportverbandsmanagement ableiten.

Sportvereine und Sportverbände sind schließlich eingebettet in ein gesellschaftliches Umfeld, dessen Erwartungen an organisationale Leistungsfähigkeiten das Vereins- und Verbandsmanagement permanent mit Irritationen und Veränderungsimpulsen versorgen. Das Entstehen von Kapitalgesellschaften im professionellen Spitzensport ist ein typisches Kennzeichen für Anpassungsreaktionen des Managements auf solche Impulse. Insbesondere im Umgang mit sportlichen und wirtschaftlichen Erfolgserwartungen sowie mit Versuchen der Einflussnahme auf Entscheidungsprozesse des Managements ergeben sich typische Spannungsfelder des Sportmanagements.

3.1 Strukturbedingungen des Managements von Sportvereinen und Sportverbänden

Aus ihrer Konstituierung als Freiwilligenvereinigungen resultieren für Sportvereine und Sportverbände spezifische Strukturbedingungen, die ein Vereins- und Verbandsmanagement maßgeblich beeinflussen und vom Managementpersonal besondere Kenntnisse und Fähigkeiten erfordern. Denn Entscheidungsprozesse in Sportvereinen weichen ganz offensichtlich von den idealtypischen betriebswirtschaftlichen Schablonen ab.

Lernziele des Kapitels

> Die Leser erkennen typische Strukturbedingungen und charakteristische Prämissen von Entscheidungsprozessen des Vereins- und Verbandsmanagements
> Sie setzen sich mit der exklusiven Zuständigkeit der Mitgliederversammlung für normative Entscheidungen von Sportvereinen/-verbänden auseinander und reflektieren, welche managementrelevanten Folgen dies hat.
> Sie erkennen typische Formulierungen von Vereins- und Verbandszwecken und reflektieren deren Auswirkungen auf das Vereins-/Verbandsmanagement.
> Sie setzen sich mit der in Sportvereinen/Sportverbänden gängigen Personalisierung von Entscheidungsprozessen auseinander und reflektieren deren Folgen, insbesondere für das strategische Management.
> Sie setzen sich mit der für Freiwilligenvereinigungen typischen Parallelität ehrenamtlicher Entscheidungskompetenz und hauptberuflicher Fachkompetenz auseinander und reflektieren deren Konsequenzen für ein Sportvereins- und Sportverbandsmanagement.
> Sie lernen grundlegende, im föderalen Aufbau von Sportverbänden angelegte Spannungsfelder des Verbandsmanagements kennen.

3.1.1 Zustimmungsvorbehalt der Mitgliederversammlung bei grundlegenden Managemententscheidungen

Aus den vereinsrechtlichen Regelungen des BGB folgt, dass die Mitgliederversammlung von Vereinen als deren höchstes Willensbildungsorgan fungiert (vgl. Kapitel 2.1.2). Grundlegende Entscheidungen hinsichtlich der Vereinsarbeit sind deshalb ausschließlich der Mitgliederversammlung, die die Gesamtheit aller Vereinsmitglieder repräsentiert, vorbehalten. Der Vereinsvorstand als hierarchische Spitze verfügt also diesbezüglich nicht über souveräne Entscheidungsfreiheiten. Entscheidet er beispielsweise über große Finanzinvestitionen oder neue sportfachliche Programme, werden diese im Verein nur verbindlich, wenn die Mitgliederversammlung hierzu „grünes Licht" gibt.

Normative und *strategische Managemententscheidungen* des Vereinsvorstands unterliegen grundsätzlich dem *Zustimmungsvorbehalt der Mitgliederversammlung*. Ein Vereinsmanagement ist deshalb typischerweise nicht durch Top-down-Prozesse gekennzeichnet, sondern folgt grundsätzlich einem „Bottom-up-Prinzip" – mit der Mitgliederversammlung als Zurechnungspunkt und zentraler Kontrollinstanz grundlegender Entscheidungen (vgl. Meier, 2003, S. 145).

Typische Entscheidungsbedingungen von Mitgliederversammlungen

Für das Management von Sportvereinen und Sportverbänden sind folglich typische Entscheidungsbedingungen von Mitgliederversammlungen bedeutsam.
Auf der Mitgliederversammlung von *Sportvereinen* hat *jedes Vereinsmitglied eine Stimme*, alle Mitglieder sind also gleichermaßen stimmberechtigt. Solange keine besonderen Schwie-

rigkeiten und Konflikte im Vereinsalltag existieren oder weit reichende Grundsatzentscheidungen – etwa eine Erhöhung der Mitgliedsbeiträge oder der Bau eines neuen Vereinsgeländes – auf der Tagesordnung stehen, ist es für Mitgliederversammlungen von Sportvereinen durchaus typisch, dass nur wenige Mitglieder tatsächlich persönlich anwesend sind. Sieht die Satzung kein bestimmtes Mindestquorum vor, sind folglich auch Mitgliederversammlungen beschlussfähig, an denen z. B. nur 10% der Vereinsmitglieder teilnehmen. Unter solchen Bedingungen können grundlegende Entscheidungen des Vereinsmanagements also von wenigen vereinspolitischen Meinungsführern – so genannten „Machern" – stark beeinflusst werden. Beispielsweise sind immer wieder Mobilisierungen und Absprachen einzelner Interessengruppen beobachtbar, die an Mitgliederversammlungen geschlossen auftreten und mit ihren Stimmen verbindliche Vorgaben für das Vereinsmanagement treffen (vgl. Thiel, Meier & Cachay, 2006, S. 170–173; Nagel, 2006, S. 220–221).

In *Sportverbänden* hingegen ergibt sich die *Stimmverteilung* unter den Mitgliedsorganisationen regelmäßig *auf Basis der aktuellen Mitgliederzahlen* von Vereinen und Vereinsabteilungen der betreffenden Sportart. Üblicherweise ist eine höhere Anzahl Vereinsmitglieder mit größeren Stimmanteilen der Mitgliedsorganisationen verbunden. Meist sind dabei bestimmte Stufen festgelegt, z. B. dass für jede angefangene 500 oder 1.000 Mitglieder eine Stimme vergeben wird. Auf Mitgliederversammlungen von Sportverbänden werden deren Mitgliedsorganisationen typischerweise von ausgewählten Delegierten vertreten, wobei z. B. auf Bundesebene bis zu 500 Delegierte der Landesverbände zusammen kommen. Auf diese Weise treffen in Mitgliederversammlungen von Sportverbänden typischerweise Partikularinteressen aufeinander, die angesichts der unterschiedlichen Bedingungen in den Bundesländern stark voneinander abweichen können.

Große Zeitabstände zwischen Mitgliederversammlungen

Grundsätzlich treten Mitgliederversammlungen von Sportvereinen *nur einmal jährlich* zusammen. Bei Sportverbänden ist es sogar durchaus üblich, eine Mitgliederversammlung nur alle zwei oder sogar nur alle vier Jahre einzuberufen. Ein Vereins- oder Verbandsmanagement kann folglich auf interne oder externe Veränderungsimpulse nur mit einiger zeitlicher Verzögerung reagieren. Dies kann zur Folge haben, dass eine Entscheidungs*notwendigkeit* aufgrund eines bestimmten Ereignisses zum Zeitpunkt der Entscheidungs*möglichkeit* – bei der Mitgliederversammlung – bereits nicht mehr gegeben ist. Die eigentliche Aufgabe des normativen Managements, „Entscheidungen über die noch unbekannte Zukunft zu treffen, um Unerwünschtes auszuschließen, wird auf diese Weise konterkariert" (Meier, 2003, S. 150).

Aus der Seltenheit von Mitgliederversammlungen ergibt sich ein weiterer managementrelevanter Aspekt. Meist finden Mitgliederversammlungen von Sportvereinen an einem Abend – bei Sportverbänden an einem Wochenende – statt. Insofern steht für die Vielzahl von Themen und Tagesordnungspunkten, die sich über die vorausgegangenen zwölf oder mehr Monate angesammelt haben, *nur begrenzte Zeit* zur Verfügung. Ausführliche Diskussionen sind folglich ebenso schwer möglich wie differenzierte Überprüfungen von Beschlussvorlagen oder zwischenzeitlich getroffenen Vorstandsentscheidungen. Auch deshalb können Teilnehmer von Mitgliederversammlungen mitunter die Tragweite und die Folgewirkungen von Entscheidungen kaum abschätzen. Typische Entscheidungssituationen sind also mit einem *hohen Maß an Unsicherheit* verbunden, sodass normative und strategische Entscheidungen von Mitgliederversammlungen in der Tendenz eher zurückhaltend und vorsichtig ausfallen. Aufgrund der Seltenheit von Mitgliederversammlungen

- entscheiden sie als Kontrollinstanzen *lediglich punktuell über Entscheidungen* des Vorstands. Unter diesen Bedingungen können praktisch nur sehr ungewöhnliche Ereignisse die Aufmerksamkeit der Mitglieder erhalten. Alle weitgehend den vereinstypischen Gepflogenheiten entsprechenden Vorgänge entziehen sich hingegen einer Beobachtung durch die Mitgliederversammlung – was dem Vorstand gewisse Managementfreiräume eröffnet.
- treffen gerade bei Sportverbänden ersatzweise Gremien wie *Hauptausschüsse* oder *Verbandsräte* auch Grundsatzentscheidungen der Verbandsarbeit und üben stellvertretend die Kontrollfunktion der Mitgliederversammlung aus. Damit ist jedoch meist eine Zuspitzung der Entscheidungsprozesse auf wenige Funktionäre und Meinungsführer erkennbar, z. B. wenn die Präsidenten der Landesfachverbände mit qualifiziertem Stimmrecht – d. h., in Abhängigkeit ihrer Anteile zur Gesamtzahl der Vereinsmitglieder – und die Präsidiumsmitglieder des Bundesverbands in diesen Gremien vertreten sind.
- trifft außerdem der Vereinsvorstand in der täglichen Praxis *ohne unmittelbare Rückkopplung* mit der Mitgliederversammlung grundlegende Entscheidungen – oder weicht aufgrund von geänderten Rahmenbedingungen seit der letzten Mitgliederversammlung von deren Beschlüssen ab. Der Vorstand muss dies aber mit situativen Umständen oder Zwängen rechtfertigen und zu einem späteren Zeitpunkt mit Billigung durch die Mitgliederversammlung rechnen können (vgl. § 665 S. 1 BGB).

Informationsgefälle und künstliche Hierarchie

Angesichts dieser typischen Strukturbedingungen tendieren Mitgliederversammlungen von Sportvereinen eher zu wenig riskanten Entscheidungen. Allerdings bieten sich in der Managementpraxis durchaus Möglichkeiten, das strukturell angelegte *Informationsgefälle* zwischen den Teilnehmern – sei es zwischen verschiedenen Interessengruppen im Sportverein, sei es zwischen Delegierten verschiedener Mitgliedsverbände, sei es zwischen Vorstandsmitgliedern des Dachverbands und „einfachen" Delegierten der Mitgliedsorganisationen – in Entscheidungsprozessen gezielt zu nutzen und zu instrumentalisieren.
Gerade der Vorstand kann sich dies in besonderer Weise zu Nutze machen. Denn er verfügt aufgrund seiner expliziten Einbindung in praktisch alle relevanten vereinspolitischen Vorgänge über einen *Informationsvorsprung* gegenüber den Mitgliedern, den er über Mechanismen der *Informationsbegünstigung* zur gezielten (Des-) Information ausgewählter Meinungsführer oder Interessengruppen verwenden kann. Entscheidungsprozesse lassen sich auf diese Weise informell und subtil beeinflussen – und Vorstellungen des Vorstands können damit zur Leitorientierung vereinsbezogener Managementprozesse werden (vgl. Meier, 2003, S. 182; Thiel & Meier, 2004, S. 115–116; Nagel, 2006, S. 221–222).

Beispielsweise werden Stimmenmehrheiten regelmäßig bereits *vor* den entscheidenden Abstimmungen abgesichert, wobei insbesondere die Vorstandsmitglieder oder die Geschäftsführer über privilegierte Positionen in den relevanten informellen Kommunikationsnetzen verfügen. Im Sportverbandsmanagement wird dieser Mechanismus dadurch begünstigt, dass die Delegierten einer mehr oder weniger expliziten Fraktionsdisziplin unterliegen und es aufgrund der qualifizierten Stimmrechte für eine Mehrheit mitunter ausreicht, wenige „große" Mitgliedsorganisationen auf eine Seite zu bringen. Beschlussvorlagen des Vorstands werden hier deshalb häufig mit großer Mehrheit abgenickt.

Dies führt letztlich zu einer künstlichen, auf informellen Kommunikationsnetzen basierenden Hierarchie – die sich einer formalen Kontrolle weitgehend entzieht. Da Sportvereine und Sportverbände strukturell nicht über eine Opposition als gewählte Kontrollinstanz des Vorstands verfügen, muss den Vorstandsmitgliedern deshalb enormes Vertrauen dahingehend entgegengebracht werden, dass sie ihre faktischen Handlungsfreiheiten im Sinne des Vereins nutzen (vgl. Fahrner, 2008, S. 82–86).

3.1.2 Vage Zweckformulierung und personalisierte Managementprozesse

Normative Entscheidungen sind in Sportvereinen und Sportverbänden formal der Mitgliederversammlung vorbehalten und werden schriftlich in den Vereinssatzungen dokumentiert. Üblicherweise wird hier jedoch nur vage und allgemein auf die „Förderung des Sports" oder auf die „Förderung von Sportart X oder Zielgruppe Y" verwiesen, z. B. „Der Württembergische Leichtathletikverband e.V. (WLV) ist die Vereinigung der im Württembergischen Landessportbund (WLSB) zusammengeschlossenen und Leichtathletik treibenden Vereine ... Ziel des Verbandes ist die Pflege und Förderung des Leistungs- und Wettkampfsports sowie des Breitensports" (§ 1 WLV-Satzung[13]).

Die Funktion eines normativen Managements, also die Festlegung fundamentaler Zielgrößen zur Orientierung strategischer Folgeentscheidungen, ist damit jedoch weitgehend ausgehebelt. Denn auch wenn in Satzungen häufig übergreifende Aufgaben der Vereins- oder Verbandsarbeit weiter benannt werden, z. B. dass Wettkämpfe veranstaltet, Lehre und Ausbildung gefördert oder Spitzenathleten geformt werden, fehlt häufig eine explizite Beschreibung, *wie* der Vereinszweck erreicht werden soll. Damit existieren für das Management jedoch *kaum konkrete Anhaltspunkte*, interne Strukturen und Verfahren nach Stärken und Schwächen zu bewerten (vgl. Borggrefe, Cachay & Thiel, 2012, S. 316–317).

Häufig werden deshalb Mitgliederzahlen oder sportliche Erfolge als Maßstab herangezogen. „Diese sind leicht zu ermitteln und können für alle Vereinsmitglieder verständlich kommuniziert werden. Doch so gut sich diese Kriterien messen lassen, so folgenlos bleibt es in der Regel, wenn sie nicht erreicht werden. Denn von der Verfasstheit einer freiwilligen Vereinigung her gesehen ist nur von Bedeutung: Werden die Interessen der Mitglieder befriedigt?" (Thiel & Mayer, 2008, S. 138).

Für ein Vereins- und Verbandsmanagement führt dies zwangsläufig zu einer gewissen Unsicherheit, denn ihm fehlen konkrete Anhaltspunkte für strategische Entscheidungen: es ist nur schwer überprüfbar, ob bestimmte Entwicklungen des Vereins gut oder schlecht sind, ob

---

[13] WLV-Satzung in der Fassung vom 24. April 2010.

Entscheidungen zu einer Annäherung an gesetzte Entwicklungsziele beitragen, oder inwiefern der Mitteleinsatz effektiv oder effizient ist. Verstehen beispielsweise manche Mitglieder Spitzensportförderung überhaupt nicht (mehr) als Vereinszweck, während andere hingegen nur nachgeordnet breitensportliche Zielsetzungen verfolgen wollen, sind vereinsintern latente Kontroversen angelegt – etwa zwischen „Tradition" und „Moderne" oder „Leistung" und „Gesundheit". Gleichzeitig sind damit für das Vereinsmanagement jedoch auch enorme Freiheiten und Spielräume verbunden, mit denen möglichst angemessen umgegangen werden muss.

Personalisierung vereinsinterner Abläufe

Im Umgang mit diesen Unsicherheiten und Freiräumen setzen Sportvereine nur selten auf explizite, schriftliche Festlegungen für interne Abläufe und Entscheidungsverfahren. Zwar existieren vor allem in größeren Sportvereinen oder Sportverbänden durchaus spezifische Geschäftsordnungen, aber in der Regel gehen diese Dokumente kaum über das gesetzlich geforderte Mindestmaß hinaus. Vielmehr werden strategische Entscheidungsbefugnisse in Sportvereinen und Sportverbänden üblicherweise an konkrete Einzelpersonen – etwa den Präsidenten – oder an Gremien, z. B. Kommissionen oder Arbeitsgruppen, übertragen.

Die Übertragung strategischer Aufgaben an Arbeitsgruppen oder Kommissionen entspricht dem *demokratischen Selbstverständnis* von Sportvereinen/-verbänden. Allerdings sind solche Verhandlungssysteme meist sehr zeitaufwändig, was zu erheblichen zeitlichen Verzögerungen führen kann: Oftmals treffen sich Arbeitsgruppen nur in großen zeitlichen Abständen und ihre ehrenamtlichen Mitglieder sind auch nicht verpflichtet, immer bei allen Sitzungen präsent zu sein. Um dennoch zu Ergebnissen zu gelangen, werden Kommunikationswege folglich typischerweise auf *Verhandlungsfelder* außerhalb der eigentlichen Sitzungen verlagert, die sich meist durch Flüchtigkeit, Intransparenz und – gerade unter Zeitknappheit – durch einen Hang zum Informellen auszeichnen (vgl. Fahrner, 2008, S. 260–264).

Dies ermöglicht internen Meinungsführern, ihre persönlichen Ansichten und Überzeugungen in strategische Managementprozesse privilegiert einzubringen – unabhängig davon, ob sie selbst Mitglied von Arbeitsgruppen oder Kommissionen sind, oder nicht. Der informelle Kontakt zu relevanten Gremienmitgliedern reicht hierfür oftmals aus. Für das Vereins- und Verbandsmanagement birgt dies insofern Risiken, dass die Strategiearbeit stark von *persönlichen Problemsichten* und Wirklichkeitsbeschreibungen einzelner Meinungsführer abhängt – die zwar Sicherheit vermitteln, aber im Verein oder Verband nicht unbedingt von allen akzeptiert werden und selten allgemein gültig sind. Für ein Vereins- oder Verbandsmanagement kann sich dies gerade dann als problematisch erweisen, wenn angeblich unvorhersehbare, krisenhafte Umstände eintreten, auf die man dann nicht einmal ansatzweise vorbereitet ist (vgl. Fahrner, 2009a, S. 139–140).

Leitbilder als Managementinstrumente

Um dem Vereins- und Verbandsmanagement konkretere Orientierungspunkte zu ermöglichen, ohne dass eine Satzungsänderung von der Mitgliederversammlung beschlossen und im Vereinsregister vermerkt werden muss, sind Sportvereine und Sportverbände in den letzten

Jahren dazu übergegangen, Leitbilder zu verfassen. In Ergänzung zu den Vereinssatzungen, werden hier *Kernaufgaben* und *Schwerpunkte* der zukünftigen Vereins-/Verbandsarbeit konkretisiert und explizite Leitlinien für strategische Entwicklungen vorgegeben. Dabei können Leitbilder durchaus auch in Sportvereinen und Sportverbänden wichtige Orientierungsfunktion übernehmen und Möglichkeiten eröffnen, Erfolg oder Misserfolg der Vereins- oder Verbandsentwicklung messbar zu machen.

Allerdings sind Leitbilder in Sportvereinen und Sportverbänden häufig *Managemententscheidungen des Vorstands*, der aus seiner Sicht zentrale Entwicklungsfelder festhält und Leitbildvorgaben angesichts geänderter Situationsbedingungen weitgehend flexibel handhaben kann – ohne zeitaufwändige Einbindung der Mitgliederversammlung und ggf. kontroverse Diskussionen um erforderliche Stimmenmehrheiten. Damit fehlen solchen Papieren jedoch regelmäßig vereins- oder verbandsinterne Legitimität und Verbindlichkeit, was ihre Steuerungswirkung mitunter massiv einschränkt (vgl. Fahrner, 2008, S. 161–171). Doch auch wenn Leitbilder von der Mitgliederversammlung beschlossen werden, bleibt im Konfliktfall die *Vereinssatzung* letztlich das einzige juristisch *verbindliche Dokument* für alle Managemententscheidungen.

3.1.3 Ehrenamtliche Entscheidungskompetenz vs. hauptberufliche Fachkompetenz

Eine weitere typische Bedingung des Vereins- und Verbandsmanagements ergibt sich aus der Parallelität von ehrenamtlichen, vereinsrechtlich vorgeschriebenen Funktionsträgern und fakultativ von Sportvereinen angestellten hauptberuflichen Mitarbeitern. Konstitutiv sind für Vereine Ehrenämter, die in den Organen und Gremien „Sitz und Stimme" – und damit Entscheidungskompetenz – haben. *Ehrenamtliche Mitarbeit* als freiwillige, unentgeltliche Leistungserbringung der Vereinsmitglieder ist folglich *die* bedeutsame Ressource des vereinsbasierten Sports. Alle ehrenamtlichen Positionen in Sportvereinen und Sportverbänden werden dabei auf Basis *demokratischer Wahlverfahren* besetzt, wobei Vorstandsmitglieder zwingend von der Mitgliederversammlung zu wählen sind.

Um Personen zur Übernahme von Ehrenämtern zu motivieren, existieren in der Vereinspraxis für ehrenamtliche Positionen so gut wie *keine exakt festgelegten* Aufgabenbeschreibungen. Denn insbesondere diese Offenheit gibt potenziellen Amtsinhabern die Möglichkeit, Bedingungen der Übernahme und späteren Ausübung eines Ehrenamts selber auszuhandeln. Gerade die *Handlungsspielräume* und die *Interpretationsmöglichkeiten* eines Amts lassen es für Bewerber attraktiv erscheinen. Idealtypisch ist die Einbindung in prestigereiche Ämter vor allem deshalb reizvoll, weil die Amtsführung gerade nicht an Effizienz oder Kompetenz gemessen wird. Kompetenzbeschreibungen für Ämter beschränken sich in Sportvereinen daher regelmäßig auf die Einhaltung rechtlicher Minimalerfordernisse, gleiches gilt für spätere Kontrollen der Amtsausübung (vgl. Horch, 1985, S. 268–270; Thiel & Meier, 2004, S. 118).

Persönlichkeitseigenschaften und Vereinskarriere

Aus der Perspektive des Vereins-/Verbandsmanagements bedeutet dies, dass Kandidaten für Ehrenämter vor allem als *Personen* zur Wahl stehen, während ihre jeweilige Fachkompetenz eher eine nachgeordnete Rolle spielt. Ob ein späterer Vizepräsident Breitensport selbst über entsprechende Expertise verfügt, ist zweitrangig, solange andere Persönlichkeitseigenschaften sich mit Erwartungen des Vereins zu decken scheinen. Lediglich bei Positionen wie dem Vizepräsident Finanzen oder dem Kassenwart spielen fachliche Eignungskriterien eine größere Rolle. Hier gelten vor allem Personen als prädestiniert, die beruflich eng in solche Themenzusammenhänge eingebunden sind, z. B. Bankkaufleute oder Wirtschaftsprüfer.

Eine Übernahme von Ehrenämtern erfolgt außerdem vor allem aufgrund emotionaler Verbundenheiten mit dem Verein und des Wunsches, Beiträge zur Erreichung als wichtig angesehener *vereinsspezifischer Zielsetzungen* zu leisten. Zur Motivation von Ehrenamtlichen ist ihr Einsatz vom Vereinsmanagement explizit anzuerkennen und möglichst mittels symbolischer Honorierungen, z. B. Ehrungen, öffentlich herauszustellen (vgl. Schlesinger & Nagel, 2010, S. 208–209). Angesichts der *Wahllogik des Ehrenamts* orientiert sich ehrenamtliche Amtsführung aber nicht nur an persönlichen Interessenhorizonten. Um eine spätere Wiederwahl wahrscheinlich zu machen, sind immer auch die Erwartungen der wahlberechtigten Mitglieder zu beachten.

> Angesichts eher vage formulierter Normativen des Vereins-/Verbandsmanagements, weitgehend personalisierter Verfahrenswege der Strategieentwicklung und -umsetzung sowie wesentlich an Persönlichkeitseigenschaften ausgerichteter Wahlverfahren, sind Sportvereine folglich mit der Unsicherheit konfrontiert, ob neu gewählte Ehrenamtliche vereinsintern bewährte Richtungen und Verfahren des Managements ein- oder beibehalten werden. Um überraschendes, von vereinstypischen Gepflogenheiten abweichendes Verhalten in der Amtsausübung möglichst unwahrscheinlich zu machen, fungieren deshalb *langjährige Mitgliedschaft und Vereinskarriere* als Nachweis von Vertrauenswürdigkeit und Vertrautheit mit vereinsspezifischen Traditionen. Damit soll abgesichert werden, dass Freiräume in der Ausgestaltung des Ehrenamts im Sinne bislang etablierter Verfahren genutzt werden.

Typischerweise zeichnen sich ehrenamtliche Vereinskarrieren im Zeitverlauf durch die Übernahme verschiedener fachlicher Aufgaben und Funktionen auf unterschiedlichen Hierarchiestufen aus, etwa Übungsleiter und Trainer, Jugendwart, Abteilungsleiter, stellvertretender Vorsitzender und Vorsitzender. In Einzelfällen gelten auch vereinsexterne Engagements als Eingangsbedingung, etwa wenn es sich um kommunalpolitisch Aktive oder Führungspersonen anderer Sportvereine oder Sportverbände handelt. Auch in diesen Fällen wird die Fähigkeit zur Amtsausübung vorab nachgewiesen und eine eventuell geringere Vertrautheit mit vereinsinternen Managementabläufen wiegen die vereinspolitisch relevanten Kontakte auf.

Bei der Besetzung von Ehrenämtern spielen also Selbstselektion, Beziehungen, Stallgeruch und Vetternwirtschaft eine bedeutende Rolle – was Tendenzen sozialer Schließung erkennen lässt (vgl. Baur & Braun, 2000, S. 138; Heinemann, 1988, S. 132; Digel, 1997, S. 46–47; Thiel & Meier, 2004, S. 118; Thiel, Meier & Cachay, 2006, S. 25–27). Aus diesen Rekrutierungsmechanismen im Ehrenamt ergeben sich für das Vereinsmanagement tendenziell die Wahrung von Kontinuitäten und Traditionen und die Fortschreibung eines „Business as usual" als charakteristisches Prinzip.

Kommunikative Vernetzung von Ehrenämtern

Diese grundlegenden Charakteristika des Ehrenamts wirken sich zwangsläufig auf das Vereins-/Verbandsmanagement aus – nicht nur aufgrund spezifischer Bedingungen der Rekrutierung und der Motivation ehrenamtlicher Funktionsträger. Ein weiterer zentraler Aspekt ist, dass in Sportvereinen und Sportverbänden häufig *gemeinsame Entscheidungen* von Vorstand, Arbeitsgruppen oder Kommissionen notwendig sind. Dies erfordert Kooperation der Ehrenamtlichen und wechselseitigen Austausch, um *kollektive Positionen* der Gremien erarbeiten und gemeinsame Entscheidungen treffen zu können.

- In der Praxis des Vereins-/Verbandsmanagements werden Gremiensitzungen jedoch eher *fallweise* – etwa wenn ein konkreter Anlass eine Arbeitsgruppe notwendig macht – und vor allem *mit großen zeitlichen Abständen* abgehalten, z. B. gibt es in Sportverbänden meist nur vierteljährliche Vorstandssitzungen, treffen sich Arbeitsgruppen höchstens monatlich. Denn gemeinsame Sitzungstermine müssen zwischen den Beteiligten immer wieder mit anderen privaten oder beruflichen Terminen abgestimmt und koordiniert werden.
- Darüber hinaus sind Ehrenamtliche nicht verpflichtet, zeitgleich und fortlaufend bei Sitzungen präsent zu sein. Fehlen ehrenamtliche Gremienmitglieder bei Sitzungsterminen, z. B. aufgrund privater oder beruflicher Verpflichtungen, hat dies regelmäßig keine Sanktionen zur Folge. Insofern sind Kommunikationswege zwischen den Ämtern grundsätzlich durch *latente Unterbrechungswahrscheinlichkeiten* gekennzeichnet.

Um in der Gremienarbeit dennoch zu Ergebnissen kommen zu können, werden Kommunikationswege regelmäßig auf Verhandlungsfelder außerhalb der eigentlichen Sitzungen verlagert. Insbesondere wenn aktuelle Ereignisse schnelle Entscheidungen notwendig machen, kommt es häufig zu mündlichen, meist telefonischen Absprachen. Die kommunikative Vernetzung von Ämtern tendiert somit zu Flüchtigkeit, Intransparenz und – gerade unter Zeitknappheit – zum Informellen. Dies führt regelmäßig zu einem Informationsgefälle zwischen den einzelnen Mitgliedern von Gremien und Organen – je nach ihrer Einbindung in die relevanten informellen Netzwerke. Begünstigt wird dadurch der Einfluss vereinsinterner Meinungsführer auf Entscheidungen des Vereins-/Verbandsmanagements. Die damit einhergehende Machtverschiebung entzieht sich dann weitgehend einer formalen Kontrolle durch die Mitglieder (vgl. Meier, 2003, S. 146; 157; Thiel, Meier & Cachay, 2006, S. 16–19).

Ehrenamtlichkeit vs. Hauptberuflichkeit

Zahlreiche, vor allem größere Sportvereine und praktisch alle Sportverbände, verfügen heute neben ihren konstitutiven Ehrenämtern auch über Geschäftsstellen, in denen hautberufliche Mitarbeiter angestellt sind. Denn seitens der Mitglieder bestehen gerade in Großvereinen oder in Sportverbänden besondere Erwartungen an eine reibungslose, professionelle Verwaltung, die nicht allein über freiwillige Mitarbeit erfüllt werden können (vgl. Heinemann, 1988, S. 124–125).

Auf Basis eines per Arbeitsvertrag geregelten Beschäftigungsverhältnisses sollen hauptberufliche Mitarbeiter folglich mit ihrem Fachwissen Ehrenämter komplementär *ergänzen*, sie aber nicht *ersetzen*. Insofern fungieren hauptberufliche Mitarbeiter als Zuarbeiter und „verlängerte Arme" des Ehrenamts, während formale Entscheidungsmacht ausschließlich den in Ämter berufenen Ehrenamtlichen zusteht. Für ein Vereins-/Verbandsmanagement ist diese strukturelle Trennung von Fach- und Entscheidungskompetenz sehr bedeutsam. Denn fachspezifische Entscheidungen hauptberuflicher Experten können grundsätzlich durch ehrenamtliche Amtsinhaber oder die Mitgliederversammlung widerrufen werden. Im Verhältnis zwischen Ehrenamtlichkeit und Hauptberuflichkeit sind deshalb Konfliktpotenziale angelegt, die teilweise erheblichen Einfluss auf das Vereins-/Verbandsmanagement nehmen können.

Grundsätzlich erweist es sich als konfliktträchtig, dass managementrelevante Themen und Fragestellungen von Ehrenamtlichen und Hauptberuflichen aus unterschiedlichen Perspektiven beobachtet und mit unterschiedlichen Interessen verbunden werden. Ehrenamtliche sind vor allem an einer *Wahllogik* orientiert – sie kommen durch Wahl ins Amt und müssen immer wieder per Wahl im Amt bestätigt werden – und haben folglich Interesse, den Erwartungen ihrer Wähler zu entsprechen. Hauptberufliche Mitarbeiter hingegen folgen eher einer *Sachlogik*, die letztlich auch die Basis ihrer Arbeitsverträge darstellt (vgl. Meier, 2003, S. 78).

Weiteres Konfliktpotenzial ergibt sich im Vereins-/Verbandsmanagement aus der besonderen *Zurechnungsproblematik* fachlicher Expertise. Denn Ehrenamtliche sind in der Regel auf die Zuarbeit hauptberuflicher Mitarbeiter angewiesen, die ihnen erst notwendige Entscheidungsgrundlagen schafft. Doch selbst wenn hauptberufliche Mitarbeiter dem Ehrenamt umfassende Vorarbeiten leisten, dürfen formal nur die ehrenamtlich besetzten Gremien grundlegende Entscheidungen treffen. Insofern bleiben Hauptberufliche und ihre Arbeit meist im Hintergrund, was durchaus ein hohes Frustrationspotenzial bergen kann. Aber auch das Gegenteil ist möglich, z. B. wenn Expertise der Hauptberuflichen von Ehrenamtlichen nur unzureichend oder gar nicht zur Kenntnis genommen, ignoriert oder abgelehnt wird (vgl. Digel, 2003, S. 155–157; Meier, 2003, S. 77; Krainz & Simsa, 1995, S. 267).

Diese Konflikte bleiben aber meist *latent und eher unterschwellig*, auch wenn sie mitunter massiv ausgeprägt sind. Denn offene Revolte gegenüber dem Ehrenamt können sich hauptberufliche Mitarbeiter nur in seltenen Fällen leisten. Schließlich sind es die ehrenamtlichen Vorstandsmitglieder, die sie eingestellt haben und ihren Arbeitsvertrag auflösen oder verlängern können. Hinzu kommt, dass in Sportvereinen und Sportverbänden strukturell keine Vermittlungsinstanz zwischen Ehrenamtlichkeit und Hauptberuflichkeit existiert, die konfliktentschärfend wirken könnte.

Während Ehrenamtliche eher situativ in Belange des Vereinsmanagements eingebunden sind und hauptberufliche Mitarbeiter zeitlich dauerhaft Managementaufgaben erledigen, entsteht beinahe zwangsläufig eine *Informationsasymmetrie* zugunsten der Hauptberuflichkeit. Insofern sind Hauptberufliche gegenüber Ehrenamtlichen mitunter im Vorteil und können aufgrund ihres Informationsvorsprungs Entscheidungsprozesse des Vereinsmanagements subtil beeinflussen. Eine solche Machtverschiebung in Richtung Hauptberuflichkeit erzeugt wiederum eine künstliche, aber wirkungsvolle Hierarchie. Auf Seiten der Ehrenamtlichen hebelt dies aber praktisch alle Kontrollmöglichkeiten aus, zumal wenn es sich um Zusammenhänge hoher fachlicher Kompetenz handelt, die sich nicht ohne weiteres erschließen lassen.

Qualifikations- und Kompetenzerwartungen an hauptberufliche Mitarbeiter

Generell sind Sportvereine nicht auf hauptberufliche Mitarbeiter angewiesen. Dennoch können situative Umstände es gerechtfertigt und notwendig erscheinen lassen, Hauptberuflichkeit im Sportverein einzuführen. In solchen Fällen richten Sportvereine und Sportverbände jeweils spezifische Qualifikations- und Kompetenzerwartungen an hauptberufliche Mitarbeiter.

- Mit ihrer Expertise sollen hauptberufliche Mitarbeiter das Ehrenamt vor allem von Management- und Verwaltungsroutinen entlasten oder vor Überforderung und Überlastung schützen. Als *fachliche Qualifikation* sind dabei vor allem sportartspezifische Erfahrungen, betriebswirtschaftliche Grundkenntnisse sowie allgemeine und vereinsspezifische Managementkompetenzen – etwa in den Bereichen Strategieentwicklung oder Steuergesetzgebung – gefragt (vgl. Thiel, Meier & Cachay, 2006, S. 187–189; 222; 231).
- Trotz der Delegierung von Aufgaben an Hauptberufliche bleibt der ehrenamtliche Vereinsvorstand jedoch haftungsrechtlich in der Verantwortung. Insofern müssen Hauptberufliche in der Lage sein, einen notwendigen *Informationsfluss* zwischen den beteiligten Gremien und Führungspersonen zu gewährleisten und dabei aus Sicht des Ehrenamts als vertrauenswürdig zu gelten. Gelingt ihnen dies, werden sie zu wichtigen Wegbereitern von Entscheidungen des Ehrenamts und können das Vereinsmanagement ganz wesentlich mit bestimmen.
- Unter den hauptberuflichen Mitarbeitern von Sportvereinen übernehmen gerade die Geschäftsführer wichtige *kommunikative Aufgaben*. Sie fungieren „vor allem aufgrund ihrer ständigen Präsenz im Verein, als primäre Anlaufstelle und als Ansprechpartner für alle Belange" (Thiel, Meier & Cachay, 2006, S. 276). Damit stellen sie ein wichtiges Bindeglied zwischen Vereinsführung und Mitgliedschaft dar, z. B. indem sie Interessen, Meinungen und Erwartungen der Mitgliederbasis an den Vorstand herantragen und bei den Mitgliedern wiederum um Verständnis für Entscheidungen der Vereinsführung werben (vgl. Thiel, Meier & Cachay, 2006, S. 278–279).

Diese Aufgaben und damit verbundene Erwartungen erfüllen zu können, erfordert auf Seiten des hauptberuflichen Personals von Sportvereinen und Sportverbänden neben fachlichen Qualifikationen vor allem hohe *Sozialkompetenz, Kommunikationsfähigkeit, Identifikationsbereitschaft* – und gerade auch Akzeptanz der Entscheidungskompetenz des Ehrenamts. „Zudem wird erwartet, dass sich … der Stelleninhaber auf die besonderen Arbeitsbedingungen eines Vereins vor allem im Hinblick auf Arbeitszeiten und Flexibilität einlässt" (Thiel, Meier & Cachay, 2006, S. 221). Denn Gremien- und Sitzungsarbeit findet häufig abends oder am Wochenende statt, wenn die Ehrenamtlichen nicht beruflich eingebunden sind.

3.1.4 Föderaler Verbandsaufbau und rechtlich selbständige Mitgliedsorganisationen

Sportverbände als regionale und nationale Interessenvertretungen des vereinsbasierten Sports sind rechtlich ebenfalls als nicht wirtschaftliche Vereine konstituiert, weshalb die dargestellten Strukturbedingungen des Vereinsmanagements (vgl. Kapitel 3.1.1 bis 3.1.3) grundsätzlich auch für Sportverbände gelten. Hinzu kommen jedoch weitere, für ein Verbandsmanagement relevante Charakteristika. Denn Sportverbände sind in Abhängigkeit ihrer Hoheitsgebiete – Regionen, Bundesländer, Sportarten – von z. T. sehr *unterschiedlichen Umfeldbedingungen* beeinflusst und blicken folglich auf jeweils eigene Entwicklungsgeschichten zurück. Beispielsweise können geografische, finanzielle oder personelle Unterschiede dazu führen, dass in den Sportverbänden *unterschiedliche Problemsichten* existieren – etwa zwischen Einzel- und Mannschaftssportarten, zwischen medienattraktiven Disziplinen und „Randsportarten", oder zwischen nord- und süddeutschen Sportverbänden. Auf Bundesebene kann deshalb nicht per se davon ausgegangen werden, dass etwaige – an der hierarchischen Spitze entwickelte – Programme oder Maßnahmen für alle Verbandsgliederungen gleichermaßen angemessen sind. Dies erschwert grundsätzlich die Möglichkeiten der Dachverbände, Entwicklungsziele und Normativen der Vereins- und Verbandsentwicklung zu definieren.

Hinzu kommt ein strukturell angelegtes Steuerungsdilemma des deutschen Sports. Denn rechtlich selbständige Sportvereine sind zwar über direkte Mitgliedschaft in Landesfachverbände und Landessportbünde eingebunden, welche wiederum *rechtlich selbständige Mitglieder* nationaler Fach- und Dachverbände sind. Werden jedoch auf Bundesebene Leitbilder, Entwicklungsziele oder Strategien formuliert, sind daran lediglich Vertreter der Landesverbände beteiligt, nicht aber Vertreter der Vereinsbasis oder gar die Basis selbst. Zwischen den Verbandsebenen herrscht folglich zwangsläufig ein *Informationsgefälle*, weshalb Themen und Sachverhalte des Verbandsmanagements von den Beteiligten regelmäßig unterschiedlich eingeschätzt und je nach Nähe oder Distanz bestimmte Strategien bevorzugt werden – etwa wenn es um Investitionen in die Sportinfrastruktur oder um die Finanzierung des Spitzensports geht (vgl. Thiel, 1997, S. 87–88).

Diejenigen, die auf Bundes- oder Länderebene normative oder strategische Managemententscheidungen treffen, verfügen folglich *nicht* über notwendige hierarchische Kompetenzen, diese Vorschläge auch in ihren Mitgliedsorganisationen durch- oder operativ umzusetzen. Denn diese haben „nur die jeweils eigenen, auf eine optimale Erfüllung der eigenen Aufgabe ausgerichteten Handlungslogiken zu beachten" (Thiel, 1997, S. 46). Einzige Ausnahme ist die *Durchsetzung einheitlicher Sportregeln*. Denn eine Mitgliedschaft im Sportverband der jeweils höheren Ebene erfordert zwingend eine satzungsmäßige Verankerung der Anerkennung jeweils international gültiger Sportregelwerke.

Ein Management von Sportverbänden ist somit auf eine recht unwahrscheinliche „Kooperation zwischen autonomen, primär an sich selbst orientierten Einheiten" (Wimmer, 2004, S. 91) angewiesen, deren Problemsichten und Interessenlagen sich nicht ohne weiteres decken. Verstehen Bundesverbände beispielsweise Spitzensportförderung als wichtige Zielstellung, können Landesverbände und Vereine diese Aufgabe für sich trotzdem als unwichtig erachten. Angesichts der hohen Komplexität verbandspolitischer Entscheidungszusammenhänge gelingt es kaum, Strategien und Problemlösungen an der Verbandsspitze auszuarbeiten und mittels Direktiven deren Umsetzung in *dezentralen, rechtlich selbständigen Verbandsbereichen* anzuweisen. Denn abweichendes Verhalten dezentraler Verbandsbereiche kann von der Bundesebene aufgrund fehlender Macht kaum sanktioniert werden.

Da allerdings die Bundesfachverbände innerhalb des DOSB das *Alleinvertretungsrecht* ihrer Sportarten haben, ist Landesverbänden der Ausstieg aus ihren jeweiligen Dachverbänden praktisch verwehrt – selbst wenn sie sich nicht (mehr) mit dessen Entwicklungszielen und Strategien identifizieren oder sich in ihren Interessen nicht (mehr) angemessen repräsentiert fühlen (vgl. Schimank, 2005, S. 32–35). Während Vereinsmitglieder ohne weiteres aus ihrem Sportverein austreten und in einen anderen Sportverein wechseln können, würde der Austritt eines Mitgliedsverbands aus „seinem" Bundesfachverband allen Sportlern und Mannschaften seines regionalen Hoheitsgebiets die Teilnahme an nationalen und internationalen Wettbewerben der betreffenden Sportart versperren (vgl. Kapitel 2.2). Dieses Dilemma führt in Sportverbänden regelmäßig dazu, dass Mitgliedsverbände grundsätzlich verbindliche Entscheidungen von Mitgliederversammlungen der höheren Verbandsebene systematisch ignorieren. Dieser Eigensinn schützt sie zwar mitunter vor Fehlanpassungen an vermeintlich zwingende Notwendigkeiten, die lediglich einige Meinungsführer der Dachverbände für relevant halten. Gleichzeitig forciert dies aber eine heterogene (Auseinander-) Entwicklung der Mitgliedsverbände und macht gemeinschaftlich abgestimmte Verbandsentwicklung unwahrscheinlich.

Strukturell angelegte Korruptions-/Bestechungsanfälligkeit des Vereins- und Verbandsmanagements

Mit Blick auf diese Strukturbedingungen des Verbandsmanagements wird erkennbar, dass Kontrollmöglichkeiten von Entscheidungsprozessen des Managements mitunter eingeschränkt sind. Dies gilt insbesondere

- zwischen Mitgliedern/Mitgliedsorganisationen und Vorstand, mit der Tendenz einer Begünstigung des Vorstands oder einzelner Meinungsführer, z. T. verschärft durch die Vertreterproblematik zwischen den föderalen Ebenen.
- zwischen Hauptberuflichkeit und Ehrenamtlichkeit mit der Tendenz einer Begünstigung einzelner, vor allem hauptberuflicher Meinungsführer.
- zwischen Verband und externen Partnern, mit der Tendenz, entscheidungsrelevante Information nur den unmittelbar Beteiligten zugänglich zu machen.

In internationalen Sportverbandskontexten sind darüber hinaus gemäß dem Grundprinzip *„One Country, one Vote."* alle nationalen Mitgliedsverbände gleichermaßen stimmberechtigt. Dabei ist vor allem in den Weltfachverbänden eine über die Kontinentalverbände organisierte Stimmenbündelung – im Sinne einer kontinentalen Fraktionsdisziplin – erkennbar, etwa in Afrika, Südamerika oder Asien. Dies führt im Weltsport typischerweise zu einer Zuspitzung von Entscheidungsprozessen auf wenige Funktionäre und Meinungsführer – meist die Präsidenten der nationalen Fachverbände oder der Kontinentalverbände. Grundsätzlich demokratische Entscheidungsprämissen werden auf diese Weise aber konterkariert (vgl. Digel, 2010, S. 6).

Vor diesem Hintergrund wird deutlich, dass im Sportverbandsmanagement mitunter eine kleine Anzahl Ehrenamtlicher und Hauptberuflicher weit reichende, teilweise auch finanziell umfassende Entscheidungen treffen können – z. B. bei der Vergabe offizieller Meisterschaften und Veranstaltungen, beim Abschluss hoch dotierter Sponsoringverträge oder bei Entscheidungen über größere Anschaffungen/Investitionen (vgl. Swiss Olympic, 2010, S. 7–8). Insofern ist die *Gefahr von Korruption und Bestechung* im Sportverbandsmanagement strukturell angelegt und weit verbreitet (vgl. Weinreich, 2006, S. 22–54).

Für das Sportverbandsmanagement sind deshalb Fragen der *Corporate Governance* von besonderer Bedeutung. Doch wenngleich etwa der DOSB seit 2006 über einen – vergleichsweise knapp gehaltenen – Corporate Governance Codex verfügt, ist dieses Thema in den Sportverbänden bislang eher unterbeleuchtet. Grundsätzlich stehen einem Verbandsmanagement jedoch folgende Ansatzpunkte zur Verfügung, zumindest das Risiko von Korruption und Bestechung zu reduzieren:

- *Entscheidungsverfahren* von Sportverbänden sind nach Möglichkeit soweit *transparent* zu machen, dass Zweifel an der Rechtmäßigkeit z. B. von Sponsoringverträgen, von Vergabeverfahren für Meisterschaften und Veranstaltungen oder von Infrastrukturaufträgen unter Verweis auf Verbandsdokumente ausgeräumt werden können. Dazu zählt unter anderem auch, die *Zeichnungsbefugnis* für den Verband ab einer bestimmten politischen und finanziellen Größenordnung auf mehrere Schultern zu verteilen, also z. B. bei Vertragabschlüssen das Vier- oder Sechs-Augen-Prinzip verbindlich vorzuschreiben (vgl. Weinreich, 2006, S. 55–56; Swiss Olympic, 2010, S. 11).
- Sportverbände können außerdem in einem *Ethik-Kodex* Korruption und Bestechlichkeit klären und deutlich machen, welche Aktivitäten im Verbandsmanagement nicht erlaubt sind, z. B. „das Anbieten, Versprechen und Gewähren eines nicht gebührenden Vorteils zu eigenen Gunsten oder zu Gunsten Dritter sowie das Annehmen, Fordern oder Sich-Versprechen-Lassen eines nicht gebührenden Vorteils für sich oder für Dritte" (Swiss Olympic, 2010, S. 12). Insgesamt gilt es, Führungskräfte für das Thema Korruption zu sensibilisieren, z. B. mittels Workshops oder Schulungen. Hauptberufliche Mitarbeiter können außerdem über ihre Arbeitsverträge auf ethisches Verhalten verpflichtet werden.
- In Anlehnung an den Anti-Doping-Kampf ist nach Möglichkeit eine Welt-Anti-Korruptions-Agentur inklusive eines Welt-Anti-Korruptions-Codes einzurichten, um der Korruptionsbekämpfung eine organisatorische Basis inklusive Vernetzungsmöglichkeiten zum Weltsportgerichtshof CAS zu geben.
- Ehrenamtliche Funktionsträger der Sportverbände wiederum können sich verpflichten, mögliche – in der Ausübung der Ämter bestehende – Konflikte zwischen *persönlichen Interessen und Verbandsinteressen* offen zu legen. „Nach dem Ausscheiden aus den jeweiligen Ämtern sollte eine mehrjährige Sperre für Wechsel zu vormaligen Auftragnehmern gelten, um Insidergeschäften vorzubeugen" (Weinreich, 2006, S. 56).
- Und schließlich können *Corporate-Governance-Beauftragte* (Ombudsmänner), die Verdachtsmeldungen vertraulich entgegen nehmen, für Verlässlichkeit in der Verfolgung von Verdachtsmomenten sorgen. Denn regelmäßig erschweren in Sportverbänden gerade persönliche Loyaliätskonflikte die Weitergabe von Bestechungshinweisen (vgl. Weinreich, 2006, S. 24; 59–60; Swiss Olympic, 2010, S. 12–13).

Möglichkeiten der Transparenz von Entscheidungsverfahren ergeben sich insbesondere durch soziale Medien und Web 2.0-Anwendungen, beispielsweise über verbandsinterne Wiki-

Plattformen und Intranets, oder im Verhältnis zum externen Umfeld über Weblogs (vgl. Baumgraß & Birn, 2007, S. 303–318; Mayer & Schoeneborn, 2008, S. 159–172).

Praxisbeispiel

Zwischen 2001 und 2004 arbeitet der Deutsche Turner-Bund (DTB) an einer strategischen (Neu-) Ausrichtung des Verbands und legt in Form eines Leitbilds Schwerpunktthemen, Kernbereiche und -aufgaben seiner Verbandsarbeit fest. Initiiert und maßgeblich vorbereitet wird dieser Prozess von verbandspolitisch aktiven Meinungsführern des DTB und einzelner Landesturnverbände. Um das Leitbild im Verband als verbindliches Programm zu legitimieren, beauftragt die DTB-Mitgliederversammlung 2002 zunächst eine Kommission, unter Federführung des DTB-Präsidiums das Leitbild auszuarbeiten und der nächsten Mitgliederversammlung zur Abstimmung vorzulegen. Daraus ergibt sich ein (mindestens) zweijähriger Erarbeitungszeitraum – bis zur Mitgliederversammlung 2004.

Während die Kommission in diesen zwei Jahren nur fünf Mal tagt, haben verbandspolitische Meinungsführer vielfältige Gelegenheiten, den Erarbeitungsprozess inhaltlich zu bestimmen, vor allem über die begleitende Arbeit der DTB-Geschäftsstelle.

Dass Ehrenamtliche nicht immer an Kommissionssitzungen teilnehmen, begünstigt ebenfalls eine Machtverschiebung in Richtung Hauptberuflichkeit, wie sich ein Kommissionsmitglied erinnert: „Natürlich haben wir immer die Papiere oder das, was erarbeitet wurde, an alle geschickt. Es haben ja aber auch nicht immer alle teilgenommen. Es ist ja auch so, dass wenn einer an einer Sitzung gefehlt hat, und in den nächsten drei Monaten war nichts, dann war eine Informationslücke da ... Ich habe dann schon das Gefühl gehabt, dass manche in der Diskussion wieder von Null anfingen, oder bei Punkt zwei anfingen, obwohl wir schon bei Punkt zehn waren."

Gleichwohl wird das Leitbild von der Mitgliederversammlung 2004 ohne größere Diskussion und mit großer Mehrheit verabschiedet. Denn „da sind 500 Delegierte ... Auf so einem großen Ding kann man ja nicht konstruktiv diskutieren, geht ja gar nicht ... Das kann man vorher machen. Aber letztlich, was da auf die Tagesordnung gesetzt wird, wird in der Regel zu 99 Prozent beschlossen. Und zwar immer mit 'ner großen Mehrheit", so ein Hauptberuflicher der Landesebene. Begünstigt wird dies u. a. von einem durch Fraktionsdisziplin geprägten Abstimmungsverhalten der Delegierten. In unmittelbar vor der Mitgliederversammlung stattfindenden Sitzungen von Verbandsrat, Hauptausschuss und Konferenzen der Landesturnverbände werden die Delegierten auf die jeweiligen inhaltlichen Positionen eingeschworen.

Auf diese Weise eingeschränkte Entscheidungsmöglichkeiten der Mitgliederversammlung können sie also auch riskante Entscheidungen treffen lassen – selbst wenn nur wenige Delegierte genau abschätzen können, welche Konsequenzen und welche Tragweite dies für den Verband hat. „Also, wenn ich das ein wenig drastisch formuliere, haben 60 Prozent bis 70 Prozent der Delegierten, die das Leitbild beschlossen haben, nicht gewusst, was sie beschließen" meint ein Hauptberuflicher der Bundesebene.

> Im späteren Umgang mit dem Leitbild äußern dann einige Landesverbände Kritik und Gleichgültigkeit gegenüber den konkreten Zielvorgaben des Leitbilds, so ein Verantwortlicher eines Landesverbands: „Es *interessiert* uns nicht, ob da jetzt nun 40 oder ob da nun steht 100 ... Wenn die in drei Jahren fragen, ‚Wie viel habt ihr gemacht?' und da steht ne 30 bei uns, interessiert das auch nicht. Also, wir sind nicht die Deutsche Bank, die jetzt bestraft wird, weil die Filiale um die Ecke keine Umsätze macht." Trotz der Verabschiedung des Leitbilds durch die Mitgliederversammlung verstehen es folglich nicht alle Mitgliedsorganisationen als maßgebliche Orientierung für die eigene Verbandsarbeit, weshalb es verbandsintern auch nur eingeschränkte Bindungswirkung entfalten kann (vgl. Fahrner, 2008, S. 119–171; Fahrner, 2009a, S. 128–137; mit empirischen Nachweisen der Zitate).

Kontrollfragen

1. In Sportvereinen und Sportverbänden sind normative Managemententscheidungen satzungsrechtlich exklusiv der Mitgliederversammlung vorbehalten. Welche Folgen ergeben sich hieraus für ein Management und wie wird damit in der Managementpraxis typischerweise umgegangen?
2. Vereins- und Verbandszwecke sind in den Satzungen üblicherweise nur vage formuliert. Welche Schwierigkeiten bereitet dies gerade dem strategischen Management und wie geht man in Sportvereinen/-verbänden typischerweise mit diesen Schwierigkeiten um?
3. Ehrenamtlichkeit gilt als bedeutsame Ressource von Sportvereinen und Sportverbänden. Welche Bedeutung haben Ehrenämter für ein Vereins-/Verbandsmanagement und welche Kennzeichen von Ehrenamtlichkeit sind aus einer Managementperspektive besonders relevant?
4. In vielen Sportvereinen und Sportverbänden ist eine Parallelität von Ehrenamtlichkeit und Hauptberuflichkeit erkennbar. Für das Management sind damit aber häufig nicht nur Professionalisierungs-, sondern auch Konfliktpotenziale verbunden. Woraus ergeben sich diese Konfliktpotenziale und welche Folgen haben sie üblicherweise für die Managementpraxis?
5. Kandidaten für hauptberufliche Mitarbeit in Sportvereinen/-verbänden müssen sich nicht nur über fachliche Expertise auszeichnen, sondern vor allem auch überfachliche und soziale Kompetenzen aufweisen. Inwiefern ergibt sich dies aus den besonderen Strukturbedingungen des Sportvereinsmanagements und welche Qualitäten sind dabei besonders gefragt?
6. Im föderalen Aufbau der Sportverbände sind ganz spezifische Spannungsfelder des Sportmanagements angelegt. Inwiefern kann man diesbezüglich auch von einem „Dilemma" des Verbandsmanagements sprechen und wie kann dem angemessen begegnet werden?
7. Im Sportvereins- und insbesondere im Sportverbandsmanagement ist strukturell die Gefahr von Korruption und Bestechung angelegt. Woraus ergibt sich dies und welche Ansatzpunkte hat ein Sportmanagement, dem entgegen zu wirken?

3.2 Steuerrechtliche Bedingungen des Sportvereinsmanagements

Alle wirtschaftlich relevanten Aktivitäten von Sportvereinen unterliegen zwangsläufig geltenden Steuergesetzen. Mit der Anerkennung durch das Finanzamt als gemeinnützige juristische Personen sind für Sportvereine zahlreiche steuerliche Vorteile verbunden, die allerdings nur für bestimmte Vereinsaktivitäten und nur unter bestimmten Bedingungen gewährt werden. Verstöße des Managements gegen steuerrechtliche Vorgaben werden regelmäßig nicht nur mit Nachzahlungsverpflichtungen, sondern auch mit pönalen Zinszuschlägen sanktioniert und führen deshalb mitunter bis zur Insolvenz von Vereinen. Kenntnisse im Umgang mit steuerrechtlichen Bedingungen des Sportvereinsmanagements sind deshalb von hoher praktischer Relevanz.

Lernziele des Kapitels

> Die Leser lernen die für ein Sportvereinsmanagement relevanten Vorschriften des Gemeinnützigkeitsrechts kennen und setzen sich mit grundlegenden Bedingungen und Folgen einer Anerkennung der Gemeinnützigkeit auseinander.
> Sie lernen sportvereinstypische Tätigkeitsbereiche aus steuerrechtlicher Perspektive zu unterscheiden und sie erkennen, wie diese jeweils steuerlich behandelt werden.
> Sie reflektieren generelle Verpflichtungen des Sportvereinsmanagements, wenn Sportvereine als Arbeitgeber fungieren.

Sportvereine – und damit auch Sportverbände – sind wie alle natürlichen und juristischen Personen generell verpflichtet, Steuern zu bezahlen. Dabei kommen grundsätzlich vor allem folgende Steuern in Betracht:

- *Verkehrsteuern*, z. B. Umsatzsteuer, Grunderwerbsteuer, Versicherungsteuer. Sie werden auf die Teilnahme am Rechts- und Wirtschaftsverkehr erhoben.
- *Verbrauchsteuern*, z. B. Mineralölsteuer, Stromsteuer, Tabaksteuer, Kaffeesteuer. Sie sind mit dem Verbrauch bestimmter Güter verbunden.
- *Ertragsteuern*, z. B. Körperschaftsteuer, Gewerbesteuer. Sie beziehen sich jeweils auf eine bestimmte Form von Gewinn.
- *Substanzsteuern*, z. B. Grundsteuer, Erbschaftsteuer. Sie werden auf den Besitz von Vermögensgegenständen erhoben (vgl. Bundesministerium der Finanzen, 2011, o. S.).

Während u. a. Einnahmen aus der Mineralöl- und Tabaksteuer ausschließlich dem Bund zustehen, werden Körperschaftsteuer und Umsatzsteuer als Gemeinschaftsteuern zwar von den Finanzämtern verwaltet, ihre Erträge anteilig aber Bund *und* Ländern zugewiesen. Erbschaftsteuer und Grunderwerbsteuer wiederum sind reine Ländersteuern, während die Einnahmen aus Gewerbesteuer und Grundsteuer allein den Kommunen zustehen (vgl. Bundesministerium der Finanzen, 2011, o. S.).

Voraussetzungen einer Anerkennung von Gemeinnützigkeit

Die steuerrechtlichen Besonderheiten des Sportvereinsmanagements sind ganz wesentlich daran gebunden, dass mit der Eintragung des Sportvereins in das Vereinsregister (vgl. Kapitel 2.1.1) die vom Verein verfolgten Zwecke als gemeinnützig anerkannt werden können. Sieht das zuständige Finanzamt die Voraussetzungen der *Abgabenordnung* (AO) für die Gemeinnützigkeit als erfüllt an (vgl. § 59 AO[14]), werden Sportvereinen in erheblichem Umfang Steuervergünstigungen gewährt. Unter Gemeinnützigkeit versteht die Abgabenordnung dabei eine *selbstlose Förderung*, mit der „nicht in erster Linie eigenwirtschaftliche Zwecke – zum Beispiel gewerbliche Zwecke oder sonstige Erwerbszwecke – verfolgt werden" (§ 55 AO).

Grundvoraussetzung für eine Anerkennung der Gemeinnützigkeit ist, dass „eine Körperschaft ausschließlich und unmittelbar gemeinnützige ... Zwecke ... verfolgt" (§ 51 Abs. 1 AO). Konkret wird darunter eine Tätigkeit verstanden, die „darauf gerichtet ist, die Allgemeinheit auf materiellem, geistigem oder sittlichem Gebiet selbstlos zu fördern" (§ 52 Abs. 1 AO). Als Förderung der Allgemeinheit gilt insbesondere die Förderung des demokratischen Staatswesens in Deutschland, hierzu gehört unter anderem die Förderung des Sports (vgl. § 52 Abs. 2, Nr. 21 AO).

Eine Förderung der Allgemeinheit wird allerdings generell verneint, „wenn der Kreis der Personen, dem die Förderung zugute kommt, fest abgeschlossen ist, zum Beispiel Zugehörigkeit zu einer Familie oder zur Belegschaft eines Unternehmens, oder infolge seiner Abgrenzung, insbesondere nach räumlichen oder beruflichen Merkmalen, dauernd nur klein sein kann" (§ 52 Abs. 1 AO).

Auch eine ausschließlich entgeltliche Sportausübung, etwa vertraglich gebundener Spieler im Teamsport, steht der Gemeinnützigkeit entgegen. Eine Förderung des bezahlten Sports *neben* unbezahltem „Amateursport" ist allerdings grundsätzlich unproblematisch (vgl. § 58 Nr. 9 AO).

Weitere Voraussetzungen für die Anerkennung der Gemeinnützigkeit sind außerdem, dass

- zur Verfügung stehende Mittel nur für *satzungsgemäße Zwecke* verwendet und nicht zur Unterstützung oder Förderung politischer Parteien ausgegeben werden (vgl. § 55 Abs. 1, Nr. 1 AO).
- *Vereinsmitglieder keine Mittelzuwendungen* durch den Verein erhalten und auch bei ihrem Ausscheiden aus dem Verein „nicht mehr als ihre eingezahlten Kapitalanteile und den gemeinen Wert ihrer geleisteten Sacheinlagen zurückerhalten" (§ 55 Abs. 1, Nr. 2 AO).
- gegenüber Einzelpersonen *keine unverhältnismäßig hohen oder zweckfremden Ausgaben* getätigt werden (vgl. § 55 Abs. 1, Nr. 3 AO) und das *Vereinsvermögen auf Dauer* an den gemeinnützigen Zweck *gebunden* ist und für diesen verwendet wird (vgl. § 55 Abs. 1, Nr. 4 AO). Grundsätzlich unbedenklich sind allerdings Zahlungen an Vereinsfunktionäre gemäß ihrer tatsächlichen Aufwendungen. Die Satzung sollte deshalb die Möglichkeit von Zahlungen/Kostenerstattungen vorsehen (vgl. Kapitel 2.1.3).
- Sportvereine ihnen zur Verfügung stehende Mittel *zeitnah* für ihre satzungsmäßigen Zwecke verwenden. „Eine zeitnahe Mittelverwendung ist gegeben, wenn die Mittel spä-

---

[14] Abgabenordnung in der Fassung vom 22. Dezember 2011.

testens in dem auf den Zufluss folgenden Kalender- oder Wirtschaftsjahr für die steuerbegünstigten satzungsmäßigen Zwecke verwendet werden" (§ 55 Abs. 1, Nr. 5 AO). Die Bildung von Rücklagen ist jedoch zulässig, wenn dies für die Erreichung der gemeinnützigen Ziele notwendig ist (vgl. § 58, Nr. 6 AO).

In der Vereinssatzung ist explizit auf diese Kriterien hinzuweisen: „Der Verein verfolgt ausschließlich und unmittelbar gemeinnützige Zwecke im Sinne des Abschnitts ‚steuerbegünstigte Zwecke' der Abgabenordnung. Der Verein ist selbstlos tätig und verfolgt nicht in erster Linie eigenwirtschaftliche Zwecke" (Württembergischer Landessportbund, 2010, S. 4). Das Erwirtschaften finanzieller Überschüsse („Gewinne") ist damit für Sportvereine nicht generell ausgeschlossen, jedoch müssen sie zeitnah in die Verfolgung des Satzungszwecks investiert werden und dürfen nicht an Mitglieder oder Dritte ausgezahlt werden. Des Weiteren muss die tatsächliche Geschäftsführung von Sportvereinen bestimmten Anforderungen entsprechen. Insbesondere muss sie

- „auf die ausschließliche und unmittelbare Erfüllung der steuerbegünstigten Zwecke gerichtet sein und den Bestimmungen entsprechen, die die Satzung über die Voraussetzungen für Steuervergünstigungen enthält" (§ 63 Abs. 1 AO).
- Einnahmen und Ausgaben aufzeichnen, um die Einhaltung der Gemeinnützigkeitskriterien nachweisen zu können (vgl. § 63 Abs. 2 AO). Das Finanzamt prüft alle drei Jahre, ob den Bedingungen der AO noch entsprochen wird. Unterlagen der Buchhaltung sind deshalb für etwaige Überprüfungen zehn Jahre verfügbar zu halten. Ein Verstoß gegen die Vorschriften des Gemeinnützigkeitsrechts kann zu rückwirkenden Besteuerungen bis zu zehn Jahren führen. Die Pflicht zur einfachen Buchführung und zum Nachweis entsprechender Belege ergibt sich auch aus dem Informationsrecht der Vereinsmitglieder (vgl. §§ 42; 259 BGB).

Steuerrechtliche Behandlung vereinstypischer Tätigkeitsbereiche

Die steuerrechtliche Behandlung gemeinnütziger Sportvereine kann äußerst komplex sein, deshalb lassen sich hier nur grundlegende und für die Praxis des Sportvereinsmanagements besonders relevante Bedingungen und Mechanismen herausarbeiten. Grundsätzlich sind als gemeinnützig anerkannte Sportvereine nur partiell steuerpflichtig, wobei die Steuerpflicht immer den Gesamtverein und nicht einzelne Abteilungen trifft. Vereinstypische Aktivitäten werden aus steuerrechtlicher Perspektive verschiedenen Tätigkeitsbereichen zugeordnet, für die jeweils Einnahmen und Ausgaben gegenübergestellt werden müssen: ideeller Tätigkeitsbereich, Vermögensverwaltung und wirtschaftlicher Geschäftsbereich – letzterer differenziert in steuerbegünstigten Zweckbetrieb und steuerpflichtigen wirtschaftlichen Geschäftsbetrieb.

Ideeller Tätigkeitsbereich

Zum ideellen Tätigkeitsbereich zählen alle Vereinsaktivitäten, die unmittelbar der *Erfüllung satzungsgemäßer Zwecke* des Vereins dienen. Typische Einnahmen von Sportvereinen, z. B. Mitgliedsbeiträge, Spenden oder Zuschüsse, sind deshalb steuerfrei. Außerdem unterliegt der ideelle Tätigkeitsbereich keiner Körperschafts- oder Gewerbesteuerpflicht (vgl. Tab. 11).

Tab. 11: Vereinstypische Einnahmen und Ausgaben des ideellen Tätigkeitsbereichs (vgl. Heim, 2012, S. 483).

Einnahmen	Ausgaben
Mitgliedsbeiträge	Personal (anteilig), z. B. Löhne, Gehälter, Sozialversicherungen
Aufnahmegebühren	Räume (anteilig), z. B. Miete, Strom, Wasser, Heizung
Spenden	Mitgliederverwaltung, z. B. Büromaterial, Porto, Telefon
Zuschüsse, insbes. anderer Sportorganisationen	Verbandsabgaben, z. B. Mitgliedsbeiträge an Sportfachverband und Landessportbund
	Mitgliederpflege, z. B. Geschenke, Jubiläen, Ehrungen
	Lehr- und Jugendarbeit
Einnahmen sind steuerfrei. Keine Körperschaft- und Gewerbesteuerpflicht.	

Vermögensverwaltung

Ein weiterer Tätigkeitsbereich von Sportvereinen ist die *Vermögensverwaltung*, also die Nutzung von Vermögen, z. B. wenn Kapital verzinslich angelegt oder vereinseigene Gebäude und Anlagen auf längere Zeitdauer vermietet oder verpachtet sind, etwa die Vereinsgaststätte.

- Auch die entgeltliche *Übertragung von Nutzungsrechten* an Werbeflächen in Sportstätten (z. B. Banden) gilt als Vermögensverwaltung, solange dem Werbetreibenden ein angemessener Gewinn bleibt (vgl. Anwendungserlass zu § 67 AO, Nr. 9) und der Verein „an der Akquisition der Werbekunden nicht selbst mitwirkt" (Finanzamt für Körperschaften I Berlin, 2010, S. 58). Für eine solche ertragsteuerfreie Vereinnahmung von Werbe- und Sponsoringgeldern haben Sportvereine die Nutzung ihrer werblichen Rechte in einem einheitlichen Vorgang an einen Dritten, etwa eine Agentur oder eine Vermarktungsgesellschaft, zu verpachten und dürfen selbst nicht aktiv in die Vermarktung dieser Rechte eingreifen – sondern werden lediglich anteilig am wirtschaftlichen Erfolg beteiligt.
- *Beteiligungen* von Sportvereinen *an Kapitalgesellschaften*, z. B. ihres in eine GmbH ausgelagerten Profi-Spielbetriebs, gelten ebenfalls als Vermögensverwaltung, solange der Sportverein keinen entscheidenden Einfluss auf die operative Geschäftsführung nimmt – also u. a. nicht den Geschäftsführer der Kapitalgesellschaft stellt (vgl. Sauer & Luger, 2004, S. 156). Die Wahrnehmung der Mehrheitsrechte durch den Verein als Gesellschafter der Spielbetriebsgesellschaft ist hierfür unerheblich.

Vermögensverwaltung ist für gemeinnützige Sportvereine eine steuerbegünstigte Tätigkeit, d. h., es fallen keine Körperschaft- und Gewerbesteuer an (vgl. Tab. 12). Als Vermögensverwaltung geltende Mieteinnahmen und Einnahmen aus Lizenzrechten sind lediglich mit dem reduzierten Umsatzsteuersatz von 7% zu versteuern (vgl. § 12 Nr. 8a UStG[15]), ansonsten sind diese Einnahmen steuerfrei.

---

[15] Umsatzsteuergesetz in der Fassung vom 07. Dezember 2011.

Tab. 12: Vereinstypische Einnahmen und Ausgaben der Vermögensverwaltung (vgl. Heim, 2012, S. 476; 483).

Einnahmen	Ausgaben
Einkünfte aus Kapitalvermögen, z. B. Zinseinnahmen aus Sparguthaben, Dividenden von Wertpapieren	Reparaturen, Renovierungen, Neu- oder Ausbauten der Liegenschaften und Infrastruktur
Zeitlich längerfristige Vermietungen und Verpachtungen, z. B. Vereinsgaststätte	Werbungskosten
Pacht für Nutzung werblicher Rechte/Lizenzen	
Beteiligung an vereinseigenen Kapitalgesellschaften, z. B. Spielbetriebsgesellschaft im Teamsport	
Auf Mieteinnahmen und Einnahmen aus Lizenzrechten sind 7%Umsatzsteuer zu entrichten. Keine Körperschaft- und Gewerbesteuerpflicht.	

Steuerbegünstigte Zweckbetriebe

Als gemeinnützig anerkannte Sportvereine können außerdem über ihren ideellen Tätigkeitsbereich und ihre Vermögensverwaltung hinausgehende wirtschaftliche Aktivitäten verfolgen. Hierfür wird ihnen vom Gesetzgeber ein *Nebenzweckprivileg* eingeräumt, d. h., eine wirtschaftliche Betätigung schadet ihrem Gemeinnützigkeitsstatus nicht – so lange das wirtschaftliche Interesse im Hintergrund bleibt und den nichtunternehmerischen Tätigkeiten des Vereins eindeutig untergeordnet ist.

Wirtschaftliche Betätigungen werden in steuerbegünstigten Zweckbetrieb und steuerpflichtigen wirtschaftlichen Geschäftsbetrieb unterschieden. Als *Zweckbetriebe* gelten wirtschaftliche Betätigungen, wenn sie *unmittelbar der Verwirklichung der steuerbegünstigten Vereinszwecke dienen* und für die Zweckverwirklichung *unentbehrlich* sind, z. B. Vermietungen von Sportanlagen an Vereinsmitglieder. Außerdem dürfen Sportvereine mit ihren jeweiligen Aktivitäten nicht stärker in Wettbewerb zu steuerlich nicht begünstigten Betrieben treten, als dies für ihre Zweckerfüllung unvermeidbar ist (vgl. § 65 AO). Die Grenzen zwischen steuerbegünstigtem Zweckbetrieb und steuerpflichtigem wirtschaftlichem Geschäftsbetrieb sind in der Praxis allerdings durchaus fließend.

Für ein Sportvereinsmanagement wichtige Abgrenzungskriterien beziehen sich vor allem auf *sportliche Veranstaltungen*, aus denen Sportvereine Einnahmen erzielen. Sie gelten dann als Zweckbetriebe,

- wenn die *Einnahmen* (einschließlich Umsatzsteuer) aus allen sportlichen Veranstaltungen des Vereins *nicht über 35.000 Euro jährlich* liegen (vgl. § 67a Abs. 1 AO).
- wenn die Einnahmen zwar über 35.000 Euro jährlich liegen, aber *ausschließlich unbezahlte Sportler* eingesetzt werden. Das heißt, wenn keine bezahlten Athleten des Vereins teilnehmen und der Verein keine anderen Sportler selbst oder zusammen mit Dritten für ihre sportliche Betätigung, die Benutzung ihrer Person, ihres Namens, ihres Bildes oder ihrer sportlichen Betätigung zu Werbezwecken bezahlt (vgl. § 67a Abs. 3 AO).
    - Als bezahlte Sportler gelten z. B. Spieler, die im Jahresdurchschnitt mehr als 400 Euro monatlich als Vergütungspauschale oder Aufwandsentschädigung erhalten.
    - „Werden an ausländische Künstler oder Sportler (beschränkt Steuerpflichtige) bei Vereinsveranstaltungen Vergütungen (Gagen, Auslagenersatz) gezahlt, so ist der

Veranstalter verpflichtet, von den Einnahmen des ausländischen Künstlers oder Sportlers einen Steuerabzug in Höhe von in der Regel 15% ... einzubehalten und an das Finanzamt abzuführen. Der Steuerabzug wird nicht vorgenommen, wenn die Einnahmen je Darbietung 250 Euro nicht übersteigen" (Finanzamt für Körperschaften I Berlin, 2010, S. 33).

Tombolas und kulturelle Veranstaltungen gelten ebenfalls als steuerbegünstigte Zweckbetriebe, ebenso die *kurzzeitige Vermietung von Sportanlagen an Vereinsmitglieder* (vgl. Anwendungserlass zu § 67 AO, Nr. 12[16]).

Für Zweckbetriebe gemeinnütziger Sportvereine fallen keine Körperschaft- und Gewerbesteuer an. Auf Mietentgelte aus Zweckbetrieben ist 7% Umsatzsteuer zu erheben (vgl. Anwendungserlass zu § 67 AO, Nr. 12) – außer der Verein gilt als „Kleinunternehmer" nach § 19 UStG, dann entfällt die Umsatzsteuerpflicht. Die *Kleinunternehmerregelung* kann allerdings nur in Anspruch genommen werden, wenn der Vereinsumsatz zuzüglich der darauf entfallenden Steuern im vorangegangenen Kalenderjahr insgesamt unter 17.500 Euro und im laufenden Kalenderjahr voraussichtlich unter 50.000 Euro liegt.

Tab. 13: Vereinstypische Einnahmen und Ausgaben des steuerbegünstigten Zweckbetriebs (vgl. Heim, 2012, S. 477; 481; 483).

Einnahmen	Ausgaben
Sportbetrieb ohne bezahlte Sportler, z. B. Eintrittsgelder, Teilnehmergebühren, Kostenerstattungen als Gastmannschaft	Sportbetrieb, z. B. Personal Geschäftsstelle, Reisekosten, Reparaturen Sportgeräte, Versicherungen
Sportbetrieb mit bezahlten Sportlern und Einnahmen unter 35.000 Euro jährlich	Sportanlagen, z. B. Miete, Wasser, Heizung, Reparaturen, Abschreibungen, Sportgeräte
Leistungen gegenüber Vereinsmitgliedern, z. B. Sportkurse, Sportreisen	Sportveranstaltungen, z. B. Trainer, Übungsleiter, Spesenersatz Aktive, Reisekosten, Kostenerstattungen für Gastmannschaften
Zuschüsse für den Zweckbetrieb, z. B. Fördergelder von Sportverbänden	Ablösezahlungen
Nutzungsgebühren für kurzzeitige Vermietungen von Sportanlagen an Vereinsmitglieder	Betriebskosten vereinseigener Fahrzeuge und Sportgeräte
Vereinseigene Tombolas	Vereinszeitschrift, z. B. Druckkosten, Honorare

Auf Mieteinnahmen sind 7% Umsatzsteuer zu entrichten. Einnahmen unter 35.000 Euro oder bei ausschließlichem Einsatz unbezahlter Sportler bei Sportveranstaltungen sind steuerfrei, also keine Körperschaft- und Gewerbesteuerpflicht.

Steuerpflichtige wirtschaftliche Geschäftsbetriebe

Als wirtschaftlicher Geschäftsbetrieb eines Vereins gilt „eine selbständige nachhaltige Tätigkeit, durch die Einnahmen oder andere wirtschaftliche Vorteile erzielt werden und die über den Rahmen einer Vermögensverwaltung hinausgeht. Die Absicht, Gewinn zu erzielen, ist nicht erforderlich" (§ 14 AO). Nachhaltig ist eine solche Tätigkeit dann, wenn sie „auf Dauer oder auf Wiederholung angelegt ist. Die Veranstaltung eines einzigen Vereinsfestes ist bereits nachhaltig, weil hierbei mit einer Vielzahl von Besuchern Umsätze getätigt werden" (Finanzamt für Körperschaften I Berlin, 2010, S. 58).

---

[16] Anwendungserlass zur Abgabenordnung in der Fassung vom 17. Juli 2008.

Zum wirtschaftlichen Geschäftsbetrieb zählen in jedem Fall gesellige Veranstaltungen, kurzzeitige Vermietungen von Sportanlagen an Nichtmitglieder (vgl. Anwendungserlass zu § 67 Nr. 12 AO) und „Einnahmen aus dem Verkauf von Speisen und Getränken oder Sportartikeln und Souvenirs, auch wenn diese in unmittelbarem Zusammenhang mit der Veranstaltung stehen und selbst dann, wenn die Verkäufe nur an Veranstaltungsteilnehmer und -gäste erfolgen" (Finanzamt für Körperschaften I Berlin, 2010, S. 51).

Auch Sportveranstaltungen, die mit Einnahmen von über 35.000 Euro jährlich einhergehen, werden als wirtschaftlicher Geschäftsbetrieb gewertet. Nehmen ausschließlich unbezahlte Sportler an diesen Veranstaltungen teil, kann der Verein diese Veranstaltungen freiwillig als Zweckbetrieb behandeln lassen. Wählt er diese Option, bleibt er daran fünf Jahre gebunden (vgl. § 67a Abs. 2 AO).

- Die *Vermarktung werblicher Rechte*, z. B. Banden oder Anzeigen in Vereinszeitschriften, an der der Verein selbst mitwirkt, gilt ebenso als wirtschaftlicher Geschäftsbetrieb, wie die entgeltliche Übertragung des Rechts zur Nutzung von Werbeflächen auf der Sportkleidung, etwa Trikots, Sportschuhen oder Helmen und auf Sportgeräten (vgl. Anwendungserlass zu § 67 Nr. 9 AO). Auch die unentgeltliche Bereitstellung von Sachmitteln, z. B. Sportgeräten, gilt mit ihrem Sachwert als Einnahme aus steuerpflichtigem wirtschaftlichem Geschäftsbetrieb (vgl. Lienig, 2003, S. 87/2).
- Die Zusammenarbeit mit Sponsoren wird Sportvereinen nur dann nicht als wirtschaftlicher Geschäftsbetrieb ausgelegt, wenn sich ihre Gegenleistung „darin erschöpft, z. B. auf Plakaten, Veranstaltungshinweisen, in Ausstellungskatalogen oder ähnlicher Weise lediglich auf die Unterstützung durch den Sponsor hinzuweisen. Der Hinweis kann unter Verwendung des Namens, aber auch des Emblems oder Logo des Sponsors erfolgen, jedoch ohne besondere Hervorhebung ... Gestattet die steuerbegünstigte Körperschaft dem Sponsor die Nutzung ihres Namens zu eigenen Werbezwecken, so liegt hierin kein wirtschaftlicher Geschäftsbetrieb" (Finanzamt für Körperschaften I Berlin, 2010, S. 50).

Liegen die Einnahmen aller steuerpflichtigen wirtschaftlichen Geschäftsbetriebe eines Sportvereins inklusive Umsatzsteuer unter 35.000 Euro, besteht keine Körperschaftsteuer- und Gewerbesteuerpflicht (vgl. § 64 Abs. 3 AO). Bei Einnahmen über dieser Besteuerungsgrenze unterliegt der Verein mit dem Gewinn aus seinen steuerpflichtigen wirtschaftlichen Geschäftsbetrieben der Körperschaft- und Gewerbesteuer – wobei jeweils Freibeträge in Höhe von 5.000 Euro bei der Körperschaftsteuer und bei der Gewerbesteuer abgezogen werden (vgl. Bundesregierung, 2010a, S. 20). „Unterhält die Körperschaft mehrere wirtschaftliche Geschäftsbetriebe, die keine Zweckbetriebe (§§ 65 bis 68) sind, werden diese als ein wirtschaftlicher Geschäftsbetrieb behandelt" (§ 64 Abs. 2 AO).

Aus dem Gebot der Selbstlosigkeit folgt, dass Mittel des ideellen Bereichs nicht zum Ausgleich von Verlusten aus steuerpflichtigen wirtschaftlichen Geschäftsbetrieben und Vermögensverwaltung verwendet werden dürfen (vgl. Finanzamt für Körperschaften I Berlin, 2010, S. 58).

Tab. 14: Vereinstypische Einnahmen und Ausgaben des steuerpflichtigen wirtschaftlichen Geschäftsbetriebs (vgl. Heim, 2012, S. 478; 481; 483).

Einnahmen	Ausgaben
Gaststättenbetrieb, z. B. Speisen und Getränke	Personal (anteilig), z. B. Löhne, Gehälter, Sozialversicherung
Bewirtung bei sportlichen Veranstaltungen	Räume (anteilig), z. B. Miete, Strom, Wasser
Nutzungsgebühren für kurzzeitige Vermietungen von Sportanlagen an Nichtmitglieder	Verwaltung, z. B. Büromaterial, Porto, Telefon
Sportliche Veranstaltungen mit bezahlten Sportlern oder Einnahmen von mehr als 35.000 Euro jährlich	Ausgaben für steuerpflichtige Sportveranstaltungen
Vermarktung werblicher Rechte, z. B. Trikot, Sportgeräte und Inserate in Vereinszeitschriften, Programmheften	Ausgaben im Zusammenhang mit werblichen Rechten, z. B. Druckkosten, Honorare für Vereinszeitschriften, Programmhefte
Verwertung gesammelter und gespendeter Sachen, z. B. Altpapier	Wareneinkauf
	Steuern und Versicherungen, z. B. Lohn-, Gewerbe, Umsatzsteuer

Auf Einnahmen sind 7% oder 19% Umsatzsteuer zu entrichten. Einnahmen unter 35.000 Euro sind steuerfrei. Bei Einnahmen über 35.000 Euro besteht Körperschaft- und Gewerbesteuerpflicht, allerdings gelten dabei Freibeträge von jeweils 5.000 Euro.

Steuerpflichten von Sportvereinen als Arbeitgeber

Für Sportvereine können sich weitere steuerliche Pflichten ergeben, z. B. wenn sie entgeltlich Mitarbeiter beschäftigen. In solchen Fällen fungieren die Vereine als Arbeitgeber und haben folglich die Vorschriften hinsichtlich Lohnsteuer und Sozialversicherung zu beachten. Als Arbeitnehmer eines Vereins gelten grundsätzlich alle „Personen, die zu dem Verein in einem Dienstverhältnis stehen und daraus Arbeitslohn beziehen. Ein Dienstverhältnis liegt immer dann vor, wenn der Arbeitnehmer seine Arbeitskraft schuldet und in den Vereinsbetrieb eingegliedert ist, so dass er Weisungen über Art, Ort und Zeit der Beschäftigung beachten muß" (Lienig, 1999, S. 229). Für ein Sportvereinsmanagement ist dabei insbesondere der Umgang mit Übungsleitern des Vereins relevant.

Gilt ein *Übungsleiter als Arbeitnehmer* des Vereins, muss der Verein ein persönliches Lohnkonto führen und für ihn Lohnsteuer, Solidaritätszuschlag und ggf. Kirchensteuer an das Finanzamt abführen.

- Einnahmen aus nebenberuflicher *Übungsleitertätigkeit* bis zur Höhe von insgesamt 2.100 Euro jährlich sind steuerfrei – wenn die Tätigkeit nicht im Rahmen eines wirtschaftlichen Geschäftsbetriebs ausgeübt wird. Dabei ist es unerheblich, ob der Übungsleiter als Arbeitnehmer oder als Selbständiger für den Verein tätig ist (vgl. § 3 Nr. 26 EStG). Für Sportvereine ist es empfehlenswert, vom Übungsleiter schriftlich bestätigen zu lassen, dass der *Freibetrag* nicht bereits für andere begünstigte Tätigkeiten in Anspruch genommen wird.
- Erfolgt die Anstellung nichtselbständiger Übungsleiter im Rahmen einer geringfügig entlohnten Beschäftigung, darf die monatliche Entlohnung 400 Euro nicht überschreiten. In einem solchen Fall übernimmt der Verein als Arbeitgeber Pauschalabgaben zur Sozialversicherung. Um möglichen Nachforderungen von Sozialversicherungsbeiträgen und Lohnsteuer vorzubeugen, empfiehlt sich eine schriftliche Bestätigung, dass der Beschäftigte tatsächlich nur *einer* geringfügigen Beschäftigung nachgeht.

3.2 Steuerrechtliche Bedingungen des Sportvereinsmanagements

Eine *selbständige Tätigkeit* von *Übungsleitern* ist nur anzunehmen, wenn diese hinsichtlich Zeit, Dauer, Art und Ort der Arbeitsausübung nicht weisungsgebunden sind und nicht mehr als sechs Stunden in der Woche für ihren Verein tätig sind. In solchen Fällen muss der Verein keine Lohnsteuer und/oder Sozialversicherungsbeiträge bezahlen. Für die Versteuerung dieser Zahlungen ist dann der Übungsleiter selbst verantwortlich.

In Sportvereinen nebenberuflich Tätige, die nicht als Übungsleiter gelten, können für ihre Aufgaben z. B. als Vorstand, Kassier, Platzwart oder Schriftführer, 500 Euro jährlich als steuer- und sozialversicherungsfreie *Ehrenamtspauschale* erhalten (vgl. § 3 Nr. 26a EStG). Allerdings gilt auch hier die Einschränkung, dass diese Tätigkeiten nicht im steuerpflichtigen Geschäftsbetrieb des Vereins angesiedelt sein dürfen.

Praxisbeispiel

> Im Schönebecker SV 1861 e. V. sind insgesamt rund 970 Vereinsmitglieder in zehn Abteilungen organisiert, rund 230 von ihnen sind Mitglied der Abteilung Schwimmen – rund drei Viertel davon Kinder und Jugendliche. Der Verein bezweckt die Pflege und Förderung des Sports und ist als gemeinnützig anerkannt. Zur Finanzierung ihres Trainings- und Wettkampfbetriebs stehen der Abteilung Schwimmen Mitgliedsbeiträge in Höhe von jährlich rund 12.000 Euro, Spenden und Zuschüsse des Kreissportbunds Salzland, des Landessportbunds Sachsen-Anhalt und der Stadt Schönebeck zur Verfügung. Dabei handelt es sich jeweils um steuerfreie Einnahmen des ideellen Bereichs.
>
> Zwei Mal im Jahr führt die Schwimmabteilung in der Schönebecker Volksschwimmhalle einen Schwimmwettkampf für Kinder und Jugendliche durch, an dem jeweils rund 250 – ausschließlich unbezahlte – Sportler teilnehmen. Die veranstaltungsbezogenen Einnahmen der Schwimmabteilung in Höhe von insgesamt rund 2.200 Euro entfallen dabei vor allem auf die von den Teilnehmern gezahlten Startgelder (ca. 1.800 Euro), die deutlich unterhalb der Zweckbetriebsgrenze liegen. Hinzu kommen Spenden zugunsten dieser Veranstaltungen (ca. 400 Euro), die dem steuerfreien ideellen Tätigkeitsbereich zugeordnet werden. Dem gegenüber stehen veranstaltungsbezogene Ausgaben in Höhe von rund 1.100 Euro. Im Einzelnen sind dies die an den Landesschwimmverband Sachsen-Anhalt zu entrichtende Gebühr für die Wettkampfgenehmigung in Höhe von 10 Euro, die Nutzungsgebühren für die Schwimmhalle (ca. 460 Euro), die Kostenerstattungen für die Schiedsrichter (ca. 100 Euro inklusive Fahrtkosten), die Verpflegungskosten für die Kampfrichter in Form von Getränken und Mittagessen (ca. 100 Euro), die Ausgaben für Medaillen, Pokale und Urkunden (ca. 400 Euro) sowie die Ausleihgebühren für die Sprechanlage in Höhe von 30 Euro.

> Alle Einnahmen und Ausgaben der Abteilung Schwimmen erfolgen über die Geschäftsstelle des Hauptvereins. Dieser tritt gegenüber dem Finanzamt als Steuersubjekt auf und hat somit die steuerlichen Pflichten des Schönebecker e. V. insgesamt zu erfüllen. Der Hauptvorstand muss sich folglich gerade auch in dieser Hinsicht auf die Verantwortlichen der Abteilung Schwimmen verlassen können.

Kontrollfragen

1. Mit der Anerkennung als gemeinnützige Körperschaft gelten für Sportvereine zahlreiche steuerrechtliche Vergünstigungen. Welche Voraussetzungen müssen erfüllt sein, um als Sportverein den Gemeinnützigkeitsstatus erhalten zu können?
2. Aus steuerrechtlicher Perspektive werden vier sportvereinstypische Tätigkeitsbereiche unterschieden, für die jeweils spezifische steuerliche Regelungen gelten. Welche sind dies? Welche typischen Einnahmen- und Ausgabenpositionen werden ihnen jeweils zugeordnet und welche steuerlichen Konsequenzen sind damit jeweils verbunden?
3. Einnahmen aus sportlichen Veranstaltungen können als steuerbegünstigter Zweckbetrieb oder als steuerpflichtiger wirtschaftlicher Geschäftsbetrieb gelten. Von welchen Kriterien hängt diese Zuordnung ab?
4. Einnahmen aus der Vermarktung werblicher Rechte können als steuerbegünstigte Vermögensverwaltung oder als steuerpflichtiger wirtschaftlicher Geschäftsbetrieb gelten. Von welchen Kriterien hängt diese Zuordnung ab?
5. Sportvereine treten regelmäßig auch als Arbeitgeber auf. Welche hiermit verbundenen Steuerpflichten muss ein Sportvereinsmanagement beachten?
6. Für nebenberufliche Tätigkeiten in Sportvereinen gelten der Übungsleiterfreibetrag und die Ehrenamtspauschale als steuerrechtliche Sonderregeln. In welchen Fällen sind diese Regelungen anwendbar und welche steuerlichen Vorteile sind damit verbunden?

3.3 Sportvereinsmanagement zwischen Mitglieder- und Marktorientierung

Mit ihrer Einbettung in gesellschaftliche Kontexte sehen sich Sportvereine und Sportverbände zahlreichen Erwartungen gegenüber, z. B. nach Anpassungen ihrer Sportangebote an aktuelle Trends oder nach Reformen ihrer Vereinsstruktur gemäß moderner Führungs- und Managementsysteme. Ungeachtet der von ihnen erbrachten Dienstleistungen sind Sportvereine und Sportverbände aber gemäß ihrer Organisationsprogrammatik nach wie vor keine marktorientierten Wirtschaftsunternehmen, sondern gemeinnützige, mitgliederorientierte Freiwilligenvereinigungen. Dies führt mitunter zu Spannungsfeldern des Sportvereinsmanagements, die teilweise enorme Sprengkraft besitzen und etablierte Vereinskontexte grundlegend in Frage stellen können.

Lernziele des Kapitels

> Die Leser setzen sich mit den für ein Sportvereinsmanagement relevanten Spannungsfeldern zwischen Mitglieder- und Marktorientierung auseinander.
> Sie reflektieren die mit dem Gemeinnützigkeitsstatus verbundenen Erwartungen an Freiwilligenvereinigungen. Sie grenzen davon Erfordernisse wirtschaftlicher Unternehmertätigkeit ab und erkennen darin angelegte Spannungsfelder des Sportvereinsmanagements.
> Sie setzen sich mit Gefahrenpotenzialen auseinander, mit denen Sportvereine konfrontiert sind, wenn sie wie Dienstleistungsunternehmen „am Markt" agieren – und sie erkennen, inwiefern ein Management diesen Gefahren mit alternativen Rechtsformen begegnen kann.

3.3.1 Spannungsfelder zwischen Mitglieder- und Marktorientierung

Sportvereine als Freiwilligenvereinigungen sind durch eine Reihe grundlegender, managementrelevanter Charakteristika gekennzeichnet, auf die bereits an anderer Stelle ausführlich eingegangen wurde (vgl. Kapitel 3.1).

Innen-/Mitgliederorientierung von Freiwilligenvereinigungen

Idealtypisch zeichnen sich Sportvereine durch *freiwillige Mitgliedschaft* aus, die weder auf Tausch noch auf Zwang, sondern auf einem jeweils spezifischen individuellen Nutzen der Einzelmitglieder basiert. Dabei geht es regelmäßig um die Verfolgung gemeinsamer Interessen an der Ausübung von Sportarten, z. B. zusammen Fußball spielen, miteinander Leichtathletik betreiben. Hieraus folgt geradezu zwangsläufig die Verpflichtung des Vereinsmanagements, sich *an den Interessen*der *Mitglieder* zu orientieren. Denn sehen die Mitglieder ihre Interessen durch die Vereinsaktivitäten nicht angemessen berücksichtigt, können sie ohne weiteres ihre Mitgliedschaft kündigen und aus dem Verein austreten. Um Mitgliederinteressen als wichtigste Orientierung des Managements rechtfertigen zu können, verfügen alle Vereinsmitglieder über gleiche Stimmrechte und die Mitgliederversammlung trifft gemäß *demokratischer Entscheidungsverfahren* alle zentralen Managemententscheidungen – oder verfügt zumindest über einen Zustimmungsvorbehalt gegenüber dem Vorstand (vgl. Kapitel 3.1.1).

Darüber hinaus sind die Mitglieder über ihre Einbindung in *Ehrenämter* die zentralen Entscheidungsträger des Vereins und tragen häufig auch als Übungsleiter zur konkreten sportlichen Leistungserbringung des Vereins bei. Damit besteht grundsätzlich eine Rollenidentität zwischen Produzenten und Konsumenten der Vereinsangebote/-leistungen, was letztlich wechselseitig Solidarität erzeugt. Dies zusammen genommen sichert Sportvereinen ihre *Unabhängigkeit von Dritten*, zumal finanzielle Mitgliedsbeiträge eine verlässliche Vereinsfinanzierung gewährleisten (vgl. Horch, 1983; Heinemann & Horch, 1988).

Idealtypisch sind Sportvereine damit im Wesentlichen *nach innen* – auf ihre aktuellen Mitglieder – *orientiert*. Gleichwohl bedeutet eine solche Ausrichtung an Mitgliederinteressen nicht, dass Sportvereine eine Erhöhung ihrer Mitgliederzahl anstreben müssen. Die Anzahl der Mitglieder ist für Sportvereine zwar durchaus von Bedeutung, etwa weil mehr Mitglie-

der grundsätzlich auch höhere Einnahmen aus Mitgliedsbeiträgen versprechen oder weil „Größe" sportpolitisch häufig als relevantes Kriterium gilt. Jedoch erfüllen Sportvereine mit vielen Mitgliedern ihren Zweck nicht automatisch besser als Vereine mit weniger Mitgliedern (vgl. Thiel & Meier, 2004, S. 110; Digel, 2009, S. 37–38).
Allerdings können sich auch Sportvereine externen Umfeldbedingungen nicht komplett verschließen, z. B. stellen gesamtwirtschaftliche Entwicklungen, Zuschussregelungen der Dachverbände oder Benutzungsordnungen kommunaler Sportinfrastruktur relevante Rahmenbedingungen des Sportvereinsmanagements dar. Die Außenwelt – und damit *externe Ressourcen* wie etwa Sponsoringmittel, politische Anerkennung und Zuschüsse – fungieren jedoch immer als subsidiäres *Mittel zum Zweck* der Befriedigung von Mitgliederinteressen. Mitglieder eines Basketballvereins interessieren sich beispielsweise erst dann für Entwicklungen im Schulsport, wenn z. B. aufgrund der Einführung von Ganztagsschulen die Hallenkapazität nicht mehr für ihren Übungsbetrieb ausreicht.

Angesichts der notwendigen Fokussierung nach innen sind Sportvereine im Vergleich etwa zu Wirtschaftsunternehmen weniger auf eine ständige, systematische Beobachtung ihres externen Umfelds angewiesen. Strukturell ist deshalb auch nicht angelegt, Entwicklungen der Vereinsumwelt und mögliche Folgen für den Verein systematisch zu antizipieren und zu bewerten – mit allen Folgen für das strategische Vereinsmanagement (vgl. Kapitel 1.2.2).

Schleichende Transformationsprozesse in der Sportvereinsentwicklung

Beobachtungen der jüngeren Sportvereins- und Sportverbandsentwicklung deuten jedoch auf *schleichende Transformationsprozesse* dieser idealtypischen Innen-/Mitgliederorientierung hin – und verweisen auf damit einhergehende Spannungsfelder des Sportvereinsmanagements. Eine Auseinandersetzung mit diesen Tendenzen und deren möglichen Auswirkungen auf zukünftige Vereinsentwicklung ist für die Managementpraxis deshalb äußerst relevant.

- Zahlreiche Sportvereine – insbesondere mitgliederstarke Mehrspartenvereine – und beinahe alle Sportverbände haben etwa im Zuge der „Sport für Alle"-Politik des DSB seit den 1980er Jahren ihre Aufgabenfelder und Zielsetzungen immer weiter differenziert und ausgeweitet. Auf diese Weise entwickelten sie sich zu relevanten Partnern, z. B. von Wirtschaft und Politik und es entstanden *vielfältige Instrumentalisierungen* von Sport, Sportvereinen und Sportverbänden: als Aushängeschilder im Spitzensport, als Anbieter von Gesundheitsangeboten, als Stützen der Sozialintegration von Migranten, als Veranstalter massenattraktiver Unterhaltungsangebote.
- Mit diesem gesellschaftlichen Bedeutungszuwachs war oftmals auch der *Zugang zu* bedeutsamen *Ressourcen* verbunden, beispielsweise staatlichen Zuschüssen oder Zuwendungen der Wirtschaft. Um damit einhergehende Spielräume und Möglichkeiten der Vereinsaktivitäten nutzen zu können, kam es im Sportvereinsmanagement folglich latent zu einer Hinwendung zu ökonomisch relevanten Aufgaben und Partnerschaften, etwa Sponsoring-affinen Sportveranstaltungen oder politisch motivierten Kooperationsprojekten.
- Dies ging häufig einher mit dem *Einsatz* professioneller *Hauptberuflichkeit*, die – nicht zuletzt um ihrer eigenen Finanzierung und Rechtfertigung willen – auf die Notwendigkeit eines Denkens in Kundenbeziehungen sowie die Etablierung marktorientierter Un-

ternehmenskonzepte in Sportvereinen und Sportverbänden verwies – und dies argumentativ z. B. mit Verweis auf ihre Erfahrungen aus ökonomischen Berufskontexten stützte.

Vor diesem Hintergrund setzte sich in diesen Sportvereinen und Sportverbänden – und damit letztlich in weiten Teilen des organisierten Sports – sukzessive eine Tendenz zur Dienstleistungsorientierung durch. Diese war und ist eingebettet in eine gesellschaftsweit beobachtbare *Deutungshoheit der Wirtschaft*. Selbst im Sport, in der Kultur oder in der Medizin ist eine generelle Erwartungshaltung hinsichtlich der Verfolgung von Effektivitäts- und Effizienzmaßstäben beobachtbar, etwa indem Kostenbewusstsein und Verlustvermeidung zu sekundären Handlungszielen avancieren (vgl. Schimank & Volkmann, 2008, S. 385–386).

Außen-/Marktorientierung von Wirtschaftsunternehmen

Im Vergleich zu Freiwilligenvereinigungen sind *Wirtschaftsunternehmen* aufgrund ihrer Programmatik allerdings grundlegend anders ausgerichtet. Hier stehen nicht interne (Mitglieder-) Interessen im Fokus, sondern unternehmensseitig hergestellte Produkte oder Dienstleistungen zielen ausschließlich auf die *Befriedigung von Bedürfnissen* aktueller Kunden und potenzieller zukünftiger Konsumenten. Der Zugriff auf solche knappen Güter oder Leistungen setzt dabei regelmäßig *Geldzahlungen als Gegenleistung* voraus. Zahlung/Nicht-Zahlung von Geld konditioniert folglich jedes wirtschaftliche Handeln. Damit ist für Wirtschaftsunternehmen jedoch eine *Außenorientierung* auf Konsumenten, Konkurrenten und Kooperationspartner kennzeichnend, während *interne Ressourcen*, z. B. Personal, lediglich *Mittel zum Zweck* der Bedürfnisbefriedigung externer Ziel- und Konsumentengruppen sind.

Dieser grundlegenden Ausrichtung folgend, fungiert für Wirtschaftsunternehmen typischerweise ihr jeweiliger „Markt" als wichtigster Dreh- und Angelpunkt aller betrieblichen Programme und Prozesse. *Marketing als Unternehmensprogramm* bedeutet folglich in allen unternehmerischen Situationen: „Vom Markt denken, zum Markt hin handeln." Insofern sind Unternehmen darauf angewiesen,

- *Bedürfnisse* ihrer aktuellen Kunden und potenzieller Konsumenten zu identifizieren und daran ausgerichtet spezifische, für diese möglichst exakt passende *Produkte oder Dienstleistungen* anzubieten. Beispielsweise können Nahrungsergänzungsmittel oder Ernährungsberatungen das Bedürfnis nach einem gesunden Lebensstil befriedigen helfen.
- *Preise* für diese Produkte oder Dienstleistungen gemäß den Erwartungen und den *Zahlungsbereitschaften* aktueller und potenzieller Nachfrager festzulegen, um auf diese Weise eine Optimierung der Austauschverhältnisse zu ermöglichen. Zum Beispiel liefern Kundeneinschätzungen und Vergleiche konkurrierender Angebote wichtige Indikatoren, die jeweils eigene Preispolitik bewerten und ausrichten zu können.
- *Zugriffsmöglichkeiten* der Konsumenten auf Produkte und/oder Dienstleistungen gemäß ihren Erwartungen zu gestalten, also Vertriebswege nachfragegerecht zu optimieren. Beispielsweise können Onlineshops und Fachhändler-Netze eingerichtet werden oder Standorte für Dienstleistungsbetriebe – wie Fitness-Studios – unter Berücksichtigung von Geografie, Infrastruktur sowie Wohn- und Arbeitssituationen potenzieller Nachfrager gewählt werden.

- sich *Informationen* über Erwartungen und Bedürfnisse aktueller/potenzieller Konsumenten zu verschaffen und diese wiederum über die angebotenen Produkte/Dienstleistungen und deren spezifische Kennzeichen – etwa hinsichtlich Qualität oder Preis – zu informieren. Marktforschung, Öffentlichkeitsarbeit/PR und Werbung sind dabei grundlegende Instrumente einer *Unternehmenskommunikation*, die vor allem abzielt auf die
  - Abgrenzung der eigenen Produkte/Dienstleistungen von konkurrierenden Angeboten und die Herausarbeitung von Alleinstellungsmerkmalen.
  - Motivation von Nachfragern, im Tausch mit Produkten/Leistungen Geld zu bezahlen.
  - Informationsgewinnung über Zufriedenheiten, Interessenlagen und Ideen von aktuellen/potenziellen Nachfragern, etwa hinsichtlich aktueller Produkte oder potenzieller zukünftiger Produktentwicklungen.
  - Herstellung von Gefühlen wie Nähe, Vertrauen und damit auf eine (emotionale) Bindung von Konsumenten zum Unternehmen oder seinen Produkten.

Folgen einer „Marktorientierung" für die Sportvereinsentwicklung

Eine Anlehnung des Sportvereinsmanagements an die Marketingprogrammatik von Wirtschaftsunternehmen steht folglich den idealtypischen Charakteristika der Freiwilligenvereinigung Sportverein entgegen – insbesondere der nach innen gerichteten Fokussierung auf die Mitgliederinteressen. Insofern hat dies für die Sportvereinsentwicklung mitunter tief greifende Folgen und häufig auch nicht intendierte Neben- oder Folgesfolgen (vgl. Cachay, 1988, S. 220–230; Digel, 2009, S. 37–39).

Die Fokussierung des Managements auf externe Bedürfnisse führt sukzessive zu einer Anpassung der Sportvereinsangebote an außerhalb der Vereinsmitgliedschaft liegende Interessen und Erwartungen, z. B. durch die Einführung neuer Sportarten und Übungsgelegenheiten gemäß aktueller gesellschaftlicher Bedürfnislagen und Trends. Regelmäßige Folge einer solchen Ansprache neuer Personenkreise ist ein Anstieg der Mitgliederzahlen und damit ein *Größenwachstum der Sportvereine*. Auf diese Weise gewonnene Mitglieder bringen in die Vereine aber auch vielfältige neue Interessen und Erwartungen ein – und führen damit sukzessive zu neuen Mehrheitsverhältnissen in der Mitgliederversammlung. Gründet etwa ein Fußballverein eine neue Vereinsabteilung für gesundheitsorientierte Sportangebote, kann auf einer zukünftigen Mitgliederversammlung u. U. die Finanzierung von Trainingslagern der ersten Fußball-Mannschaft mit Blick auf Investitionsnotwendigkeiten im Gesundheits-/Fitnessbereich in Frage gestellt werden.

Explizite Hinweise der Vereinskommunikation auf das Selbstverständnis des „Vereins als Dienstleister" und Bewegungsangebote, die von „Kunden" auch ohne Vereinsmitgliedschaft in Anspruch genommen werden können, stärken explizite *Austauschbeziehungen von Leistung gegen Geld*. Für Vereinsmitgliedschaften und die Verwendung von Mitgliedsbeiträgen ist dies aber gerade untypisch (vgl. Kapitel 4.3). Insofern ist in solchen „ökonomisierten" Vereinskontexten tendenziell eine Ablösung des Solidarprinzips durch Kosten-Nutzen-Kalküle beobachtbar. Zum Beispiel wird dann eine gemeinschaftliche Verwendung der Beiträge und eine vereinsinterne Quersubventionierung von den Vereinsmitgliedern kritisiert, oder – jeweils vor dem Hintergrund der in Anspruch genommenen „Gegenleistungen" im

Vergleich zu anderen Mitgliedern oder Interessengruppen – die Höhe der Beiträge selbst in Frage gestellt. Und auch auf die Bereitschaft der Vereinsmitglieder zu ehrenamtlichem Engagement und auf die zeitliche Dauer von Vereinsmitgliedschaften können sich solche Entwicklungen negativ auswirken.

Die Attraktivität von Vereinsdienstleistungen für Kunden- und andere externe Anspruchsgruppen ermöglicht diesen Vereinen regelmäßig den Zugriff auf externe Ressourcen, beispielsweise staatliche Zuschüsse für Integrationsprogramme durch Sport oder Zuwendungen der Wirtschaft für Werbemöglichkeiten bei massenattraktiven Sportveranstaltungen. Damit gehen jedoch nicht nur (finanzielle) Spielräume für das Vereinsmanagement einher, sondern damit sind sukzessive auch enorme *Abhängigkeiten von externen Ressourcen* („Dritten") verbunden – die zukünftige Spielräume des Vereinsmanagements auch einengen können.

Die Ausrichtung auf Interessenlagen externer Kunden- und Anspruchsgruppen erfordert wiederum eine *erhöhte Reaktionsfähigkeit des Vereinsmanagements* auf Nachfragetrends und Marktveränderungen. Dies setzt jedoch neben einer permanenten Marktbeobachtung auch schnelle Entscheidungswege und eine innovationsfreundliche Organisationskultur voraus. Beides ist aber für die Freiwilligenvereinigung Sportverein strukturell unüblich. Vielmehr sind in den Vereinsgremien gewählte Repräsentanten aller internen Interessengruppen vertreten, die gemeinschaftlich Entscheidungen treffen – während grundlegende Entscheidungen ausschließlich der Mitgliederversammlung vorbehalten sind. Mit den Anforderungen eines marktorientierten, unternehmerischen Vereinsmanagements sind vereinstypische basisdemokratische Prozesse folglich weitgehend unvereinbar. Insofern tendieren dergestalt sich entwickelnde Sportvereine hin zu kleineren Gremien und zu Delegiertenversammlungen, denen sie Entscheidungsbefugnisse der Mitgliederversammlung übertragen. Mit einer solchen Anlehnung der Entscheidungsverfahren an Bedingungen von Wirtschaftsunternehmen geht allerdings eine Verstärkung der strukturell ohnehin angelegten Oligarchisierung von Wissen und Entscheidungskompetenz – und damit auch eine enorme *Entdemokratisierung von Entscheidungsverfahren* – einher (vgl. Cachay, 1988, S. 227–229; Schimank, 2005, S. 32–38).

> Strategisches Management und strategische Konzeptionen, etwa zur Finanzierung hauptberuflicher Geschäftsführer oder zur Modernisierung der Vereinsanlagen, sind in Sportvereinen deshalb aber nicht unnötig. Entscheidend ist vor allem, dass die Mitgliederinteressen berücksichtigt werden – und damit der Blick nach innen dem Vereinsmanagement als wichtige Orientierung gilt.
> Der *vereinsinternen Kommunikation* kommt deshalb zentrale Bedeutung zu. Hier gilt es Bedingungen zu schaffen, den Informationsfluss zwischen Vorstand, Geschäftsstelle und Mitgliedern mit hoher Qualität abzusichern. Ein solcher Austausch sollte dabei gerade nicht Zufällen persönlicher Bekanntschaften und informeller Kommunikationsnetze überlassen bleiben. Vielmehr ist intern ein wechselseitiger, von persönlichem Kontakt unabhängiger Informationsfluss zu fördern (vgl. Willke, 2001a, S. 3–4).

Dies kann beispielsweise punktuell über *gemeinsame Workshops* von Vorstand und interessierten Mitgliedern erfolgen, auf denen jeweils Artikulationsmöglichkeiten von Erwartungen, Zufriedenheiten, Interessenlagen und Wünschen bestehen und gemeinsame Sichtweisen über grundlegende Entwicklungsfelder des Sportvereins hergestellt werden können. Denkbar sind aber auch vereinseigene *Datenbanken*, über die alle Mitglieder die Möglichkeit haben, normative und strategische Managemententscheidungen und deren Hintergründe nachzuvollziehen. Technisch umsetzbar ist dies z. B. in Form von Intranets, Wiki-Plattformen, internen Weblogs oder Web 2.0-basierten *sozialen Medien*, die einen wechselseitigen Austausch von Erfahrungen, Meinungen fördern und intern Transparenz, Vertrauen und Zugehörigkeitsgefühle stärken können (vgl. Baumgraß & Birn, 2007, S. 303–318; Mayer & Schoeneborn, 2008, S. 159–172).

Allerdings werden gerade mit sozialen Medien Kommunikationsplattformen geschaffen, die inhaltliche Gegenpositionen zum Vorstand darstellen können. Eine kommunikative Kontrolle der Inhalte wird dadurch enorm aufwändig – oder praktisch unmöglich – und es besteht das Risiko, dass vereinsintern bislang nicht hinterfragbare, Sicherheit vermittelnde Wirklichkeitskonstruktionen einzelner Meinungsführer demontierbar werden. Daraus resultierende Unsicherheiten können aber den Verein auch destabilisieren. Vor diesem Hintergrund scheint es sinnvoll, über rollenbasierte Rechtesysteme gruppenspezifische Zugriffsmöglichkeiten zu definieren und technikbasierte Kommunikationswege den vereinsspezifischen Bedingungen angemessen zu gestalten (vgl. Fahrner, 2009a, S. 139–142).

3.3.2 Spannungsfelder zwischen steuerbegünstigter Gemeinnützigkeit und wirtschaftlicher Geschäftstätigkeit

Die Anlehnung von Vereinsangeboten an marktorientierte, unternehmerische Sportdienstleistungen führt zu weiteren Spannungsfeldern des Vereinsmanagements. Denn mit ihrer Anerkennung als gemeinnützige Körperschaften sind für Sportvereine regelmäßig umfangreiche Steuerbegünstigungen verbunden (vgl. Kapitel 3.2), die insbesondere mit einer Förderung der Allgemeinheit sowie dem Verzicht auf eigennützige Gewinnverwendung begründet werden. Zwar werden gemeinnützigen, nicht wirtschaftlichen Sportvereinen auch wirtschaftliche Betätigungen zugestanden, jedoch nur, solange diese den ideellen Zwecken des Vereins dienen und das wirtschaftliche Interesse eindeutig ihren nichtunternehmerischen Tätigkeiten untergeordnet ist – dem Sportverein insgesamt also nicht das Gepräge geben (vgl. Wissenschaftlicher Beirat beim Bundesministerium der Finanzen, 2006, S. 37).

Doch gerade wenn sich das Sportvereinsmanagement an Wirtschaftsunternehmen orientiert und seine Sportangebote als Dienstleistungen an Marktbedürfnissen ausrichtet, z. B. indem es auch Nichtmitgliedern in Form von Kursen offeriert wird, treten Sportvereine faktisch in Konkurrenz zu anderen gewerblichen Sportanbietern, etwa Fitness-Studios. Außerdem bewegen sich Sportvereine gerade im professionellen Teamsport aufgrund der ökonomischen Dimensionen ihres Spielbetriebs oftmals außerhalb der steuerpolitisch tolerierten Grenzbereiche.
Beispielsweise erreichen die Erträge aus TV- oder Werbeverträgen in allen Teamsportarten Millionenhöhe. In der Saison 2010/2011 erwirtschaftete jeder der 18 Fußball-Bundesligisten im Durchschnitt 98,3 Mio. Euro (vgl. Deutsche Fußball Liga, 2012, S. 6). Ebenfalls im Durchschnitt setzten in der Saison 2009/2010 die Eishockey-Klubs der DEL 5,8 Mio. Euro, die Handball-Bundesligisten 4,4 Mio. Euro und die Basketball-Bundesligisten 3,3 Mio. Euro um (vgl. Deloitte Sports Business Group, 2010, S. 2).

Vor diesem Hintergrund müssen sich *alle* Verantwortlichen des Sportvereinsmanagements bewusst sein, dass die aktuell praktizierte Steuerbegünstigung von Sportvereinen wirtschaftspolitisch durchaus auch kritisiert wird. Bereits 2006 hat etwa der Wissenschaftliche Beirat beim Bundesministerium der Finanzen Reformvorschläge für die Abgabenordnung und die Handhabung des Gemeinnützigkeitsstatus gemacht, deren Umsetzung enorme Auswirkungen auf die Managementpraxis *aller* Sportvereine hätte. Die wirtschaftliche *Argumentation des Wissenschaftlichen Beirats* bezieht sich im Kern auf eine aus seiner Sicht zu großzügige Gewährung von Steuervergünstigungen, da u. a. wettbewerbsverhindernde Wirkungen anzunehmen sind, wenn Sportvereine etwa für ihre gesundheitsorientierten Fitness-Dienstleistungen abgabenrechtliche Privilegien genießen, während gewerbliche Gesundheits- und Fitnessdienstleister hiervon ausgeschlossen sind (vgl. Wissenschaftlicher Beirat beim Bundesministerium der Finanzen, 2006, S. 4).

Für die Anerkennung von Gemeinnützigkeit verlangt die AO als Grundvoraussetzung eine *Förderung der Allgemeinheit*. Aus Sicht des Beirats ist „die in § 52 Abs. 1 AO verlangte Förderung der Allgemeinheit ... wortwörtlich zu verstehen. Eine Tätigkeit sollte nur dann als steuerbegünstigter gemeinnütziger Zweck gelten, wenn niemand von dem Nutzen ausgeschlossen wird. Eine Tätigkeit, von der lediglich ein fest umrissener Kreis von Personen profitiert, stiftet über diesen hinaus keinen externen Nutzen und verdient deshalb keine steuerliche Privilegierung" (Wissenschaftlicher Beirat beim Bundesministerium der Finanzen, 2006, S. 51). Dies trifft jedoch faktisch für alle Aktivitäten, die ausschließlich auf Vereinsmitglieder oder Einwohner einer Kommune oder einer Region abstrahlen, zu. Gerade „bei sog. *Klubgütern* wird nur denjenigen eine Nutzung gestattet, die Mitgliedsbeiträge, Eintrittsgelder und Nutzungsentgelte entrichtet haben ... Das bedeutet Nutzungsausschluss, und dieser schafft die notwendige Voraussetzung dafür, dass die Vereine um Mitgliedschaften konkurrieren können ... Ein staatlicher Interventionsbedarf muss unter solchen Umständen verneint werden" (Wissenschaftlicher Beirat beim Bundesministerium der Finanzen, 2006, S. 18).

Hinsichtlich der *Selbstlosigkeit* gemeinnütziger Tätigkeiten geht es im Kern um ein Handeln, dessen Nutzen „bei Außenstehenden anfällt und deshalb als ‚extern' bezeichnet wird" (Wissenschaftlicher Beirat beim Bundesministerium der Finanzen, 2006, S. 16). Nach Auffassung des Beirats ist dies in Frage zu stellen, wenn keine Nichtmitglieder von den Vereinsleistungen profitieren. Gerade ehrenamtliches Engagement im Sportverein wird vereinsintern honoriert oder erfolgt auf Basis persönlicher Nutzenerwägungen der Ehrenamtlichen. „Hier schafft soziale Anerkennung in unterschiedlichen Formen einen Anreiz für bürgerschaftliches Engagement, und monetäre Anreize wie steuerliche Vergünstigungen können sich in reinen Mitnahmeeffekten erschöpfen" (Wissenschaftlicher Beirat beim Bundesministerium der Finanzen, 2006, S. 29).

> Insbesondere in der Jugendarbeit und der Jugendförderung übernehmen Sportvereine hingegen wichtige, die Allgemeinheit entlastende Aufgaben. „Eine sportliche Betätigung im Verein entwickelt und stärkt hier die Bereitschaft zu eigenverantwortlichem Handeln und übt soziales Verhalten, ‚Teamgeist', Grundregeln des fairen Wettbewerbs usw. ein. Eine Förderung nur des Jugendsports müsste jedoch durch den Einsatz zielgenauerer Instrumente verwirklicht werden, beispielsweise durch eine auf die Anzahl jugendlicher Vereinsmitglieder abgestellte Spendenabzugsfähigkeit oder entsprechend gebundene Zuschüsse" (Wissenschaftlicher Beirat beim Bundesministerium der Finanzen, 2006, S. 33).

Unter Gewährung eines *Nebenzweckprivilegs* können Sportvereine außerdem wirtschaftliche Aktivitäten verfolgen, ohne ihre Steuerprivilegien zu verlieren. Die Abgabenordnung sieht wirtschaftliche Geschäftsbetriebe von gemeinnützigen Sportvereinen als unproblematisch an, wenn sie in Form eines Zweckbetriebs dem steuerlich begünstigten Tätigkeitsbereich des Vereins zugerechnet werden können, dem Verein insgesamt nicht das Gepräge geben und daraus resultierende Einnahmen (inkl. Umsatzsteuer) unter 35.000 Euro jährlich liegen (vgl. Kapitel 3.2). „Wegen des Ausmaßes von Wettbewerbsverzerrungen und wegen der Bedeutung, die dem Bereich gemeinnütziger Tätigkeiten in der reifen Dienstleistungsgesellschaft zukommt" (Wissenschaftlicher Beirat beim Bundesministerium der Finanzen, 2006, S. 59), hält der Beirat jedoch eine Reform der Abgabenordnung und eine Trennung „der staatlichen Anerkennung einer gemeinnützigen Tätigkeit und dem Vorliegen eines steuerbegünstigten Zwecks wegen Gemeinnützigkeit" (Wissenschaftlicher Beirat beim Bundesministerium der Finanzen, 2006, S. 53) für angebracht.

„Für den Gemeinnützigkeitsstatus würde es wie bisher ausreichen, dass eine Körperschaft eine Non-Profit-Tätigkeit ausübt (Verzicht auf die eigennützige Verwendung von Gewinnen). Eine Steuervergünstigung wegen Gemeinnützigkeit sollte hingegen an engere Voraussetzungen geknüpft werden: Nur die private Bereitstellung von Kollektivgütern, die einen bedeutsamen externen Nutzen für die Allgemeinheit stiften, soll weiterhin abgabenrechtlich privilegiert werden" (Wissenschaftlicher Beirat beim Bundesministerium der Finanzen, 2006, S. 53) – wenn der geförderte Zweck nicht anders erreichbar ist.
Demzufolge würde bei Sportvereinen nur noch die Förderung des Jugendsports steuerlich begünstigt, während alle wirtschaftlichen Geschäftsbetriebe – auch als Zweckbetriebe – nicht mehr steuerbegünstigt wären (vgl. Wissenschaftlicher Beirat beim Bundesministerium der Finanzen, 2006, S. 55).

Eine Umsetzung dieser Vorschläge konnte 2006 durch politische Intervention der Sportverbände verhindert werden. Dennoch ist nicht auszuschließen, dass die damaligen wirtschaftspolitischen Überlegungen und Reformvorschläge zu Abgabenordnung und Gemeinnützigkeitsstatus zukünftig wieder einmal auf die politische Tagesordnung kommen. Spätestens dann wäre die Nutzung von Rechtsformalternativen attraktiv und u. U. sogar notwendig. Insofern ist eine Auseinandersetzung mit Potenzialen alternativer Rechtsformen für alle Sportmanager ein zukunftsträchtiges Thema.

3.3.3 Potenziale alternativer Rechtsformen zum Sportverein

Die skizzierten Spannungsfelder des Sportvereinsmanagements machen es überlegenswert, alternative Rechtsformen zum eingetragenen, nicht wirtschaftlichen Verein zu prüfen. Insbesondere im professionellen Teamsport mit seiner ausgeprägten Nähe zur Unterhaltungsindustrie haben sich kapitalgesellschaftliche Rechtsformalternativer heute in großem Umfang durchgesetzt (vgl. Kapitel 2.3). Die Potenziale alternativer Rechtsformen, insbesondere der Kapitalgesellschaften, zeigen sich dabei vor allem in folgenden Punkten (vgl. Lorz, 2012, S. 797–798):
Angesichts der skizzierten Spannungsfelder des Vereinsmanagements hinsichtlich Marktorientierung und Gemeinnützigkeit (vgl. Kapitel 3.3.2) kann die Nutzung kapitalgesellschaftli-

cher Rechtsformen helfen, eine *Rechtsformverfehlung des nicht wirtschaftlichen Sportvereins* zu vermeiden. Insbesondere steuerrechtliche Konsequenzen, die mitunter hohe Nachzahlungen bis hin zur Insolvenz des Vereins nach sich ziehen können, lassen sich damit weitgehend aus dem Weg räumen.

Ein weiteres Argument zugunsten alternativer Rechtsformen ist eine *Abkürzung von Entscheidungswegen* und damit die Schaffung von Bedingungen, Sportdienstleistungen möglichst schnell und flexibel an Marktentwicklungen anpassen zu können, z. B. als Reaktion auf gewandelte Bedürfnisse der Nachfrager, auf neue Konkurrenzsituationen, oder auf kurzfristig mögliche Kooperationen. Die in der Struktur der Freiwilligenvereinigung angelegte basisdemokratische Trägheit von Entscheidungsprozessen (vgl. Kapitel 3.1) steht dann unternehmerischem Handeln nicht mehr entgegen. Gerade im professionellen Spitzensport wird auf diese Weise dem „Nachteil abgeholfen, dass sich die Mitgliederversammlung aus allen Mitgliedern des Vereins zusammensetzt, die Mitglieder der übrigen Sportabteilungen des Vereins also über die Tätigkeit der Lizenzabteilung mitentscheiden" (Weiler, 2006, S. 81–82). Darüber hinaus können z. B. kapitalgesellschaftliche Rechtsformen u. U. auch bessere Möglichkeiten bieten, hauptberufliches Personal mit expliziten Fachkompetenzen zu akquirieren und zu bezahlen, um etwa bestehende Vermarktungs- und Entwicklungspotentiale besser ausschöpfen zu können (vgl. Weiler, 2006, S. 81–82).

Für die Nutzung kapitalgesellschaftlicher Rechtsformen sprechen außerdem auch damit typischerweise verbundene *Erweiterungen der Kapitalbeschaffungsmöglichkeiten*. Denn Kapitalgesellschaften können „den Zugang zu den öffentlichen Kapitalmärkten eröffnen, durch den sich den Klubs die Möglichkeit bietet, die Eigenkapitalbasis zu verbessern" (Weiler, 2006, S. 81). Dies ist u. a. dann relevant, wenn substanzielle Investitionen wie Stadionmodernisierung, Auf- und Ausbau von Nachwuchsleistungszentren oder Auf- und Ausbau computergestützter Spiel- oder Technikanalyseabteilungen nicht allein über Mitgliedsbeiträge der Vereinsmitglieder finanziert werden können.

Über direkte Finanzierungsmöglichkeiten hinaus eröffnen Kapitalgesellschaften außerdem die mittel- und langfristige Einbindung von Investoren, da sie per se auf direkte oder indirekte *Beteiligungen* Dritter angelegt sind. In Form von Gesellschafteranteilen oder Aktien stellen sie ein handelbares und damit verkehrsfähiges Gut dar, was die *strategische Einbindung* von Sponsoren oder geschäftlichen Kontakten in feste organisationale Netzwerke, z. B. über gemeinsame Tochtergesellschaften mit Wirtschaftspartnern, erleichtert. Auf diese Weise können Bedingungen geschaffen werden, solche Kontakte bei späteren Anlässen aktivieren zu können (vgl. Weiler, 2006, S. 80; Summerer, 2007a, S. 124–130).

Aus Sicht der im Management verantwortlichen Personen spricht für die Nutzung kapitalgesellschaftlicher Rechtsformen außerdem, dass die persönlichen *Haftungsrisiken* im Vergleich zum Idealverein *deutlich eingeschränkt* sind. Gerade im professionellen Spitzensport können sich angesichts der teilweise enormen Geldsummen Haftungsrisiken ergeben, die ehrenamtlichen Vereinsfunktionären kaum zumutbar sind. Für die Organisation selbst sind die Haftungsrisiken bei Kapitalgesellschaften regelmäßig auf das eingesetzte Kapital beschränkt. Im Gegenzug profitieren Gläubiger von verbindlichen, gesetzlich festgelegten Kapitalaufbringungs- und -erhaltungsvorschriften sowie Publizitätspflichten der Geschäftsführung. Insofern geht es bei der Suche nach Rechtsformalternativen immer auch darum, für den Fall einer Insolvenz eine Risikominimierung für die Gesamtorganisation und für die einzelnen Führungskräfte zu ermöglichen.

Mit der Nutzung kapitalgesellschaftlicher Rechtsformen können schließlich auch *Imagevorteile* verbunden sein. Denn gerade bei Geschäftspartnern aus der Wirtschaft haftet Vereinsfunktionären oftmals das Image „ehrenamtlicher Unprofessionalität" an, was beispielsweise Vertragsverhandlungen mit potenziellen Sponsoren „auf Augenhöhe" behindern kann. Dies ist seltener der Fall, wenn sich beide Seiten als Unternehmer gegenübersitzen und man u. U. auch deshalb eher gemeinsame Ziele herausarbeiten kann.

Praxisbeispiel

> Im organisierten Sport ist die Grundannahme durchaus verbreitet, dass es einen direkten Wettbewerb zwischen Sportarten, Sportvereinen, Sportverbänden und gewerblichen Sportanbietern um Mitglieder und Kunden gibt. Vor diesem Hintergrund versteht sich der Deutsche Turner-Bund (DTB) mit seinen Mitgliedsorganisationen insbesondere im Bereich Fitness und Gymnastik als Anbieter auf einem stark umkämpften „Freizeit- und Gesundheitssportmarkt" in einer Konkurrenzsituation zu anderen Sport-, Gymnastik-, Fitness- und Gesundheitsanbietern.
> Eine seiner Antworten ist dabei, das eigene Profil zu schärfen, Prioritäten zu setzen und auch „verkäuferisch" aufzutreten. Zu diesem Zweck hat der DTB für seine Kerngeschäftsfelder die Marken „Kinderturnen", „Turnen" und „Gymwelt" entwickelt. Gerade mit der „Gymwelt" wollen DTB und Landesturnverbände ihre Gymnastik- und Fitnessangebote öffentlichkeitswirksam als hochwertige Dienstleistungen darstellen und Nachfragern des Gesundheits- und Fitnessmarkts Orientierung bieten. Auf diese Weise soll auch der Anspruch des DTB, als *der* Verband für Fitness/Gymnastik zu gelten, dokumentiert und gefestigt werden. Schließlich basiert das Mitgliederwachstum von Turnvereinen ganz wesentlich auf Aktivitäten, die der DTB dem Bereich „Gymwelt" zuordnet.
> Mit der expliziten Markierung ihrer Dienstleistungen propagieren DTB und Landesturnverbände allerdings ein Kunden-Anbieter-Verhältnis, das auf Seiten der Nachfrager u. a. auch Erwartungshaltungen fördert, qualitativ anspruchsvolle Verbandsangebote zu einem guten Preis-Leistungs-Verhältnis in Anspruch nehmen zu können. Eine solche Dienstleistungsorientierung rückt beinahe zwangsläufig für alle Beteiligten verstärkt Kosten-Nutzen-Relationen in den Fokus. Doch damit sind für den DTB und seine Mitgliedsorganisationen auch unerwünschte Nebeneffekte verbunden – etwa mit Blick auf die Zuordnung von Vereinsmitgliedern bei der jährlichen Mitgliedermeldung an die Landessportbünde. Denn zahlreiche Turn- und Sportvereine melden ihre Fitness-/Gymnastik-Mitglieder ganz offensichtlich bei den Landesverbänden mit den niedrigsten Beiträgen je Mitglied – und eben häufig nicht (mehr) bei den Turnverbänden. Oder sie lassen sie gleich der Gruppe „Sonstige" zuordnen, die in manchen Landessportbünden mittlerweile zu den größten Gruppierungen zählt. Auf diese Weise wollen die Vereine ungeachtet historischer Verbandszugehörigkeiten und entsprechender Erwartungen der Turnverbände sich und ihren Mitgliedern vermeidbare Verwaltungskosten möglichst ersparen.
> Hinzu kommt, dass Verbände als Dienstleister streng genommen unternehmerisch tätig sind und insofern ihre steuerliche Privilegierung nicht nur von den erwerbswirtschaftlichen Gymnastik- und Fitnessanbietern kritisch gesehen und beklagt wird (vgl. Fahrner, 2008, S. 171–212).

Kontrollfragen

1. Sportvereine als Freiwilligenvereinigungen zeichnen sich idealtypisch durch eine besondere Innen-/Mitgliederorientierung aus. Wie lässt sich dies erklären und welche Bedeutung hat dies für ein Sportvereinsmanagement?
2. Wirtschaftsunternehmen sind insbesondere darauf ausgerichtet, mit ihren Produkten/Dienstleistungen spezifische Bedürfnisse aktueller und potenzieller Konsumenten zu befriedigen. Inwiefern kann Marketing als grundlegendes Unternehmensprogramm gewährleisten, dass relevante Managemententscheidungen am jeweiligen „Markt" ausgerichtet werden?
3. Immer wieder ist zu beobachten, dass sich Sportvereine als Dienstleister verstehen und sich deshalb die Programmatik von Wirtschaftsunternehmen zu Eigen machen. Welche tief greifenden, mitunter auch nicht intendierten Folgen kann eine Marktorientierung für diese Sportvereine haben?
4. Für ein Sportvereinsmanagement ist eine gelingende vereinsinterne Kommunikation von besonderer Bedeutung. Welche Ansatzpunkte bieten sich dem Vereinsmanagement für eine Förderung des internen Informationsflusses und welche Chancen/Risiken sind insbesondere mit dem Einsatz sozialer Medien verbunden?
5. Die Anerkennung von Sportvereinen als gemeinnützige Körperschaften führt typischerweise zu einer umfassenden steuerlichen Begünstigung. Welche wirtschaftspolitischen Argumente sprechen diesbezüglich für eine restriktivere Gewährung von Steuerprivilegien?
6. Vor dem Hintergrund der skizzierten Spannungsfelder des Sportvereinsmanagements können kapitalgesellschaftliche Rechtsformen attraktive Alternativen zum eingetragenen Verein darstellen. Welche Argumente sprechen gerade im professionellen Spitzensport für die Nutzung kapitalgesellschaftlicher Rechtsformen?

3.4 Teamsport-Management zwischen sportlichem und wirtschaftlichem Erfolg

Die Teilnahme einzelner Athleten oder Mannschaften an sportlichen (Liga-) Wettkämpfen erfordert eine ganze Reihe sachlich-personeller, zeitlicher und finanzieller Ressourcen. Deren Umfang und Höhe fallen zwar je nach Sportart unterschiedlich hoch aus, steigen aber generell mit dem sportlichen Leistungsniveau an. Gerade im professionellen Spitzensport resultieren daraus Spannungsfelder zwischen sportlichen und wirtschaftlichen Zielsetzungen, mit denen das Management umgehen können muss. Über entsprechende Ausgestaltungen ihrer Lizenzierungsverfahren streben deshalb die Sportligen des professionellen Teamsports eine Entschärfung dieser Spannungsfelder an. Die Regelungen des Europäischen Fußballverbands (UEFA) zum „Financial Fairplay" stellen dabei eine aktuelle und besonders weit greifende Initiative dar.

Lernziele des Kapitels

> Die Leser erkennen, welche Spannungsfelder des Managements gerade im professionellen Teamsport aus der Gleichzeitigkeit von sportlichem und wirtschaftlichem Erfolgstreben resultieren.
> Sie setzen sich mit typischen Managementbedingungen in Spitzensportkontexten auseinander und erkennen darin angelegte Ursachen für wirtschaftliche Verluste von Spitzensportorganisationen.
> Sie erkennen, welche wirtschaftlichen Kriterien im Rahmen der Lizenzierungsverfahren der Sportligen nachgewiesen werden müssen, um eine Lizenz für die Teilnahme an den Ligawettbewerben erhalten zu können.
> Sie lernen das Bemühen der UEFA um „Financial Fairplay" im europäischen Profifußball kennen und reflektieren dessen Möglichkeiten und Grenzen, wirtschaftliches und sportliches Erfolgstreben der Profiklubs in Einklang zu bringen.

3.4.1 Spitzensportliche und wirtschaftliche Orientierungspunkte des Managements

Die im professionellen Teamsport bewegten finanziellen Mittel haben mittlerweile enorme Ausmaße erlangt. Dies unterstreichen z. B. die Umsatzerlöse der Bundesligisten der großen Teamsportarten, die in der Saison 2009/2010 die Grenze von 2,3 Mrd. Euro überschritten haben. Hinsichtlich der ökonomischen Leistungsfähigkeit der deutschen Sportligen steht dabei die Fußball-Bundesliga deutlich über allen anderen – und auch die 2. Fußball-Bundesliga hat im Vergleich zu Eishockey, Handball oder Basketball ein hohes ökonomisches Potenzial (vgl. Tab. 15).

Tab. 15: Umsatzerlöse deutscher Ligen im professionellen Teamsport (vgl. Deloitte Sports Business Group, 2010, S. 2; Deutsche Fußball Liga, 2011, S. 26; 38)

Umsätze deutscher Ligen im professionellen Teamsport	Mio. Euro (2008/2009)	Mio. Euro (2009/2010)
Fußball Bundesliga	1.715,2	1.770,2
2. Fußball Bundesliga	321,0	313,0
Deutsche Eishockey Liga	93,1	87,4
Handball-Bundesliga	72,3	79,5
Basketball Bundesliga	59,3	59,4
Gesamt	2.260,9	2.309,5

Ein Blick auf die Umsatzentwicklung der Fußball-Bundesliga und ihrer vier umsatzstärksten Bundesligisten der Saison 2009/2010 zeigt ferner beispielhaft die insgesamt positive Erlösentwicklung der letzten Jahre, sowie die herausragenden wirtschaftlichen Potenziale des FC Bayern München (vgl. Abb. 13).

3.4 Teamsport-Management zwischen sportlichem und wirtschaftlichem Erfolg 121

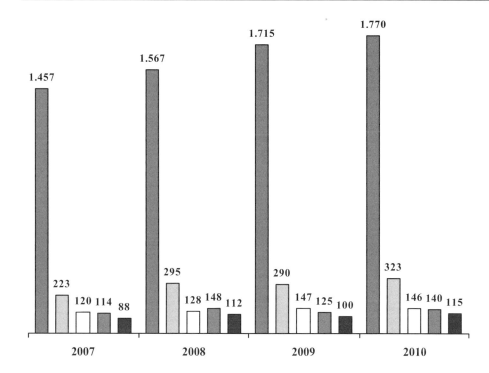

■ Bundesliga ▫ FC Bayern München ▫ Hamburger SV ■ Schalke 04 ■ VfB Stuttgart

Abb. 13: Erlösentwicklung der Fußball Bundesliga und der vier umsatzstärksten Fußball-Bundesligisten 2010 (vgl. Deloitte Sports Business Group, 2011, S. 12; 21; 24; 27; Deutsche Fußball Liga, 2011, S. 26)

Solche Zahlen werden regelmäßig als Ausdruck der großen *ökonomischen Leistungsfähigkeit* des professionellen Teamsports verstanden. Jedoch stehen den enormen Erlösen teilweise noch höhere Ausgaben der Profiteams gegenüber, wie ein Blick auf die Verbindlichkeiten des Profifußballs beispielhaft verdeutlicht. Mittlerweile weisen die 36 Fußball-Bundesligisten (Bundesliga und 2. Bundesliga) zusammen Verbindlichkeiten von über 750 Mio. Euro auf (vgl. Abb. 14). Für die 18 Fußball-Bundesligisten bedeutet dies jeweils Verbindlichkeiten von durchschnittlich 33 Mio. Euro. Die hohen Schwankungen in der 2. Bundesliga ergeben sich vor allem aus dem jährlichen Auf- und Abstieg von bis zu sechs Clubs in die nächst höhere/untere Liga.

Selbst die FC Bayern München AG, die wirtschaftlich potenteste Kapitalgesellschaft des deutschen Profisports, erwirtschaftete 2009/2010 bei einem Rekordumsatz von 312 Mio. Euro lediglich einen Gewinn vor Steuern von 5,6 Mio. Euro, was einer Umsatzrendite von rund 1,8% entspricht (vgl. FC Bayern München AG, 2010, S. 2–3). Dennoch hebt sie sich insofern deutlich positiv von den meisten anderen Bundesligisten ab, als sie überhaupt ein insgesamt positives wirtschaftliches Ergebnis vorlegen kann.

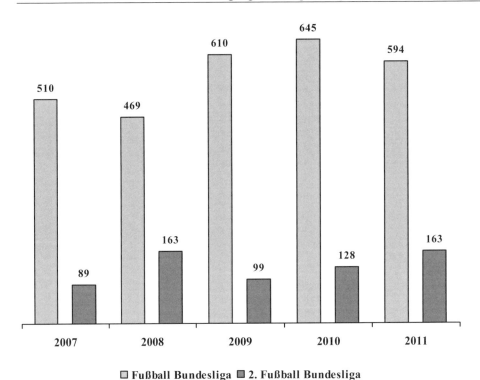

Abb. 14: Entwicklung der Verbindlichkeiten der Fußball-Bundesligisten (Bundesliga und 2. Fußball-Bundesliga), Angaben in Mio. Euro (vgl. Deutsche Fußball Liga, 2011, S. 24; 37; 2012a, S. 24; 36)

Ähnliche Zahlen des internationalen Profi-Fußballs verweisen auf typische Phänomene des professionellen Teamsports und damit einhergehende Spannungsfelder des Managements:

- Den Gesamteinnahmen aller 733 europäischen Fußball-Erstligaklubs in Höhe von 11,7 Mrd. Euro standen 2009 Gesamtausgaben in Höhe von 12,9 Mrd. Euro entgegen. Dies führte zu einem „aggregierten Nettoverlust von EUR 1,2 Mrd. …, was fast eine Verdoppelung gegenüber 2008 bedeutet" (UEFA, 2010, S. 8). Die Gesamteinnahmen stiegen 2010 auf ein Allzeithoch von 12,8 Mrd. Euro, aber auch der gesamte Nettoverlust von 1,6 Mrd. Euro markiert einen Rekordwert (vgl. UEFA, 2010, S. 15; 2011, S. 8).
- Die europäischen Fußball-Erstligaklubs wiesen 2010 Verbindlichkeiten von insgesamt 19,1 Mrd. Euro auf. Immer mehr europäische Fußball-Erstligaklubs verbuchen Betriebsverluste/operative Verluste: 2007 waren es 51% der Profiklubs, 2008 dann 54% und 2009 sowie 2010 jeweils 61% (vgl. UEFA, 2010, S. 81; 2011, S. 18).
- Seit Jahren hat mehr als ein Drittel der europäischen Fußball-Erstligaklubs höhere Verbindlichkeiten als Vermögenswerte: 2008 (35%), 2009 (37%) und 2010 (36%) (vgl. UEFA, 2009, S. 76; 2010, S. 17; 2011, S. 18).
- 56% der europäischen Erstligaklubs „wiesen im Finanzjahr 2009 Nettoverluste aus, gegenüber 47% im Finanzjahr 2008. Dies ist eine bedeutende Verschlechterung in nur einem Jahr … Die 20 rentabelsten Klubs wiesen im Finanzjahr 2009 EUR 293 Mio. Gewinne nach Steuern aus, etwas weniger als die EUR 323 Mio. im vorhergehenden Finanzjahr. Am anderen Ende der Skala wiesen die 20 am wenigsten rentablen Klubs Nettoverluste von EUR 875 Mio. im Finanzjahr 2009 aus, was wiederum einen Anstieg der

massiven, im Finanzjahr 2008 ausgewiesenen Verluste (EUR 793 Mio.) bedeutete" (UEFA, 2010, S. 87).

Siegeslogik des Spitzensports als zentrale Orientierungsgröße des Managements – Investitionsschwerpunkt Spielbetrieb

Um diese spezifischen Spannungsfelder des Sportmanagements nachvollziehen zu können, sind deren Ursachen und Entstehungsbedingungen in den Blick zu rücken. Dabei ist insbesondere von Bedeutung, dass der Zweck spitzensportlicher Spielbetriebe praktisch ausschließlich in einer sportlich möglichst erfolgreichen Teilnahme an (Liga-) Wettbewerben besteht. Diese sind durch das Bestreben der teilnehmenden Sportler und Mannschaften charakterisiert, unter Beachtung der jeweiligen Wettkampfregeln – welche die genauen Kriterien des Wettbewerbs festlegen – die körperliche Leistung des jeweiligen Gegners zu überbieten. Insofern liegt es nahe, dass die Sicherung einer besonderen *wettkampfbezogenen körperlichen Leistungsfähigkeit* der Sportler und der Mannschaften *die* zentrale Orientierungsgröße des Managements darstellt.

Alle Taktiken, Techniken, Strategien, Trainingsmethoden und Managemententscheidungen im Spitzensport sind ganz besonders auf eine Steigerung der wettkampfbezogenen körperlichen Leistungsfähigkeit der Sportler ausgerichtet. Denn es ist in der Logik des Spitzensports angelegt, dass man das nächste Spiel gewinnen, am Ende der Saison in die nächst höhere Liga aufsteigen oder sich für internationale Wettbewerbe qualifizieren will – wofür regelmäßig einer der vorderen Plätze in der Abschlusstabelle erreicht werden muss. *Siege und Niederlagen* fungieren somit als maßgebliche *Fixpunkte des Spitzensports*, sie gilt es zu erringen, oder eben zu vermeiden. Sportliche Erfolgserwartungen konditionieren damit ganz wesentlich das Handeln der beteiligten Athleten, Trainer, Vereinsfunktionäre und Manager, wobei die Logik der Leistungsüberbietung zu einer hochgradigen Unbarmherzigkeit führt. Denn während es im sportlichen Wettstreit jeweils nur einen Sieger geben kann, ist die Zahl der Verlierer naturgemäß hoch. Und jede Rangverbesserung im Ligawettbewerb ist zwangsläufig mit negativen externen Effekten für die Mitwettbewerber verbunden, da Tabellenpositionen nicht teilbar sind (vgl. Stichweh, 1990, S. 384–388; Bette & Schimank, 2006, S. 37–43; Riedl, 2006, S. 36–39; Borggrefe, 2008, S. 87–93).

Gleichwohl ist offensichtlich, dass der für den sportlichen Erfolg notwendige Ressourceneinsatz auf organisationaler Ebene – in Vereinen oder Kapitalgesellschaften des Spitzensports – *Zahlungsfähigkeit* voraussetzt. Erst damit sind wirtschaftliche Austauschprozesse möglich, z. B. der Kauf neuer Spieler, die Bezahlung der Löhne/Gehälter von Spielern, Trainern, Teamärzten oder Physiotherapeuten, sowie die Miete von Spiel- und Trainingsstätten (Hallen, Stadien). Angesichts der Relevanz, welche die spitzensportliche Logik für das Management von Spitzensportorganisationen hat, werden Investitionen in den Spielbetrieb oder in spielbetriebsnahe Aufgabenbereiche wirtschaftlichen Überlegungen aber typischerweise vorgezogen. Denn „in die Bewertung sportlicher Leistungen als Siege bzw. Niederlagen gehen keinerlei außersportliche Kriterien ein" (Schimank, 1995, S. 61). Wer weiter springt, schneller läuft oder mehr Tore schießt, gewinnt – unabhängig davon, wie medienwirksam er ist, oder wie viel Geld er verdient.

Dies macht für Spitzensportorganisationen tendenziell einen größtmöglichen Etat zur Finanzierung der sportlichen Leistungsstärke erstrebenswert und führt in der Konsequenz zu einer Ausgabenmaximierung in spielbetriebsnahe Aktivitäten. Beispielsweise investierten die 18 Fußball-Bundesligisten in der Saison 2010/2011 rund 70% ihrer Mittel direkt in den Spielbetrieb und in Transfers – inklusive der Aufwendungen für Jugend, Amateure und Leistungszentren entfielen sogar 75% der Gesamtaufwendungen auf den Spielbetrieb (vgl. Tab. 16).

Tab. 16: Aufwand der 18 Fußball-Bundesligisten in der Spielzeit 2010/2011 (vgl. Deutsche Fußball Liga, 2012a, S. 27).

Aufwand der 18 Fußball-Bundesligisten (2010/2011)	Tsd. Euro und Anteile am Gesamtaufwand	Anteil Spielbetrieb am Gesamtaufwand
Personal Spielbetrieb	780.853 (41,3%)	
Spielbetrieb	301.565 (15,9%)	75,1%
Transfer	266.693 (14,1%)	
Jugend, Amateure, Leistungszentren	70.859 (3,8%)	
Personal Handel/Verwaltung	93.505 (5,0%)	24,9%
Sonstiges	375.976 (19,9%)	
Gesamt	1.889.452 (100%)	100%

Spitzensport-Kontexte sind folglich dadurch gekennzeichnet, dass in allen Entscheidungssituationen latent die Zielsetzung „sportliche Leistungsfähigkeit" mit schwingt, weshalb für das Management zwangsläufig ein enormes Spannungsfeld zwischen sportlichen und ökonomischen Erfolgserwartungen entsteht. Dies ist gerade dann konfliktträchtig, wenn das Management nicht nur eine Steigerung der sportlichen Leistungsfähigkeit im Blick hat, sondern auch Wirtschaftlichkeitsüberlegungen für bedeutsam erachtet. Insbesondere bei anhaltenden sportlichen Misserfolgen und enttäuschenden Wettkampfleistungen äußern wichtige Anspruchsgruppen wie Fans und Sponsoren sehr schnell und z. T. massiv Kritik am Management, das für den sportlichen Erfolg keine größeren finanziellen Risiken eingeht. Aber auch bei Spielern oder Trainern kann dies auf Unverständnis stoßen, insbesondere wenn ein Trainer mit seiner Mannschaft ambitionierte Ziele verfolgt – etwa aus dem Mittelfeld („Niemandsland") der Liga zu einem regelmäßigen Teilnehmer europäischer Wettbewerbe aufsteigen will – und für entsprechende, auch von Fans und Sponsoren gewünschte Erfolge, z. B. nicht in ausreichendem Maße Spielertransfers tätigen darf.

Zeitlich verzögerte Wirkung spielbetriebsbezogener Maßnahmen – Gefahr von Überinvestitionen

Die in der Spitzensport-Logik der Leistungsüberbietung angelegte Unbarmherzigkeit macht sportliche Siege zu etwas ganz Besonderem. Dies gilt für jeden einzelnen Wettkampf und für jedes Spiel – gerade im Teamsport ist aber vor allem die Tabellenposition am Saisonende *das* zentrale Erfolgskriterium. Alle Ligakonkurrenten sind deshalb grundsätzlich bestrebt, nach Möglichkeit

- den ersten Tabellenplatz und damit einen prestigereichen Meistertitel zu erringen, der nicht nur die Tür zu internationalen Wettbewerben öffnet, sondern meist auch mit hoher Aufmerksamkeit der Massenmedien und großer Attraktivität für Wirtschaftspartner einhergeht.

- einen der weiteren vorderen Tabellenplätze zu belegen, die zur Teilnahme an internationalen Wettbewerben wie Champions League oder Europa League berechtigen, was regelmäßig zusätzliche Vermarktungschancen und Einnahmequellen verspricht.
- nicht auf einem der letzten, mit dem Abstieg in die nächst untere Liga verbundenen Tabellenplätze zu landen.

Für das Management im professionellen Teamsport ist dabei *„Geld schießt Tore!"* als Argumentationslinie charakteristisch, d. h., die Verantwortlichen gehen davon aus, dass mit dem Kauf besserer Spieler und Trainer, sowie besseren Trainings- und Betreuungsbedingungen die sportlichen Erfolgschancen ihrer Mannschaften gesteigert werden können. Auch empirische Untersuchungen weisen auf positive Zusammenhänge zwischen Aufwendungen für Spieler/Trainer und sportlichem Erfolg hin (vgl. Frick, 2005, S. 253–254). Solche positiven Zusammenhänge zwischen Investitionen in den Spielbetrieb und sportlichen Erfolgen ergeben sich aber selten automatisch und unmittelbar, sondern erfordern meist eine gewisse Zeit, z. B. bis neue Spieler in das Mannschaftsgefüge integriert sind, bis neue Trainingsmethoden ihre Wirkung entfalten oder bis neue Technik- und Taktikvarianten von den Spielern umgesetzt werden können. Inwiefern – und wenn ja, in welchen Zeiträumen – solche Investitionen ihre volle Wirkung entfalten, bleibt also mit einer erheblichen Ungewissheit behaftet.

Aufgrund ihrer besonderen Relevanz erfolgen Investitionen in den Spielbetrieb aber häufig auch dann, wenn hierfür erforderliche finanzielle Ressourcen aktuell gar nicht vorhanden sind. Damit erklären sich die hohen Verbindlichkeiten fast aller Bundesligisten im professionellen Teamsport. Gerechtfertigt wird dies regelmäßig mit dem Hinweis, dass *zukünftige sportliche Erfolge* zu hohen Erlösen führen werden, z. B. über Einnahmen aus der Teilnahme an internationalen Wettbewerben oder aus hoch dotierten Sponsoringverträgen für Spitzenteams der Liga – was dann eine Bedienung der finanziellen Verbindlichkeiten ermöglichen wird. Auch solche positiven ökonomischen Wirkungen spielbetriebsbezogener Investitionen sind jedoch ungewiss und treten wiederum – wenn überhaupt – nur zeitverzögert auf.

Die enorme Ungewissheit und die zeitliche Verzögerung möglicher positiver Zusammenhänge zwischen Spielbetriebsinvestitionen, sportlichem und wirtschaftlichem Erfolg bergen für das Management des Profisports typischerweise die *Gefahr von Überinvestitionen*. Dies ist z. B. immer dann der Fall, wenn Verbesserungen der sportlichen Wettbewerbsfähigkeit nicht unmittelbar offensichtlich sind und deshalb aufgrund aktueller Erfolgserwartungen z. B. weitere zusätzliche Spieler gekauft, ein noch besserer Trainer angestellt oder häufigere Trainingslager durchgeführt werden.

Nimmt das Management damit einhergehende negative wirtschaftliche Zahlen als vorübergehende Phänomene in Kauf – in der Erwartung zukünftiger sportlicher Erfolge und der Annahme, mit dem Erreichen sportlicher Zielsetzungen am Saisonende auch entsprechend höhere Erlöse erzielen und bestehende finanzielle Lücken ausgleichen zu können – geht es eine mitunter gefährliche Wette auf die Zukunft ein. Problematisch wird dies vor allem, wenn die in Folge sportlicher Erfolge später „ausgelösten zusätzlichen Erlösströme … nicht zur Deckung der gegenüberstehenden Auszahlungen für Transfers und Spielergehälter" (Keller, 2010, S. 93) ausreichen (vgl. Keller, 2008, S. 52–64; 2010, S. 92–93).

3.4.2 Wirtschaftliche Kriterien in Lizenzierungsverfahren der Sportligen

Die im Spannungsfeld von sportlichem und wirtschaftlichem Erfolg angelegten Widersprüche, mit denen das Management im professionellen Teamsport umzugehen hat, greifen mittlerweile alle Sportligen im Rahmen ihrer Lizenzierungsverfahren auf. Jeder potenzielle Teilnehmer eines Ligawettbewerbs muss bei der jeweiligen Ligaorganisation – DFL, HBL, BBL, DEL, DVL – eine Lizenz beantragen, die ihm für eine Spielzeit befristet die Teilnahme an den sportlichen Wettkämpfen ermöglicht. Die Lizenz stellt dabei jeweils eine vertragliche Vereinbarung dar, deren Abschluss an die Vorlage bestimmter Nachweise durch den Antragsteller gebunden ist.

Um die Teilnahmeberechtigung an sportlichen (Liga-) Wettkämpfen erlangen zu können, ist zunächst der Nachweis *sportlicher Qualitätskriterien* von grundlegender Bedeutung. Zentrale Voraussetzung ist dabei typischerweise die erfolgreiche Teilnahme am Ligabetrieb der Vorsaison oder das Erreichen eines Aufstiegsplatzes der nächst unteren Liga. Darüber hinaus werden im Rahmen der Lizenzierungsverfahren weitere Kriterien geprüft, die im Folgenden beispielhaft für DFL und BBL dargestellt sind.

Nachweis wirtschaftlicher Leistungsfähigkeit gegenüber Ligaverband/DFL

Voraussetzung für eine Lizenzierung durch den Ligaverband, respektive die DFL, ist der Nachweis rechtlicher, personeller, administrativer, infrastruktureller, sicherheitstechnischer, medientechnischer und finanzieller Kriterien (vgl. § 2 DFL-Lizenzierungsordnung[17]). Die wirtschaftliche Leistungsfähigkeit muss jeweils bis 15. März, 15:30 Uhr mit Prüfvermerk eines Wirtschaftsprüfers anhand *wirtschaftlicher Kennziffern* nachgewiesen werden (vgl. § 8 DFL-Lizenzierungsordnung). Die DFL erwartet beispielsweise

- eine Vorjahresbilanz zum 31. Dezember des Vorjahres.
- Gewinn- und Verlustrechnungen für das abgelaufene Spieljahr (01.07. bis 30.06.) und für die erste Hälfte des laufenden Spieljahrs (01.07. bis 31.12.).
- einen aktuellen Lagebericht der Geschäftsführung.
- Plan-Gewinn- und Verlustrechnungen für die zweite Hälfte des laufenden Spieljahrs und für die kommende Spielzeit.

Diese Daten müssen auch nach der Lizenzerteilung in der dann laufenden Spielzeit zum 31. Oktober aktualisiert an die DFL gemeldet werden, um die wirtschaftliche Leistungsfähigkeit während der Spielzeit zu bestätigen. Darüber hinaus müssen die Bewerber zum 15. März u. a. erklären (vgl. § 8 Nr. 2 DFL-Lizenzierungsordnung), dass sie

- auf Verlangen der DFL wesentliche Verträge der Vermarktung und des Spielbetriebs sowie Dokumente zur Beurteilung der wirtschaftlichen Gesamtsituation vorlegen, insbesondere Werbe- und Sponsorenverträge über mehr als eine Mio. Euro – für Bewerber zur Bundesliga – und mehr als 200.000 Euro für Bewerber zur 2. Bundesliga.
- alle fälligen Transferverpflichtungen erfüllen.
- der DFL das Recht einräumen, Auskünfte bei dem für sie zuständigen Betriebsfinanzamt sowie ihren Kreditinstituten einholen zu dürfen.

---

[17] DFL-Lizenzierungsordnung in der Fassung vom 08. Dezember 2010.

- der DFL gegenüber Auskunft geben über gesellschaftsrechtliche Beteiligungen an ihnen selbst oder über ihre eigenen Beteiligungen an anderen, z. B. Vermarktungsgesellschaften.
- alle geschäftlichen Vorgänge, z. B. Geldeingänge und Geldausgänge, buchhalterisch korrekt erfassen und mittels Belegen nachweisen.
- die DFL über Ereignisse und Bedingungen informieren, die von erheblicher wirtschaftlicher Bedeutung sind und „sich negativ auf die Vermögens-, Finanz- und Ertragslage auswirken können" (§ 8 Nr. 2l DFL-Lizenzierungsordnung), z. B. die Insolvenz eines Sponsoringpartners.
- die DFL „über sämtliche Vorgänge von erheblicher wirtschaftlicher Bedeutung, sowie über damit zusammenhängende finanzielle Auswirkungen, insbesondere betreffend die Vermögens-, Finanz- oder Ertragslage des Bewerbers, ... unverzüglich ... unterrichten, insbesondere auch nach Abgabe der Lizenzierungsunterlagen und nach Lizenzerteilung" (§ 8 Nr. 2m DFL-Lizenzierungsordnung).

Als Kapitalgesellschaften verfasste Spielbetriebe müssen bei einer erstmaligen Lizenzerteilung außerdem „darlegen, dass das gezeichnete Kapital (§ 272 Abs. 1 HGB) mindestens € 2.500.000 beträgt. Für Aufsteiger in die 2. Bundesliga kann der Ligaverband Ausnahmegenehmigungen erteilen" (§ 8 Nr. 7 DFL-Lizenzierungsordnung).

Nachweis wirtschaftlicher Leistungsfähigkeit gegenüber der BBL

Das Lizenzierungsverfahren der Basketball Bundesliga (BBL) prüft u. a. wirtschaftliche Leistungsfähigkeit, spieltechnische Einrichtungen, ordnungsgemäß eingerichtete kaufmännische Geschäftsbetriebe und angemessene Nachwuchsförderung (vgl. § 2 BBL-Lizenzstatut[18]). Der Nachweis wirtschaftlicher Leistungsfähigkeit zielt darauf ab, nur sportlich qualifizierte Bewerber zum Spielbetrieb zuzulassen, deren wirtschaftliche Verhältnisse geordnet sind (vgl. § 5 BBL-Lizenzstatut). Entsprechende Anträge und Unterlagen müssen deshalb bis 15. März 18:00 Uhr beim Gutachterausschuss der BBL vorliegen.

Kapitalgesellschaftlich verfasste Bewerber haben zunächst nachzuweisen, dass ihr gezeichnetes Stamm- oder Grundkapital mindestens 10% ihres Mindestetats beträgt (vgl. § 5 Nr. 1 BBL-Lizenzstatut). Alle Antragsteller müssen außerdem ihre wirtschaftliche Leistungsfähigkeit darlegen mit dem Ziel, während der Saison alle finanziellen Verpflichtungen zeitgerecht erfüllen können. Hierzu sind der BBL folgende, von einem Steuerberater/Wirtschaftsprüfer geprüfte Unterlagen vorzulegen:

- der Jahresabschluss der Vorsaison (01.07. bis 30.06.) sowie des Vorjahres (31.12.) inklusive Bilanz und Gewinn-/Verlustrechnung.
- eine mindestens ausgeglichene Erfolgsplanungsrechnung für die anstehende Spielzeit mit Einnahmen von mindestens einer Mio. Euro, inklusive zu erwartender Vergleichszahlen mit der noch laufenden Saison. Abweichungen im Saisonvergleich von mehr als 10% pro Einzelposition sind dabei ausführlich zu erläutern.
- die gemäß BBL-Musterarbeitsvertrag schriftlich bis 15.10. abgeschlossenen Arbeitsverträge mit den Spielern.
- Unbedenklichkeitsbescheinigungen von Sozialversicherungsträgern, Finanzamt und Verwaltungsberufsgenossenschaft (vgl. § 5 BBL-Lizenzstatut).

---

[18] BBL-Lizenzstatut vom 01. Oktober 2011.

Dieser exemplarische Einblick zeigt, dass wirtschaftliche Aspekte in den sehr aufwändigen Lizenzierungsverfahren der deutschen Profi-Ligen mittlerweile eine wichtige Rolle spielen. Insgesamt sollen damit längerfristig zuverlässige Planungen auf Seiten der Bundesligisten gefördert werden.

> Allerdings zielen die geforderten Unterlagen in besonderer Weise auf den *Nachweis von Zahlungsfähigkeit* – um zu verhindern, dass wirtschaftliche Insolvenzen während einer Spielzeit etwa zum Zwangsabstieg führen und damit sportliche Wettbewerbe verzerrt oder außer Kraft gesetzt werden. Insofern „ist die Lizenzierungspraxis kaum geeignet, ein fundiertes Bild des wirtschaftlichen Leistungsvermögens zu zeichnen. Lizenzierungsverfahren sind regelmäßig auf eine kurzfristige, primär liquiditätsorientierte Analyseperspektive reduziert ... Auch ein Teamsportclub, der ... Ausgabenüberschüsse erwirtschaftet ..., kann regelmäßig die Lizenz erhalten, wenn es ihm gelingt, mittels Kreditaufnahmen usw. seine Liquidität zu wahren" (Keller, 2010, S. 97).

Die langfristige Tragfähigkeit der Geschäftsmodelle steht folglich nicht im Mittelpunkt der Lizenzierungsverfahren der Sportligen und so ist es auch weitgehend unerheblich, wenn etwaige Lücken in den Etats mit Krediten oder mit Zuwendungen potenter Geldgeber gefüllt werden – und auf Seiten der Bundesligisten folglich hohe Verbindlichkeiten und Abhängigkeiten von Fremdkapital entstehen.

3.4.3 „Financial Fairplay" der UEFA

Mit den skizzierten Spannungsfeldern zwischen sportlichem und wirtschaftlichem Erfolg muss das Management in praktisch allen professionellen Teamsportarten und in allen europäischen Sportligen umgehen. Für den Fußball vorliegende Daten zeigen beispielhaft, dass den Einnahmen europäischer Erstligaklubs in Höhe von 12,8 Mrd. Euro 2010 Ausgaben von 14,4 Mrd. Euro gegenüberstanden und dass 61% der europäischen Erstligaklubs Betriebsverluste auswiesen (vgl. UEFA, 2011, S. 18).

Mit dem Ziel, im europäischen Profifußball zukünftig die wirtschaftliche Leistungsfähigkeit der Klubs zu erhöhen, den Gläubigerschutz zu verbessern und auch die Integrität des sportlichen Wettkampfs abzusichern, implementiert der Europäische Fußballverband (UEFA) deshalb seit 2008 ein europaweites Lizenzierungsverfahren. Die hierbei erhobenen finanziellen, sportlichen, rechtlichen, infrastrukturellen und personell-administrativen Kriterien nutzt die UEFA mittlerweile außerdem für ein europaweites Benchmarking zur Nachhaltigkeit der Geschäftsmodelle im europäischen Profifußball. Das Lizenzierungs- ebenso wie das Monitoringverfahren basiert auf dem UEFA-Reglement zur Klublizenzierung und zum finanziellen Fairplay (vgl. Artikel 2 UEFA-Reglement[19]).

Wirtschaftliche Kennziffern der UEFA-Klublizenzierung

Bei der Zulassung zur Fußball Champions League – dem attraktivsten Klubwettbewerb im europäischen Teamsport überhaupt – und zur Fußball Europa League spielen mittlerweile

---

[19] UEFA-Reglement zur Klublizenzierung und zum finanziellen Fairplay in der Fassung vom Mai 2010.

auch wirtschaftliche Kennziffern eine Rolle. Im Rahmen des Lizenzierungsverfahrens haben die Bewerber zunächst ihre rechtliche Gesamtstruktur graphisch darzulegen und alle „untergeordneten, assoziierten und übergeordneten Einheiten bis hinauf zum letztendlichen Mutterunternehmen und zur obersten beherrschenden Partei" (Artikel 46 UEFA-Reglement) inklusive der Beteiligungs- und Stimmrechtsquoten zu erläutern. Außerdem einzureichen sind u. a.

- ein von einem unabhängigen Abschlussprüfer geprüfter Jahresabschluss inklusive Bilanz, Gewinn- und Verlustrechnung (mit Vergleichszahlen zum Vorjahr), Kapitalflussrechnung und Lagebericht der Unternehmensleitung (vgl. Artikel 47 UEFA-Reglement).
- eine Übersicht über alle zum 31. Dezember des Vorjahres getätigten Transfers sowie ein Nachweis, „dass zum 31. März, ... [welcher; M. F.] der lizenzierten Spielzeit vorausgeht, keine überfälligen Verbindlichkeiten aus vor dem vergangenen 31. Dezember erfolgten Spielertransfers ... bestanden haben" (Artikel 49 UEFA-Reglement).
- ein komplettes Arbeitnehmerverzeichnis sowie eine Übersicht, die zeigt, dass „zum 31. März, ... [welcher; M. F.] der lizenzierten Spielzeit vorausgeht, keine überfälligen Verbindlichkeiten ... gegenüber Arbeitnehmern oder Sozialversicherungsinstitutionen bzw. Steuerbehörden infolge vertraglicher und gesetzlicher Verpflichtungen gegenüber seinen Arbeitnehmern bestanden haben, die vor dem vergangenen 31. Dezember entstanden sind" (Artikel 50 UEFA-Reglement).
- eine schriftliche Erklärung, „ob seit dem Bilanzstichtag des vorhergehenden geprüften Jahresabschlusses ... Ereignisse oder Bedingungen mit erheblicher wirtschaftlicher Bedeutung eingetreten sind, die sich negativ auf die Vermögens-, Finanz- und Ertragslage des Lizenzbewerbers auswirken können" (Artikel 51 UEFA-Reglement). Diese Erklärung muss in der Woche vor der Lizenzentscheidung erfolgen.
- zukunftsbezogene Finanzinformationen im Sinne einer Plan-Gewinn-/Verlustrechnung und einer Plan-Kapitalflussrechnung – jeweils mit Vergleichszahlen zum vorangegangenen Jahr – sowie Erläuterungen zu den wichtigsten Annahmen, die bei der Erstellung dieser Papiere gemacht wurden (vgl. Artikel 52 UEFA-Reglement).

„Im Ergebnis geht es um einen Nachweis, dass der Lizenzbewerber aufgrund seiner Liquiditätsverhältnisse in der Lage sein wird, den Spielbetrieb für die kommende Spielzeit aufrecht zu erhalten" (Galli, 2010, S. 184). Da die UEFA das Lizenzierungsverfahren nicht selbst durchführt, sondern die nationalen Liga-Organisationen damit betraut, wurden die relevanten Kriterien von Ligaverband/DFL aufgegriffen und in das Bundesliga-Lizenzierungsverfahren integriert (vgl. Präambel, DFL-Lizenzierungsordnung).

UEFA-Klub-Monitoring – Finanzkontrolle und „Financial Fairplay"

Angesichts der schwierigen wirtschaftlichen Verhältnisse vieler europäischer Fußball-Klubs hat die UEFA 2008 außerdem die Einführung eines Monitoringverfahrens beschlossen, das ab 2011 sukzessive für mehr wirtschaftliche Vernunft im Management des Profifußballs sorgen soll. Dabei werden die im Rahmen der Klublizenzierung ermittelten Daten zur Abschätzung wirtschaftlicher Risiken in den Geschäftsmodellen der Klubs genutzt und vor dem Hintergrund der UEFA-Regeln zum „finanziellen Fairplay" bewertet. Übergeordnetes Ziel der UEFA ist dabei, die langfristige Finanzkraft der Klubs zu stärken und nachhaltige Investitionen, z. B. in die Nachwuchsförderung, zu unterstützen.

Zur Einschätzung der wirtschaftlichen Tragfähigkeit der Geschäftsmodelle im europäischen Profifußball hat die UEFA mehrere Indikatoren und Kennzahlen festgelegt. Um dem Management der Profiklubs Anpassungen an das UEFA-Reglement zu ermöglichen, gelten *bis 2018* verschiedene *Übergangsfristen*, ohne dass Regelverstöße unmittelbar mit Sanktionen belegt sind. Die operative Umsetzung des Klub-Monitoring obliegt dabei dem *Finanzkontrollausschuss für Klubs*, einem neuen Organ der UEFA. Dieser prüft die seitens der Klubs vorgelegten Unterlagen und kontrolliert die Einhaltung der Monitoring-Vorschriften. Indem der Finanzkontrollausschuss u. a. Compliance Audits bei den Ligen und Klubs einberufen und durchführen darf, kann er mittelfristig auch direkt Einfluss auf das Klub-Management nehmen (vgl. Artikel 53 und 71 UEFA-Reglement).

Break-even-Vorschrift

Zentrales Element für die Kontrolle der wirtschaftlichen Tragfähigkeit des europäischen Profifußballs ist die sog. *Break-even-Vorschrift*, die mittel- und langfristig dafür sorgen soll, dass die Ausgaben der Klubs ihre Einnahmen nicht übersteigen. Alle Profiklubs, deren Einnahmen und Ausgaben in den zwei einer Qualifikation für Champions League oder Europa League vorangegangenen Berichtsperioden jeweils über fünf Mio. Euro lagen, unterliegen dieser Vorschrift (vgl. Artikel 57 UEFA-Reglement). Konkret besagt die *Break-even-Vorschrift*, dass die Klubs über eine *dreijährige Monitoring-Periode* die Differenz zwischen ihren relevanten Einnahmen und ihren relevanten Ausgaben berechnen müssen, und zwar für

- die Saison (dem Geschäftsjahr), in der die sportliche Qualifikation für die Champions League oder Europa League erfolgt (Berichtsperiode T).
- das Geschäftsjahr, welches der sportlichen Qualifikation für die UEFA-Wettbewerbe voranging (Vorperiode T-1).
- das vorangegangenen Vorjahr (Vorperiode T-2) (vgl. Artikel 59 UEFA-Reglement).

Die Differenz zwischen relevanten Einnahmen und relevanten Ausgaben jedes Berichtsjahrs ist über die dreijährige Monitoring-Periode zu aggregieren, wobei die Summe der *aggregierten Differenzen* maximal ein Minus von fünf Mio. Euro ergeben darf.

- Als *relevante Einnahmen* gelten dabei Einnahmen aus Eintrittsgeldern, Übertragungsrechten, Sponsoring und Werbung, sowie sonstige betriebliche Erträge, z. B. Finanzerträge und – unter bestimmten Bedingungen – Gewinne aus der Veräußerung von Sachanlagen (vgl. Artikel 58 UEFA-Reglement).
- *Als relevante Ausgaben* gelten Material- und Personalaufwendungen, sowie sonstige Aufwendungen, z. B. Kosten für den Erwerb von Spielerregistrierungen, Finanzaufwand und Dividenden. Als nicht relevante Ausgaben gelten hingegen Ausgaben für Nachwuchsförderung und gemeinwohlorientierte Projekte, sowie Steueraufwand und Ausgaben für nicht fußballerische Tätigkeiten (vgl. Artikel 58 UEFA-Reglement).

> Auf diese Weise will die UEFA darauf hinwirken, dass die europäischen Profiklubs originäre Ausgaben allein mit originären Einnahmen decken. Eine solche Haushaltsdisziplin soll die Chancen im sportlichen Wettbewerb angemessener verteilen und dem langfristigen Überleben des europäischen Profifußballs dienen, d. h., insbesondere dessen finanzielle Abhängigkeiten verringern und sicherstellen, dass die Klubs ihren Verbindlichkeiten gegenüber Spielern, Vertragspartnern, Sozialversicherungsträgern und Steuerbehörden fristgerecht nachkommen (vgl. Artikel 2 UEFA-Reglement).

3.4 Teamsport-Management zwischen sportlichem und wirtschaftlichem Erfolg

Kennzahlen und Risikoindikatoren

Über die Break-even-Vorschrift hinaus hat die UEFA für das Monitoring von Management und Geschäftsmodellen der Profiklubs zwei Kennzahlen und vier Risikoindikatoren definiert:

- *Kennzahl Personalaufwand*: Der Personalaufwand übersteigt 70% der Gesamteinnahmen.
- *Kennzahl Nettoschulden*: Die Nettoschulden liegen höher als 100% der Gesameinnahmen.
- *Indikator Fortführungsfähigkeit*: Im Bestätigungsvermerk der Wirtschaftsprüfer zum eingereichten Jahresabschluss für die Berichtsperiode T-1 wird auf Einschränkungen hinsichtlich der Fähigkeit zur Unternehmensfortführung hingewiesen.
- *Indikator Negatives Eigenkapital*: Im eingereichten Jahresabschluss für die Berichtsperiode T-1 ist eine Nettoverbindlichkeit ausgewiesen, die schlechter ist als die Vergleichszahl aus dem Vorjahr (also aus der Berichtsperiode T-2).
- *Indikator Break-even-Ergebnis*: Für eine oder beide Berichtsperioden T-1 und T-2 weist der Lizenznehmer ein Break-even-Defizit aus.
- *Indikator Überfällige Verbindlichkeiten*: Zum 30. Juni des Jahres, in dem die UEFA-Klubwettbewerbe beginnen, bestehen beim Lizenznehmer überfällige Verbindlichkeiten (vgl. Artikel 62 UEFA-Reglement).

Mit dem Indikator „Überfällige Verbindlichkeiten" will die UEFA insbesondere darauf hinwirken, dass keine überfälligen Verbindlichkeiten gegenüber anderen Fußballklubs bestehen, um zukünftig finanzielle Abhängigkeiten innerhalb des Fußballs zu reduzieren (vgl. Artikel 65 UEFA-Reglement). Tabelle 17 zeigt, wie viele Profiklubs 2010 Schwierigkeiten hatten, ihre wirtschaftlichen Ergebnisse in Einklang mit den genannten Kennzahlen und Indikatoren zu bringen.

Aus Sicht der UEFA ist es akzeptabel, wenn einer der vier Risikoindikatoren nicht erfüllt ist – solange für die drei Berichtsperioden ein aggregierter Break-even-Überschuss vorliegt. Weist ein Klub also Auffälligkeiten beim Indikator „Break-even-Ergebnis" auf (für T-1 und T-2), muss er in der Berichtsperiode T einen Überschuss erwirtschaften, der für die dreijährige Monitoring-Periode insgesamt zu einem Break-even-Überschuss führt (vgl. Artikel 63 UEFA-Reglement).

Tab. 17: 2010 für Champions League und Europa League qualifizierte Profiklubs, die einen der Risikoindikatoren nicht erfüllt haben oder für die eine der Kennzahlen zutrifft (vgl. UEFA, 2011, S. 116).

Kennzahlen/Indikatoren	Anzahl (und relative Anteile) der Profiklubs
Kennzahl Personalaufwand über 70% der Einnahmen	82 (36%)
Kennzahl Nettoschulden über 100% der Einnahmen	47 (21%)
Indikator Fortführungsfähigkeit	23 (10%)
Indikator Negatives Eigenkapital	56 (25%)
Indikator Break-even-Defizit in einer oder beiden Perioden (T-1, T-2)	85 (38%)
Indikator Überfällige Verbindlichkeiten	31 (13%)
Gesamtzahl der für Champions/Europa League qualifizierten Klubs	225 (100%)

Liegt für die dreijährige Monitoring-Periode ein *aggregiertes Minus von über fünf Mio. Euro* vor, gelten bis 2018 Übergangsfristen, um den Profiklubs Anpassungen ihres Managements zu ermöglichen:

- Für die Monitoring-Periode mit den Spielzeiten 2013/14 und 2014/15 darf das aggregierte Defizit bei maximal 45 Mio. Euro liegen.
- Für die Monitoring-Periode mit den Spielzeiten 2015/16, 2016/17 und 2017/18 darf das aggregierte Defizit maximal 30 Mio. Euro betragen (vgl. Artikel 61 UEFA-Reglement).

Aggregierte Defizite von über fünf Mio. Euro sind für die UEFA allerdings nur unter der Bedingung akzeptiert, dass sie vollständig durch Anteilseigner und/oder verbundene Parteien gedeckt werden. Das heißt, es muss sich dabei z. B. um bilanzierte Zahlungen für Aktien über das Aktienkapital oder bedingungslose Spenden durch verbundene Parteien handeln, die das Eigenkapital des Klubs erhöhen (vgl. Artikel 60 und 61, sowie Nr. D Anhang X UEFA-Reglement). Als „verbundene Parteien" gelten u. a. Personen, die Schlüsselpositionen innehaben und deshalb wesentlichen Einfluss auf das Management eines Profiklubs ausüben, z. B. finanziell relevante Entscheidungen beeinflussen können (vgl. Anhang X Nr. E UEFA-Reglement).

2010 unterlagen 130 der 225 für die Champions League und die Europa League qualifizierten Klubs der Break-even-Vorschrift (vgl. UEFA, 2011, S. 114), mit folgenden Ergebnissen (vgl. Tabelle 18).

Tab. 18:   Ergebnisse der 2010 für die Champions League und die Europa League qualifizierten Profiklubs hinsichtlich der Break-even-Vorschrift (vgl. UEFA, 2011, S. 114).

Break-even-Ergebnisse	Anzahl (und relative Anteile) der Profiklubs
Break-even-Überschuss	77 (34%)
Break-even-Defizit bis 5 Mio. Euro	18 (8%)
Break-even-Defizit über 5 bis 45 Mio. Euro	29 (13%)
Break-even-Defizit über 45 Mio. Euro	6 (3%)
Gesamtzahl der für Champions/Europa League qualifizierten Profiklubs im Geltungsbereich der Break-even-Vorschrift	130 (100%)

Umsetzung des „Financial Fairplay"

Wesentliche Zielsetzung der UEFA mit ihren Bemühungen zum Klub-Monitoring und zum Financial Fairplay ist mittel- und langfristig eine Veränderung des Finanzmanagements der europäischen Profiklubs. Gerade mit den definierten Übergangsfristen macht die UEFA deutlich, dass sie nicht in erster Linie auf Sanktionen aus ist – sondern mittelfristig auf die Umsetzung ihres Financial Fairplay-Reglements durch die Profiklubs setzt. Das Bemühen der UEFA ist angesichts der wirtschaftlichen Schieflage im europäischen Spitzenfußball nachvollziehbar und notwendig, um die Klubs langfristig aus der Schuldenfalle zu befreien und Wettbewerbsvorteile „über-investierender" Klubs zukünftig zu verringern. „Schon die Verabschiedung der neuen Regelungen zum Financial Fairplay stellt einen Meilenstein in der Einflussnahme der internationalen Verbände auf den nationalen Clubfußball dar" (Holzhäuser, 2012, S. 794). Hinsichtlich der Um- und Durchsetzung dieser Regelungen bestehen allerdings durchaus einige Ungewissheiten:

3.4 Teamsport-Management zwischen sportlichem und wirtschaftlichem Erfolg   133

- Die Klassifizierung unkritischer Aufwandsbereiche wie Infrastruktur- oder Nachwuchsprojekte, sowie kritischer Bereiche wie Spielertransfers, „wird einen großen Ansatzpunkt für inhaltliche Diskussionen bieten – hier werden künftig sicherlich kreative Lösungen für die Beeinflussung der Maßgrößen gesucht und gefunden werden" (Galli, 2010, S. 186). Denn für den UEFA-Finanzkontrollausschuss wird nicht ohne weiteres erkennbar sein, wenn Profiklubs beispielsweise bei der Berechnung des Break-even-Ergebnisses relevante Einnahmen und relevante Ausgaben manipulieren, also z. B. im Rahmen eines Trikotsponsorings keine marktüblichen Preise ansetzen, sondern hier Zuwendungen von „verbundenen Parteien" – die eigentlich als nicht relevante Einnahmen gelten – etwa in Form überhöhter Preise einrechnen.
- Verstöße gegen das UEFA-Reglement können zwar grundsätzlich gemäß UEFA-Rechtspflegeordnung sanktioniert werden, z. B. in Form von Ermahnungen, Geldstrafen, Punktabzügen oder Ausschlüssen aus UEFA-Wettbewerben (vgl. Artikel 63; 72 UEFA-Reglement). Ein konkreter Strafkatalog ist aber (noch) gar nicht verabschiedet. Außerdem wären solche Sanktionen typischerweise während des laufenden Spielbetriebs von Champions League oder Europa League notwendig. Und gerade „hier besteht die Gefahr, dass die Neuregelungen zum ‚zahnlosen Tiger' werden, da die Handlungsmöglichkeiten der UEFA für den Fall von Verstößen gegen das Financial Fairplay im Laufe einer Saison sehr beschränkt sein werden" (Holzhäuser, 2012, S. 794).
- „Das durchdachte Konzept wäre jedenfalls zu einem schärferen Schwert geworden, wenn die Überprüfungen nicht während der laufenden UEFA-Wettbewerbe, sondern mit entsprechend modifizierten Kriterien, vor deren Beginn stattfinden würden" (Galli, 2010, S. 187). Insofern bleibt offen, inwiefern die UEFA überhaupt in der Lage sein wird, Verstöße europäischer Topklubs – die bislang typischerweise für Überinvestitionen bekannt sind – zu sanktionieren. Mit einem Ausschluss von der Champions League beispielsweise des FC Chelsea, des FC Barcelona oder von Real Madrid wegen Verstößen gegen das UEFA-Reglement würde die UEFA jedenfalls den sportlichen und den ökonomischen Wert ihres wichtigsten Wettbewerbs massiv reduzieren.

Möglicherweise kann jedoch bereits der Verweis auf die UEFA-Regelungen und die damit verbundenen Notwendigkeiten wirtschaftlichen Handelns das Management der europäischen Profiklubs z. B. von regionalen oder klubinternen Erwartungen und Anspruchshaltungen entlasten, mit Investitionen in den Spielbetrieb sportlichen Erfolg „um jeden Preis" erreichen zu müssen.

Praxisbeispiel

> Mit Spannungsfeldern, die aus der Parallelität von sportlichem und wirtschaftlichem Erfolgstreben resultieren, ist das Sportmanagement in allen professionellen Teamsportarten konfrontiert. Besonders eindrücklich ist dabei der Blick auf die Deutsche Eishockey Liga (DEL) und die von ihr lizenzierten Spielbetriebsgesellschaften. Denn seit der ersten DEL-Spielzeit 1994/1995 meldeten mehr als zwölf DEL-Klubs Insolvenz an oder schieden aufgrund wirtschaftlicher Schräglagen aus der DEL aus – u. a. die Kassel Huskies, die Frankfurt Lions, die Füchse Duisburg oder die Schwenningen Wild Wings. Weit mehr Spielbetriebe konnten und können sich immer wieder nur knapp vor dem wirtschaftlichen Aus retten.
> Ungeachtet aller dabei jeweils zu berücksichtigenden klubspezifischen und situativen Besonderheiten zeigen sich durchweg riskante Budgetierungen der Spielbetriebe und Überinvestitionen, die beim Ausstieg von Sponsoren oder beim Auslaufen von Kreditverträgen ohne adäquate Anschlusskredite beinahe unmittelbar zur Zahlungsunfähigkeit führen, als gemeinsames Muster.
> Nach der Insolvenz des ehemaligen Deutschen Meisters Kassel Huskies (2010) macht aktuell der achtmalige deutsche Eishockey-Meister Düsseldorfer Eislauf-Gemeinschaft (DEG) – der noch als DEG Metro Stars firmiert – mit wirtschaftlichen Negativschlagzeilen auf sich aufmerksam. Vom angestrebten Etat in Höhe von 4,5 Mio. Euro für die Spielzeit 2012/2013 ist offensichtlich gerade einmal die Hälfte gesichert.
> Aus diesem Grund haben sich jüngst sogar die aus Düsseldorf stammenden Deutschen Punk-Helden „Die Toten Hosen" für den Klub stark gemacht, unter anderem durch den öffentlichkeitswirksamen Verkauf von exklusiven Trikots mit Totenkopfschädel, der bislang immerhin rund 100 Tsd. Euro erbracht hat. Doch während das Düsseldorfer Management noch am Budget für die kommende Saison arbeitet und auf die Lizenzerteilung durch die DEL hofft, haben einige Spieler aus der „ersten Reihe" offensichtlich bei der zahlungskräftigeren Liga-Konkurrenz bereits neue Arbeitsverträge für die nächste Spielzeit abgeschlossen (vgl. Stein, 2012, o. S.; Vetter, 2012, o. S.).

Kontrollfragen

1. Trotz hoher Umsatzerlöse im professionellen Teamsport ist die wirtschaftliche Tragfähigkeit der lizenzierten Spielbetriebe (Klubs) mitunter sehr gering. Häufig werden sogar operative Verluste gemacht und enorme Verbindlichkeiten angehäuft. Wie lässt sich dies erklären?
2. Sportliche Siegchancen können durch den Einsatz z. B. besserer Spieler und Trainer oder die Nutzung besserer Trainingsstätten erhöht werden. Inwiefern ist deshalb im professionellen Spitzensport generell die Gefahr von Überinvestitionen angelegt und wie kann ein Management dem entgegen wirken?
3. Über die Berücksichtigung wirtschaftlicher Kriterien in ihren Lizenzierungsverfahren versuchen die Ligaorganisationen, im Spannungsfeld von sportlichem und wirtschaftlichem Erfolg angelegte Gefahrenpotenziale zu entschärfen. Welche wirtschaftlichen Kriterien werden in den Lizenzierungsverfahren der Sportligen üblicherweise berücksichtigt und welche Möglichkeiten und Grenzen sind mit diesem Vorgehen verbunden?

4. Im internationalen Kontext hat die UEFA mit ihrem Klub-Monitoring zum Financial Fairplay eine Vorreiterrolle eingenommen, um langfristig die wirtschaftliche Tragfähigkeit des europäischen Profifußballs zu verbessern. Welches sind die zentralen Vorschriften des UEFA-Klub-Monitorings und welche Möglichkeiten und Grenzen sind mit diesen Regelungen verbunden?

3.5 Einflussmöglichkeiten Dritter auf Spielbetriebsgesellschaften des Teamsports

Mit der Zulassung kapitalgesellschaftlich verfasster Spielbetriebe zu den Wettbewerben der Sportligen seit Ende der 1990er Jahre wurde unter anderem eine erleichterte Einbindung von Investoren in den professionellen Teamsport angestrebt (vgl. Kapitel 3.3.3). Aus ihrer Sicht unerwünschte, mit der Einbindung von Kapitalgebern allerdings typischerweise verbundene Nebenfolgen, wollten die Sportligen jedoch möglichst begrenzen. Beispielsweise sollten Investoren keine Möglichkeit erhalten, das Management der Profiklubs wesentlich zu beeinflussen und auch die mit einer gleichzeitigen Beteiligung eines Investors an mehreren Spielbetrieben einer Liga einhergehenden Manipulationsmöglichkeiten der sportlichen Wettbewerbe sollten weitgehend ausgeschlossen werden – um die Integrität der Ligawettbewerbe insgesamt zu schützen.

Lernziele des Kapitels

> Die Leser erkennen, welche – aus Sicht des Sports – unerwünschten Nebenfolgen die Einbindung von Investoren in Spielbetriebe des professionellen Teamsports haben kann.
> Sie lernen Regelungen der Ligaorganisationen zur Beschränkung von Einflussmöglichkeiten Dritter auf das Teamsport-Management kennen und reflektieren Möglichkeiten und Grenzen dieser Regelungen.

Um seine finanzielle Basis zu verbreitern und die für den Spiel- und Wettkampfbetrieb verfügbaren finanziellen Mittel zu erhöhen, ist der Profisport seit jeher an einer Einbindung von Investoren und Kapitalgebern interessiert. Auch aus diesem Grund öffneten sich die Ligawettbewerbe der großen Teamsportarten Ende der 1990er Jahre für die Teilnahme kapitalgesellschaftlich verfasster Spielbetriebe. Denn solche Rechtsformen sind typischerweise auf den Kapitaleinsatz von Investoren angelegt.

Allerdings sind mit dem Erwerb von Kapital-/Gesellschaftsanteilen grundsätzlich auch Mitsprache- und Entscheidungsbefugnisse, etwa in der Gesellschafterversammlung, verbunden. Kapital und Einflussnahmemöglichkeiten sind dabei meist eng miteinander verknüpft, sodass größeren Kapital-/Gesellschaftsanteilen regelmäßig auch mehr Mitspracherechte eingeräumt werden (vgl. Kapitel 2.3.1). Dies bleibt für den Spitzensport solange unproblematisch, wie angenommen werden kann, dass Investoren über ihre Mitsprachemöglichkeiten in den Spielbetriebsgesellschaften keinen Einfluss auf den sportlichen Wettbewerb der Liga nehmen.

Der unsichere Ausgang sportlicher Wettkämpfe ist nicht nur in den Teamsportarten eines der höchsten Güter des Spitzensports, denn aus ihm leiten sich auch seine ökonomisch relevanten Charakteristika ab, z. B. Spannung und Emotion. Um die Integrität des sportlichen Wettkampfs zu schützen, haben die Sportligen deshalb über ihre Lizenzierungsvorschriften die Beteiligungs- und damit auch die Einflussmöglichkeiten von Investoren im professionellen Teamsport reguliert. Dies führt jedoch für das Management von Spielbetriebsgesellschaften mitunter zu Spannungsfeldern, die in der Praxis enorme Sprengkraft entwickeln können.

Grundsätzlich können Investoren in Kapitalgesellschaften jeweils in Abhängigkeit ihrer Kapital-/Gesellschaftsanteile Einfluss auf die Geschäftsführung nehmen, u. a. über die Bestimmung der Geschäftsführer oder die Entsendung von Vertretern in den Aufsichtsrat. Um die Möglichkeiten einer Einflussnahme von Investoren zu beschränken, haben die Sportligen folgende Regelungen etabliert:

- Eine Lizenz der *Deutschen Volleyball-Liga* kann nur ein Volleyball-Verein erwerben. Auch wenn dieser seinen professionellen Spielbetrieb auf eine Kapitalgesellschaft ausgegliedert hat, bleibt er allein Lizenznehmer der Volleyball-Liga (vgl. Teil A Nr. 1 DVL-Lizenzstatut[20]).
- Um eine Lizenz der *Basketball Bundesliga* erhalten zu können, müssen kapitalgesellschaftlich verfasste Spielbetriebsgesellschaften darstellen, „wer mit welchen Beteiligungen an dem Träger des Spielbetriebes beteiligt ist. Liegen Beteiligungen vor, die sowohl beim Antragsteller als auch bei anderen Antragstellern einen bestimmenden Einfluss auf deren Geschäftstätigkeit ermöglichen, kann die Lizenz verweigert werden" (§ 9 BBL-Lizenzstatut). Allerdings ist nicht explizit ausgeführt, was z. B. als „bestimmender Einfluss" gewertet wird.
- Die *Handball-Bundesliga* unterscheidet in ihren Regelungen zwei Szenarien:
  - Beantragt ein Handball-*Verein*, der seinen Bundesligaspielbetrieb auf eine Kapitalgesellschaft übertragen hat, die Lizenz „muss der Verein mit mehr als 25% der Stimmenanteile an dem wirtschaftlichen Träger bzw. dessen vertretungsberechtigten Organ beteiligt sein" (§ 1 Nr. 3 HBL-Lizenzierungsrichtlinien[21]).
  - Beantragt eine *kapitalgesellschaftlich* verfasste Spielbetriebsgesellschaft „die Erteilung der Lizenz ..., muss der Verein mindestens 51% der Stimmenanteile an dem wirtschaftlichen Träger bzw. dessen vertretungsberechtigten Organ besitzen" (§ 1 Nr. 4 HBL-Lizenzierungsrichtlinien).
- Im *Fußball* kann nach den Regelungen des *Ligaverbands* „eine Kapitalgesellschaft ... nur eine Lizenz ... erwerben, wenn ein Verein mehrheitlich an ihr beteiligt ist, der über eine eigene Fußballabteilung verfügt, und der im Zeitpunkt, in dem sie sich erstmals für eine Lizenz bewirbt, sportlich für die Teilnahme an einer Lizenzliga qualifiziert ist. Der Verein (,Mutterverein') ist an der Gesellschaft mehrheitlich beteiligt (,Kapitalgesellschaft'), wenn er über 50% der Stimmenanteile zuzüglich mindestens eines weiteren Stimmenanteils in der Versammlung der Anteilseigner verfügt" (§ 8 Satzung Ligaverband). Darüber hinaus legt der Ligaverband fest, „dass ein Recht, Mitglieder in den Auf-

---

[20] DVL-Lizenzstatut vom 01. Juli 2011.
[21] HBL-Lizenzierungsrichtlinien vom 06. Juli 2011.

sichtsrat bzw. ein anderes Kontrollorgan zu entsenden (,Entsenderecht') nur dem Mutterverein eingeräumt werden darf. Der Mutterverein soll in dem Kontrollorgan der Kapitalgesellschaft mehrheitlich vertreten sein" (§ 4 Nr. 10 DFL-Lizenzierungsordnung).

Grundsätzlich geht es den Regelungen der Ligaorganisationen also darum, dem ausgliedernden Sportverein eine Stimmenmehrheit in der Spielbetriebsgesellschaft und damit auch die Möglichkeit eigenständiger, selbstbestimmter Entscheidungen zu sichern. Die Beschränkung der Kapital- und Stimmrechtsbeteiligungen von Investoren auf weniger als die Hälfte der Anteile ist im Profisport auch als *„50+1 Regel"* bekannt. Sie wird im Folgenden am Beispiel des Fußballs weiter beleuchtet, denn gerade im Fußball ist diese Regelung immer wieder heftig umstritten.

50+1-Regel im Fußball

Häufig wird im Fußball mit Blick auf die *internationale Konkurrenz* argumentiert, die 50+1-Regel würde deutsche Bundesligisten in den europäischen Wettbewerben benachteiligen. Denn Profiklubs anderer Nationen – z. B. der FC Chelsea, Manchester City oder Paris St. Germain – seien dank der in ihren Ländern weiter reichenden Investitionsmöglichkeiten von Kapitalgebern in der Lage, massiv in ihre sportliche Wettbewerbsfähigkeit zu investieren. Außerdem seien Investoren auch ohne formale Stimmenmehrheit in der Lage, *umfassenden Einfluss* auf die Geschäftsführung von Spielbetriebsgesellschaften zu nehmen – etwa wenn sich der Mutterverein in einer *wirtschaftlichen Abhängigkeit* des Investors befindet und für den Investor daraus eine faktische Machtposition erwächst.

Schließlich gaben auch zwei vom Ligaverband akzeptierte Ausnahmen von der 50+1-Regel immer wieder Anlass zu Kritik. Beispielsweise galt eine mehrheitliche Beteiligung von Investoren an kapitalgesellschaftlichen Spielbetrieben als zulässig, wenn dieses „Wirtschaftsunternehmen seit mehr als 20 Jahren vor dem 1.1.1999 den Fußballsport des Muttervereins ununterbrochen und erheblich gefördert hat … [und; M. F.] das Wirtschaftsunternehmen in Zukunft den Amateurfußballsport in bisherigem Ausmaß weiter fördert sowie die Anteile an der Kapitalgesellschaft nicht weiter veräußert bzw. nur an den Mutterverein kostenlos rückübereignet" (§ 8 Satzung Ligaverband).

Diese Ausnahmeregel begünstigte die Bayer 04 Leverkusen Fußball GmbH mit ihrem Gesellschafter Bayer AG und die VfL Wolfsburg Fußball GmbH mit ihrem Gesellschafter Volkswagen AG (vgl. Abb. 15). Um innerhalb der Bundesliga einheitliche Verhältnisse zu schaffen und die Einbindung weiterer Investoren zu erleichtern, klagte Hannover 96 beim Ständigen DFB-Schiedsgericht gegen die 50+1-Regel. Die Entscheidung des Schiedsgerichts vom August 2011 führte zu einer leichten Lockerung der Regel, die aber im Kern weiterhin Bestand hat: Zukünftig können Investoren nicht nur die Kapital-, sondern auch die Stimmenmehrheit einer Fußball-Kapitalgesellschaft übernehmen, wenn sie länger als 20 Jahre in deren Mutterverein „ununterbrochen und erheblich aktiv sind" (DFB, 2011, o. S.). Das bisherige Stichdatum 01.01.1999 ist ersatzlos gestrichen worden.

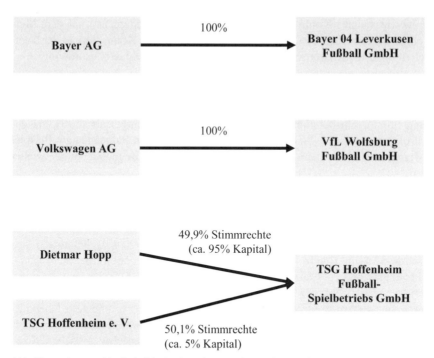

Abb. 15: Ausgewählte Beispiele für Ausnahmen und Umgehungen der vom Ligaverband erlassenen „50+1-Regel" für das Verhältnis von Investoren und kapitalgesellschaftlichen Spielbetrieben des Profi-Fußballs (vgl. Siemes, 2011, o. S.).

Dank der Einbindung von Kapitalgebern erweiterte Investitionsmöglichkeiten in den Spielbetrieb zur Stärkung der sportlichen Leistungsfähigkeit könnten im Fußball mit der Umsetzung des UEFA-Reglements zum Klub-Monitoring und Financial-Fairplay zukünftig allerdings eingeschränkt werden (vgl. Kapitel 3.4.3). Dessen ungeachtet bleibt die Thematik für das Management im professionellen Teamsport aber generell brisant.

Beschränkung von Mehrfachbeteiligungen

Weitgehend unstreitig sind weitere, kartellrechtlich motivierte Lizenzierungsregeln der Sportligen, die eine Mehrfachbeteiligung von Investoren an mehreren Spielbetrieben der gleichen Liga verhindern sollen. Denn grundsätzlich ist es denkbar, dass Investoren nicht nur an einer Spielbetriebsgesellschaft beteiligt sind, sondern gleichzeitig bei mehreren Spielbetriebsgesellschaften der gleichen Sportart als Anteilseigner und Gesellschafter fungieren. Insbesondere für Medienorganisationen, Sportartikelhersteller oder Vermarktungsgesellschaften können solche Beteiligungen von Interesse sein, um sich darüber strategische Vorteile in ihren Geschäftsfeldern zu verschaffen (vgl. Weiler, 2006, S. 334), wie u. a. die Engagements der Agentur Sportfive bei mehreren Fußball-Bundesligisten oder der Aktienanteil von Adidas an der FC Bayern München AG zeigen.

3.5 Einflussmöglichkeiten Dritter auf Spielbetriebsgesellschaften des Teamsports

Mehrfachbeteiligungen von Investoren an Spielbetriebsgesellschaften einer Sportart/Liga können den Kapitalgebern Gelegenheiten eröffnen, eines „ihrer" Teams im sportlichen Wettstreit zu begünstigen, z. B. über Einflussnahmen auf Spielertransfers zwischen den „eigenen" Gesellschaften, oder über wechselseitige Absprachen von Spielergebnissen zugunsten der für den Investor ökonomisch relevanteren Mannschaft. Auf diese Weise würde aber der sportliche Wettkampf durch wirtschaftliche Überlegungen und Interessen korrumpiert – und damit auch die Integrität und die Glaubwürdigkeit der Ligawettbewerbe insgesamt gefährdet (vgl. Weiler, 2006, S. 28).

Die Ligaorganisationen müssen folglich solche Interessenkollisionen möglichst verhindern und das Bild eines von wirtschaftlichen Interessen unbeeinflussten sportlichen Wettbewerbs aufrechterhalten. Diese Glaubwürdigkeit ist gerade auch für die ökonomische Verwertbarkeit des professionellen Spitzensports enorm bedeutsam. Insofern bedarf es der Beschränkung von Mehrfachbeteiligungen, d. h., expliziter Regelungen, „die es einem Investor verbieten, bei mehr als einem am selben Wettbewerb teilnehmenden Sportunternehmen eine *wesentliche Einflussmöglichkeit* zu besitzen" (Weiler, 2006, S. 336; Hervorhebungen im Original). Wesentliche Einflussmöglichkeiten bestehen dabei nach Weiler (vgl. 2006, S. 332), wenn

- eine Spielbetriebsgesellschaft der gleichen Sportart/Liga mehr als 5% der Kapital-/Stimmrechtsanteile eines Liga-Konkurrenten hält, oder weitere gesellschaftsvertragliche Sonderrechte oder Treuhandverträge vorliegen, die entsprechende Einflussnahmemöglichkeiten eröffnen.
- ein Investor mehr als 25% der Kapital-/Stimmrechtsanteile von Spielbetriebsgesellschaften der gleichen Sportart/Liga hält, oder weitere gesellschaftsvertragliche Sonderrechte oder Treuhandverträge vorliegen, die entsprechende Einflussnahmemöglichkeiten eröffnen.

In der Praxis des professionellen Teamsports aktuell geltende Regelungen zur Beschränkung von Mehrfachbeteiligungen lauten

- *beim Fußball Ligaverband*: „Lizenzvereine und Kapitalgesellschaften dürfen weder unmittelbar noch mittelbar an anderen Kapitalgesellschaften der Lizenzligen beteiligt sein" (§ 8 Satzung Ligaverband). Es ist sicherzustellen, „dass Mitarbeiter oder Mitglieder von Organen von Unternehmen, die zu mehreren Lizenznehmern/Muttervereinen oder mit diesen verbundenen Unternehmen in wirtschaftlich erheblichem Umfang in vertraglichen Beziehungen im Bereich der Vermarktung, einschließlich des Sponsorings, oder des Spielbetriebs stehen und/oder an ihnen bedeutend beteiligt sind, nicht Mitglied in Kontroll-, Geschäftsführungs- und Vertretungsorganen des Lizenznehmers sein dürfen" (§ 4 Nr. 4 DFL-Lizenzierungsordnung), dies gilt z. B. für Führungskräfte von Agenturen, die für mehrere Bundesligisten parallel die Rechtevermarktung übernehmen. „Ebenso dürfen Mitglieder von Geschäftsführungs- oder Kontrollorganen eines anderen Lizenznehmers keine Funktionen in Organen des Lizenznehmers übernehmen" (§ 4 Nr. 4 DFL-Lizenzierungsordnung).
- *bei der BBL*: Kapitalgesellschaften müssen mit ihrem Lizenzantrag darlegen, „wer mit welchen Beteiligungen an dem Träger des Spielbetriebes beteiligt ist. Liegen Beteiligungen vor, die sowohl beim Antragsteller als auch bei anderen Antragstellern einen bestimmenden Einfluss auf deren Geschäftstätigkeit ermöglichen, kann die Lizenz verweigert werden" (§ 9 BBL-Lizenzstatut).

Praxisbeispiel

Die TSV München von 1860 GmbH & Co. KG auf Aktien (1860 München KGaA), deren Profi-Mannschaft in der Zweiten Fußball Bundesliga spielt, ist seit längerem wirtschaftlich schwer angeschlagen. Deshalb forderte beispielsweise die Deutsche Fußball Liga im Januar 2011 einen Nachweis über zusätzliche rund fünf Mio. Euro finanzieller Mittel.

Vor diesem Hintergrund schloss die 1860 München KGaA im Mai 2011 mit einem arabischen Investor einen Kooperationsvertrag, der dem Klub rund 18 Mio. Euro einbrachte. Im Gegenzug sicherte sich der Investor 49% stimmberechtigte sowie 11% stimmrechtlose Aktien der 1860 München KGaA. Auf diese Weise hielten die Beteiligten die 50+1-Regel der DFL formal ein und retteten dennoch den Klub vor der Insolvenz.

Doch bereits im Herbst 2011 befindet sich die Zusammenarbeit in einer kritischen Phase. Schwelende Kompetenz-Konflikte und Diskussionen um Einfluss und Macht sind zu beobachten. Während der Investor sich als „Mehrheitsaktionär" sieht, mahnt der Präsident des TSV 1860 München e. V. die Einfluss- und Kontrollrechte des Muttervereins an. Das Vereinspräsidium fühlt sich trotz 51% der Stimmen in strategischen Fragen vom Investor unter Druck gesetzt und beklagt, von der Geschäftsführung nicht angemessen in relevante Informationsflüsse eingebunden zu sein.

Konkret zeigt sich das Dilemma u. a. darin, dass der Klub in der Winterpause 2011/12 Spielertransfers tätigen will, die der Investor allerdings nur indirekt mittels Kreditverträgen zu ermöglichen bereit ist. Der Verein wiederum sieht darin ein zu großes Verschuldungsrisiko und geht deshalb auf Distanz. Stattdessen verweist man darauf, dass neue Spieler ja den Aktienwert erhöhen und der Investor als Anteilsinhaber folglich ebenfalls profitieren kann – im Fall eines Misserfolgs aber auch das unternehmerische Risiko mit trägt.

Einen weiteren Streitpunkt liefern Probleme des Muttervereins TSV 1860 München mit dem Finanzamt. Der Verein hatte in den vergangenen Jahren der 1860 München KGaA beim Bau des Nachwuchsleistungszentrums geholfen, was zumindest teilweise als verdeckte Gewinnausschüttung gelten könnte. Damit einhergehende Sanktionen würden den Verein aber wohl in die Insolvenz – und den Vereinspräsidenten vermutlich aus dem Amt führen. Eine Lösung dieser Situation könnte die Zurückführung von Gebäuden des Nachwuchsleistungszentrums aus der 1860 München KGaA in den Mutterverein darstellen. Doch dies lehnen der Investor und auch der Geschäftsführer der KGaA bislang ab, da die KGaA vermutlich trotz Insolvenz des Vereins über einen gewissen Zeitraum handlungsfähig bleiben könnte.

In beiden Fällen wäre letztlich die Unterschrift des Geschäftsführers der KGaA notwendig. Doch entsprechende Weisungsbefugnis hat lediglich der vierköpfige Beirat der KGaA – und der ist paritätisch von Mutterverein und Investorenseite besetzt (vgl. Kleffmann & Schäflein, 2010, o. S.; Schneider, 2011, o. S.; Kleffmann, 2011, o. S.; Kleffmann & Schneider, 2011, o. S.).

Kontrollfragen

1. Mit der Einbindung von Kapitalgebern in Spielbetriebsgesellschaften des professionellen Teamsports können aus Sicht des Sports unerwünschte Nebenfolgen verbunden sein. Welche sind dies und wie begegnen die Ligaorganisationen diesem Problem? An welche Grenzen stoßen die Ligaorganisationen dabei?
2. Die Beschränkung von Mehrfachbeteiligungen an Spielbetriebsgesellschaften des professionellen Teamsports ist notwendig, um die Integrität des sportlichen Wettkampfs zu schützen. Inwiefern sind die bestehenden Regelungen der Ligaorganisationen geeignet, eine solche Einflussnahme Dritter auf das Management des Profisports zu verhindern?

4 Staatliche Sportförderung – Finanzierung im Sport

Explizite Programme, Strategien und Konzepte sind eine wichtige Voraussetzung für das Gelingen von Managementprozessen. Die Umsetzung sportspezifischer Managementplanungen erfordert aber immer auch finanzielle Mittel – außer sie basieren, etwa in Sportvereinen, ausschließlich auf ehrenamtlicher Mitarbeit. Insofern ist Finanzierung im Sport ein unabdingbares, zentrales Thema des Sportmanagements. Die hier eingenommene Perspektive geht dabei nicht auf Fragen eines organisationsbezogenen Finanz*managements* ein, sondern rückt vielmehr die für Sportvereine und Sportverbände potenziell verfügbaren Finanzierungsquellen mit ihren typischen Verteilungsmechanismen in den Blick. Folglich geht es vor allem um die Herkunft der Finanzmittel des organisierten Sports und die grundlegenden Verfahren der Mittelzuteilung – auf den verschiedenen föderalen Ebenen, also zwischen Bund, Ländern und Kommunen, zwischen Sportverbänden untereinander, sowie zwischen Sportverbänden und Sportvereinen.

Für den in Sportvereinen und Sportverbänden organisierten Sport fungieren dabei neben ihren originären Mitgliedsbeiträgen und Spenden insbesondere staatliche Zuschüsse als zentrale Finanzierungsquellen. Folglich haben Grundsätze und Instrumente der staatlichen Sportförderung in diesen Kontexten enorme Relevanz für das Management. Da den Sportorganisationen auf diesem Weg neben Steuergeldern außerdem anteilig finanzielle Mittel des staatlich geregelten Glücksspiels zufließen, müssen Sportmanager diesbezüglich über sportpolitische Grundprinzipien informiert sein.

Aus einem distanzierten Blickwinkel lassen sich auch generelle Finanzierungsmuster von Sportvereinen und Sportverbänden sowie von Kapitalgesellschaften des professionellen Teamsports in den Blick nehmen. Dies kann wichtige Orientierung ermöglichen und Sportmanagern Entscheidungshilfen bieten. Allerdings müssen Sportorganisationen ihre Finanzierungsfragen jeweils eigenständig und situationsspezifisch beantworten. Entsprechende Managemententscheidungen sind folglich immer vor dem Hintergrund organisationsbezogener Gegebenheiten zu treffen und können auch nicht davon losgelöst verstanden werden. Betrachtet man grundsätzliche Finanzierungsmuster von Sportvereinen, Sportverbänden und Kapitalgesellschaften des professionellen Teamsports anhand exemplarischer Beispiele, werden gleichwohl generelle Tendenzen erkennbar – vor deren Hintergrund Sportmanagern beispielsweise auch eine Reflexion eigener Finanzierungsentscheidungen möglich ist.

4.1 Finanzierung des Sports durch Bund, Länder und Kommunen

Auf der Basis gemeinsamer Grundsätze staatlicher Sportförderung stellen Bund, Länder und Kommunen den Sportvereinen und den Sportverbänden finanzielle Ressourcen zur Verfügung. Angesichts der jeweils eigenen Zielsetzungen zeichnen sich diese Finanzierungsbeiträge allerdings durch unterschiedliche Schwerpunktsetzungen aus.

Die Auseinandersetzung mit der Finanzierung des Sports durch die öffentliche Hand verdeutlicht den Stellenwert und die Relevanz staatlicher Fördermittel für den organisierten Sport. Werden auf diese Weise die von staatlichen Zuschüssen profitierenden Organisationen und Bereiche des Sports erkennbar, lassen sich damit u. a. auch Möglichkeiten und Grenzen der finanziellen Förderung zukünftiger Projekte und Maßnahmen des organisierten Sports abschätzen.

Lernziele des Kapitels

> Die Leser lernen Grundsätze der Sportförderung von Bund, Ländern und Kommunen kennen und reflektieren deren sportpolitische Tragweite.
> Sie erfahren, in welchem Umfang Bundesministerien zur Sportförderung der Bundesregierung beitragen und sie erhalten einen vertieften Einblick in die Sportförderung des Bundesministeriums des Innern.
> Sie lernen typische Mechanismen der Sportförderung der Bundesländer kennen und erhalten einen beispielhaften Einblick in die staatliche Förderung des Sports in Baden-Württemberg.
> Sie erkennen die Relevanz staatlichen Glücksspiels für die Förderung des organisierten Sports und setzen sich mit aktuellen Entwicklungen zum staatlichen Glücksspielmonopol auseinander.

4.1.1 Grundsätze staatlicher Sportförderung

Nach dem Ende des Zweiten Weltkriegs wurde die Organisation des Sports in der BRD auf die Basis eines autonomen, vom Staat möglichst unabhängigen Sportvereins- und Sportverbandswesens gestellt. Dieses Grundprinzip gilt seit der Vereinigung der beiden deutschen Staaten 1990 für das gesamte Bundesgebiet – und definiert somit bundesweit Möglichkeiten und Grenzen der staatlichen Finanzierung und Förderung des Sports.

> Ein direkter staatlicher Eingriff in die Sportselbstverwaltung ist demnach unzulässig. Sportvereine und Sportverbände haben das Recht und die Pflicht, ihre Aufgaben und Angelegenheiten – auch in der Abgrenzung untereinander – selbstständig zu definieren und zu regeln. Dabei gilt es, einen Ausgleich zu finden zwischen politisch gewollter Förderung gesellschaftlich relevanter Funktionen des Sports, z. B. nationalstaatlicher Repräsentation durch Spitzensport oder Gesundheitsförderung und Sozialintegration durch Breitensport – und unangemessener staatlicher Einflussnahme. Als sportpolitischer Orientierungsrahmen gelten hierbei drei zentrale Grundsätze staatlicher Sportförderung:

Autonomie des Sports

Erster zentraler Grundsatz der staatlichen Sportförderung ist die Autonomie des Sports, die sich auf eine fachliche, organisatorische und finanzielle Selbständigkeit der Sportvereine und Sportverbände in Deutschland bezieht. Die Formulierung und die Überwachung sportartspezifischer Regeln, die Organisation und die Koordination von Wettkämpfen, die Feststellung und die Dokumentation von Siegen und Rekorden sowie die Interessenformulierung und -vertretung gegenüber anderen gesellschaftlichen Teilbereichen wie Politik, Wirtschaft oder Massenmedien, sind jeweils eigenverantwortliche Organisationsleistungen von Sportvereinen und Sportverbänden. „Je höher die teils gewährte, teils gegen Widerstand erkämpfte *Selbststeuerungsfähigkeit* der Sportverbände für ihren jeweiligen Aufgabenbereich ist, desto größer ist die gesellschaftliche Autonomie des Sports" (Schimank, 1995, S. 68–69; Hervorhebungen im Original). Abgesehen von den jeweiligen satzungsmäßig festgeschriebenen Wettkampfregeln, existieren auch innerhalb des Sportvereins- und Sportverbandswesens praktisch keine unmittelbaren Weisungsrechte der Sportorganisationen untereinander. Und somit muss jede staatliche sportpolitische Maßnahme „in Anerkennung der Unabhängigkeit und des Selbstverwaltungsrechts des Sports erfolgen, der sich selbst organisiert und seine Angelegenheiten in eigener Verantwortung regelt" (Bundesregierung, 2010a, S. 17).

Subsidiarität

Als zweiter sportpolitischer Grundsatz gilt die Subsidiarität staatlicher Sportförderung. Damit verbunden ist die grundsätzliche Annahme, dass die autonomen Freiwilligenvereinigungen des Sports – also Sportvereine und Sportverbände – die für ihre Aufgabenerfüllung jeweils notwendigen Maßnahmen eigenständig festlegen und für deren operative Umsetzung erforderliche Ressourcen selbst aufbringen. Staatliche Eingriffe im Sinne etwa einer finanziellen Unterstützung sind damit zwar nicht generell ausgeschlossen. Sie erfolgen aber nur dann, wenn „die Organisationen des Sports die … im politischen Interesse liegenden Maßnahmen nicht oder nicht vollständig aus eigenen Mitteln finanzieren können" (Bundesregierung, 2010a, S. 17). Staatliche Sportförderung ist also grundsätzlich als „Hilfe zur Selbsthilfe" konzipiert (vgl. Heinemann, 1996, S. 179–180).

Partnerschaftliche Zusammenarbeit

Auf Basis der beiden genannten Grundsätze hat sich seit den 1950er Jahren eine z. T. durchaus enge Kooperation der öffentlichen Hand mit Sportverbänden und Sportvereinen entwickelt. Ungeachtet der idealtypischen Leitidee eines autonomen, vom Staat möglichst unabhängigen Sportvereins- und Sportverbandswesens, ist die öffentliche Hand heute ein sehr bedeutsamer finanzieller Förderer des organisierten Sports in Deutschland. Dies wird politisch dadurch gerechtfertigt, dass Sportvereine und Sportverbände öffentliche Aufgaben übernehmen, „die, würde es den organisierten Sport nicht geben, vom Staat in anderer Form erfüllt werden müßten … Der Staat stellt rechtliche Absicherung und Geld für die Erfüllung von Aufgaben zur Verfügung, die Vereine oft auch aufgrund anderer Lohnstrukturen und des ehrenamtlichen Engagements billiger und letztlich auch ‚unbürokratischer' als der Staat sichern können" (Heinemann, 1996, S. 192).

Als dritter Grundsatz staatlicher Sportförderung gilt deshalb eine partnerschaftliche Zusammenarbeit staatlicher Einrichtungen mit den Freiwilligenvereinigungen des Sports als erstrebenswert. Beispielsweise gibt es im Spitzensport eine ganze Reihe gemeinsamer Konzepte und Projekte von Politik und Sport, was sich u. a. in den seit 2007 zwischen dem Bundesministerium des Innern (BMI) und dem Deutschen Olympischen Sportbund (DOSB) geschlossenen Zielvereinbarungen zur Zusammenarbeit in der Spitzensportförderung zeigt (vgl. Bundesregierung, 2010a, S. 17).

Allerdings sind staatliche Zuschüsse für viele Sportvereine und Sportverbände in ihrer heute etablierten Form praktisch überlebensnotwendig (vgl. Kapitel 4.2 und 4.3). Dabei wird das Prinzip der Subsidiarität auch dadurch unterhöhlt, dass staatliche Fördergelder mitunter direkt an die Erfüllung exakt definierter Zwecke und Aufgaben gebunden werden, z. B. Gesundheitsvorsorge oder Integration von Minderheiten (vgl. Heinemann, 1996, S. 195). Ungeachtet einer Übernahme dieser im staatspolitischen Interesse liegenden Aufgaben durch Sportvereine und Sportverbände wird der politische Wille zur öffentlichen Sportförderung im bisherigen Umfang jedoch nur dann erhalten bleiben, wenn die imagebildenden Werte und ethischen Standards des Sports, z. B. Fairplay und Regelehrlichkeit, nicht in Zweifel gezogen werden – etwa durch Doping, Korruption, Wahlmanipulation oder Wettbetrug. Insofern gehört eine ernsthafte Auseinandersetzung mit diesen Themen unbedingt auf die Agenda des Sportmanagements.

4.1.2 Sportförderung des Bundes

Vor dem Hintergrund einer enormen staatlichen Einflussnahme und Instrumentalisierung des Sports während des Dritten Reichs wurde nach dem Zweiten Weltkrieg darauf verzichtet, eine ausdrückliche Bestimmung zur Sportförderung des Bundes in die Verfassung aufzunehmen. Aus diesem Grund ist der Sport bis heute nicht explizit als Staatsziel im Grundgesetz verankert. Gleichwohl hat sich über die Jahre hinweg eine durchaus umfassende Sportförderung der Bundesregierung etabliert, die insbesondere mit der gesellschaftlichen Bedeutung des Sports begründet wird. „Damit würdigt die Bundesregierung die Leistungen des Sports auf gesellschaftspolitisch zentralen Feldern wie Integration, Bildung, Erziehung, Gesundheitsvorsorge und internationaler Verständigung" (Bundesregierung, 2010a, S. 13).

Die Sportförderung des Bundes gründet somit auf ungeschriebenen Kompetenzen „aus der Natur der Sache oder kraft Sachzusammenhangs mit einer ausdrücklich ausgewiesenen Kompetenzmaterie" (Bundesregierung, 2010a, S. 15). Trotz solcher Auslegungsnotwendigkeiten besteht heute weitgehend Konsens, dass dem Bund insbesondere folgende sportbezogene Finanzierungsbefugnisse zustehen:

- Gesamtstaatliche Repräsentation durch die Teilnahme deutscher Spitzensportler an internationalen Wettkämpfen, z. B. Olympischen Spielen, Paralympics, Welt- und Europameisterschaften.
- Förderung von Auslandsbeziehungen inklusive sportlicher Entwicklungshilfe.
- Förderung von Maßnahmen nichtstaatlicher Sportorganisationen, die bundesweit von Bedeutung sind und nicht durch ein Bundesland allein wirksam unterstützt werden können, z. B. DOSB, Bundesfachverbände (vgl. Bundesregierung, 2010a, S. 15).

Von 2002 bis einschließlich 2005 beliefen sich die Bundesmittel zur Sportförderung auf rund 916 Mio. Euro, im Zeitraum 2006 bis einschließlich 2009 waren es rund 842 Mio. Euro. Der größte Teil dieser Gelder stammt aus dem Haushalt des BMI, das innerhalb der Bundesregierung alle sportbezogenen Angelegenheiten koordiniert (vgl. Bundesregierung, 2010a, S. 17). Im Rahmen ihrer jeweiligen Aufgabenstellungen nehmen außer dem BMI acht weitere Ministerien Teilzuständigkeiten für den Sport wahr (vgl. Tab. 19):

- Das *Bundesministerium für Verteidigung (BMVg)* beteiligt sich seit 1968 an der Spitzensportförderung des Bundes, indem die Bundeswehr in mittlerweile 15 Sportfördergruppen 744 Spitzensportler als „Sportsoldaten" finanziert, darunter bis zu 200 Frauen. Zwischen 2008 und 2010 wurden vorübergehend sogar 824 Förderplätze zur Verfügung gestellt (vgl. Bundesregierung, 2010a, S. 32).
- Die Sportförderung des *Bundesministeriums für Familie, Senioren, Frauen und Jugend (BMFSFJ)* erfolgt vor allem im Rahmen des Kinder- und Jugendplans des Bundes und bezieht sich auf die Unterstützung von Fördermaßnahmen im Jugendsport, von Sport für Frauen und Mädchen, von Bewegung, Spiel und Sport im Alter, sowie von Sport im Zivildienst.
- Das *Auswärtige Amt (AA)* finanziert Fördermaßnahmen des Sports im Rahmen der auswärtigen Kulturpolitik.
- Dem *Bundesministerium der Finanzen (BMF)* obliegen alle steuerlichen Fragen des Sports. Darüber hinaus engagiert sich das BMF seit 1952 in der Spitzensportförderung. Das Zoll Ski Team der Bundeszollverwaltung umfasst aktuell 38 Sportler, neun Trainer und einen Techniker der Disziplinen Ski alpin, Skilanglauf und Biathlon (vgl. Bundesregierung, 2010a, S. 35–36).
- Das *Bundesministerium für Arbeit und Soziales (BMAS)* beteiligt sich u. a. an der Förderung des Versehrtensports und des Behindertensports im Rahmen der Rehabilitation (vgl. Bundesregierung, 2010a, S. 16).

Tab. 19: Sportförderung des Bundes 2005 und 2010 (vgl. Bundesregierung, 2007, S. 18; 2011b, S. 3).

Ministerium	2005 (Tsd. Euro)	2010 (Tsd. Euro)
Bundesministerium des Innern	144.176	156.594
Bundesministerium für Verteidigung	56.839	61.736
Bundesministerium für Familie, Senioren, Frauen und Jugend	6.387	6.428
Auswärtiges Amt	2.663	4.697
Bundesministerium der Finanzen	1.661	2.171
Bundesministerium für Gesundheit	--	1.362
Bundesministerium für Bildung und Forschung	2.158	1.339
Bundesministerium für Arbeit und Soziales	1.404	1.203
Bundesministerium für Umwelt	923	368
Gesamt	216.211	235.898

Diese Zahlen lassen sich in ihrer Größenordnung u. a. durch einen Blick auf den *Gesamthaushalt der Bundesregierung* einordnen. 2010 umfasste der Gesamthaushalt des Bundes 319,5 Mrd. Euro, die rund 236 Mio. Euro Sportförderung der Bundesregierung entsprechen somit bezogen auf den Gesamtetat des Bundes rund 0,07%.
Der Gesamtetat des BMI lag 2010 bei 5,49 Mrd. Euro (1,72% am Gesamthaushalt des Bundes), auf die Sportförderung entfielen also 2,85% des BMI-Haushalts.

Der Gesamtetat des BMVg lag 2010 bei 31,11 Mrd. Euro (9,74% am Gesamthaushalt des Bundes), auf die Sportförderung entfielen also 0,2% des BMVg-Haushalts (vgl. Bundesregierung, 2010b, S. 16).

Sportförderung des Bundesministerium des Innern

Hinsichtlich der Sportförderung des Bundes übernimmt das *Bundesministerium des Innern* (BMI) innerhalb der Bundesregierung *die* zentrale Position. Insofern leistet es umfassende Beiträge zur Finanzierung des Spitzensports (vgl. Tab. 20).

Tab. 20: Sportförderung des Bundesministerium des Innern 2008, 2010 und 2012 (vgl. Bundesregierung, 2009, S. 23–25; 2011a, S.467–470).

	2008 (Ist) in Tsd. Euro	2010 (Ist) in Tsd. Euro	2012 (Plan) in Tsd. Euro
Zentrale Maßnahmen auf dem Gebiet des Sports	85.287	94.290	94.461
Zuwendungen für Errichtung, Erstausstattung und Bauunterhaltung von Sportstätten für den Hochleistungssport	19.800	19.717	15.810
Projektförderung für Sporteinrichtungen (IAT, FES)	9.835	12.096	12.096
Zuschuss für Maßnahmen zur Dopingbekämpfung	2.851	3.351	3.366
Periodisch wiederkehrende Sportveranstaltungen	4.652	2.461	4.845
Bundeszuschuss für das Kulturprogramm zur Ski-WM 2011	--	1.500	--
Zuschuss an die NADA	1.000	1.000	--
Zuschuss an die WADA	448	586	586
Förderung internationaler Sportprojekte und Tagungen	493	500	460
Bundeszuschüsse im Zusammenhang mit der Ausrichtung der Frauen Fußball WM 2011	--	13	75
Gesamt	124.366	135.514	131.699

Im Einzelnen sind mit der Sportförderung des BMI folgende Projekte und Maßnahmen verbunden (Planzahlen für 2012, vgl. Bundesregierung, 2011a, S. 467–470):

- Die *zentralen Maßnahmen auf dem Gebiet des Sports* sind der größte Posten der vom BMI verantworteten Sportförderung. Hierunter fallen vor allem Zuschüsse für
  - Olympiastützpunkte und Bundesleistungszentren der Bundesfachverbände (rund 31 Mio. Euro).
  - Leistungssportpersonal der Bundesfachverbände, insbesondere Trainer (rund 30,4 Mio. Euro).
  - spitzensportbezogene Jahresplanungen der Bundesfachverbände (rund 24,7 Mio. Euro), im Einzelnen bezieht sich dies auf
    - Zuschüsse im Sinne einer Grundförderung der Bundesfachverbände, insbesondere für Stützpunkttraining, zentrale Lehrgänge, internationale Wettkämpfe, Vertretung in internationalen Gremien (rund 14,3 Mio. Euro).
    - Zuschüsse für Maßnahmen zur gezielten Olympiavorbereitung, insbesondere für die Top-Team-Förderung (6,2 Mio. Euro).
    - Zuschüsse zur Teilnahme an Welt- und Europameisterschaften (4,2 Mio. Euro).
  - Leistungssport der Menschen mit Behinderung (rund 5,1 Mio. Euro).

- Leistungssportprojekte, u. a. sportmedizinische Untersuchungen (rund 1,1 Mio. Euro).
- Organisationskosten bedeutender nationaler und internationaler Veranstaltungen im Inland (720 Tsd. Euro). 2010 profitierten davon z. B. die Fecht-EM in Leipzig, die Junioren-WM in der Nordischen Kombination in Hinterzarten, die WM der Schützen in München und die Eishockey-WM in Köln und Mannheim.
- Bundeswettbewerbe der Schulen, u. a. Jugend trainiert für Olympia (700 Tsd. Euro).
- Fördermaßnahmen internationaler Sportbeziehungen (120 Tsd. Euro).
- zentrale Maßnahmen des Breitensports (45 Tsd. Euro).
- sonstige Maßnahmen mit Bundesinteresse, u. a. Ehrenpreise, Silbernes Lorbeerblatt des Bundespräsidenten (644 Tsd. Euro).

- Ein weiterer großer Bereich der BMI-Sportförderung sind *Zuwendungen für Errichtung, Erstausstattung und Bauunterhaltung von Sportstätten für den Hochleistungssport*. Eine Vielzahl von Trainingszentren des Spitzensports in Deutschland stammt aus den 1970er Jahren. Aus diesem Grund sind mittlerweile z. T. umfassende Investitionen in Sanierungs-, Erhaltungs- und Modernisierungsmaßnahmen notwendig, um die Infrastruktur des Spitzensports zu erhalten und aktuellen Anforderungen anzupassen, z. B. hinsichtlich des Energiebedarfs der Anlagen oder der Anpassung von Trainingsgeräten an aktuelle, internationale Maßstäbe.

- Die *Projektförderung für Sporteinrichtungen* umfasst Fördermittel zugunsten der beiden praxisorientierten wissenschaftlichen Einrichtungen des Spitzensports, des Instituts für Angewandte Trainingswissenschaft (IAT) in Leipzig und des Instituts für Forschung und Weiterentwicklung von Sportgeräten (FES) in Berlin.
  - Das IAT unterstützt den Spitzensport vor allem über wissenschaftliche Trainings- und Wettkampfforschung, die u. a. in Trainingskonzeptionen, Mess- und Analyseverfahren einfließen.
  - Am FES erfolgt eine praxisorientierte Forschung in materialabhängigen Sportarten, deren Ergebnisse insbesondere auch zur Entwicklung, Produktion und Optimierung von Sportgeräten und Ausrüstungsgegenständen des Spitzensports genutzt wird, z. B. im Bobsport, im Eisschnelllauf oder im Kanusport (vgl. Digel, Burk & Fahrner, 2006, S. 456–458).

- Der Titel *periodisch wiederkehrende Sportveranstaltungen* steht für die Beteiligung des BMI an den Kosten, die insbesondere durch die Entsendung der deutschen Mannschaften zu Olympischen Spielen und Paralympics entstehen. Dies sind im Einzelnen:
  - Entsendungskosten für Olympiamannschaften (rund 2,9 Mio. Euro).
  - Entsendungskosten für Mannschaften zu Paralympics, Deaflympics und Special Olympics (rund 1,4 Mio. Euro).
  - Zuschüsse für Internationales Deutsches Turnfest und Gymnaestrada (500 Tsd. Euro).
  - Zuschüsse für Makkabi-Spiele und Makkabiade (100 Tsd. Euro).

- *Zuschüsse für Maßnahmen zur Dopingbekämpfung* richten sich vor allem auf Dopingprävention, Dopinganalytik und Dopingforschung sowie auf Projekte der Nationalen Anti Doping Agentur (NADA), z. B. die Erstellung eines Nationalen Dopingpräventionsplans.
  - Der BMI-*Zuschuss an die NADA* dient der Stärkung des Stiftungskapitals der NADA, aus dessen Erträgen sie ihre Dopingbekämpfung finanzieren soll.

- *Zuschüsse an die WADA* basieren auf der von Deutschland unterzeichneten „Kopenhagener Deklaration über Anti-Doping im Sport" von 2003. Deutschland trägt dabei 12,5% der europäischen Zuschüsse an die WADA.
- Die *Förderung internationaler Sportprojekte und Tagungen* bezieht sich u. a. auf die Koordination von Projekten zur Friedenssicherung und Völkerverständigung und umfasst außerdem Zuschüsse an internationale Sportorganisationen mit Sitz in Deutschland.
- Als einmaliger Posten ist der *Bundeszuschuss für das Kulturprogramm zur Ski-WM 2011* in Garmisch Partenkirchen zu sehen.
- Unter anderem zur Gewährleistung der Sicherheit im Vorfeld und während der Frauen Fußball WM 2011 sowie zur Finanzierung von Standortkampagnen wurden vom BMI auch *Bundeszuschüsse im Zusammenhang mit der Ausrichtung der Frauen Fußball WM 2011* geleistet.

Zur Sportförderung des BMI sind außerdem rund 15,3 Mio. Euro (2010) für die *Sportfördergruppen der Bundespolizei* zu rechnen. Hier haben Spitzensportler ausgewählter Sportarten die Möglichkeit, parallel zu ihrer Spitzensportkarriere eine Ausbildung zum Polizeimeister zu absolvieren und nach Abschluss ihrer Sportkarriere einen entsprechenden Dienst aufzunehmen. Seit den 1970er Jahren fungiert die Bundespolizeisportschule in *Bad Endorf* als Leistungszentrum der Bundespolizei für die Wintersportarten Ski alpin, Snowboard, Nordische Kombination, Skilanglauf, Skispringen, Biathlon, Eisschnelllauf, Short Track, Bob und Rennrodeln sowie mittlerweile auch Skeleton.
In Form eines Leistungssportprojekts förderte die Bundespolizei in *Cottbus* von 1999 bis 2011 auch Spitzensportler aus Sommersportarten, z. B. Leichtathletik, Judo, Radsport. Seit Ende 2011 wird dieses Projekt am Bundesleistungszentrum *Kienbaum* bei Berlin fortgeführt (vgl. Bundespolizei, 2011a, o. S.; 2011b, o. S.).

Dem BMI ist außerdem das 1970 gegründete *Bundesinstitut für Sportwissenschaft* (BISp) nachgeordnet, das 2010 einen Haushalt von rund 5,8 Mio. Euro aufwies (vgl. Bundesregierung, 2011a, S. 467–470). Das BISp fördert und koordiniert im Auftrag des BMI sportwissenschaftliche Forschungsaufträge für den Spitzensport und begleitet den Transfer der Forschungsergebnisse in die Sportpraxis. Wesentliche Forschungsbereiche sind u. a. Talentsuche und Nachwuchsförderung im Spitzensport, Doping-Analytik und bundesweit relevante Fragestellungen zur Sportentwicklung (vgl. Digel, Burk & Fahrner, 2006, S. 458–459). Zentrale Förderprogramme der jüngeren Zeit sind das „Programm zur Schwerpunktsetzung sportwissenschaftlicher Forschung des BISp" und das bis 2016 angelegte „Langfristige strategische Forschungsprogramm für das Wissenschaftliche Verbundsystem im Leistungssport (WVL)". Damit strebt das BISp eine Optimierung der wissenschaftlichen Unterstützung des Spitzensports an (vgl. Bundesinstitut für Sportwissenschaft, 2012, o. S.).
Die rund 156,6 Mio. Euro BMI-Sportförderung für 2010 umfassen auch die rund 15,3 Mio. Euro Sportförderung der Bundespolizei und die rund 5,8 Mio. Euro für das Bundesinstitut für Sportwissenschaft. Diese sind in Tab. 20 nicht eingerechnet. Zuwendungsempfänger der BMI-Gelder sind vor allem der DOSB und die Bundesfachverbände. Insofern sind entsprechende Zuschussverfahren und Förderregelungen insbesondere für das Spitzensportmanagement dieser Sportverbände von großer Bedeutung (vgl. Kapitel 4.2.2).

4.1.3 Sportförderung der Länder

In den Verfassungen der Bundesländer ist – mit Ausnahme von Hamburg – der Sport als Staatsziel definiert. Somit existieren in 15 Bundesländern auch explizite Vorschriften zur Förderung des Sports (vgl. Fritzweiler & von Coelln, 2007, S. 31–33). Die staatliche Zuständigkeit für „Sport" ist in den Bundesländern allerdings nicht einheitlich geregelt, meist wird dies als Teilaufgabe dem Kultus- oder Innenministerium zugewiesen (vgl. Tab. 21).

Tab. 21: Zuständigkeiten für Sportförderung in den Bundesländern (vgl. Sportministerkonferenz, 2012, o. S.).

Bundesland	Zuständigkeit für Sportförderung
Baden-Württemberg	Ministerium für Kultus, Jugend und Sport
Bayern	Bayerisches Staatsministerium für Unterricht und Kultus
Berlin	Senatsverwaltung für Inneres und Sport
Brandenburg	Ministerium für Bildung, Jugend und Sport
Bremen	Senator für Inneres und Sport
Hamburg	Behörde für Inneres und Sport
Hessen	Ministerium des Innern und für Sport
Mecklenburg-Vorpommern	Innenministerium
Niedersachsen	Ministerium für Inneres und Sport
Nordrhein-Westfalen	Ministerium für Familie, Kinder, Jugend, Kultur und Sport
Rheinland-Pfalz	Ministerium des Innern, für Sport und Infrastruktur
Saarland	Ministerium für Arbeit, Familie, Prävention, Soziales und Sport
Sachsen	Staatsministerium des Innern
Sachsen-Anhalt	Ministerium für Inneres und Sport
Schleswig-Holstein	Innenministerium
Thüringen	Ministerium für Soziales, Familie und Gesundheit

Bei sportbezogenen Angelegenheiten von überregionaler Bedeutung erfolgt nach Möglichkeit länderübergreifend eine sportpolitische Abstimmung über die *Ständige Konferenz der Sportminister der Länder in der Bundesrepublik Deutschland* (SMK). Hier geht es insbesondere um „die Koordinierung der Sportförderung in den Ländern und die Wahrung der Länderinteressen im Bereich des Sports auf nationaler und internationaler Ebene. Die SMK tritt in der Regel einmal jährlich zusammen und wechselt ihren Vorsitz alle zwei Jahre … Auf Arbeitsebene besteht die Konferenz der Sportreferenten (SRK), die die Sitzungen der SMK vorbereitet und deren Beschlüsse ausführt. Die SRK … tagt durchschnittlich viermal im Jahr" (Bundesregierung, 2010a, S. 17).

Vor dem Hintergrund der bestehenden föderalen Vielfalt der Bundesrepublik weisen die Bundesländer u. a. wirtschaftliche und politische Unterschiede – und damit jeweils eigene Staatsqualitäten – auf. Insofern unterscheidet sich auch die Sportförderung der Länder, wenngleich generelle Prinzipien und Mechanismen durchaus einem ähnlichen Muster folgen. Diese Grundprinzipien der Sportförderung der Länder lassen sich anhand exemplarischer Beispiele verdeutlichen. Zu diesem Zweck wird im Folgenden auf die Sportförderung von Baden-Württemberg Bezug genommen.

Sportförderung des Landes Baden-Württemberg

Unter Beachtung der in Kapitel 4.1.1 genannten Grundsätze, insbesondere der Autonomie des Sports und der Subsidiarität staatlicher Förderung, unterstützen die Länder den Sport und seine Organisationen in umfassender Weise. Die Vergabe von Zuschüssen sowie die Mittelverwendung durch Sportvereine und Sportverbände müssen dabei jeweils geltenden finanzpolitischen Richtlinien entsprechen. In Baden-Württemberg sind dies z. B. die Sportförderungsrichtlinien und die Kommunalen Sportstättenbauförderungsrichtlinien des Ministeriums für Kultus, Jugend und Sport. Deren Einhaltung kontrollieren Rechnungsprüfungsämter und Landesrechnungshof mittels regelmäßiger Prüfungen bei den Sportorganisationen.

Um dem Sport durch die Sportförderung der Landesregierung mittelfristig eine verlässliche Finanzierung zu ermöglichen, vereinbarte die baden-württembergische Landesregierung für den Zeitraum 2007 bis 2010 mit dem Landessportverband Baden-Württemberg einen „Solidarpakt Sport", der das jährliche Fördervolumen für diesen Zeitraum festschrieb (vgl. Ministerium für Kultus, Jugend und Sport Baden-Württemberg, 2009, S. 6). Im Januar 2011 beschloss man die Fortführung des Solidarpakts bis 2016 in Höhe eines Fördervolumens von jährlich 64,9 Mio. Euro. Hinzu kommen allerdings weitere Finanzmittel, z. B. „Allgemeine Deckungsmittel" und Gelder aus dem Kommunalen Investitionsfonds, die nicht dem Solidarpakt unterliegen. Für die Sportförderung der baden-württembergischen Landesregierung zeigt sich somit folgendes Bild (vgl. Tab. 22):

Tab. 22: Planzahlen zur Sportförderung des Landes Baden-Württemberg 2009 und 2011 (vgl. Ministerium für Kultus, Jugend und Sport Baden-Württemberg, 2009, S. 35; Ministerium für Finanzen und Wirtschaft Baden-Württemberg, 2010, S. 215).

Ministerium	2009 (Plan) Tsd. Euro	2011 (Plan) Tsd. Euro
Ministerium für Kultus, Jugend und Sport	81.695	80.502
Ministerium für Wissenschaft, Forschung und Kunst	1.500	1.500
Innenministerium	110	110
Justizministerium	100	100
Ministerium für Arbeit und Soziales	40	40
Gesamt	83.445	82.252

2011 belaufen sich die *Gesamtausgaben* der baden-württembergischen *Landesregierung* auf 35,14 Mrd. Euro, sodass der Anteil der Sportförderung in Höhe von 82 Mio. Euro rund 0,23% ausmacht. Der Gesamthaushalt des Kultusministeriums umfasst 2011 rund 8,86 Mrd. Euro (rund 25% des Gesamthaushalts der Landesregierung). Die Sportförderung des Kultusministeriums in Höhe von 80,5 Mio. Euro entspricht damit rund 0,91% seiner Gesamtausgaben (vgl. Ministerium für Finanzen und Wirtschaft Baden-Württemberg, 2010, S. 20).

Während das *Ministerium für Kultus, Jugend und Sport (MKJS)* eine zentrale Rolle in der Sportförderung des Landes spielt, verantworten noch weitere Ministerien Förderbeiträge zugunsten des Sports:

4.1 Finanzierung des Sports durch Bund, Länder und Kommunen

- Das *Ministerium für Wissenschaft, Forschung und Kunst* stellt Gelder für den Allgemeinen Hochschulsport und den studentischen Wettkampfsport an den Hochschulen zur Verfügung.
- Das *Innenministerium* beteiligt sich mit Zuschüssen an laufenden Zwecken und Investitionen des Baden-Württembergischen Luftfahrtverbands.
- Das *Justizministerium* bezuschusst das Projekt im Strafvollzug „Sport mit von Drogen abhängigen und gefährdeten jungen Gefangenen".
- Das *Ministerium für Arbeit und Soziales* fördert Versehrtenleibesübungen, indem es insbesondere Verwaltungskostenzuschüsse an den Behindertensportverband Baden-Württemberg vergibt (vgl. Ministerium für Kultus, Jugend und Sport Baden-Württemberg, 2009, S. 36).

Der „Löwenanteil" der Sportförderung des Landes Baden-Württemberg in Höhe von rund 80,5 Mio. Euro wird allerdings vom Ministerium für Kultus, Jugend und Sport verantwortet (vgl. Tab. 23). Knapp drei Viertel der Sportförderung des Kultusministeriums, 59,1 Mio. Euro, stammen dabei aus dem Wettmittelfonds des Landes Baden-Württemberg (vgl. Kapitel 4.1.4).

Tab. 23: Planzahlen zur Sportförderung des Ministeriums für Kultus, Jugend und Sport Baden-Württemberg 2009 und 2011 (vgl. Ministerium für Finanzen und Wirtschaft Baden-Württemberg, 2010, S. 215–229).

	2009 (Plan) Tsd. Euro	2011 (Plan) Tsd. Euro
Förderung des Breiten- und Freizeitsports	41.542,6	41.542,6
Förderung des Leistungssports	14.268,2	13.145,8
Förderung des Baus von Sporthallen und -plätzen	12.102,3	12.102,3
Förderung überregional bedeutsamer Sportstätten	5.000,0	5.050,0
Förderung der Sportschulen	4.000,0	4.000,0
Förderung der Wander- und Rettungsdienstorganisationen	2.799,3	2.799,3
Förderung des Schulsports	949,7	981,9
Förderung des sportlichen Gedankens durch die Landesregierung	632,2	600,0
Verwaltung der Mittel aus Reinerträgen der staatlichen Wetten und Lotterien	185,0	185,0
Förderung von Fanprojekten	180,0	60,0
Maßnahmen zur Förderung des Ehrenamts	35,6	35,6
Gesamt	81.694,9	80.502,5

Die zentralen Förderbereiche des Sports sind dabei wie folgt zu konkretisieren (Planzahlen für 2011, vgl. Ministerium für Finanzen und Wirtschaft Baden-Württemberg, 2010, S. 215–229):

- Die *Förderung des Breiten- und Freizeitsports* basiert zu rund 92% auf dem Wettmittelfonds und umfasst insbesondere Zuschüsse
    - für nebenberufliche Übungsleiter der Sportvereine (13,0 Mio. Euro).
    - zum Bau von Vereinssportanlagen und zur Beschaffung von Sportgeräten (rund 12,7 Mio. Euro).
    - zur Durchführung von Aus- und Fortbildungslehrgängen von Übungsleitern, Trainern und Führungskräften (6,8 Mio. Euro).

- für Sportvereine und Sportverbände (4,1 Mio. Euro).
- für Prämien der Sportunfall- und Sporthaftpflichtversicherungen, sowie für sportärztliche Betreuung (2,6 Mio. Euro).
- für Vorhaben der Sportjugend (1,3 Mio. Euro).
- Die *Förderung des Leistungssports* richtet sich vor allem auf den Nachwuchsleistungssport. Sie ist dabei ebenfalls zu rund 92% auf den Wettmittelfonds gestützt und umfasst insbesondere
  - Zuschüsse zur Vergütung des hauptberuflichen Leistungssportpersonals, insbesondere der Landes- und Honorartrainer (rund 5,3 Mio. Euro).
  - Zuschüsse zu Folgekosten von Olympiastützpunkten, Landesleistungszentren und ausgewählten Stützpunkten, Eliteschulen des Sports und Internaten (rund 2,6 Mio. Euro).
  - Zuweisungen an Gemeinden für die Schaffung von Trainingszentren (1,5 Mio. Euro).
  - Zuschüsse für Kosten von Trainingsveranstaltungen in den Landesleistungszentren und Stützpunkten (1,1 Mio. Euro).
- Zur *Förderung des Baus von Sporthallen und -plätzen* erfolgen Zuweisungen an Gemeinden und Gemeindeverbände, wobei die Mittel dazu praktisch ausschließlich aus dem Kommunalen Investitionsfonds stammen.
- Von der *Förderung überregional bedeutsamer Sportstätten* profitierten 2010 der Umbau des Karlsruher Wildparkstadions, die Sanierung und Modernisierung des Eisstadions Villingen-Schwenningen und der Hohenstaufenhalle Göppingen sowie der Neubau einer multifunktionalen Großsporthalle in Ludwigsburg.
- Mittel zur *Förderung der Sportschulen* sind komplett dem Wettmittelfonds entnommen. Sie werden als Zuschüsse zum Betrieb der vier Sportschulen in Nellingen-Ruit, Schöneck, Steinbach und Albstadt eingesetzt.
- Für die *Förderung der Wander- und Rettungsdienstorganisationen* gehen Mittel des Wettmittelfonds u. a. als Zuschüsse an Wanderorganisationen, an den Landesverband des Deutschen Jugendherbergswerks und an Rettungsdienstorganisationen.
- Im Rahmen der *Förderung des Schulsports* werden die Schulwettkämpfe von Jugend trainiert für Olympia, Schülermentoren und weitere Belange des Schulsports bezuschusst.
- Die *Förderung des sportlichen Gedankens durch die Landesregierung* erfolgt über Ehrenpreise der Landesregierung zur öffentlichen Anerkennung sportlicher Leistungen.
- Zur *Verwaltung der Mittel aus Reinerträgen der staatlichen Wetten und Lotterien* werden mit Geldern des Wettmittelfonds vier Stellen finanziert.
- Die *Förderung von Fanprojekten* umfasst Zuschüsse für Fanprojekte des professionellen Teamsports, insbesondere des Fußballs.
- *Maßnahmen zur Förderung des Ehrenamts* richten sich insbesondere auf den Bereich der Ehrenamtsberatung (vgl. Ministerium für Finanzen und Wirtschaft Baden-Württemberg, 2010, S. 215–229).

Die Fördertitel „Überregional bedeutsame Sportstätten", „Wander- und Rettungsdienste" sowie „Jugend trainiert für Olympia" bewirtschaftet das Kultusministerium selbst. Die anderen Fördertitel werden gemeinsam mit dem Landessportverband Baden-Württemberg und den drei baden-württembergischen Landessportbünden bewirtschaftet (vgl. Kapitel 4.2.3). Die Zuteilung der rund 41 Mio. Euro zur Förderung des Breiten- und Freizeitsports erfolgt z. B. nach einem alle zwei Jahre aktualisierten Schlüssel auf Basis der Mitgliederzahlen der Sportvereine. 2011 erhält somit der Württembergische Landessportbund mit 55,1% der Vereinsmitglieder rund 22 Mio. Euro, während der Badische Sportbund Nord (20,5% der Mitglieder) rund 8,2 Mio. Euro und der Badische Sportbund Freiburg (24,4% der Mitglieder) rund 9,8 Mio. Euro erhalten (vgl. Württembergischer Landessportbund, 2012b, o. S.).

In anderen Bundesländern erfolgt die Sportförderung der Landesregierungen teilweise über Budgetierungsverträge (z. B. Sachsen-Anhalt), Zuwendungsverträge (z. B. Sachsen), oder direkte Beteiligungen an Einnahmen des staatlichen Glücksspiels (vgl. Haring, 2010, S. 215–216; 232; 245–246; 266–267).

4.1.4 Staatlich geregeltes Glücksspiel

Wie in Kapitel 4.1.3 deutlich wurde, spielen Einnahmen aus dem staatlich organisierten Glücksspiel bei der Sportförderung der Länder eine wichtige Rolle. Von besonderer Bedeutung sind dabei Lotterien und Sportwetten der 16 staatlichen Lotteriegesellschaften, z. B. Zahlenlotto 6 aus 49, Keno, Spiel 77, Super Sechs, sowie die Sportwetten Toto und Oddset.

Vom staatlichen Glücksspiel profitieren die Länder in Form von Steuereinnahmen sowie von Konzessionsabgaben und Überschussbeteiligungen, die teilweise zweckgebunden für die Bereiche Kultur, Soziales, Denkmalschutz und Sport verwendet werden müssen. Die zahlreichen landesrechtlichen Unterschiede können dabei an dieser Stelle nur mittels exemplarischer Beispiele illustriert werden:

- In *Baden-Württemberg* fließen die Zweckerträge der landeseigenen Lottogesellschaft in den staatlichen Wettmittelfonds, aus dem der Sport wiederum 45% der Gelder erhält. 2010 waren dies 59,1 Mio. Euro (vgl. Kapitel 4.1.3).
- In *Hessen* erhält der Landessportbund 3,75% der Spieleinsätze von Lotto Hessen, maximal allerdings 20,12 Mio. Euro. Des Weiteren profitiert der Sport von zweckgebundenen Überschussanteilen von Lotto Hessen, die im Landeshaushalt für Kultur, Soziales, Denkmalschutz und Sport eingesetzt werden müssen (vgl. Lotto Hessen, 2011, S. 17).
- In *Nordrhein-Westfalen* sind 40% der zweckgebundenen Konzessionsabgaben von Westlotto dem Sport vorbehalten, 2010 waren dies rund 36 Mio. Euro. Unter anderem profitieren davon der Landessportbund Nordrhein-Westfalen, das Deutsche Sport und Olympia Museum und die Sportstiftung Nordrhein-Westfalen (vgl. WestLotto, 2011, S. 25–27).

Eine gemeinsame Nummernlotterie der 16 Lotto- und Totogesellschaften ist die wöchentlich ausgespielte *Glücksspirale*. Sie wurde 1971 eingeführt und diente ursprünglich der Mitfinanzierung der Olympischen Spiele 1972 in München sowie der Fußball-WM 1974 in Deutschland. Der Zweckertrag der Lotterie fließt dem Sport, den Wohlfahrtsverbänden, dem Denkmalschutz und dem Umweltschutz zu. Der Sport erhielt dabei von 2006 bis 2009 insgesamt 60,2 Mio. Euro (vgl. Abb. 16) Von diesen Geldern fließen 40% an die Landessportbünde, 35% an den DOSB sowie 25% an die Stiftung Deutsche Sporthilfe, deren Zweck die Förderung von Spitzensportlern ist (vgl. Bundesregierung, 2010a, S. 20).

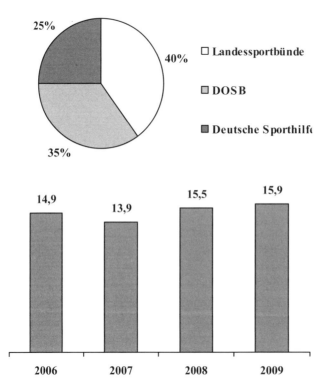

Abb. 16: Dem Sport von 2006 bis 2009 zugeflossene Mittel der Lotterie Glücksspirale (in Mio. Euro) sowie anteilmäßige Verteilung zwischen Landessportbünden, DOSB und Stiftung Deutsche Sporthilfe, in Prozent (vgl. Bundesregierung, 2010a, S. 20).

Glücksspielstaatsvertrag

Die staatlichen Glücksspielangebote wurden bislang durch den gemeinsamen *Glücksspielstaatsvertrag* der Bundesländer als staatliches Monopol geschützt. Demnach dürfen Glücksspiele nur mit Erlaubnis der jeweiligen staatlichen Landesbehörden veranstaltet werden. Faktisch befinden sich die staatlichen Glücksspielangebote allerdings seit Jahren im Wettbewerb mit privaten Wettanbietern, die aus dem Ausland vor allem über das Internet operieren und mangels vergleichbarer Steuer- oder Konzessionsabgaben den Spielern deutlich attraktivere Gewinnbeteiligungen einräumen können.

Private Glücksspielanbieter klagten denn auch gegen das Staatsmonopol und 2010 urteilte der Europäische Gerichtshof (EuGH) zu ihren Gunsten. Er stellte fest, dass eine staatliche Regulierung des Glücksspiels zwar grundsätzlich rechtens ist, allerdings bemängelten die Richter den Widerspruch zwischen dem erklärten politischen Ziel des Spieler- und Jugendschutzes und der umfassenden Werbung für die staatlichen Glücksspielangebote (vgl. Summerer, 2011, S. 58). Dieses EuGH-Urteil machte die Ausarbeitung eines neuen Glücksspielstaatsvertrags notwendig, um ab Januar 2012 den bislang geltenden Staatsvertrag ersetzen zu können. Vor dem Hintergrund der EuGH-Vorgaben beschloss der Schleswig-Holsteinische Landtag allerdings bereits im September 2011 ein eigenes, sehr liberales Glücksspielgesetz, das seit Januar 2012 mit Wirkung zum März 2012 u. a. Online-Sportwetten zulässt und Konzessionen für private Wettanbieter in unbeschränkter Anzahl vorsieht. Die anderen 15 Länder haben sich erst Ende 2011 auf eine Neufassung des Glücksspielstaatsvertrags geeinigt, den sie ihren Landesparlamenten bis Juli 2012 zur Ratifizierung vorlegen wollen. Dieser Entwurf des Glücksspielstaatsvertrags sieht lediglich eine moderate Öffnung des staatlichen Glücksspielmonopols vor:

- Private Sportwettenanbieter sollen sich um 20 bundesweite, auf einen Zeitraum von sieben Jahren befristete Konzessionen bewerben können.
- Die Konzessionsabgabe für die Anbieter soll 16,67 Prozent betragen.
- Am staatlichen Lottomonopol sowie am Verbot von Kasinospielen im Internet wird festgehalten (vgl. Erster Änderungsentwurf des Glücksspielstaatsvertrags 2011[22]).

Um die privaten Anbieter von Sportwetten zum Erwerb staatlicher Konzessionen zu bewegen und damit den derzeit existierenden illegalen Markt privater Sportwetten zu legalisieren, sollen Sportwetten zukünftig nur einem Steuersatz von 5% unterliegen, während Lotterieangebote mit einem Regelsteuersatz von 20% besteuert werden (vgl. Bundesrat, 2011, S. 14). Damit sollen die auf den Bruttoeinsatz bezogenen Ausschüttungsquoten nicht zu stark beschnitten werden, was im Konkurrenzkampf privater Wettanbieter ein sehr wichtiges Kriterium darstellt.

Bis zur Prüfung durch die Europäische Kommission, inwiefern der neue Glücksspielstaatsvertrag europarechtskonform ist, gilt der bisherige Staatsvertrag als Landesrecht weiter. Auf diese Weise streben die Länder eine abgestimmte Handhabung bei der Veranstaltung und Vermittlung von Glücksspielen sowie bei der Bekämpfung des illegalen Glücksspiels an. Nach der im März 2012 erfolgten Stellungnahme der EU-Kommission ist nicht ausgeschlossen, dass auch der Entwurf in seiner aktuellen Fassung von ihr abgelehnt werden wird. Vor allem die Limitierung auf 20 Konzessionen und das Verbot von Online-Kasinos wird kritisiert. Für eine abschließende Prüfung müssen der EU-Kommission aber der derzeit im Bundestag verhandelte Gesetzentwurf zur Sportwettenbesteuerung und die Spielverordnung vorliegen (vgl. dpa-AFX, 2012, o. S.). Unabhängig von der Klärung dieser Streitpunkte ist zukünftig jedenfalls Werbung für Lotterien und Sportwetten konzessionierter Wettanbieter zulässig, was u. a. über Trikot- und Bandenwerbung insbesondere dem professionellen Spitzensport neue Werbepartner/-einnahmen ermöglichen wird.

---

[22] Erster Änderungsentwurf des Glücksspielstaatsvertrags in der Fassung vom 14. April 2011.

4.1.5 Sportförderung der Kommunen

Die Sportförderung der Kommunen zeichnet sich durch eine große thematische Vielfalt aus und ist aufgrund ihrer unmittelbar spürbaren Auswirkungen auf die konkreten Lebenssituationen der Bürger kommunalpolitisch äußerst bedeutsam. Aufgrund der sehr verschiedenen finanziellen, infrastrukturellen und soziodemographischen Rahmenbedingungen in den Gemeinden – teilweise selbst zwischen einzelnen Stadtteilen – können hier allerdings nur eher allgemeine kommunalpolitische Prinzipien und Mechanismen beschrieben werden.

> Gerade für den vereinsgebundenen Sport ist die kommunale Sportförderung unter Finanzierungsgesichtspunkten besonders relevant, wobei es sich dabei um direkte finanzielle Mittelzuflüsse oder indirekte Fördermaßnahmen handeln kann. Die Sportförderung vieler Gemeinden hat sich in jüngerer Zeit über die Rolle eines bloßen Zuschussgebers hinaus fortentwickelt und kommunale Sportämter agieren mittlerweile verstärkt auch steuernd in komplexen Sport- und Stadtentwicklungsprozessen – ganz im Sinne eines kommunalen Sportmanagements. Darüber hinaus erfolgt auf Seiten der kommunalen Sportämter mitunter auch eine Ausweitung ihrer bisherigen Zuständigkeiten über den vereinsgebundenen Sport hinaus, insbesondere in Richtung Bewegungsförderung und Gesundheitsverhalten der Bevölkerung. Vor diesem Hintergrund tangiert kommunale Sportförderung eine ganze Reihe weiterer Ressorts der Kommunalverwaltung, z. B. Stadtentwicklung, Flächennutzungsplanung, Gesundheit, Bildung und Soziales.

Zahlen des öffentlichen Gesamthaushalts belegen beispielhaft die enormen Größenordnungen sportbezogener Ausgaben der öffentlichen Haushalte und verdeutlichen generelle Förderbereiche der kommunalen Sportförderung (vgl. Statistisches Bundesamt, 2010, S. 109–111). Unter „Sport" subsumierte Ausgaben der Gemeinden umfassten 2007 Ausgaben für Sportstätten und Sportförderung in Höhe von insgesamt rund zwei Mrd. Euro, darüber hinaus finanzierten die Gemeinden 2007 Hallen-, Frei- und Luftbäder – die in der Systematik der öffentlichen Haushalte nicht unmittelbar als Sportinfrastruktur gelten – mit insgesamt rund 600 Mio. Euro. Teilweise sind daran auch kommunale Zweckverbände beteiligt, z. B. Verbände der Wasser- oder Energieversorgung (vgl. Abb. 17, mit Vergleichszahlen für die Bundesländer).

4.1 Finanzierung des Sports durch Bund, Länder und Kommunen

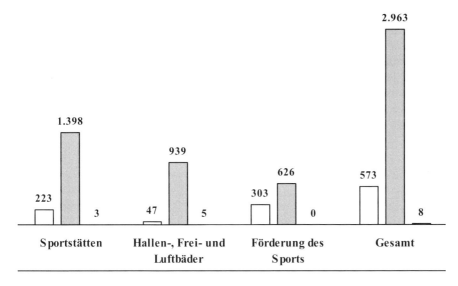

Abb. 17: Ausgaben der Länder und Gemeinden 2007 für Sportstätten und Sportförderung, Angaben in Mio. Euro (vgl. Statistisches Bundesamt, 2010, S. 109–111).

Generell lassen sich zwei große Bereiche der kommunalen Sportförderung unterscheiden: Sportinfrastruktur und Sportvereine.

Kommunale Sportinfrastruktur

Kernaufgaben der kommunalen Sportförderung sind Planung, Bau, Verwaltung/Betrieb und Unterhaltung kommunaler Sportinfrastruktur. Gemeinden und Gemeindeverbände leisten deshalb z. B. für Sportanlagen, Stadien, Turn- und Sporthallen oder Schwimmbäder enorme finanzielle Beiträge.

- Die lokale Sportinfrastruktur steht regelmäßig dem *Schulsport*, aber auch den örtlichen *Sportvereinen* zur Verfügung. 2009/2010 nutzten beispielsweise 58% der Sportvereine kommunale Sportinfrastruktur für ihre Kurs- und Trainingsangebote (vgl. Breuer & Wicker, 2011, S. 33). Teilweise werden zur Finanzierung und Verwaltung von Sportstätten auch kommunale Zweckverbände und andere juristische Personen zwischengemeindlicher Zusammenarbeit eingesetzt, z. B. in GmbHs ausgegliederte Sportstättenverwaltungen.
- Ferner stehen kommunale Sportanlagen häufig auch dem *Spitzensport* zur Verfügung, etwa wenn Trainingsmaßnahmen von Kaderathleten in städtischen Anlagen stattfinden. Darüber hinaus fördern die Gemeinden den Spitzensport auch mittelbar, etwa indem sie Spitzensportorganisationen kommunale Grundstücke kostengünstig zur Verfügung stellen, z. B. wenn sich durch Bund oder Land (mit-) finanzierte Stützpunkte und Trainingsstätten des Spitzensports auf kommunalem Grund und Boden befinden.
- Schließlich können auch frei zugängliche *Bewegungsgelegenheiten* der Bevölkerung in den Verantwortungsbereich kommunaler Sportämter fallen, z. B. Grün- und Parkanlagen, die gepflegt und unterhalten werden müssen

Da große Teile der Sportinfrastruktur aus den 1970er Jahren stammen, als mit dem „Goldenen Plan" umfangreiche Investitionen in Sportstätten angestoßen wurden, bestehen mittlerweile auch enorme Sanierungs- und Modernisierungsbedarfe. Vor diesem Hintergrund ist nachvollziehbar, dass vielerorts die Einführung oder die Erhöhung von Nutzungsgebühren – im Sinne von Beiträgen zu den Betriebskosten – für kommunale Sportstätten geprüft wird oder bereits erfolgt ist. Die Gemeinden zielen damit sowohl auf eine optimierte Steuerung der Sportstättenbelegung z. B. durch die Sportvereine, als auch auf die Refinanzierung der anfallenden Betriebs- und Instandhaltungskosten. Angesichts der z. T. sehr schwierigen kommunalen Finanzsituationen ist dies mittlerweile ein aktuelles und wichtiges Thema des Sportvereinsmanagements. Denn nur rund ein Drittel der Sportvereine (34%) war 2009/2010 in der privilegierten Lage, kommunale Sportstätten nutzen zu können, ohne hierfür Gebühren an ihre Gemeinden entrichten zu müssen. 44,7% der Sportvereine müssen hingegen Nutzungsgebühren bezahlen, wenngleich diese mit durchschnittlich 4,62 Euro pro Stunde eher moderat ausfallen (vgl. Breuer & Wicker, 2011, S. 33).

Kommunale Sportförderung

Über die Sportinfrastruktur hinaus umfasst kommunale Sportförderung außerdem in unterschiedlichen Ausprägungsformen eine Unterstützung von *Sportvereinen*. Üblich sind z. B. Zuschüsse

- für Bauvorhaben und Betriebskosten vereinseigener Sportanlagen.
- für die Beschaffung von Sportgeräten.
- für die in den Sportvereinen aktiven Übungsleiter, ergänzend zu den Zuschüssen der Landessportbünde.
- für Kinder und jugendliche Sportvereinsmitglieder.

Ferner existieren mitunter sehr umfangreiche Informations- und Beratungsangebote der Sportämter im Sinne einer *allgemeinen Sportförderung*, die sich nicht auf vereinsgebundene Aktivitäten beschränken müssen. Hinzu kommen u. a.

- Zuschüsse für die Durchführung von Sportveranstaltungen mit besonderer kommunaler Bedeutung, z. B. nationale oder internationale Meisterschaften.
- Zuschüsse für kommunale Sportberatungsstellen mit Service- und Beratungsangeboten z. B. für lokale Sportvereine, Schulen, Kindersportschulen.
- Zuschüsse für Spiel- und Bewegungsangebote in Kindertagesstätten, Grundschulen oder Einrichtungen für ältere Menschen.
- Organisation und Durchführung von Sportlerehrungen durch die kommunale Sportverwaltung.
- Beratungsleistungen zugunsten von Sportvereinen, Stadtteilorganisationen, Krankenkassen, Gesundheitsämtern oder Stiftungen.

Für die Inanspruchnahme kommunaler Fördermaßnahmen sind regelmäßig spezifische Antrags- und Bewilligungsverfahren kennzeichnend. In deren Rahmen wird geprüft, inwiefern die Antragsteller die seitens der Stadtverwaltung jeweils formulierten Voraussetzungen für eine Förderungszusage erfüllen.

Über Gemeindegrenzen hinaus greifende Themen der kommunalen Sportpolitik werden u. a. im Fachausschuss Sport des Deutschen Städtetags und in der Arbeitsgemeinschaft Deutscher

4.1 Finanzierung des Sports durch Bund, Länder und Kommunen 161

Sportämter (ADS) diskutiert und abgestimmt, z. B. hinsichtlich Sportentwicklungs- und Sportstättenplanung sowie Sportstättenbau und -unterhaltung.

Praxisbeispiel

Der Sporthaushalt der baden-württembergischen Landeshauptstadt Stuttgart umfasst 2012 rund 24,3 Mio. Euro, einschließlich Personalkosten und planmäßiger Abschreibungen, was 1,0% des gesamten kommunalen Haushaltsvolumens entspricht. Gesteuert wird die kommunale Sportförderung in Stuttgart auf Grundlage der städtischen „Richtlinien zur Förderung von Sport und Bewegung" vom Amt für Sport und Bewegung.
Als zentraler Ansprechpartner und Berater der Stuttgarter Bevölkerung obliegen dem Amt für Sport und Bewegung umfassende Zuständigkeiten, insbesondere für Planung, Bau, Unterhalt und Betrieb städtischer Sportanlagen sowie für die Förderung von Sportvereinen/ -verbänden und Organisationen aus dem Bereich körperlicher Aktivität/Gesundheit.
Programmatische Grundlage für die kommunale Sportförderung sind dabei vor allem die aus einem mehrjährigen Projekt zur kommunalen Sportentwicklung der Jahre 2007 bis 2010 resultierenden sportpolitischen Handlungsempfehlungen. Insbesondere umfasst die Sport- und Bewegungsförderung in Stuttgart folgende drei Bereiche:
Maßnahmen der *allgemeinen Sportförderung* erfolgen in Höhe von rund 11,0 Mio. Euro. Hierunter fallen u. a. die Nutzung städtischer Sportanlagen für Übungszwecke mit rund 4,8 Mio. Euro, die Zuschüsse zum Betrieb vereinseigener Schwimmbäder, Turn- und Sporthallen (rund 2,0 Mio. Euro), die Förderung des Übungsbetriebs von Sportvereinen für Kinder und Jugendliche sowie die Zuschüsse zu Sportbauvorhaben von Sportvereinen mit jeweils rund 800 Tsd. Euro. Hinzu kommen Zuschüsse für die Unterhaltung von Sportplatzanlagen (rund 650 Tsd. Euro), für Übungs-/Jugendleiter und Vereinsmanager sowie für Veranstaltungszuschüsse und Sportlerehrungen.
Darüber hinaus investiert die Stadt Stuttgart rund 6,5 Mio. Euro in ihre *Sportinfrastruktur*, u. a. für Neubauten und Verbesserungen von Sportanlagen (rund 3,0 Mio. Euro), für baulichen Unterhaltungsaufwand der städtischen und Vereinssportanlagen (rund 2,0 Mio. Euro) sowie für günstige Vermietungen städtischer Grundstücke an Sportvereine (rund 1,5 Mio. Euro). Außerdem realisiert die Stadt Stuttgart mit rund 1,6 Mio. Euro auch *Infrastrukturprojekte* für den *Spitzensport*, u. a. durch Sanierungen und Neubauten von Trainingsstätten im NeckarPark.
Zur anteiligen Refinanzierung dieser Maßnahmen erhebt die Stadt Stuttgart für die Nutzung kommunaler Sportinfrastruktur Sachkostenbeiträge zu den Betriebskosten der Sportstätten. Ausgehend von einem Grundbeitrag in Höhe von 13,50 Euro pro definierter Übungseinheit (45 min) richten sich die variablen Sachkostenbeiträge nach dem Anteil von Kindern/Jugendlichen (bis 18 Jahre) der Sportgruppen: sie reichen von zwei Euro/ Übungseinheit bei 30% oder mehr Kindern/Jugendlichen bis fünf Euro/Übungseinheit bei weniger als 10% Kindern/Jugendlichen (vgl. Amt für Sport und Bewegung Stuttgart, 2012a, S. 4–24; 2012b, S. 1).

Kontrollfragen

1. Die Organisation des Sports basiert auf einem freien, vom Staat möglichst unabhängigen Sportvereins- und Sportverbandswesen. Welche Grundsätze der staatlichen Sportförderung fungieren dabei als sportpolitischer Orientierungsrahmen?
2. In die Sportförderung des Bundes sind verschiedene Bundesministerien eingebunden. Welche Ministerien übernehmen in welchem Umfang Teilzuständigkeiten für den Sport?
3. Das Bundesministerium des Innern nimmt in der Sportförderung der Bundesregierung eine zentrale Position ein und leistet umfassende Beiträge zur Finanzierung des Spitzensports. Welche Organisationen, Projekte und Maßnahmen werden vom BMI in welchem Umfang gefördert?
4. Zwar ist in fast allen Länderverfassungen Sport als Staatsziel definiert, dennoch unterscheiden sich Sportförderregeln und Zuständigkeiten der Landesregierungen. Welche Landesministerien verantworten in den Bundesländern jeweils die Sportförderung?
5. Sportförderung der Länder ist vor allem auf den Nachwuchsleistungssport und den Breiten-/Freizeitsport gerichtet. Welche mit Landesmitteln geförderten Organisationen, Projekte und Maßnahmen des Sports macht das Beispiel der baden-württembergischen Sportförderung erkennbar?
6. Einnahmen aus staatlichem Glücksspiel sind für die Sportförderung der Bundesländer enorm bedeutsam. Inwiefern profitiert der organisierte Sport von der Nummernlotterie Glücksspirale und vom staatlichen Zahlenlotto/den staatlichen Sportwetten?
7. Das staatliche Glücksspiel wurde bislang als Monopol vom Glücksspielstaatsvertrag geschützt. Aufgrund eines EuGH-Urteils ist jedoch eine Öffnung des Glücksspielmarkts für private Anbieter von Sportwetten erforderlich. Wie gehen die Bundesländer mit dieser Herausforderung um und welche Chancen/Risiken sind mit einer Liberalisierung des staatlichen Glücksspiels für den organisierten Sport verbunden?
8. Sportförderung der Kommunen ist vor allem auf die lokale Sportinfrastruktur und die Förderung der Sportvereine vor Ort ausgerichtet. Welche Größenordnung hat die kommunale Sportförderung und mit welchen aktuellen Herausforderungen ist das Sportvereinsmanagement diesbezüglich konfrontiert?

4.2 Finanzierung ausgewählter Sportverbände

Sportverbände, die zentralen Interessenvereinigungen des Sports (vgl. Kapitel 2.2), profitieren grundsätzlich von den Sportfördermitteln der öffentlichen Hand. Darüber hinaus stehen ihnen als originäre Finanzierungsquellen Mitgliedsbeiträge und Spenden zur Verfügung, aber auch weitere Quellen, z. B. Bankkredite/Darlehen oder Sponsoringeinnahmen. Wie alle Organisationen müssen auch Sportverbände ihre Finanzierungsfragen jeweils eigenständig und situationsspezifisch beantworten. Entsprechende Managemententscheidungen sind folglich immer vor dem Hintergrund organisationsbezogener Gegebenheiten zu treffen und können auch nicht unabhängig davon verstanden werden. Betrachtet man grundsätzliche Finanzierungsmuster von Sportverbänden anhand exemplarischer Beispiele aus organisationsbezogener Perspektive, werden aber durchaus generelle Finanzierungsmuster erkennbar – was Sportmanagern beispielsweise auch eine Reflexion eigener Finanzierungsentscheidungen ermöglicht.

Die folgenden Beschreibungen verdeutlichen die grundlegenden Bedingungen und Mechanismen der Verbandsfinanzierung. Insofern sind Ähnlichkeiten und Wiederholungen in der Darstellung unvermeidlich. Gleichwohl zeigen sich auf diese Weise wichtige praxisrelevante Detailunterschiede.

Lernziele des Kapitels

> Die Leser lernen wichtige Finanzierungsquellen von Sportverbänden der Bundes- und Länderebene kennen.
> Sie erhalten aus organisationsbezogener Perspektive einen Einblick in die Verteilung von Sportförderzuschüssen der öffentlichen Hand, insbesondere zwischen DOSB, Bundesfachverbänden, Landessportbünden und Landesfachverbänden.
> Sie lernen die Unterscheidung eines Ordentlichen und eines Außerordentlichen Haushalts von Bundesfachverbänden kennen und erhalten einen Einblick in die damit jeweils verbundenen Finanzierungsquellen und Förderbereiche.

4.2.1 Finanzierung des Deutschen Olympischen Sportbunds

Der DOSB ist *die* zentrale Dachorganisation des deutschen Sports (vgl. Kapitel 2.2.2). Zur Realisierung seiner Aufgaben als nationaler und internationaler Interessenvertretung des Sports stehen ihm jährlich finanzielle Mittel in Höhe von rund 32 Mio. Euro zur Verfügung (vgl. Tab. 24). Diese nutzt er allerdings nur anteilig für eigene Aktivitäten, während er gleichzeitig auch als „Um-Verteilungsstation" staatlicher Fördergelder zu Gunsten seiner Mitgliedsorganisationen fungiert.

Tab. 24: Finanzierung des Deutschen Olympischen Sportbunds 2009 und 2011 (vgl. DOSB, 2010b).

	Euro (Ist 2009)	Euro (Plan 2011)
Zuwendungen	7.209.308,92	4.903.000
Glücksspirale	5.898.943,47	6.000.000
Vermarktungserträge	5.268.453,85	5.752.500
Mitgliedsbeiträge	2.690.283,61	4.362.000
Sonstige Erträge	2.009.940,19	2.149.000
Zweckgebundene Projekteinnahmen	9.117.597,70	10.000.000
Gesamt	32.194.527,74	33.166.500

Eine Auseinandersetzung mit diesen Zahlen des DOSB-Haushalts ermöglicht wichtige Einblicke und Rückschlüsse für das Sportverbandsmanagement auf Bundesebene. Dabei lassen sich die Finanzierungsquellen des DOSB wie folgt konkretisieren (Zahlen für 2009; vgl. DOSB, 2010b):

- Zentrale Finanzierungsquelle des DOSB sind *Zuwendungen*. Dabei handelt es sich insbesondere um
  - Bundesmittel des BMI und des Auswärtigen Amts (rund 4,8 Mio. Euro) zur Finanzierung von Projekten, z. B.
    - Auslandsprojekten der internationalen Zusammenarbeit (rund 2,6 Mio. Euro).
    - dem Globalprojekt im Leistungssport, verantwortet vom DOSB-Geschäftsbereich Leistungssport (rund 1,1 Mio. Euro).
    - Projekten der Sportentwicklung.
  - Bundesmittel des BMFSFJ als Zuwendungen für die Deutsche Sportjugend (rund 2,2 Mio. Euro).
  - Zuschüsse des IOC für Verwaltung und Projekte (rund 260 Tsd. Euro).
- Eine zweite wichtige Finanzierungsquelle ist die Lotterie *Glücksspirale* (vgl. Kapitel 4.1.4), an deren Zweckertrag der DOSB anteilmäßig beteiligt wird. Angesichts der 2012 erfolgten Neuregelung des bislang vom staatlichen Monopol geprägten Glücksspielmarkts ist offen, wie sich die Erlöse der staatlichen Glücksspiele – und damit die Höhe der Mittel zugunsten des Sports – zukünftig entwickeln werden.
- Dritte bedeutsame Finanzierungsquelle des DOSB sind *Vermarktungserträge*. Diese ergeben sich insbesondere aus der exklusiven Lizenzverwertung der Olympischen Symbole (rund 4,7 Mio. Euro), die strategisch und operativ von der *Deutschen Sport-Marketing GmbH* (DSM) verantwortet wird. An dieser Agentur ist der DOSB als Gesellschafter mit 49% der Anteile beteiligt, die anderen 51% der Gesellschaftsanteile hält die Stiftung Deutsche Sporthilfe. Die Möglichkeiten von DOSB und DSM in der Vermarktung der Olympischen Symbole sind allerdings eingeschränkt, weil das IOC als originärer Inhaber der Markenrechte seinen IOC-Top-Sponsoren weltweite Branchenexklusivität einräumt – die jeweils auch für die nationale Rechteverwertung bindend ist. Solange z. B. VISA als weltweiter, branchenexklusiver IOC-Partner fungiert, kann der DOSB in Deutschland mit anderen Unternehmen dieser Branche keine Verwertungsverträge abschließen. In seiner (eher nachgeordneten) Lizenzvermarktung des Breitensports (rund 600 Tsd. Euro) wird der DOSB exklusiv von der Burda Sports Group betreut.
- Als vierte wesentliche Finanzierungsquelle des DOSB fungieren die *Mitgliedsbeiträge* seiner Mitgliedsorganisationen. Deren Höhe errechnet sich folgendermaßen: pro Einzelmitglied sind 18 Cent an den DOSB abzuführen – und zwar jeweils zur Hälfte vom maßgebenden Bundesfachverband und vom regional zuständigen Landessportbund. Die geplanten Mehreinnahmen 2011 gegenüber 2009 (vgl. Tab. 24) gehen auf eine Erhöhung der Mitgliedsbeiträge ab 2010 zurück. Vor 2010 lag der Beitrag seit 1978 bei 11 Cent pro Einzelmitglied.
- *Sonstige Erträge* des DOSB sind vor allem Mieteinnahmen (rund 500.000 Euro) für Vermietungen im Haus des Sports in Frankfurt/Main, sowie Zinseinnahmen, z. B. für Festgeldkonten (rund 8.000 Euro). Hinzu kommen u. a. Zuschüsse für Verwaltungskosten der DOSB-Büros in Berlin und Brüssel sowie Werbungszuschüsse für die Glücksspirale (2009 rund 1,5 Mio. Euro).

- Neben diesen vom DOSB selbst bewirtschafteten Mitteln behandelt der DOSB *zweckgebundene Projekteinnahmen* als „durchlaufende Posten", d. h., er leitet sie direkt an seine Mitgliedsverbände weiter, z. B.
  - Zuschüsse des Bundesamts für Migration und Flüchtlinge für das bundesweite Projekt „Integration durch Sport" (rund 5,1 Mio. Euro), welches die Landessportbünde operativ umsetzen.
  - Zuwendungen des BMFSFJ zugunsten der Deutschen Sportjugend (rund 3,5 Mio. Euro).
  - Landeszuschüsse von Nordrhein-Westfalen für die DOSB-Trainerakademie in Köln (rund 160 Tsd. Euro).
  - Zuschüsse des Landes und der Stadt Berlin für die Führungsakademie des DOSB in Berlin (rund 200 Tsd. Euro).
  - Zuschüsse der Stadt Frankfurt/Main (30.000 Euro) für die Frankfurter Geschäftsstelle von Tafisa (The Association For International Sport for All), der führenden internationalen Sport für Alle Organisation (vgl. DOSB, 2010b).

Der DOSB als die zentrale Dachorganisation des Sports bewegt jährlich rund 32 Mio. Euro, von denen er allerdings nur Teile selbst bewirtschaftet, u. a. zur Finanzierung seines Personals. Im Wesentlichen basiert seine Finanzierung auf Zuwendungen des Bundes im Rahmen der Spitzensportförderung, der stattlichen Lotterie Glücksspirale, sowie der exklusiven Vermarktung der Olympischen Symbole.

4.2.2 Finanzierung von Bundesfachverbänden

Die Bundesfachverbände als sportartspezifische Dachorganisationen auf nationaler Ebene stützen sich bei der Finanzierung ihrer Aufgaben auf verschiedene Finanzquellen, u. a. Mitgliedsbeiträge und Einnahmen aus Veranstaltungen sowie Sponsoring. Solange sie als förderungswürdig eingeschätzte Projekte und Maßnahmen des Spitzensports aufweisen – hier fungiert der DOSB als sportfachlicher Gutachter des BMI – sind Bundesfachverbände aber auch *die* Zuwendungsempfänger von Sportfördermitteln des Bundes. In solchen Fällen ist die Unterscheidung in einen „Ordentlichen" und einen „Außerordentlichen" Finanzhaushalt charakteristisch.

**Außerordentliche Haushalte der Bundesfachverbände –
Bundeszuschüsse für Spitzensport**

Für Projekte und Maßnahmen des Spitzensports können die Bundesfachverbände Zuschüsse aus Sportfördermitteln des BMI erhalten (vgl. Kapitel 4.1.2). Im Zeitraum 2006 bis 2009 belief sich die BMI-Förderung von Spitzensportmaßnahmen der Bundesfachverbände auf insgesamt rund 172 Mio. Euro (vgl. Bundesregierung, 2010a, S. 28). Diese Fördermittel werden jeweils für einen Zeitraum von vier Jahren (Olympiazyklus) bewilligt, sodass die Bundesfachverbände auf diese Weise hohe Planungssicherheit erhalten. Mit diesen Zuwendungen der öffentlichen Hand ist allerdings nur eine Kostendeckung von Spitzensportprojekten und -maßnahmen zulässig, direkte Prämienzahlungen etwa an Spitzenathleten oder Trainer sind hiermit nicht möglich.

Die sportfachlichen Voraussetzungen für eine BMI-Spitzensportförderung definiert das DOSB-Konzept „Verbandsförderung im olympischen Spitzensport" vom Dezember 2007. Während die Mittelvergabe bis 2007 praktisch ausschließlich auf Basis retrospektiver sportlicher Erfolgsbewertungen erfolgte, sind nun für einen Olympiazyklus von vier Jahren auch prospektive Zielsetzungen zu formulieren. Diese werden in Form von *Zielvereinbarungen* zwischen dem DOSB und den Bundesfachverbänden festgehalten und fungieren als Steuerungsinstrument der Spitzensportförderung. Für die Zuordnung der Fördermittel ist dabei eine Unterscheidung in Grundförderung und Projektförderung charakteristisch:

- Die *Grundförderung* soll den Bundesfachverbänden unter Einbeziehung verfügbarer Eigenmittel eine angemessene Finanzierung ihrer Spitzensportförderung ermöglichen. Auf Basis der Zielvereinbarungen zwischen DOSB und Bundesfachverbänden wird die Absicherung einer spitzensportlichen Grundausstattung angestrebt, indem vor allem Leistungssportpersonal, Trainingsstätten, Trainings- und Lehrgangsmaßnahmen sowie Sichtungsveranstaltungen gefördert werden. Wesentliche Grundlage sind dabei *Jahresplanungen und Strukturpläne* der Bundesfachverbände, die jeweils für einen Zeitraum von vier Jahren z. B. Art, Umfang und Schwerpunkte der Trainingsmaßnahmen, der Talentsuche/Talentförderung, oder die Aufgaben und Zuständigkeiten von Trainingszentren kennzeichnen. Über den Einsatz der Mittel aus der Grundförderung können die Bundesfachverbände im Rahmen einer Umsetzung ihrer Jahresplanungen weitgehend selbst und flexibel entscheiden (vgl. Bundesregierung, 2010a, S. 28). Die Zuteilung der Grundförderung richtet sich nach *drei Schlüsselkriterien*, die im Verhältnis 1:1:3 gewichtet werden:
  - Anzahl der Wettbewerbe der Sportart im Olympischen Wettkampfprogramm, z. B. wurden in Peking 2008 insgesamt 302 Wettbewerbe ausgetragen, davon 36 im Schwimmen.
  - Anzahl der tatsächlich nominierten Athleten der Sportart bei den letzten beiden Olympischen Spielen, z. B. waren 2008 in Peking 26 deutsche Schwimmer für die Bahnwettbewerbe nominiert.
  - Anzahl der vom Bundesfachverband bei den letzten beiden Olympischen Spielen erreichten Medaillen, z. B. fielen in Peking 2008 fünf Medaillen in den Verantwortungsbereich des Deutschen Schwimm-Verbands (vgl. DOSB, 2007, S. 2–3; DOSB, 2008, S. 6; 115; 162).
- Neben der Grundförderung können Bundesfachverbände außerdem eine zusätzliche *Projektförderung* erhalten, in deren Rahmen projektbezogen Spitzensportmaßnahmen bezuschusst werden, z. B. Top-Team-Förderungen oder Teilnahmen an Welt- und Europameisterschaften. Die inhaltliche Ausrichtung der Projekte und deren finanzieller Umfang richten sich nach den bilateral verhandelten *Zielvereinbarungen* zwischen dem DOSB und den Fachverbänden, insbesondere nach den darin definierten spitzensportlichen Zwischenzielen und Meilensteinen (vgl. DOSB, 2007, S. 4).

4.2 Finanzierung ausgewählter Sportverbände

Im Wintersport wurde dieses Verfahren erstmalig für den Zyklus bis 2010 und im Sommersport für den Zyklus 2008 bis 2012 angewandt. 2010 wurden auf Basis der Ergebnisse der Olympischen Spiele von Vancouver neue Zielvereinbarungen zwischen DOSB und den Wintersportverbänden abgeschlossen. Tab. 25 zeigt die BMI-Verbandsförderung der Olympischen Sportverbände mit den höchsten Fördermitteln 2011.

Tab. 25: BMI-Zuschüsse für Spitzensportprojekte/-maßnahmen der Bundesfachverbände olympischer Sportarten mit den höchsten Fördersummen 2011, Angaben in Euro (vgl. Bundesregierung, 2011b, S. 26–27).

	Gesamt	Grundförderung	Projektförderung
Deutscher Leichtathletik-Verband	5.097.000	3.654.500	1.442.500
Deutscher Schwimm-Verband	3.731.400	2.926.400	805.000
Deutscher Ruderverband	3.077.200	2.009.200	1.068.000
Bob- und Schlittenverband für Deutschland	2.558.562	2.148.562	410.000
Deutscher Kanu-Verband	2.225.100	1.805.100	420.000
Bund Deutscher Radfahrer	2.135.400	1.630.400	505.000
Deutscher Fechter-Bund	1.938.100	1.536.100	402.000
Deutscher Turner-Bund	1.781.700	1.366.700	415.000
Deutscher Schützenbund	1.764.300	1.409.300	355.000
Deutsche Eisschnelllaufgemeinschaft	1.720.500	1.365.500	355.000
Deutscher Hockey-Bund	1.488.800	1.020.800	468.000

Die Verbandsförderung des BMI richtet sich dabei schwerpunktmäßig auf den Spitzensport der olympischen Sportarten. Oder wie die Bundesregierung formuliert: „Die Förderung der nichtolympischen Bundessportfachverbände erfolgt in der politischen Zielsetzung nachrangig" (Bundesregierung, 2010a, S. 28).

**Ordentliche Haushalte der Bundesfachverbände –
Deutscher Leichtathletik-Verband als Beispiel**

Alle über die Spitzensportförderung der Bundesregierung hinausgehenden Einnahmen der Bundesfachverbände fließen in „Ordentlichen" Finanzhaushalten der Verbände zusammen. Angesichts zahlreicher sportart- und organisationsspezifischer Besonderheiten ist dabei eine für alle Verbände gültige Darstellung – insbesondere bezogen auf die *Höhe* der verfügbaren Finanzmittel – kaum möglich. Am Beispiel des Deutschen Leichtathletik-Verbands, einem der großen Olympischen Bundesfachverbände, lässt sich aber exemplarisch aufzeigen, welche Finanzquellen die Bundesfachverbände zur Absicherung ihrer Verbandsarbeit generell nutzen können (vgl. Tab. 26).

Tab. 26: Ordentlicher Haushalt des Deutschen Leichtathletik-Verbands 2010 und 2012 (vgl. Deutscher Leichtathletik-Verband, 2011, S. 1).

	Euro (Ist 2010)	Euro (Plan 2012)
Idealbetrieb/Vermögensverwaltung		
Lizenzen Sponsoring/TV-Rechte	2.165.000,00	2.125.000
Kostenerstattung DLP	471.208,24	30.500
Verbandsbeiträge	291.720,00	286.000
Nutzungsentgelte/Erlöse KfZ-Sachbezug	54.611,76	51.000
DOSB-Beiträge Landesverbände	44.304,35	43.000
Mieteinnahmen	26.400,00	26.400
AA-Zuwendungen Verwaltungskosten	19.900,99	25.000
Managerlizenzen	12.605,10	13.000
LSB-Zuwendung	5.950,00	6.000
Erstattung Personalkosten	5.152,02	1.000
Spenden	1.500,00	1.000
Sonstiges	2.483,31	--
Zweckbetriebe		
Veranstaltungen	721.421,52	773.750
Gebühren	262.124,47	216.500
Gesamt	4.084.381,76	3.603.150

Eine Auseinandersetzung mit diesen Zahlen ermöglicht Einblicke und Rückschlüsse für das Sportverbandsmanagement auf Bundesebene. Dabei lassen sich die Finanzquellen wie folgt konkretisieren:

- Als einer der olympischen Kernsportarten gelingt der Leichtathletik – insbesondere im Vergleich mit anderen olympischen Sportarten – eine erfolgreiche *Lizenzvermarktung*. Insofern stellen Einnahmen aus der Vermarktung werblicher Rechte/Sponsoring und medialer Rechte/TV einen zentralen Baustein der Finanzierung des DLV dar. Mit Blick auf seinen Status als gemeinnützige Körperschaft hat der DLV seine Vermarktungsrechte an eine Vorschaltgesellschaft übertragen, die alle Lizenz- und Sponsoringaktivitäten für ihn abwickelt – die *Deutsche Leichtathletik Promotion- und Projektgesellschaft mbH* (DLP). Der DLV hält dabei die Mehrheit der Gesellschaftsanteile, verfügt aber nicht über Stimmenmehrheit in der Gesellschafterversammlung, um die generierten Einnahmen nicht als „wirtschaftlichen Geschäftsbetrieb" verbuchen zu müssen (vgl. Kapitel 3.2).
- Vom DLV zugunsten der DLP erbrachte Dienstleistungen im Rahmen der Leichtathletik-Weltmeisterschaften 2009 in Berlin wurden von der DLP erst 2010 vergütet und im Haushalt mit *Kostenerstattung DLP* erfasst. Angesichts ihrer Art und ihrer Höhe handelt es sich hierbei um einmalige, außergewöhnliche Erträge, was auch den großen Unterschied zur Finanzplanung 2012 erklärt.
- Eine weitere wichtige Finanzierungsquelle stellen *Verbandsbeiträge* dar, also die von den Mitgliedsorganisationen an den DLV entrichteten Mitgliedsbeiträge. Diese finanzielle Umlage müssen die Landesfachverbände in Abhängigkeit ihrer jeweiligen Stimmenanzahl bei der DLV-Mitgliederversammlung entrichten (1.560 Euro pro Stimme). Die

Stimmenverteilung der DLV-Mitgliederversammlung wiederum wird gemäß der in den 21 Landesverbänden gemeldeten Vereinsmitglieder berechnet.
- Bei den *Nutzungsentgelten und Erlösen mit KfZ-Sachbezug* handelt es sich um einen „durchlaufenden" Buchungsposten, der sich aus der Nutzung von Dienstwägen durch Mitarbeiter des Verbands ergibt.
- Hinter dem Haushaltsposten *DOSB-Beiträge Landesverbände* stehen die von den DLV-Mitgliedsverbänden entrichteten anteiligen Beiträge – pro einzelnes Sportvereinsmitglied neun Cent – die der DLV gesammelt als Mitgliedsbeitrag an den DOSB weiter gibt.
- *Mieteinnahmen* generiert der DLV durch Vermietungen in seiner verbandseigenen Geschäftsstelle in Darmstadt.
- Die DLV-Auslandstrainerschule in Mainz bietet Aus- und Weiterbildungskurse für interessierte Trainer aus weniger entwickelten Ländern an, die als wichtiger Beitrag der internationalen Sportförderung vom Auswärtigen Amt (AA) mit Mitteln der Auswärtigen Kultur- und Bildungspolitik finanziert werden. Rund 10% dieser Zuwendungen kann der DLV pauschal unter *AA-Zuwendungen Verwaltungskosten* verbuchen.
- Einnahmen aus *Managerlizenzen* ergeben sich für den DLV aus den Wettkampfregeln des Leichtathletik-Weltverbands IAAF. Diese legen fest, dass Athletenvertreter/-manager für ihre Tätigkeit einen Managerlizenz-Vertrag mit ihrem jeweiligen nationalen Leichtathletikverband vorweisen müssen. Vom DLV lizenzierte Athletenmanager müssen hierfür jeweils eine jährliche Gebühr in Höhe von 1.000 Euro entrichten.
- Zur Förderung seiner DLV-Auslandstrainerschule in Mainz erhält der DLV vom Landessportbund Rheinland-Pfalz außerdem eine *LSB-Zuwendung*.
- Unter *Erstattung Personalkosten* werden verschiedene personalbezogene Zuschüsse und Rückflüsse verbucht, beispielsweise Mittel des Bundesversicherungsamts für Mutterschaftsgeld.
- Für den Verband eine eher nachgeordnete Finanzierungsquelle sind *Spenden*.
- Unter *Sonstiges* sind Versicherungsentschädigungen (2010 rund 1.000 Euro) und Zinseinnahmen (2010 rund 1.500 Euro) zusammengefasst.

Weitere wichtige Finanzierungsquellen, die sich aus Zweckbetrieben der Verbandstätigkeit ergeben, sind *Veranstaltungen und Gebühren* (Zahlen von 2010; vgl. Deutscher Leichtathletik-Verband, 2011, S. 1):
- Vom DLV genehmigte, offizielle Wettkampfveranstaltungen der Leichtathletik leisten wichtige Finanzierungsbeiträge für die Verbandsarbeit. Von besonderer finanzieller Bedeutung sind dabei folgende *Veranstaltungen*:
    - Deutsche Meisterschaften-Freiluft (337.029,26 Euro).
    - Deutsche Meisterschaften-Halle (114.279,37 Euro).
    - Deutsche Jugendmeisterschaften (31.335,53 Euro).
    - Deutsche Jugendmeisterschaften-Halle (26.861,92 Euro).
    - Deutsche Seniorenmeisterschaften-Halle (22.491,00 Euro).
    - Deutsche Halbmarathon-Meisterschaften/Senioren-Straße (22.327,00 Euro).
    - Deutsche Juniorenmeisterschaften (21.620,00 Euro).
    - Deutsche Seniorenmeisterschaften II (20.581,00 Euro).

- Relevanz für die Verbandsfinanzierung haben außerdem vom DLV vereinnahmte *Gebühren*, vor allem
  - Genehmigungsgebühren für offizielle Wettkampfveranstaltungen (93.807,64 Euro).
  - Abzeichen, z. B. Lauf-, Walking-, Nordic-Walking- und Mehrkampfabzeichen (57.191,06 Euro).
  - Erträge aus Abgängen beim Anlagevermögen (38.445,38 Euro).
  - Zuschüsse internationaler Sportverbände (16.152,02 Euro).
  - Sonstige Erlöse (54.674,15 Euro).

Das Beispiel DLV zeigt exemplarisch die Bedeutung einzelner Finanzierungsquellen für die Finanzierung der Verbandsarbeit. Dabei sind im konkreten Fall insbesondere Erträge aus der Vermarktung medialer und werblicher Rechte relevant, was in dieser Form nur wenigen Sportfachverbänden gelingt. Wesentliche Beiträge zur Verbandsfinanzierung leisten auch Einnahmen aus verbandseigenen Sportveranstaltungen, etwa Deutschen Meisterschaften in verschiedenen Disziplinen und Altersklassen. Gebühren für Genehmigungen offizieller Wettkämpfe und Mitgliedsbeiträge sind weitere zentrale Finanzierungsquellen des Verbands. Diese Grundprinzipien der Verbandsfinanzierung können auch für andere Bundesfachverbände angenommen werden.

4.2.3 Finanzierung von Landessportbünden

Neben den Sportfachverbänden spielen auch die Landessportbünde eine bedeutsame Rolle im organisierten Sport (vgl. Kapitel 2.2.2), weshalb grundlegende Kenntnisse über deren Finanzierungsmuster für das Sportmanagement ebenfalls relevant sind. Die Betrachtung der Sportförderung der Länder hat bereits gezeigt, dass die Landessportbünde Zuschüsse der jeweiligen Landesregierungen erhalten und von Einnahmen aus dem staatlichen Glücksspiel profitieren (vgl. Kapitel 4.1.3 und 4.1.4). Diese stehen ihnen einerseits zur Finanzierung eigener Maßnahmen und Projekte sowie ihres Personals zur Verfügung. Andererseits reichen sie den Großteil dieser staatlichen Sportfördermittel an ihre Mitgliedsorganisationen, also die regionalen Sportfachverbände und teilweise die Sportvereine, weiter. Insofern fungieren sie auch als wichtige „Verteilerstationen" der staatlichen Sportförderung.

Angesichts länder- und organisationsspezifischer Besonderheiten ist allerdings eine für alle Landessportbünde gültige Darstellung – insbesondere bezogen auf die *Höhe* der verfügbaren Finanzmittel – kaum möglich. Am Beispiel des Landessportverbands Baden-Württemberg und des Württembergischen Landessportbunds (vgl. Kapitel 2.2.2) lässt sich aber exemplarisch aufzeigen, welche Verteilungsmechanismen bei der Finanzierung der Verbandsarbeit generell von Bedeutung sind.

Finanzierung des Landessportverbands Baden-Württemberg

Der Landessportverband Baden-Württemberg (LSV) fasst die ihm zur eigenen Bewirtschaftung und zur Absicherung seiner Aufgaben verfügbaren Finanzmittel in einem Verwaltungshaushalt zusammen (vgl. Tab. 27).

4.2 Finanzierung ausgewählter Sportverbände

Tab. 27: Verwaltungshaushalt des Landessportverbands Baden-Württemberg 2009 und 2010 (vgl. Landessportverband Baden-Württemberg, 2010, S. 16; 2012, o. S.).

	Euro (Ist 2009)	Euro (Ist 2010)
Landeszuschüsse	830.000,00	830.000,00
Mitgliedsbeiträge	131.297,30	131.048,80
Anteil Glücksspirale	66.666,37	58.466,05
Zinseinnahmen	38.783,67	11.358,83
Erstattungen	26.219,94	21.214,05
Gesamt	1.092.967,28	1.052.087,73

Eine Auseinandersetzung mit diesen Zahlen ermöglicht wichtige Einblicke in das Sportverbandsmanagement auf der Ebene der Bundesländer. Dabei können die Zahlen wie folgt konkretisiert werden:

- Zur Finanzierung seiner eigenen Aufgaben stehen dem LSV im Wesentlichen *Landeszuschüsse* zur Verfügung. Dabei handelt es sich um Finanzmittel des Ministeriums für Kultus, Jugend und Sport (vgl. Kapitel 4.1.3), die er für sein Personal, seine Räumlichkeiten und seine Organe/Gremien einsetzen kann.
- Eine weitere wichtige Finanzierungsquelle des LSV sind *Mitgliedsbeiträge* seiner Mitgliedsorganisationen. Dabei zahlen die Landesfachverbände für jede ihrer Stimmen bei der LSV-Mitgliederversammlung 40 Euro, für den Fußball-Verband sind dies z. B. rund 1.300 Euro. Die drei baden-württembergischen Sportbünde wiederum zahlen für jedes Sportvereinsmitglied in ihrem Hoheitsgebiet drei Cent, was insgesamt rund 115 Tsd. Euro erbringt, also fast 90% der LSV-Mitgliedsbeiträge.
- Zur eigenen Verwendung erhält der LSV auch einen Anteil an den Zweckerträgen der Lotterie *Glücksspirale* (vgl. Kapitel 4.1.4).
- Vervollständigt wird der Verwaltungshaushalt durch *Zinseinnahmen* und *Erstattungen*, z. B. für erbrachte Dienstleistungen zugunsten anderer Sportorganisationen, etwa im Bereich Personalbuchhaltung sowie für Zertifizierungen von Vereinsfitnessstudios oder Kindergärten (vgl. Landessportverband Baden-Württemberg, 2010, S. 16; 2012, o. S.)

Neben dem Verwaltungshaushalt führt der LSV verschiedene Projekthaushalte, die er allerdings nur teilweise selbst bewirtschaftet. Hingegen leitet der LSV die Landesmittel für Sportbünde, den DOSB-Beitrag, die Gema-Umlage und die Zuschüsse für den Luftsport an die betreffenden Sportorganisationen weiter (vgl. Tab. 28).

Tab. 28: Projekthaushalte des Landessportverbands Baden-Württemberg 2009 und 2010 (vgl. Landessportverband Baden-Württemberg, 2010, S. 16; 2012, o. S.).

	Euro (Ist 2009)	Euro (Ist 2010)
Landesmittel für Sportbünde	40.277.600,00	40.640.100,00
Leistungssport	8.271.750,00	8.167.325,00
Glücksspirale (Anteil Sportbünde)	1.266.661,01	1.110.850,81
Freiwilliges Soziales Jahr	844.681,18	902.631,53
Bundesprogramm „Integration durch Sport"	479.822,76	539.694,85
DOSB-Beitrag und Gema Umlage	449.373,27	586.138,80
Projekte	142.657,33	77.475,43
Baden-Württembergische Sportjugend	71.791,17	76.925,06
Luftsport	35.000,00	35.000,00
Gesamt	52.897.304,00	52.136.141,48

Diese Zahlen lassen sich wie folgt konkretisieren:

- Für den Breiten- und Freizeitsport stellt die baden-württembergische *Landesregierung* Mittel zur Verfügung, die über den LSV an die drei *Sportbünde* weitergegeben werden. Die Zuteilung der rund 40 Mio. Euro erfolgt nach einem alle zwei Jahre aktualisierten Schlüssel auf Basis der Mitgliederzahlen in den Sportvereinen. Für 2011 erhält der Württembergische Landessportbund mit 55,1% der Mitglieder rund 22 Mio. Euro, während der Badische Sportbund Nord (20,5% der Mitglieder) rund 8,2 Mio. Euro und der Badische Sportbund Freiburg (24,4% der Mitglieder) rund 9,8 Mio. Euro erhalten (vgl. Württembergischer Landessportbund, 2012b, o. S.).
- *Landesmittel für Leistungssport* fließen insbesondere in die Förderung von Nachwuchsathleten (u. a. Stützunterricht), in die Landesstützpunkte, in Maßnahmen der Landesfachverbände zur Talentsichtung und Talentförderung, in Stützpunkttraining, Lehrgänge und Trainingslager sowie in die Finanzierung von Landes-/Honorartrainern und Leistungssportkoordinatoren.
  - Die Verteilung dieser Finanzmittel erfolgt auf der Grundlage von Beschlüssen des Landesausschusses zur Förderung des Leistungssports (LAL).
  - Die LSV-Förderung von Landestrainern kann z. B. in der direkten Anstellung der Trainer, in der (teilweisen) Übernahme von Gehaltsaufwendungen der Landesfachverbände sowie in der fallweisen Deckung von Reisekosten bestehen (vgl. Landessportverband Baden-Württemberg, 2011, S. 19).
- Neben dem LSV-Anteil am Zweckertrag der *Glücksspirale* stehen auch dem Württembergischen Landessportbund und den beiden badischen Sportbünden anteilige Mittel der Glücksspirale zu, die der LSV entsprechend an sie weiter leitet.
- Der Landessport ist mit der Baden-Württembergischen Sportjugend anerkannter Träger für das *Freiwillige Soziale Jahr*. Mit entsprechenden Bundes- und Landeszuschüssen werden im baden-württembergischen Sport rund 120 Einsatzstellen bei Sportvereinen und Sportverbänden unterstützt.
- Für das Bundesprogramm *„Integration durch Sport"* erhält der DOSB Zuschüsse des Bundesamts für Migration und Flüchtlinge. Diese Gelder werden anteilig an die Landessportbünde zur operativen Projektumsetzung weitergegeben. Der LSV begleitet und berät in diesem Zusammenhang baden-württembergische Sportvereine zum Thema Integration und bietet entsprechende Seminare, Workshops und Tagungen an.

- Die LSV-Mitgliedsorganisationen leisten außerdem anteilige Umlagen für den *DOSB-Beitrag* und die *Gema*, die der LSV entsprechend weiter leitet:
  - In Abhängigkeit der in ihrem jeweiligen regionalen Hoheitsgebiet gemeldeten Vereinsmitglieder zahlen die drei Landessportbünde an den LSV eine finanzielle Umlage in Höhe von neun Cent pro Vereinsmitglied, die der LSV an den DOSB weiter leitet (vgl. Kapitel 4.2.1).
  - Für die Musiknutzung z. B. im Rahmen von Sportkursen müssen Sportvereine Nutzungsgebühren an die Gema entrichten. Um die Vorteile der Gema-Pauschalvereinbarung des DOSB in Anspruch nehmen zu können, zahlen die Sportvereine an den LSV eine Umlage, die von ihm an den DOSB weiter geleitet wird.
- Vom LSV initiierte und z. T. mit Landesmitteln finanzierte *Projekte* sind 2009 u. a. die jährliche Trainerpreisverleihung, das LSV-Informationsportal im Internet und ein Projekt „Gesunde Kinder".
- Für die *Baden-Württembergische Sportjugend* stehen Landeszuschüsse u. a. aus dem Landesjugendplan, sowie Gelder aus dem LSV-Verwaltungshaushalt zur Verfügung.
- Außerdem fördert das Land Baden-Württemberg den *Luftsport*, wobei der LSV diese Gelder an den Baden-Württembergischen Luftfahrtverband weiter gibt.

Finanzierung des Württembergischen Landessportbunds

Der Württembergische Landessportbund (WLSB) ist der größte der drei baden-württembergischen Landessportbünde (vgl. Kapitel 2.2.2). Ein Blick auf seinen Haushalt zeigt, dass er seine Verbandsarbeit ganz wesentlich über Beiträge seiner Mitglieder und Zuschüsse der baden-württembergischen Landesregierung finanziert (vgl. Tab. 29).

Tab. 29: Haushalt des Württembergischen Landessportbunds 2008 und 2010 (vgl. Württembergischer Landessportbund, 2011, S. 15).

	Euro (Ist 2008)	Euro (Plan 2010)
Beiträge und Umlagen der Mitgliedsvereine	10.094.565	10.357.800
Landeszuschüsse Übungsleiter	6.746.832	6.850.000
Landeszuschüsse Sportstättenbau/Sportgeräte	6.175.523	5.970.000
Landeszuschüsse Aus- und Fortbildung	3.926.186	3.930.000
Landessportschule Albstadt	2.613.432	3.602.300
Landeszuschüsse Soziale Zwecke	1.575.000	1.575.000
Landeszuschüsse Institutionelle Förderung Mitgliedsverbände	1.566.509	1.567.000
Landeszuschüsse Institutionelle Förderung WLSB	1.285.424	1.400.000
Landeszuschüsse Kooperation Schule/Verein	606.510	700.000
Entnahme Rücklagen	1.432.745	690.000
Glücksspirale	339.740	600.000
Landeszuschüsse Landesjugendplan	394.045	394.150
Landeszuschüsse Besondere Maßnahmen Behindertensport	144.144	144.000
Sonstiges	1.120.609	791.000
Gesamt	38.021.264	38.571.250

Im Einzelnen lassen sich diese Zahlen wie folgt konkretisieren:
- Eine wichtige Finanzierungsquelle des WLSB sind *Mitgliedsbeiträge und Umlagen* seiner Mitgliedsvereine. Diese zahlen jeweils einen jährlichen Sockelbeitrag in Höhe von 100 Euro und weitere Beiträge in Abhängigkeit der Anzahl ihrer Vereinsmitglieder: Für Kinder und Jugendliche bis 18 Jahre fallen zwei Euro je Mitglied an, für erwachsene Sportvereinsmitglieder 4,45 Euro je Mitglied. Hinzu kommt (Stand 2010) eine Umlage in Höhe von 1,10 Euro pro Sportvereinsmitglied (vgl. Württembergischer Landessportbund, 2012a, o. S.).
- Für die Finanzierung der Verbandsarbeit leisten außerdem *Landeszuschüsse* einen zentralen Beitrag. Diese Finanzmittel des Ministeriums für Kultus, Jugend und Sport fließen dem WLSB über den LSV zu. Hierbei handelt es sich um
  - Zuschüsse für *Vereinsübungsleiter*, die die Sportvereine per Antrag beim WLSB in Anspruch nehmen können.
  - Zuschüsse zum *Sportstättenbau* und zur Anschaffung von *Sportgeräten* der Sportvereine, z. B. Zuschüsse für Neubau, Instandsetzung und Reparatur vereinseigener Sportanlagen oder energetische Sanierungen von Sportstätten. Auch hier sind Antragsverfahren zwingend vorgeschrieben.
  - Zuschüsse für *Aus- und Fortbildungsmaßnahmen* der Landesfachverbände, u. a. für Übungsleiter-, C-Trainer- oder Kampfrichterausbildungen.
  - Zuschüsse für den Betrieb der *Landessportschule Albstadt*, insbesondere für Personal und Verpflegung (2010 geplant 1,9 Mio. Euro). Hinzu kommen Gebühren von Teilnehmern der Lehrgangsmaßnahmen an der Sportschule (2010 geplant 1,3 Mio. Euro).
  - Zuschüsse für *soziale Zwecke*, etwa Prämien der Sportversicherung und Beiträge für Berufsgenossenschaften oder sportärztliche Untersuchungen.
  - Zuschüsse im Rahmen der *Institutionellen Förderung*, d. h., insbesondere für Personal- und Verwaltungskosten.
  - Zuschüsse für Kooperationsprojekte und -maßnahmen von *Schulen und Sportvereinen*. In Baden-Württemberg existiert seit 1987 das Kooperationsprogramm „Schule-Verein", in dessen Rahmen z. B. Maßnahmen und Projekte in der schulischen Ganztagsbetreuung gefördert werden.
- Über den LSV erhält auch der WLSB einen eigenen Anteil des Zweckertrags der Lotterie *Glücksspirale* zugewiesen.
- Zuschüsse des *Landesjugendplans*, der z. B pädagogische Betreuung in der Jugenderholung oder Teilnahmen finanziell schwächer gestellter Kinder und Jugendlicher an Freizeitprogrammen unterstützt.
- Zuschüsse für *Besondere Maßnahmen im Behindertensport* umfassen Mittelweiterleitungen an den Behinderten- und Rehabilitationssportverband.
- Schließlich umfasst der Sammelpunkt *Sonstiges* u. a. Teilnehmergebühren von WLSB-Maßnahmen, z. B. der Vereinsmanagerausbildung, oder Einnahmen aus Vermietungen.

4.2.4 Finanzierung von Landesfachverbänden

Schließlich sind auch die Sportfachverbände auf Landesebene Zuwendungsempfänger von Sportfördermitteln der Länder. Ihre anteiligen Zuschüsse erhalten sie meist über die Landessportbünde zugewiesen. Teilweise dienen diese Sportfördermittel der Finanzierung eigener Aktivitäten, teilweise werden sie aber auch an die jeweiligen Mitgliedsvereine weiter geleitet. Angesichts länder-, sportart- und organisationsspezifischer Besonderheiten ist eine für alle Landesfachverbände gültige Darstellung – insbesondere bezogen auf die *Höhe* der verfügbaren Finanzmittel – kaum möglich. Am Beispiel des Schwimmverbands Württemberg (SVW) lässt sich aber exemplarisch aufzeigen, welche Finanzquellen und Verteilungsmechanismen bei der Finanzierung der Verbandsarbeit grundsätzlich relevant sind (vgl. Tab. 30).

Tab. 30: Haushalt des Schwimmverbands Württemberg 2008 und 2010 (vgl. Schwimmverband Württemberg, 2011, S. 1).

	Euro (Ist 2008)	Euro (Ist 2010)
WLSB-Zuschüsse	217.909	228.087
Meldegelder	76.367	149.575
DSV-Verbandsumlage	90.623	93.530
Teilnehmergebühren Schulung	85.689	87.028
Sonstige Zuschüsse	36.554	64.227
LSV-Zuschüsse	63.202	56.075
Eigenbeteiligungen	21.686	41.992
Spenden	3.985	20.760
Ordnungsgebühren	6.600	6.450
Veranstaltungsgebühren	1.605	1.640
Startrechtwechsel	250	--
Ertrag Vermögensverwaltung	11	503
Einnahmen Zweckbetrieb	2.693	1.169
Einnahmen Geschäftsbetrieb	13.316	--
Gesamt	620.490	751.036

Diese beispielhaften Zahlen des SVW-Haushalts lassen sich wie folgt konkretisieren (Zahlen für 2010; vgl. Schwimmverband Württemberg, 2011, S. 1):

- Wichtigste Finanzierungsquelle des SVW sind *WLSB-Zuschüsse*, die sich im Einzelnen ergeben
  - aus *Beitragsrückflüssen*: Die von den Landesfachverbänden an den WLSB gezahlten WLSB-Beiträge (vgl. Kapitel 4.2.3) fließen anteilmäßig an die Landesfachverbände zurück. Entscheidend ist dabei der Anteil der unter ihrer Sportart gemeldeten Sportvereinsmitglieder im Verhältnis zur Gesamtzahl der gemeldeten Sportvereinsmitglieder (rund 106 Tsd. Euro).
  - aus *Staatsbeiträgen*: Hierbei handelt es sich um Sportfördermittel der baden-württembergischen Landesregierung, die für Lehrgangsmaßnahmen des SVW eingesetzt werden können (rund 74 Tsd. Euro).
  - aus *sonstigen Zuschüssen*, u. a. einer anteilmäßigen Beteiligung des SVW am Zweckertrag der Lotterie Glücksspirale (rund 44 Tsd. Euro).
  - aus *Zuschüssen* für Zentrallehrgänge der *Talentsuche/-förderung* (4.500 Euro).

- Eine weitere wichtige Finanzierungsquelle des SVW sind Einnahmen aus *Meldegeldern* für offizielle Wettkampfveranstaltungen.
- Die *DSV-Verbandsumlage* wiederum ergibt sich daraus, dass jeder württembergische Schwimmverein pro Vereinsmitglied 80 Cent an den SVW bezahlt, die von ihm an den DSV weiter geleitet werden. Hinzu kommt für jeden Schwimmverein jeweils ein Pauschalbetrag in Abhängigkeit der Anzahl seiner Vereinsmitglieder: bis 50 Mitglieder 100 Euro, bis 100 Mitglieder 200 Euro etc. bis 1.000 Mitglieder 1.000 Euro. Dieser Beitrag verbleibt beim SVW und steht ihm zur eigenen Verwendung zur Verfügung.
- Einen Beitrag zur Verbandsfinanzierung leisten auch *Teilnehmergebühren* für *Schulungen*, etwa im Rahmen von Lehrgangsmaßnahmen oder Trainerfortbildungen an den Sportschulen.
- *Sonstige Zuschüsse* sind u. a. Rückflüsse aus Lizenzgebühren des DSV, Zuschüsse der Arbeitsgemeinschaft Schwimmen Leistungssport Baden-Württemberg sowie Zuschüsse der Sportregion Stuttgart.
- Hinzu kommen *LSV-Zuschüsse zur Spitzensportförderung*, insbesondere im Nachwuchsbereich. Diese gliedern sich im Einzelnen auf in
  - Zuschüsse für Maßnahmen des D-Kaders (rund 24.000 Euro).
  - Zuschüsse für Projekte und Maßnahmen zur optimierten Förderung von Talenten (rund 13.000 Euro).
  - Zuschüsse für Maßnahmen des Optimierten-Kaders, also der besten Schwimmer aus Baden-Württemberg (9.000 Euro).
  - Zuschüsse für Fördergruppenlehrgänge (9.500 Euro).
- Unter *Eigenbeteiligungen* werden Teilnehmergebühren von Lehrgangsmaßnahmen, z. B. des D-Kaders, verbucht.
- *Spenden* sind als Finanzierungsquelle für den SVW eher von nachgeordneter Bedeutung.
- Unter *Ordnungsgebühren* werden u. a. solche Zahlungen gefasst, die Schwimmvereine bei der Missachtung von Wettkampfbestimmungen zu bezahlen haben. Auch bei *Startrechtwechseln* von Wettkampfschwimmern vom bisherigen zu einem anderen Schwimmverein werden Gebühren fällig.
- *Veranstaltungsgebühren* erhebt der SVW für die Bearbeitung und die Genehmigung von Anträgen zur Ausrichtung offizieller Wettkampfveranstaltungen im Schwimmen.
- Erträge aus der *Vermögensverwaltung* sind u. a. Zinseinnahmen.
- Einnahmen aus *Zweckbetrieb* und *Geschäftsbetrieb* des Verbands ergeben sich u. a. über den Verkauf von Schwimmabzeichen an Schwimmvereine und die Verwertung werblicher Rechte/Sponsoring, den Verkauf verbandseigener Publikationen sowie die Organisation von Veranstaltungen. Diese sind in die verbandseigene SVW Service GmbH ausgelagert (vgl. Kapitel 3.2).

Kontrollfragen

1. Der DOSB ist *die* zentrale Dachorganisation des Sports in Deutschland. Zur Finanzierung seiner vielfältigen Aufgaben kann er sich auf verschiedene Finanzierungsquellen stützen. Welche Finanzierungsquellen sind für den DOSB besonders wichtig?
2. Aufgrund der Regelungen des IOC als originärem Rechteinhaber der Olympischen Symbole ist deren exklusive Vermarktung durch den DOSB/die DSM mit einigen Restriktionen verbunden. Welche sind dies und was bedeuten diese Einschränkungen für die Finanzierung des DOSB?

3. Im DOSB-Haushalt werden einige finanzielle Mittel als „durchlaufende Posten" behandelt und anderen Sportorganisationen zugeleitet. Wer sind die Zuwendungsempfänger?
4. Eine besondere Rolle für die Finanzierung des Spitzensports der Bundesfachverbände spielen Fördermittel des BMI. Auf welcher Basis werden diese Mittel zugeteilt und worin unterscheiden sich dabei Grund- und Projektförderung?
5. Zur Finanzierung ihrer über den Spitzensport hinausgehenden Aufgaben stützen sich die Bundesfachverbände auf verschiedene Finanzierungsquellen. Welche sind dabei besonders bedeutsam?
6. Eine wichtige Funktion der Landessportbünde ist die Verteilung von Sportfördermitteln der jeweiligen Landesregierungen. Welche Organisationen, Projekte und Maßnahmen sind dabei die wichtigsten Zuwendungsempfänger und welche generellen Prinzipien liegen dieser Mittelverteilung zugrunde?
7. Die Finanzierung der Landesfachverbände ist je nach Sportart und regionalem Kontext durchaus verschieden. Welches sind generelle Finanzierungsquellen der Landesfachverbände?
8. Praktisch alle Sportverbände auf Bundes- und Landesebene haben zur Vermarktung insbesondere ihrer werblichen Rechte verbandseigene Vermarktungsgesellschaften gegründet. Inwiefern spielen diese Gesellschaften bei der Finanzierung von Sportverbänden eine wichtige Rolle?

4.3 Finanzierung von Sportvereinen

Mit Fragen der Finanzierung sind nicht nur Sport*verbände* konfrontiert, auch für das Sport*vereins*management sind Finanzierungsfragen von zentraler Bedeutung. Dabei gilt mit Blick auf Sportvereine noch mehr als bei Sportverbänden, dass Finanzhaushalte teilweise sehr deutliche Unterschiede aufweisen – beispielsweise zwischen kleinen, mittleren und großen Sportvereinen oder zwischen Einsparten- und Mehrspartenvereinen. Insofern sind kaum allgemein gültige Aussagen möglich, insbesondere nicht hinsichtlich der jeweiligen Höhe der Finanzmittel.

Sportvereine als Basis des organisierten Sports weisen einen besonders engen Bezug zu den einzelnen Sporttreibenden, ihren Mitgliedern, auf. Auch aus diesem Grund sind vor allem Mitgliedsbeiträge und Spenden für die Finanzierung von Sportvereinen relevant. Außerdem befinden sich die Sportvereine quasi am Ende der „Verteilungskette" staatlicher Sportfördermittel, sodass sie grundsätzlich auch anteilig von Landesmitteln profitieren können. Typischerweise sind dabei Antragsverfahren der Landessportbünde zu durchlaufen oder Zuweisungen über die Landesfachverbände zu beantragen.

Lernziele des Kapitels

> Die Leser lernen wichtige Finanzierungsquellen von Sportvereinen kennen.
> Sie setzen sich mit Mitgliedsbeiträgen als originärer Finanzquelle von Sportvereinen auseinander und reflektieren ausgewählte Managementfragen der Beitragsgestaltung.
> Sie erkennen die Bedeutung von Mitgliederzufriedenheit für die Bereitschaft von Sportvereinsmitgliedern, Mitgliedsbeiträge zu bezahlen und ehrenamtlich mitzuarbeiten.

Finanzhaushalte von Sportvereinen unterscheiden sich teilweise sehr deutlich, beispielsweise zwischen kleinen, mittleren und großen Sportvereinen oder zwischen Einsparten- und Mehrspartenvereinen. Insofern sind Daten zur Finanzierung von Sportvereinen (vgl. Tab. 31) vorsichtig zu interpretieren. Generell sind vor allem Mitgliedsbeiträge und Sportfördermittel der Landesregierungen für die Finanzierung von Sportvereinen relevant. Mit etwas Abstand folgen Einnahmen aus Sportveranstaltungen und Spenden. Die Vermarktung medialer und werblicher Rechte stellt für Sportvereine insgesamt eine eher nachgeordnete Finanzierungsquelle dar, ebenso Einnahmen aus wirtschaftlicher Betätigung.

Im Sportvereinsmanagement immer wieder diskutierte Aufnahmegebühren werden nur von wenigen Sportvereinen tatsächlich praktiziert (vgl. Wicker, 2009, S. 335) und haben folglich nur geringe Bedeutung für die Vereinsfinanzierung. Dies gilt auch für Kursgebühren und Einnahmen aus entgeltpflichtigen Leistungen für Nicht-Mitglieder. Im konkreten Einzelfall können Finanzierungsmuster von Sportvereinen allerdings durchaus andere Gewichtungen aufweisen. Darüber hinaus tragen auch die für gemeinnützige Sportvereine geltenden steuerlichen Sonderregelungen (vgl. Kapitel 3.2) ebenso wie die ehrenamtliche Mitarbeit von Vereinsmitgliedern indirekt zur Finanzierung von Sportvereinen bei.

Für die Finanzierung von Sportvereinen sind *Mitgliedsbeiträge* enorm bedeutsam, zumal sie eine weitgehend sicher planbare und verlässliche Finanzierungsquelle darstellen. Erst die Zahlung des Mitgliedsbeitrags ermöglicht den Zutritt zum Sportverein und dessen – seinen Mitgliedern vorbehaltenen – Leistungen.

> Für die Sportvereinsfinanzierung ist dabei ein *Ressourcenpooling*, also die vereinsinterne Quersubventionierung zwischen Sportarten, Abteilungen oder Interessengruppen – z. B. Spitzensport vs. Breitensport – charakteristisch. Denn beim Mitgliedsbeitrag „handelt es sich um eine Mischung aus Kauf und Beteiligung. Kennzeichnend ... ist das Solidaritätsprinzip, wonach die Vereinsmitglieder keinen Anspruch auf bestimmte Gegenleistungen haben. Vielmehr bestehen die Gegenleistungen aus allgemeinen Nutzungs- und Mitgliedschaftsrechten wie der Möglichkeit der Mitarbeit im Sportverein, der Teilnahme an der Mitgliederversammlung und der Mitbestimmung darüber, für welche Bereiche Geld ausgegeben wird" (Wicker, 2009, S. 25).
> Das *Solidaritätsprinzip* wird regelmäßig auch über die Staffelung der Mitgliedsbeiträge u. a. nach Alter oder Erwerbstätigkeit, sowie – in Mehrspartenvereinen – die separate Erhebung von Vereins- und Abteilungsbeiträgen verwirklicht: 2005/2006 lagen beispielsweise die durchschnittlichen Monatsbeiträge der Sportvereine bei 6,24 Euro für Kinder, 8,23 Euro für Jugendliche, 15,56 Euro für Erwachsene (vgl. Hovemann, Horch & Schubert, 2007, S. 145).

4.3 Finanzierung von Sportvereinen

Tab. 31: Finanzierungsquellen von Sportvereinen 2005 (vgl. Hovemann, Horch & Schubert, 2007, S. 153).

	Anteil an Gesamteinnahmen in % (2005)
Mitgliedsbeiträge	30,7
Zuschüsse der Landesregierungen	15,2
Sportveranstaltungen	9,8
Spenden	6,5
Werbliche Rechte (Trikot, Ausrüstung)	5,1
Mediale Rechte	4,9
Gesellige Veranstaltungen	4,4
Selbstbetriebene Gaststätte	3,6
Zuschüsse von Sportverbänden	3,1
Zuschüsse der Kommunen/Kreise	2,3
Kredite	2,3
Vermögensverwaltung	1,7
Leistungen für Mitglieder gegen Entgelt	1,1
Kursgebühren	1,1
Werbliche Rechte (Banden, Anzeigen)	1,1
Leistungen für Nicht-Mitglieder gegen Entgelt	0,6
Eigene Wirtschaftsgesellschaft	0,4
Aufnahmegebühren	0,3
Sonstiges	5,7
Gesamt	100,0

Festlegung von Mitgliedsbeiträgen – Zahlungsbereitschaften und Beitragselastizitäten

Die Festlegung der Höhe und ggf. Staffelung von Mitgliedsbeiträgen ist eine zentrale Managementaufgabe in Sportvereinen. Denn mit der Beitragszahlung ist ja gerade keine direkte, in Geldeinheiten konkret „messbare" Gegenleistung verbunden. Auch deshalb wird die Höhe des Beitrags „nicht rational ermittelt und nicht nach oben *ausgereizt*, sie unterliegt vielmehr den für NPO typischen traditionellen und solidarischen Kriterien" (Wicker, 2009, S. 26). Beitragserhöhungen sind folglich in Sportvereinen häufig Anlass für Kritik und Konflikte – insbesondere wenn die Hintergründe und sachlichen Notwendigkeiten der Erhöhungen und potenziell davon profitierende Bereiche der Vereinsarbeit intransparent bleiben.

Für Beitragskalkulationen und -festlegungen sind Zahlungsbereitschaften und Beitragselastizitäten wichtige Orientierungspunkte des Sportvereinsmanagements: Die *Zahlungsbereitschaft* bezeichnet jenen Geldbetrag, den jeder Einzelne bereit ist, beispielsweise für eine Sportvereinsmitgliedschaft zu bezahlen. Ihre Höhe hängt von einer Vielzahl persönlicher und situativer Kriterien ab, z. B. der frei verfügbaren Finanzmittel, der persönlichen Präferenzen oder der individuellen Interessen und Motivlagen.

Die *Beitragselastizität* wiederum steht für das Verhältnis der Veränderung des Mitgliederbestands zu der sie jeweils verursachenden relativen Beitragsänderung. Analog zur Preis-/Nachfrageelastizität sinkt nach einer Beitragserhöhung typischerweise die Mitgliederzahl. Führt eine Beitragserhöhung von z. B. 10% zu einer prozentual stärkeren Änderung der Mitgliederzahl – also zu einem Rückgang von mehr als 10% – spricht man von einer elastischen Nachfrage, andernfalls von einer unelastischen Nachfrage (vgl. Wöhe, 1996, S. 665-667).

Die Bestimmung der *Nachfrageelastizität* stellt die Managementpraxis vor größere Schwierigkeiten, nicht zuletzt aufgrund der nur schwer einschätzbaren individuellen Motivlagen der Mitglieder oder ggf. potenzieller zukünftiger Mitglieder. Auf Basis von Befragungen von Sportvereinsmitgliedern durchgeführte Simulationen zeigen allerdings, „dass die befragten Vereinssportler auf Erhöhungen des MB [Mitgliedsbeitrags; M. F.] um 5% und 10% elastisch reagieren würden. Folglich wäre bei diesen Erhöhungen der Mitgliederrückgang verglichen mit der Beitragserhöhung überproportional hoch. Bei einem simulierten Anstieg des MB um 14% liegt eine isoelastische Nachfrage vor, das heißt, dass die prozentuale Erhöhung des MB dem prozentualen Mitgliederrückgang entspricht. Ab einer Erhöhung des MB um 15% liegt eine unelastische Nachfrage vor" (Wicker, 2009, S. 315).

Auf Basis dieser Daten macht also der mit einer Erhöhung der Mitgliedsbeiträge unter 14% einhergehende Mitgliederrückgang die zu erwartenden Mehreinnahmen der Beitragserhöhung wieder zunichte. Allerdings existieren dabei teilweise *enorme Unterschiede zwischen den Sportarten*. Beispielsweise wurde für Tennis, Leichtathletik, Radsport eine komplett elastische Nachfrage ermittelt, d. h., dass hier Beitragserhöhungen *immer* negative Gesamteffekte für die Vereine haben. Auch wurden unterschiedliche Schwellen im Übergang von elastischer zu unelastischer Nachfrage festgestellt, sie liegen z. B. im Fußball zwischen 15% und 20%, im Schießsport hingegen zwischen 5% und 10% (vgl. Wicker, 2009, S. 338).

In Anlehnung an wirtschaftstheoretische Preis-Absatz-Zusammenhänge müsste gerade die *Senkung von Mitgliedsbeiträgen* zur Steigerung von Mitgliederzahlen führen. Da allerdings der Preis nicht allein ausschlaggebend für eine Sportvereinsmitgliedschaft ist, ergibt sich daraus nur bedingt eine praxistaugliche Orientierung für das Sportvereinsmanagement.
Außerdem ist mit Blick auf mögliche Effekte von Beitragserhöhungen zu bedenken, dass diese sich selbst dann, wenn sie zu insgesamt höheren finanziellen Einnahmen führen, insgesamt negativ auf die Vereinsarbeit auswirken können. Denn aufgrund des Vereinsaustritts bisheriger Mitglieder stehen typischerweise auch weniger ehrenamtliche Mitarbeiter zur Verfügung.
Um insbesondere solche negativen Effekte möglichst zu umgehen, ist anstelle von Beitragserhöhungen auch die Einführung von Nutzungsgebühren für die Inanspruchnahme konkret definierter Leistungen denkbar. Diese gelten regelmäßig als transparenter und nachvollziehbarer – und sind insofern den Mitgliedern meist auch besser vermittelbar.

Faktoren der Mitgliederzufriedenheit

Bei der Gestaltung der Mitgliedsbeiträge ist für das Sportvereinsmanagement von Bedeutung, „dass sich zufriedene Vereinsmitglieder vergleichsweise selten mit dem Vereinsaustritt beschäftigen und eher bereit sind, höhere Mitgliedsbeiträge zu bezahlen" (Nagel, 2005, S. 194). Die positive Erfüllung ihrer mit der Vereinsmitgliedschaft verknüpften Erwartungen führt auf Seiten der Mitglieder (situativ) zu Zufriedenheit. Diese beeinflusst wiederum die Nachfrageelastizität, indem sie die Unempfindlichkeit gegenüber Beitragserhöhungen steigert. Wesentliche *Faktoren der Mitgliederzufriedenheit* sind dabei insbesondere (vgl. Nagel, Conzelmann & Gabler, 2004, S. 126; Nagel, 2005, S. 188)

- Kompetenz und Engagement der *Trainer/Übungsleiter.*
- Kompetenz und Engagement der *Vereinsführung.*
- Mitgliedsbeiträge und *Preis/Leistungsverhältnis.*
- Jugendarbeit und sportliches *Leistungsangebot.*
- Zustand und Ausstattung der *Sportanlagen/-infrastruktur* sowie der Geräte/Materialien.
- sportliche Erfolge und Förderung von Talenten im *Spitzensport.*

Allerdings ist immer wieder zu beobachten, dass Sportvereinsmitglieder auch dann nicht aus „ihrem" Sportverein austreten, wenn sie mit den genannten Faktoren unzufrieden sind. Gerade in kleinen Gemeinden existieren für bestimmte Sportarten/-aktivitäten häufig gar keine erreichbaren Alternativen. Doch selbst wenn dies der Fall ist, wird oftmals auf Verbesserungen gewartet oder mit eigenem Engagement auf Verbesserungen hingewirkt. Offensichtlich spielen also „für die dauerhafte Mitgliedschaft sowohl ökonomisch orientierte Nutzenüberlegungen als auch solidargemeinschaftliche Handlungsorientierungen, insbesondere die soziale und emotionale Einbindung, eine Rolle" (Nagel, 2006, S. 53). Gerade bei vereinspolitisch engagierten, ehrenamtlich aktiven Mitgliedern „ist das Austrittsrisiko sehr gering" (Nagel, 2006, S. 52).

Praxisbeispiel

Der Elmshorner MTV von 1860 zählt mit rund 5.000 Mitgliedern zu den größten Sportvereinen Schleswig-Holsteins und ist Mitglied des Freiburger Kreises. 49% seiner Mitglieder sind Frauen, rund 45% der Mitglieder sind jünger als 18 Jahre, etwa 17% sind älter als 60 Jahre. Die 17 Vereinsabteilungen bieten wöchentlich über 400 Sport- und Bewegungsangebote an, unter anderem in kommunalen Sportstätten, im vereinseigenen Fitnessstudio Vie Vitale und in vereinseigenen Sportanlagen, z. B. für Fußball, Leichtathletik und Tennis. Der Jahresetat des Vereins umfasst 2011 *rund 1,67 Mio. Euro* und wird zum überwiegenden Teil – rund 65% – von den Vereinsmitgliedern erbracht:
Die *Grundbeiträge* der Mitglieder stellen mit rund 38% des Etats den größten Posten der Vereinsfinanzierung dar. Die monatlichen Beiträge sind gestaffelt: Kinder bis 10 Jahre zahlen 7,50 Euro, Jugendliche bis 18 Jahre 10,00 Euro und Erwachsene 16,00 Euro. Der Familienbeitrag liegt bei 32,00 Euro und als einmalige Aufnahmegebühr sind 7,00 Euro fällig.
Neben diesen Grundbeiträgen erheben die einzelnen Vereinsabteilungen *Zusatzbeiträge*, die in der Summe rund 27% zur Vereinsfinanzierung beitragen. Diese Beiträge liegen zwischen einem Euro monatlich für erwachsene Mitglieder der Handballabteilung, über 18,00 Euro monatlich für die Badminton-Leistungsgruppe, bis zu 39,50 Euro monatlich für das Schwimm-Team – inklusive Wassergeld sowie anteiliger Beteiligung an Startgeldern und Trainerhonoraren. Für die Benutzung des Fitnessstudios müssen die Vereinsmitglieder je nach Nutzung zwischen 20 und 35 Euro monatlich bezahlen.

> Alle weiteren Finanzierungsquellen machen vergleichsweise geringe Anteile des Vereinshaushalts aus: Auf *Zuschüsse* – insbesondere der Stadt Elmshorn – entfallen knapp 7% des Etats, *Kursgebühren* von Nicht-Vereinsmitgliedern für die zeitlich befristete Nutzung von Angebote der Bereiche Tennis, Schwimmen und Fitness tragen 5,7% zur Finanzierung bei. *Spenden* machen rund 4,8% des Haushalts aus, auf die Durchführung von Sportveranstaltungen – u. a. des Elmshorner Stadtlaufs – entfallen rund zwei Prozent. Aus *Vermietungen* der vereinseigenen Sporthallen und der Vereinsgaststätte ergeben sich wiederum rund 1,6% des Haushalts, die verpachteten *Werberechte* tragen knapp ein Prozent zum Jahresetat des Vereins bei.
> Mit etwa 60 Tsd. Euro sichern der Getränkeverkauf bei Sportveranstaltungen und Sponsoringeinnahmen als *wirtschaftlicher Geschäftsbetrieb* rund 3,8% der Vereinsfinanzierung. Und schließlich nimmt der Verein 2011 auch einen *Betriebsmittelkredit* mit einer Laufzeit von fünf Jahren in Höhe von 70 Tsd. Euro auf – knapp 4,2% des Haushalts (vgl. Elmshorner MTV, 2012, o. S.).

Kontrollfragen

1. Die Finanzierung von Sportvereinen basiert auf einer Vielzahl unterschiedlicher Finanzierungsquellen. Welche sind für Sportvereine typischerweise besonders wichtig?
2. Mit der Zahlung von Mitgliedsbeiträgen ist generell kein Anspruch auf bestimmte, konkret definierte Gegenleistungen verbunden. Vielmehr werden damit eher allgemeine Mitgliedschafts- und Nutzungsrechte erworben. Welche Folgen hat dies für die Sportvereinsfinanzierung?
3. Die Festlegung von Mitgliedsbeiträgen ist eine zentrale Aufgabe des Sportvereinsmanagements. Inwiefern können Zahlungsbereitschaften und Beitragselastizitäten dem Management wichtige Orientierungspunkte bieten und welche finanzierungsrelevanten Zusammenhänge sind dabei jeweils zu beachten?
4. Zufriedene Vereinsmitglieder erweisen sich gegenüber Beitragserhöhungen als vergleichsweise unempfindlich. Welche Faktoren der Mitgliederzufriedenheit sind vom Sportvereinsmanagement in Betracht zu ziehen und warum erklären diese Faktoren das Phänomen „Mitgliederbindung im Sportverein" nur zum Teil?

4.4 Finanzierung von Spielbetrieben des Spitzenfußballs

Professioneller Spitzensport erfordert enorme sachlich-personelle, zeitliche und finanzielle Ressourcen, etwa für Trainings- und Wettkampfstätten, Sportler, Trainer und Betreuer. Je nach Sportart und Leistungsniveau können diese zwar durchaus unterschiedlich hoch sein, generelle Tendenzen in der Finanzierung gelten aber für alle Teamsportarten gleichermaßen. Grundlegende Finanzierungsaspekte des professionellen Teamsports werden deshalb im Folgenden am Beispiel des Fußballs dargestellt. Zum einen ist hier die wirtschaftliche Verwertung des Sports am weitesten entwickelt, zum anderen kann hier auf Daten zugegriffen werden, wie sie für die anderen Sportarten nicht in vergleichbarer Qualität zugänglich sind.

4.4 Finanzierung von Spielbetrieben des Spitzenfußballs

Lernziele des Kapitels

Die Leser lernen zentrale Finanzierungsquellen von Spielbetrieben im europäischen und deutschen Spitzenfußball kennen und setzen sich mit deren jeweiliger Bedeutung für das Management auseinander.

Ein Blick auf den europäischen Spitzenfußball macht deutlich, in welch enormem Umfang hier finanzielle Mittel zum Einsatz kommen. Die rund 750 Fußball-Klubs der höchsten europäischen Spielklassen verfügten 2008 über Einnahmen in Höhe von 11,5 Mrd. Euro, 2009 waren es 11,7 Euro und 2010 sogar 12,8 Mrd. Euro (vgl. Abb. 18). Vorrangig stammen diese Gelder aus der Vermarktung

- medialer Rechte, insbesondere im TV-Bereich.
- werblicher Rechte, insbesondere Trikot-Sponsoring.
- von Zutrittsrechten zu den Stadien, also Ticketing und Hospitality/Logen.
- weiterer sportnaher Bereiche, z. B. Erträgen aus Konferenzen und Merchandising, sowie Spenden oder Zuschüssen (vgl. UEFA, 2009, S. 42; 2010, S. 62; 2011, S. 58).

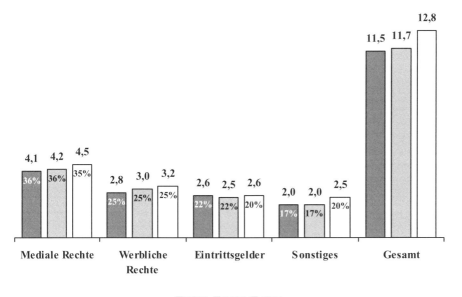

Abb. 18: Finanzierung von Spielbetrieben im europäischen Spitzenfußball 2008 bis 2010 in Mrd. Euro und Prozent der Gesamteinnahmen (vgl. UEFA, 2009, S. 42; 2010, S. 62; 2011, S. 58).

Mit Blick auf die einzelnen Spielbetriebe sticht eine Reihe von Top-Klubs mit enorm hohen Jahresbudgets ins Auge, allen voran Real Madrid mit einem Budget von rund 440 Mio. Euro, der FC Barcelona mit rund 400 Mio. Euro und Manchester United mit knapp 350 Mio. Euro. Unter den zehn finanzstärksten europäischen Top-Klubs rangiert die FC Bayern München AG als einziges deutsches Team mit 323 Mio. Euro auf Platz vier (Zahlen jeweils für 2010; vgl. Deloitte Sports Business Group, 2011, S. 3).

Auch die von der DFL vorgelegten Zahlen zur Finanzierung der Spielbetriebe in der Fußball Bundesliga sind in mehrerer Hinsicht beeindruckend (vgl. Deutsche Fußball Liga, 2011, S. 8; 2012a, S. 8). Insgesamt standen den Bundesligisten in der Spielzeit 2010/2011 rund 1,9 Mrd. Euro zur Verfügung, was gegenüber dem Vorjahr einer Steigerung von 9,7% entspricht (vgl. Tab. 32), durchschnittlich waren dies 98,3 Mio. Euro (2010) und 108 Mio. Euro (2011) pro Bundesligist.

- Wichtigste Finanzierungsquelle des Profi-Fußballs ist die Vermarktung *werblicher Rechte*, insbesondere Trikot-Sponsoring. Sie sichert den Fußball-Bundesligisten ein gutes Viertel ihrer Einnahmen.
- Die Vermarktung *medialer Rechte*, insbesondere der TV-Rechte, ist als Finanzierungsquelle der Spielbetriebe der Fußball Bundesliga fast gleich wichtig.
- Mit etwas Abstand folgen Einnahmen aus dem *Spielbetrieb*, also Verkaufserlöse von Tickets, Logen und Catering – die gut 21% der Einnahmen ausmachen.
- Einnahmen aus *Transfers* konnten die Fußball-Bundesligisten 2011 gegenüber 2010 deutlich steigern (von 6,0% auf 10,1%), was u. a. mit dem Wechsel einiger Nationalspieler in andere europäische Top-Ligen erklärt werden kann.
- *Merchandising* ist mit etwa 4% der Gesamteinnahmen als Finanzierungsquelle der Fußball Bundesligisten eher nachgeordnet (vgl. Deutsche Fußball Liga, 2011, S. 8–9; 2012a, S. 7–8).

Tab. 32: Finanzierung von Spielbetrieben der Fußball Bundesliga 2009/2010 und 2010/2011 (vgl. Deutsche Fußball Liga, 2011, S. 8; 2012a, S. 8).

Einnahmen der 18 Bundesligisten	Tsd. Euro und Anteil an Gesamteinnahmen (2009/2010)	Tsd. Euro und Anteil an Gesamteinnahmen (2010/2011)
Werbliche Rechte	511.886 (28,9%)	522.699 (26,9%)
Mediale Rechte	505.355 (28,6%)	519.629 (26,7%)
Spielbetrieb (Tickets, Logen, Catering)	379.285 (21,4%)	411.164 (21,2%)
Transfers	106.354 (6,0%)	195.498 (10,1%)
Merchandising	73.857 (4,2%)	79.326 (4,1%)
Sonstiges	193.442 (10,9%)	213.665 (11,0%)
Gesamt	1.770.179 (100%)	1.941.980 (100%)

Ein Blick auf die in der Fußball Bundesliga sportlich wie wirtschaftlich herausragende *FC Bayern München AG* bestätigt die generelle Tendenz der DFL-Zahlen für die 18 Bundesligisten (vgl. Tab. 33). Erkennbar ist dabei die für den FC Bayern vergleichsweise hohe Bedeutung von Einnahmen aus dem Spielbetrieb (knapp 36%) und die eher nachrangige Bedeutung von Einnahmen aus der Vermarktung medialer Rechte (12,3%). Dies erklärt sich im Wesentlichen damit, dass

- die Allianz Arena München Stadion GmbH eine 100%ige Tochtergesellschaft der FC Bayern AG ist und der FC Bayern damit in besonderer Weise Einnahmen aus Tickets, Hospitality und Catering generieren kann.
- die medialen Rechte für alle Bundesligisten von der DFL zentral vermarktet werden (vgl. Kapitel 5.2.2) und die somit erzielten Einnahmen über einen gemeinsamen Verteilungsschlüssel unter den 36 Bundesligisten aufgeteilt werden. Angesichts ihrer enormen Einnahmen aus Spielbetrieb und Werberechten von rund 195 Mio. Euro ergibt sich für

die FC Bayern München AG folglich ein eher geringer prozentualer Anteil für die Einnahmen aus medialen Rechten (vgl. FC Bayern München AG, 2011, S. 2–3).

Tab. 33: Finanzierung der FC Bayern München AG 2009/2010 (vgl. FC Bayern München AG, 2010, S. 2–3).

Einnahmen	Mio. Euro	Anteil an Gesamteinnahmen
Spielbetrieb	111,6	35,8%
Werbliche Rechte	82,6	26,5%
Merchandising	38,9	12,5%
Mediale Rechte	38,5	12,3%
Transfers	27,2	8,7%
Sonstiges	13,2	4,2%
Gesamt	312,0	100,0%

Betrachtet man die Zahlen der *2. Fußball Bundesliga* zeigt sich ein ähnliches Bild wie für die Fußball Bundesliga, allerdings auf einem deutlich niedrigeren Niveau (vgl. Deutsche Fußball Liga, 2011, S. 38; 2012a, S. 38). Hier verfügten die Spielbetriebe 2010/2011 insgesamt über 14,4% mehr Finanzmittel als 2009/2010. Den Zweitligisten standen damit durchschnittlich knapp 20 Mio. Euro zur Verfügung (vgl. Tab. 34). Auch für die 2. Fußball Bundesliga sind Vermarktungserlöse medialer und werblicher Rechte die wichtigsten Finanzierungsquellen. Insbesondere im werblichen Bereich ist eine deutlich positive Entwicklung erkennbar, sodass Werbeeinnahmen 2010/2011 mit 31,1% eine wichtigere Rolle bei der Finanzierung spielten als noch 2009/2010 (26,0%).

Tab. 34: Finanzierung von Spielbetrieben der 2. Fußball Bundesliga 2009/2010 und 2010/2011 (vgl. Deutsche Fußball Liga, 2011, S. 38; 2012a, S. 38).

Einnahmen der 18 Zweitligisten	Tsd. Euro und Anteil an Gesamteinnahmen (2009/2010)	Tsd. Euro und Anteil an Gesamteinnahmen (2010/2011)
Mediale Rechte	105.350 (33,7%)	109.451 (30,6%)
Werbliche Rechte	81.469 (26,0%)	111.311 (31,1%)
Spielbetrieb (Tickets, Logen, Catering)	62.405 (19,9%)	58.346 (16,3%)
Transfers	21.318 (6,8%)	19.612 (5,5%)
Merchandising	7.483 (2,4%)	10.167 (2,8%)
Sonstiges	34.991 (11,2%)	49.114 (13,7%)
Gesamt	313.016 (100%)	358.000 (100%)

Ticketing im professionellen Fußball

Aufgrund der enormen Vermarktungserlöse medialer und werblicher Rechte spielen Ticketeinnahmen im Profifußball der Bundesligen heute eine eher nachgeordnete Rolle. Allerdings haben sie eine hohe Relevanz für die Stimmung im Stadion – und bestimmen somit auch ganz wesentlich das Vermarktungspotenzial des live-Erlebnisses.

Tickets eröffnen Zugangsrechte zum Stadion und damit Möglichkeiten, sportliche Wettbewerbe live vor Ort miterleben zu können. Häufig sind mit dem Ticket weitere Rechte verbunden, z. B. zeitlich beschränkte Nutzungsberechtigungen für den öffentlichen Nahverkehr oder Gutscheine für das Stadion-Catering. Grundsätzlich ist dabei eine Unterscheidung in Steh- und Sitzplätze, sowie weitere Kategorien – etwa Haupt-/Gegentribüne, Unter-, Mittel- und Oberrang, Gästeblock, Business-Seats, Logen – üblich. Hinzu kommen typische Kategorisierungen in Abhängigkeit der jeweils gegnerischen Mannschaften, z. B. A-/B-Kategorie, Topspiel – meist verbunden mit Zuschlägen oder Erhöhungen des Ticketpreises.

Die im Rahmen der Fußball-WM 2006 in Deutschland modernisierten und ausgebauten Stadien haben den live-Besuch von Fußballspielen in den letzten Jahren für weite Personenkreise attraktiv gemacht. Hinzu kommen im europäischen Vergleich eher moderate Ticketpreise. Ticketing-bezogene Managemententscheidungen sind dabei gerade für langjährige Fans ein sehr sensibles, emotionsbehaftetes Thema, das gerade in jüngerer Zeit immer wieder für Diskussionen in der einschlägigen Fanszene sorgt.

- Die Fußball Bundesliga erzielte 2010/2011 einen Allzeitrekord: insgesamt kamen bei einem Durchschnittspreis von 22,75 Euro pro Ticket rund 12,9 Mio. Zuschauer zu den Saisonspielen, also 42.101 Zuschauer pro Spiel. Rund 60% aller Tickets waren dabei Dauerkarten.
- Die 2. Fußball Bundesliga verzeichnete 2010/2011 bei einem Durchschnittspreis von 13,01 Euro pro Ticket rund 4,5 Mio. Zuschauer und damit etwa 14.500 Zuschauer pro Spiel. Hier waren rund 40% aller Tickets Dauerkarten (vgl. Deutsche Fußball Liga, 2012a, S. 54–55).

Die mittlerweile in viele Lebensbereiche vordringenden technischen Neuerungen der digitalen Revolution lösen auch im Profisport mehr und mehr den Ticketkauf an der Stadionkasse ab (vgl. Bezold, 2008, S. 245–255).

- War zunächst *Online-Ticketing* eine solche Neuerung ist angesichts technischer Weiterentwicklungen mittlerweile *Mobile-Ticketing* – also das Versenden der Tickets direkt auf die Smartphones der Zuschauer – ein aktueller Trend im professionellen Teamsport. Digitale Vertriebswege von Tickets ermöglichen den Klubs u. a. auch die Erfassung umfangreicher Kundendaten, die im Rahmen eines Customer Relationship Management (CRM) ausgewertet und nutzbar gemacht werden können. Gerade wenn dies gegenüber Zuschauer oder Fans zu offensichtlich wird, ist dies allerdings schnell Anlass für massive Kritik und Ablehnung.
- Ein weiteres aktuelles Managementthema sind *stadionbezogene Bezahlkarten*, die im Stadion die Funktion von Bargeld übernehmen und ebenfalls als Kerninstrument eines CRM fungieren. Teilweise sind damit „echte" EC-Kartenfunktionen verbunden, etwa als Teil eines Sponsoringengagements von Finanzdienstleistern. Mancherorts ist die Funktionalität dieser Karten aber auch auf das Stadiongelände beschränkt. Dann werden auf dem Speicherchip ggf. vorhandene Restguthaben nach Spielende an Terminals im Ausgangsbereich zurück erstattet – was für den Zuschauer durchaus zeitaufwändig sein kann.

Praxisbeispiel

Die junge Dortmunder Mannschaft des BVB wurde in der Saison 2010/2011 erstmals seit 2002 wieder Deutscher Fußballmeister. Der Profifußball-Spielbetrieb ist dabei das zentrale Geschäftsfeld der Borussia Dortmund GmbH & Co. KG auf Aktien. Im Aufwind des sportlichen Erfolgs verbucht die Borussia Dortmund GmbH & Co. KG auf Aktien im Geschäftsjahr 2010/2011 Umsatzerlöse in Höhe von 136,40 Mio. Euro, was gegenüber dem Vorjahr einer Steigerung von rund einem Drittel entspricht.
Wichtigste Finanzierungsquelle der Dortmunder sind dabei mit 36,6% Einnahmen aus der Vermarktung werblicher Rechte (rund 49,9 Mio. Euro). Neben langfristigen Partnerschaften mit den Hauptsponsoren trägt insbesondere das alleinige Vermarktungsrecht am Stadionnamen zu diesen Erlösen bei.
23,5% der Gesamteinnahmen machen Vermarktungserlöse der medialen/TV-Rechte aus (rund 32,1 Mio. Euro). Dabei wirken insbesondere die zusätzlichen Heimspiele der UEFA Europa League erlössteigernd, während in der vorangegangenen Spielzeit kein internationaler Wettbewerb erreicht wurde.
Der Anteil am Gesamterlös von 20,3% aus Spielbetrieb/Ticketing (rund 27,7 Mio. Euro) liegt weit über Liganiveau und ergibt sich aus einem Zuschauerdurchschnitt bei Heimspielen von fast 78.500 Zuschauern, rund 50.000 Dauerkarten und einer Stadionauslastung von mehr als 97%. Die Teilnahme an der UEFA Europa League 2010/11 trägt auch hier zur Erlössteigerung bei.
Weitere 10,1% der Erlöse stammen aus Handel, Catering, Lizenzen und sonstigen Erlösen wie etwa Vermietungen (rund 13,7 Mio. Euro). Transfererlöse wiederum steuern rund 9,5% zum Gesamtergebnis bei (rund 12,9 Mio. Euro).
Nachdem die Borussia Dortmund GmbH & Co. KG auf Aktien das Geschäftsjahr 2009/10 mit einem Verlust von 2,79 Mio. Euro abgeschlossen hat, wird im Geschäftsjahr 2010/11 ein Jahresüberschuss von 9,5 Mio. Euro erzielt (vgl. Borussia Dortmund GmbH & Co. KGaA, 2010, S. 33–39; 2011, S. 32–37).

Kontrollfragen

1. Die Finanzierung von Spielbetrieben des europäischen und deutschen Profifußballs basiert im Wesentlichen auf drei zentralen Finanzierungsquellen. Welche sind dies und welche Anteile decken sie jeweils ab?
2. Die Fußball-Bundesligisten verzeichnen in den letzten Jahren einen Zuschauerrekord nach dem anderen. Wie erklärt sich, dass aktuelle Trends im Ticketing und Ticketbezogene Managemententscheidungen von Zuschauern und Fans gleichzeitig immer wieder kritisiert werden?

5 Verwertung medialer und werblicher Rechte im Spitzensport

Insbesondere für die Finanzierung des professionellen Spitzensports hat die Verwertung medialer und werblicher Rechte herausragende Bedeutung (vgl. Kapitel 4.4). In der Praxis zeigt sich dies etwa in einer umfangreichen Sportberichterstattung, insbesondere im Fernsehen, oder in der allgegenwärtigen Präsenz von Sportsponsoring bei allen Arten von Sportanlässen. Aufgrund der Bedeutung und Komplexität der mit diesen Phänomenen verbundenen Sachverhalte greift es jedoch zu kurz, die Rechteverwertung allein unter Finanzierungsaspekten des Profisports zu betrachten. Mit der Verwertung medialer und werblicher Sportrechte sind vielmehr spezifische, für das Sportmanagement relevante Entscheidungsgelegenheiten verbunden, die gerade auch in der Managementpraxis von großer Bedeutung sind.

Die mediale und die ökonomische Verwertung von Spitzensport basieren dabei auf wechselseitigen Leistungsbeziehungen von Spitzensport, Massenmedien und Wirtschaft. Deren Zustandekommen und Funktionsweise nachvollziehen zu können, erfordert ein Verständnis gesellschaftlicher Bedingungen und Möglichkeiten der ökonomischen Verwertbarkeit von Spitzensport. Dieses wiederum macht auch die Werthaltigkeit medialer und werblicher Sportrechte sowie die Charakteristika ihrer Verwertung im Kontext der Sportligen nachvollziehbar und schafft damit wichtige Entscheidungsgrundlagen für das Management.

Für die Verwertung von Sportrechten steht dabei eine ganze Reihe verschiedener strategischer Optionen und Geschäftsmodelle zur Wahl. Um diese in ihren positiven wie negativen Effekten für das Management einschätzen zu können, sind deren Vor- und Nachteile aus Sicht der jeweils Beteiligten zu reflektieren. Im Rahmen der Rechteverwertung müssen Sportmanager schließlich auch vertragliche Regelungen in Grundzügen gestalten, nachvollziehen und in ihren Auswirkungen einschätzen können. Aus diesem Grund kommen hier abschließend vertragsrechtliche Kernelemente und grundlegende Kennzeichen wichtiger Verwertungsverträge zur Sprache.

5.1 Gesellschaftliche Kopplungen des Spitzensports

Die Möglichkeiten einer medialen und ökonomischen Verwertbarkeit von Spitzensport und die Werthaltigkeit medialer und werblicher Sportrechte hängen ganz entscheidend von der Kopplung des Spitzensports an andere gesellschaftliche Teilsysteme, d. h., von den wechselseitigen Leistungsbeziehungen zwischen Spitzensport, Massenmedien und Wirtschaft ab. Dahinter verbergen sich komplexe gesellschaftliche Austauschverhältnisse, die auf der Ebene der jeweils einschlägigen Organisationen – Ligaorganisationen und Spielbetrieben des Spitzensports, werbetreibenden Wirtschaftsunternehmen, Medienorganisationen und Verlagen – durch jeweils charakteristische Muster der Rechteverwertung geprägt sind. Im Kern geht es Wirtschaft und Massenmedien dabei jeweils um einen privilegierten Zugriff auf die Zuschauer des Spitzensports, die als Rezipienten massenmedialer Angebote oder als Konsumenten von Dienstleistungen und Gütern gewonnen werden sollen. Für ein Spitzensportmanagement erhalten somit auch Fragen der Publikumsbindung enorme Bedeutung.

Lernziele des Kapitels

> Die Leser setzen sich mit den Charakteristika der gesellschaftlichen Teilsysteme Spitzensport, Wirtschaft und Massenmedien auseinander und sie erkennen am Beispiel der medialen und der ökonomischen Verwertung von Spitzensport, wie voraussetzungsvoll ein Leistungsaustausch über gesellschaftliche Systemgrenzen hinweg ist.
> Sie reflektieren grundlegende Bedingungen einer medialen und ökonomischen Verwertung von Spitzensport und lernen zentrale Faktoren der Werthaltigkeit medialer und werblicher Sportrechte kennen.
> Sie erkennen die Bedeutung des Spitzensportpublikums für die Attraktivität von Spitzensport für Massenmedien und Wirtschaft und setzen sich mit zentralen Dimensionen der Publikumsbindung im Spitzensport auseinander.

5.1.1 Leistungsbeziehungen von Spitzensport, Massenmedien und Wirtschaft

Wesentliche Voraussetzung einer medialen und ökonomischen Verwertung von Spitzensport sind dessen Kopplungen an andere gesellschaftliche Teilsysteme in Form wechselseitiger Leistungsbeziehungen. Ein solcher Leistungsaustausch über gesellschaftliche Systemgrenzen hinweg ist allerdings nicht selbstverständlich, sondern voraussetzungsvoll. Denn die unterschiedlichen Sozialbereiche wie Politik, Wirtschaft, Erziehung oder Recht sind relativ autonom konstituiert und an jeweils eigenen Rationalitäten ausgerichtet (vgl. Luhmann, 1975, S. 9–20; Bette, 1984, S. 72–75; Schimank, 1988, S. 181–194; Schimank & Volkmann, 1999, S. 6–22; Schimank, 2001, S. 13–19).

Gesellschaft – Organisation – Person

Für die Gesellschaft als Ganzes übernehmen prinzipiell gleichwertige *gesellschaftliche Teilsysteme*, z. B. Wirtschaft, Massenmedien, Politik, Wissenschaft, Medizin, jeweils „spezialisierte *Funktionen* für die Reproduktion der Gesellschaft" (Schimank, 1988, S. 183; Hervorhebung im Original). Ungeachtet ihrer prinzipiellen Gleichwertigkeit sind sie jedoch insofern ungleichartig, als jedes Teilsystem über seine *spezifische Eigenlogik* vorgibt, was innerhalb seiner Grenzen Bedeutung hat. Es definiert somit über teilsystemische Codes *Sinngrenzen* seiner jeweiligen Kommunikationszusammenhänge. Auf diese Weise grenzen sich Teilsysteme von anderen Teilsystemen ab: Beispielsweise hat die Unterscheidung Gesundheit/Krankheit im Gesundheitssystem Bedeutung, ist Macht im Politiksystem relevant, orientiert sich das Rechtssystem an Recht/Unrecht.

Formale Organisationen, z. B. Wirtschaftsunternehmen, Universitäten, Krankenhäuser, übernehmen dabei wichtige gesellschaftliche Vermittlungsfunktion, und zwar

- einerseits, indem sie ihre organisationsspezifischen Programme für verschiedene teilsystemische Kommunikation anschlussfähig halten. Als *Multireferenten* können sie ungeachtet ihrer hauptsächlichen gesellschaftlichen Zuordnung an mehreren Kommunikationszusammenhängen teilnehmen, z. B. wenn Universitäten ihre Mitarbeiter mit Geldzahlungen entlohnen, wenn Wirtschaftsunternehmen Rechtsnormen und gesetzliche Regelungen einhalten, oder wenn Gerichte und Anwaltskanzleien gut ausgebildete Absolventen der Universitäten rekrutieren.
- andererseits, indem sie als Träger rollenförmiger Arbeitsteilung konkreten Einzelpersonen die Teilnahme (*Inklusion*) an bestimmten gesellschaftlichen Kommunikationszusammenhängen ermöglichen. Beispielsweise sind Konsumenten über Wirtschaftsunternehmen momenthaft an das Teilsystem Wirtschaft gekoppelt, sind Schüler und Lehrer über Schulen in das Erziehungssystem inkludiert, nehmen Wissenschaftler über Universitäten und Forschungszentren am Wissenschaftssystem teil.

Konkrete *Einzelpersonen* wiederum können in unterschiedlichen Organisationskontexten verschiedene Rollen einnehmen, was ihnen Individualität – z. B. als Konsument, als Fernsehzuschauer, als Angeklagter oder als Patient – ermöglicht, gleichzeitig aber angesichts der damit einhergehenden Optionenvielfalt auch Orientierungsprobleme schaffen kann.

Spitzensport – Massenmedien – Wirtschaft

Konkretisiert man diesen gesellschaftstheoretischen Blick auf die mediale und die ökonomische Verwertung von Spitzensport, werden grundlegende Rahmenbedingungen der Rechteverwertung im Sport deutlich:

Im *Spitzensport* geht es zentral um wettkampfbezogene körperliche Leistungen wie Rennen, Springen, Werfen, Schwimmen, im Sportspiel Tore schießen – mit dem obersten Ziel, die Leistung des Gegners im Wettkampf zu überbieten und damit *Siege* zu erringen oder *Niederlagen* zu verhindern. „Nur über die wettkampfbezogene, körperliche Leistung wird sozialer Status verliehen. Auf dieser Ebene ist das System geschlossen und berücksichtigt keine externen Gegebenheiten. So können Wirtschaftsunternehmen Athleten mit noch so hohen Sponsorenverträgen ausstatten, … Es gewinnt immer nur die Mannschaft, die ein Tor mehr schießt, oder der Athlet, der einen Zentimeter weiter springt" (Borggrefe, 2008, S. 92). Siege, Aufstiege, Meisterschaftstitel sind folglich zentrale Fixpunkte für die beteiligten Organisationen und Personen. Die Rahmenbedingungen dieser sportlichen Konkurrenzsituationen werden dabei von weltweit einheitlichen Wettkampfregeln definiert, die globale Leistungsvergleiche und Rekordlisten ermöglichen (vgl. Schimank, 1988, S. 185–191; Riedl, Borggrefe & Cachay, 2007, S. 162–163).

Massenhafte Verbreitung von Inhalten über Fernsehen, Internet, Zeitungen oder Zeitschriften – festgehalten in Texten und/oder Bildern – erfolgt im Teilsystem *Massenmedien*. Die spezifische Eigenlogik der Massenmedien ist dabei von der Unterscheidung *Information/Nicht-Information* bestimmt. An ihr wird festgemacht, ob bestimmte Beobachtungen und Ereignisse als Inhalte von Medienangeboten geeignet erscheinen, oder nicht. Medienorganisationen wie Verlage oder Fernsehanstalten prüfen ihre Sendeformate, Sendeschemata und Inhalte folglich jeweils darauf, inwiefern sie für potenzielle Zuhörer, Zuschauer oder Leser – die Rezipienten – informativ sein und deren Interesse wecken können. Als zentrale Fixpunkte haben sich dabei Zuschauerquoten und die Anzahl abgesetzter Zeitungen/Zeitschriften (Marktanteile) etabliert.

Das gesellschaftliche Teilsystem *Wirtschaft* wiederum ist exklusiv dafür zuständig, der Befriedigung unterschiedlicher Konsumentenbedürfnisse dienende Produkte/Güter und Dienstleistungen herzustellen und verfügbar zu machen. Die Nutzung solcher Leistungen ebenso wie der Erwerb von Eigentum an (knappen) Gütern setzt dabei regelmäßig Geldzahlungen als Gegenleistung voraus. *Zahlung/Nicht-Zahlung* von Geld konditioniert folglich jedes Handeln im Wirtschaftssystem. Unternehmen und ihr Personal richten ihre Investitionskalküle dabei u. a. an Kriterien wie Umsatz, Gewinn und Eigentumswerten aus (vgl. Luhmann, 1984, S. 312–318).

Trotz dieser teilsystemischen Eigenlogiken und den in sich geschlossenen Kommunikationszusammenhängen sind in gewissen Grenzen systemübergreifende Einwirkungen möglich, z. B. in Form von rechtlichen Beschränkungen oder politischen Förderungen wirtschaftlicher Aktivitäten. Auf Basis dieser Überlegungen lassen sich mit Blick auf die Verwertung medialer und werblicher Sportrechte grundlegende Möglichkeiten intersystemischer Leistungsbeziehen identifizieren und reflektieren (vgl. Abb. 19).

Attraktivität des Spitzensports für Wirtschaft und Massenmedien – Faktoren der Werthaltigkeit medialer und werblicher Sportrechte

Die *Leistungsbeziehung Massenmedien/Spitzensport* ist vor allem dadurch charakterisiert, dass der Spitzensport den Massenmedien nahezu täglich und über das gesamte Kalenderjahr hinweg attraktive Anlässe und Themen für die massenmediale Berichterstattung bietet. Denn „der offene Ausgang sportlicher Wettkämpfe (erzeugt; M. F.) Situationen von hoher Spannung. Durch die Konkurrenzsituation gibt es zwei oder mehrere gegeneinander streitende Parteien, und sportliche Höchstleistungen und Rekorde sind stets außergewöhnliche, sensationelle Ereignisse. Und die relativ niedrigen intellektuellen Voraussetzungen, die für die Sportbeobachtung erfüllt werden müssen, machen Sport für ein Massenpublikum zugänglich" (Riedl, 2006, S. 65).

Indem Massenmedien sportliche Ereignisse, Sportorganisationen oder deren Personal zum Inhalt von Berichterstattung und damit zum Gegenstand von Medienerzeugnissen machen, erfährt der Spitzensport eine enorme gesellschaftliche Aufwertung. Denn „indem die Massenmedien über Spitzensport kommunizieren, verbalisieren sie quasi die Kommunikation wettkampfbezogener körperlicher Leistungen und sorgen so dafür, dass der Spitzensport überhaupt zum Thema in der Gesellschaft wird" (Borggrefe, 2008, S. 99–100). Auf diese Weise verschaffen Massenmedien dem Spitzensport ein Publikum, das dieser nicht nur mangels geeigneter Kapazitäten vor Ort in Stadien oder Sporthallen sonst nicht hätte.

Die Werthaltigkeit medialer Sportrechte hängt also im Wesentlichen davon ab, inwiefern es den Massenmedien über die Thematisierung von Spitzensport – z. B. eines Sportereignisses, einer Sportart, eines Vereins, einer Mannschaft oder eines Athleten – möglich sein kann, hohe Zuschauer- und Zuhörerquoten zu erzielen, also eine große Anzahl von Rezipienten ihrer Medienerzeugnisse zu erreichen. „Die Massenmedien übernehmen den Transport spitzensportlicher Leistungen insbesondere, wenn der Erfolg des Spitzensports in einen Erfolg der Massenmedien transformiert werden kann" (Bette, 1984, S. 75). Aus Sicht der Massenmedien ist also entscheidend, dass Spitzensportpublikum in Medienpublikum transformiert werden kann – also Sportzuschauer zu Fernsehzuschauern, Zeitungslesern oder Radiohörern werden. Als bedeutsam erweisen sich hierbei z. B.

- generelle mediale Darstellungs- und Inszenierungsmöglichkeiten von Sportarten, etwa hinsichtlich ihrer Wettkampfstätten oder des Ablaufs ihrer Wettkampfereignisse, z. B. in Form direkter Duelle anstatt einfacher Weiten- oder Zeitvergleiche.
- terminliche Überschneidungsfreiheiten mit anderen Sportereignissen oder anderen massenmedialen Unterhaltungsangeboten – dass etwa wichtige Sportwettbewerbe nicht am gleichen Tag oder zur gleichen Tageszeit angesetzt sind und sich nicht mit konkurrierenden Medienangeboten überschneiden.
- insbesondere bei Ligawettbewerben der serielle Charakter des Spielplans, z. B. in Form gleich bleibender Spiel- und Sendezeiten an immer gleichen Wochentagen und damit einhergehende Möglichkeiten des Publikums zur Ausbildung von Routinen und Sehgewohnheiten.
- die Einmaligkeit sportlicher Ereignisse, die ihren gesellschaftlichen Stellenwert erhöht, etwa wenn ein WM-Finale oder ein olympischer Endkampf weltweit nur ein Mal alle vier Jahre stattfindet (vgl. Elter, 2003, S. 49–50).

Die *Leistungsbeziehung Wirtschaft/Spitzensport* ist dadurch gekennzeichnet, dass die Wirtschaft vom Spitzensport Möglichkeiten erhält, z. B. im Rahmen sportlicher Wettkämpfe ihre Werbebotschaften an das Spitzensportpublikum – und damit an eine große Zahl aktueller und potenzieller Konsumenten ihrer Produkte/Leistungen – zu richten.
Der Spitzensport erhält für die Einrichtung dieser exklusiven Möglichkeiten im Gegenzug Geld und/oder Zugriff auf Dienstleistungen sowie (knappe) Güter der werbetreibenden Unternehmen. Die Thematisierung spitzensportlicher Ereignisse, Organisationen, Mannschaften oder Personen in Werbemaßnahmen sichert dem Spitzensport außerdem eine hohe gesellschaftliche Aufmerksamkeit auch außerhalb der Wettkampfstätten und über seine originären Adressatengruppen hinaus (vgl. Bette, 1984, S. 76; Schimank, 2001, S. 14).

Aus der Perspektive der Wirtschaft erweisen sich spitzensportbezogene Werbemaßnahmen insofern als vorteilhaft, als damit eine gewisse Zielgerichtetheit des Mitteleinsatzes und auch „ein gewisses Maß an Unsicherheitsabsorption (möglich ist; M. F.) ... Denn die Werbetreibenden können davon ausgehen, dass das Publikum eine gewisse Affinität zum Sport und dessen Werten, Images und Erlebnisqualitäten hat, so dass der Konsument keine ‚Black Box' darstellt" (Riedl, 2006, S. 69) und das gemeinsame Erleben vor Ort ähnlich gerichtete Verstehensmuster von Werbung schafft. Darüber hinaus liefert Spitzensport zahlreiche attraktive thematische Anknüpfungspunkte für die Ausgestaltung von Werbebotschaften, etwa indem auf Geschichten und Ereignisse des Sports Bezug genommen wird oder indem Sportler und Funktionäre als Darsteller (Testimonials) in Werbefilmen/-anzeigen mitwirken. Mit Spitzensport regelmäßig verbundene, gesellschaftlich hoch angesehene Werte sind z. B. Leistungswille, Einsatzbereitschaft, Dynamik, Zielstrebigkeit, Jugendlichkeit, Fairplay, Chancengleichheit, Spannung, Emotion, Leistungswille.
Die Werthaltigkeit werblicher Sportrechte richtet sich also im Wesentlichen danach, inwiefern die Wirtschaft Möglichkeiten erhält, ein großes Publikum für ihre Werbebotschaften erreichen und diese zum Konsum ihrer Dienstleistungen oder Produkte – und damit zu Geld-

zahlungen – motivieren zu können. Darüber hinaus gilt auch eine gewisse Vorselektion des Sportpublikums, z. B. über Sportart-typische gemeinsame Interessen und Werthaltungen als vorteilhaft, da so eine exaktere Ansteuerung bestimmter Zielgruppen mittels Werbung möglich wird.

Komplettiert wird das Dreiecksverhältnis Spitzensport, Massenmedien, Wirtschaft durch die *Leistungsbeziehung Massenmedien/Wirtschaft*. Für die Wirtschaft sind Möglichkeiten, ihre Werbebotschaften im Umfeld massenattraktiver Medienberichterstattungen über Spitzensportereignisse platzieren zu können, ebenfalls attraktiv. Im Gegenzug erhalten die Massenmedien damit wiederum Gelegenheit, mit Werbeeinnahmen ihre Kosten der medialen Verwertung des Spitzensports zumindest in Teilen refinanzieren zu können. Insofern gilt: Je attraktiver das Sportereignis und je höher die Einschaltquoten/Marktanteile der für die Wirtschaftsunternehmen relevanten Zielgruppen, desto werthaltiger die entsprechenden Werberechte – und desto teurer die Möglichkeit einer Platzierung von Werbemaßnahmen.

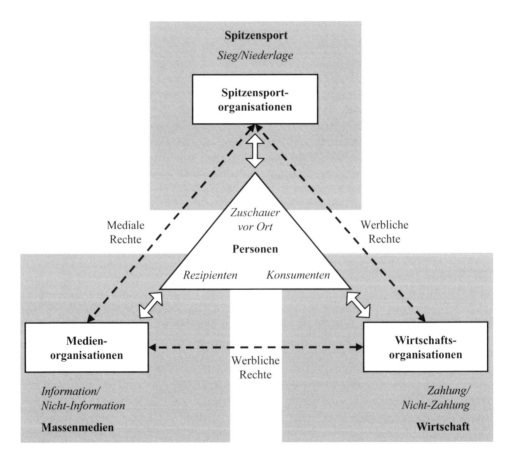

Abb. 19: Eigenlogiken und systemübergreifende Leistungsbeziehungen von Spitzensport, Massenmedien und Wirtschaft – vermittelt durch jeweils einschlägige Organisationen.

5.1 Gesellschaftliche Kopplungen des Spitzensports

Während die zugunsten des professionellen Spitzensports erbrachten Leistungen von Massenmedien und Wirtschaft enorme Bedeutung für den Spitzensport haben, sind dessen Gegenleistungen „zwar keineswegs zu vernachlässigen, aber unbestreitbar existentiell nicht wichtig. Die Wirtschaft fände auch andere Werbeträger ... die Massenmedien, fiele der Spitzensport als Thema der Berichterstattung aus, ... intensivierten andere Themenbereiche. Natürlich erforderte all dies Anpassungsaufwand, aber keinen untragbaren" (Schimank, 2001, S. 15). Für den Spitzensport bedeutet dies, dass er seinen gesellschaftlichen Nutzen möglichst zuverlässig zu erbringen hat. Denn „wenn der Spitzensport nicht adäquat als Themenlieferant der Massenmedien, [oder als; M. F.] Werbeträger für die Wirtschaft ... funktioniert, trifft das diese ... nicht sehr. Aber wenn diese dem Spitzensport die finanziellen Ressourcen entziehen, trifft ihn das ganz schnell im Mark" (Schimank, 2001, S. 18). Der Spitzensport kann sich folglich ein Versagen in seinen Leistungsbeziehungen nicht erlauben. Gerade deshalb bedrohen Doping, Spielmanipulation, Wettbetrug und Korruption ernsthaft seine gesellschaftliche Relevanz.

Der Blick auf Kopplungen des Spitzensports mit Massenmedien und Wirtschaft zeigt, dass beide am Zugriff auf ein möglichst großes, zielgruppenspezifisches Sportpublikum interessiert sind, das sie „in ihr eigenes Publikum, also in Zeitungsleser und Fernsehzuschauer, in Konsumenten ... transformieren wollen" (Riedl, 2006, S. 64). Vor diesem Hintergrund muss der Spitzensport an einem möglichst großen Publikum interessiert sein, will er von einer Vermarktung medialer und werblicher Rechte profitieren können.

5.1.2 Interessensdimensionen des Spitzensportpublikums

Möglichkeiten einer Vermarktung medialer und werblicher Sportrechte hängen ganz wesentlich vom Interesse der Massenmedien und der Wirtschaft an einem potenziellen Zugriff auf das Spitzensportpublikum ab (vgl. Kapitel 5.1.1). Denn gerade in der Anwesenheit zahlreicher Zuschauer bei Spitzensportereignissen und der massenhaften Kommunikation über diese Ereignisse liegt die exponierte gesellschaftliche Stellung des Spitzensports begründet. Daraus ergibt sich für das Sportmanagement eine besondere Herausforderung, denn zur Kommunikation körperlicher Leistungen und zur Ermittlung eines Siegers im sportlichen Wettstreit ist der Spitzensport *überhaupt nicht* auf Zuschauer angewiesen. Vielmehr separiert er das Publikum sogar vom Wettkampfgeschehen, z. B. indem er ihm Plätze am Spielfeldrand oder auf der Tribüne zuweist (vgl. Riedl, 2006, S. 56).

Ein Spitzensportmanagement muss folglich Fragen der Publikumsbindung besondere Aufmerksamkeit widmen, obwohl diese in der Eigenlogik des Spitzensports selbst gar *nicht angelegt* sind. Erschwerend kommt hinzu, dass die Sportzuschauer ihre Publikumsrolle freiwillig und in Abwägung persönlicher Interessen und Alternativen wie Kino oder Theater übernehmen. „Aufgrund der Freiwilligkeit der Inklusion und der lediglich nichtexistenziellen Bedürfnisbefriedigung durch die Inklusion ist die Exit-Option wesentlich größer als in vielen anderen Funktionssystemen" (Riedl, 2006, S. 58–59). Dem Zahlungsverkehr der Wirtschaft kann man sich z. B. kaum entziehen – und wenn, müsste man gravierende Nachteile in der persönlichen Lebensführung in Kauf nehmen. „Der Spitzensport ist, was die individuellen Bedürfnisse anbelangt, nur eine der vielen Offerten der heutigen ‚Erlebnisgesellschaft'. Er ist zweifellos eine besonders multifunktionale und deshalb kaum durch eine einzige Alternative ersetzbar, aber durch eine Kombination mehrere Angebote sehr wohl" (Schimank, 2001, S. 21).

Die Kenntnis zentraler Interessen und Bedürfnisse des Publikums ist für das Sportmanagement insofern enorm bedeutsam. Allerdings können Präferenzen des Publikums durchaus unterschiedlich und sogar inkompatibel sein, z. B. haben Dauerkartenbesitzer, die selbst in der Sportart aktiv sind, meist andere Interessen als Gelegenheitszuschauer, die über keine eigenen sportartbezogenen Erfahrungen verfügen. Die große Zahl potenzieller Motive des Sportpublikums ist dabei in erster Linie an die im Code Sieg/Niederlage verankerte Spitzensportlogik gebunden und lässt sich drei grundlegenden Dimensionen des Publikumsinteresses zuordnen (vgl. Riedl, 2006), die gleichzeitig potenzielle Anknüpfungspunkte für das Management darstellen.

Sportliche Attraktion und Unterhaltung

Der Dimension *sportliche Attraktion und Unterhaltung* sind all jene Zuschauermotive zugeordnet, die direkt am sportlichen Geschehen und dessen Rahmenbedingungen ansetzen:

- Die Attraktivität sportlicher Wettkämpfe folgt insbesondere aus deren *unvorhersehbarem Ausgang* und den damit einhergehenden Spannungsmomenten. Beispielsweise können bis zum Schlusspfiff spielentscheidende Dinge passieren, etwa Tore geschossen, Platzverweise ausgesprochen oder Elfmeterentscheidungen getroffen werden. „Das sportliche Geschehen ist trotz aller Fachkenntnisse und ... Erwartungshaltungen unvorhersehbar" (Riedl, 2006, S. 194).
- Diese für spitzensportliche Wettkämpfe typische Ungewissheit wird durch die *Wettkampfsituation* verschärft, denn trotz bester Trainingsvorbereitung ist das Gelingen eingeübter körperlicher Fähigkeiten im sportlichen Wettstreit nicht vorhersehbar, z. B. können exzellente Torschüsse vom gegnerischen Abwehrspieler oder Torwart noch auf der Linie vereitelt werden – ein Merkmal, das Spitzensport grundsätzlich von Zirkusdarbietungen unterscheidet.
- Gleichwohl ist Spitzensport für Zuschauer deswegen attraktiv, weil nur wenige Athleten nach langem Training über die jeweils geforderten *außergewöhnlichen körperlichen Fähigkeiten* und Fertigkeiten verfügen, z. B. Sprungkraft und Koordination für Angriffsschläge im Volleyball, besondere Wurftechniken im Handball oder raffinierte Spielzüge im Basketball. Gerade Teamsportarten symbolisieren außerdem neben der individuellen körperlichen Leistungsfähigkeit einzelner Athleten auch *gesellschaftlich angesehene Werte*, z. B. Teamwork und Solidarität, wie sie in anderen Lebenszusammenhängen kaum in dieser Deutlichkeit und Intensität beobachtet und erfahren werden können.

Diese sportspezifischen Elemente kann das Management z. B. über die Rekrutierung von Spielern und Trainern oder die Vorgabe von Spielphilosophien und Taktiken bestimmen. Darüber hinaus lässt sich das sportliche Geschehen auch über *Inszenierungen und Ritualisierungen* besonders in Szene setzen, etwa mit Unterhaltungs- und Rahmenprogrammen, Musik und Lichteffekten. Auf diese Weise kann dem Publikum unabhängig vom Spielgeschehen ein gewisses Maß an Unterhaltung und Erlebnis geboten werden. Schafft man es, den Aufenthalt der Zuschauer vor Ort über die eigentliche Spielzeit hinaus zu verlängern, erweitern sich außerdem die Möglichkeiten für die Inanspruchnahme gastronomischer Angebote oder für die Wahrnehmung von Werbebotschaften der Sponsoren (vgl. Riedl, 2006, S. 194–207).

Emotionserleben

Die Dimension *Emotionserleben* bezieht sich auf das persönliche Emotionserleben der Zuschauer und damit verbundene soziale Prozesse:

- Typische Emotionen in Verbindung mit sportlichen Ereignissen sind z. B. Freude und Stolz bei Siegen, oder Wut, Ärger und Trauer bei Niederlagen. Emotionen resultieren dabei grundsätzlich aus einer *Erwartungsenttäuschung*, d. h., eine Emotion ist umso stärker, je größer die Enttäuschung einer bestimmten Erwartung ist, etwa bei einer überraschenden Niederlage der favorisierten Mannschaft, bei der nicht für möglich gehaltenen Verwandlung eines Elfmeters oder bei Fehlentscheidungen des Schiedsrichters (vgl. Riedl, 2006, S. 129).
- Entscheidend für das Entstehen und vor allem für das Ausmaß von Emotionen ist außerdem, wie *wahrscheinlich* die Erwartungserfüllung vom Zuschauer eingeschätzt wird – je sicherer er von einem Sieg der Favoriten ausgeht, umso größer wird bei einer Niederlage die positive oder negative Erwartungsenttäuschung sein – und wie *relevant* die Erwartungserfüllung für den Zuschauer ist. Sportereignisse, Spieler oder Vereine lösen also gerade dann starke Emotionen aus, wenn sie dem Zuschauer persönlich etwas bedeuten.
- Für Sportzuschauer typische Verhaltensweisen wie Aufspringen, Schreien oder Klatschen, mit denen Emotionen üblicherweise zum Ausdruck gebracht werden, gelten außerhalb des Sportstadions selten als angemessen. Auf den Zuschauertribünen des Spitzensports hingegen sind sie sozial anerkannt und erwünscht. Insofern bieten sich hier *außergewöhnliche Gelegenheiten*, Emotionen offensiv auszuleben. Infolge wechselseitiger Beobachtung und Nachahmung der Zuschauer im Stadion steigern sich deren emotionale Verhaltensweisen meist unbewusst – und abhängig von ihrer Identifikation mit Spielern oder Mannschaften. Je größer z. B. die Selbstbindung an die Heimmannschaft ist, desto geringer ist die Schwelle der emotionalen Ansteckung – umso leichter lässt man sich von der Stimmung und den Anfeuerungsrufen der Nebensitzer anstecken (vgl. Riedl, 2006, S. 120–153; Riedl, 2008, S. 221–250).

Eine wichtige Schlussfolgerung für das Management ist also, „dass man die Zuschauer einerseits immer wieder überraschen muss, andererseits ihre Erwartungshaltung so steuert, dass diese nicht überzogen ist" (Riedl, 2006, S. 125). Außerdem gilt es, emotionales Verhalten und entsprechende Nachahmungsprozesse im Publikum gezielt anzuregen und zu steuern, z. B. durch Stadionsprecher.

Identifikation und Gemeinschaft

Die Dimension *Identifikation und Gemeinschaft* ist für die Publikumsbindung besonders relevant, da gerade die Identifikation mit Spielern, Mannschaften oder Vereinen Voraussetzung für ein Spannungs-/Emotionserleben ist. „Dabei drängt die Konfliktlogik des Sports den Zuschauer auf die eine oder andere Seite, denn emotionale Anteilnahme für beide Seiten gleichermaßen ist kaum möglich" (Riedl, 2006, S. 155).

- Gerade sportlicher (Miss-) Erfolg ist dabei identitätsbildend, denn „in einem System, dessen Funktion in der Kommunikation körperlicher Leistungen liegt, ist es nahezu zwangsläufig, dass sich die … Selbstbeschreibungen auf diesen zentralen Wert des sportlichen Erfolgs beziehen" (Riedl, 2006, S. 175). Man gehört eben gern zu den Siegern und den Erfolgreichen.
- Da sportliche Erfolge aber per se ungewiss sind und eben gerade *nicht alle* zu den Siegern zählen können, braucht es für eine zeitstabile Identifikation des Publikums weitere Anknüpfungspunkte, die auch bei Misserfolgen eine Selbstbindung rechtfertigen und Bedürfnisse nach Gruppenidentität befriedigen können. Beispielsweise ermöglichen als charakteristisch angesehene Normen, Symbole oder Werte entsprechende Ein- und Abgrenzungen – etwa die Ablehnung von Sitzplätzen durch traditionsbewusste Fangruppen oder die Fahnen und die Choreographien der „echten" Unterstützer aus der Südkurve. Häufig fördert auch der Bezug auf Geschichten von legendären Wettkämpfen, auf gemeinsame Aktivitäten, Traditionen und Rituale, auf Farben und Embleme oder auf räumliche Nähe das Gemeinschaftsempfinden (vgl. Riedl, 2006, S. 155–186).

Das Management kann solche Identifikationsprozesse beispielsweise durch die Entwicklung eines eigenständigen Profils des Vereins oder der Mannschaft unterstützen, z. B. indem bestimmte Spielertypen rekrutiert, attraktive Taktiken/Spielweisen favorisiert und über entsprechende Kommunikationsstrategien dazu passende Inhalte in den Massenmedien verankert werden. Auch die Einrichtung und die aktive Förderung von Fanclubs oder Internet-Foren zur Etablierung direkter Kontaktmöglichkeiten können dabei hilfreich sein. Jedoch ist zu beachten: „Erfolgreiches Identitätsmanagement besteht darin, den Konstruktionscharakter der Identitäten in einen scheinbaren Zustand einer Naturgegebenheit zu verwandeln und damit zu verhüllen" (Riedl, 2006, S. 184).

Das Streben eines Spitzensportmanagements nach einem möglichst großen Publikum ist angesichts der generellen Bedingungen und Mechanismen der Rechteverwertung (vgl. Kapitel 5.1.1) nachvollziehbar. Allerdings wird mit einer Ausweitung des Publikums auch „der Anteil derer, die die Sportart selbst betreiben oder über ein spezifisches Fachwissen verfügen, geringer, der Anteil der ‚Laien' dagegen größer … Damit sinkt aber das Unterscheidungsvermögen beim Beobachten und Verstehen der sportlichen Leistungsvollzüge … Deshalb ist es für die Popularisierung von Sportarten von Bedeutung, dass sie sich auch ohne ein großes fachspezifisches Wissen beobachten und verstehen lassen. Prozesse der Emotionalisierung und Dramatisierung erscheinen hier als eine Möglichkeit, … den geringen Sachverstand zu kompensieren und dennoch ein differenziertes Erleben der Wettkämpfe zu ermöglichen" (Riedl, 2006, S. 57).

Mit einer zahlenmäßigen Ausweitung des Publikums nehmen jedoch typischerweise auch die Präferenzunterschiede zwischen den verschiedenen Zuschauergruppierungen, z. B. zwischen Traditionalisten, Sportfachexperten oder Unterhaltungsorientierten, zu – und werden tendenziell sogar miteinander unvereinbar. Für das Management folgt daraus ein dauerhafter Balanceakt, denn Maßnahmen, die die einen positiv bewerten, lehnen die anderen mitunter strikt ab.

Kontrollfragen

1. Gesellschaftliche Teilsysteme sind durch spezifische Eigenlogiken charakterisiert, die ihre Kommunikationszusammenhänge von anderen Teilsystemen abgrenzen. Welche Kommunikation macht in den Teilsystemen Spitzensport, Massenmedien und Wirtschaft jeweils Sinn, was hat dort also Bedeutung?
2. Trotz der spezifischen kommunikativen Eigenlogiken gesellschaftlicher Teilsysteme sind Leistungsbeziehungen über Systemgrenzen hinweg möglich. Welche Leistungsbeziehungen sind für die Verwertung medialer und werblicher Sportrechte grundsätzlich relevant und was macht Spitzensport für Massenmedien und Wirtschaft besonders attraktiv?
3. Massenmedien und Wirtschaft sind insbesondere am Zugriff auf das Spitzensportpublikum interessiert, wollen aus Sportzuschauern also Medienrezipienten oder Konsumenten machen. Warum sind Fragen der Publikumsbindung jedoch prinzipiell gar nicht im Fokus des Spitzensports und welche Schwierigkeiten ergeben sich hieraus für das Sportmanagement?
4. Die große Zahl potenzieller Motive des Spitzensportpublikums lässt sich drei grundlegenden Interessensdimensionen zuordnen. Welche sind dies und was kennzeichnet diese Dimensionen jeweils? Welche Anknüpfungspunkte bieten sich dem Management zur Ausweitung des Spitzensportpublikums und welche managementrelevanten Nebenfolgen kann dies haben?

5.2 Verwertung medialer Rechte

Die Funktion der Massenmedien als Generatoren gesellschaftlicher Aufmerksamkeit für den Spitzensport und als zentrale Mittler im Austauschverhältnis von Spitzensport und werbetreibender Wirtschaft wird in der Praxis über eine umfangreiche Sportberichterstattung, insbesondere im Fernsehen, erfüllt. Basierend auf den spezifischen Interessen der Massenmedien gegenüber dem Spitzensport ergeben sich für mediale Sportrechte mitunter erhebliche wirtschaftliche Werte (vgl. Kapitel 5.1.1). Allerdings ist das rechtliche Fundament medialer Sportrechte nicht ohne weiteres offensichtlich, sondern ebenso wie die gängige Verwertungspraxis im Kontext der Sportligen durchaus voraussetzungsvoll. Insofern ist eine Auseinandersetzung mit grundlegenden Bedingungen des Aufbaus kontrollierter Verwertungsketten medialer Sportrechte für das Sportmanagement äußerst relevant.

Lernziele des Kapitels

> Die Leser erfahren, welche massenmedialen Verwertungsformen von Sportereignissen existieren und welche praktische Relevanz diese jeweils für den Spitzensport haben.
> Sie setzen sich mit der rechtlichen Basis medialer Sportrechte auseinander und sie erkennen, inwiefern hier der Veranstalterbegriff von Bedeutung ist.
> Sie erfahren, was es mit der Zentralvermarktung medialer Rechte im Kontext der Sportligen auf sich hat und welche Vor-/Nachteile damit für die Beteiligten auf Seiten des Spitzensports verbunden sind.
> Sie setzen sich mit strategischen Überlegungen der Ligaorganisationen auseinander, die typischerweise im Rahmen von Ausschreibungen medialer Sportrechte angestellt werden.

5.2.1 Mediale Rechte – Bewegtbilder im Sport

Angebot und Vielfalt der Massenmedien haben sich in den vergangenen Jahrzehnten dramatisch gewandelt. Waren früher Bücher, Zeitungen, Hörfunk und Fernsehen allein maßgebliche Verbreitungsmedien, bieten heute auch Internet und Web 2.0-Anwendungen wie Blogs und soziale Netzwerke vielfältige Informationsmöglichkeiten. Für die mediale Verwertung von Sportereignissen sind dabei weniger Printmedien – also Zeitungen und Zeitschriften – mit ihren Texten und Standbildern (Fotos, Abbildungen, Grafiken) relevant. Vielmehr haben gerade audiovisuelle Medien wie Fernsehen, Internet und mobile Endgeräte mit ihrer Bewegtbild-Berichterstattung besondere Bedeutung.

> Bis 1984 existierte in Deutschland ein öffentlich-rechtliches Rundfunkmonopol von ARD und ZDF. Mit dem Aufkommen neuer Übertragungswege wie Kabel und Satellit entstand ab 1984 ein duales Rundfunksystem, denn private Fernsehveranstalter wie SAT.1, RTL und ProSieben nahmen ihren Betrieb auf und 1985 wurde das erste private Hörfunkprogramm ausgestrahlt (vgl. Wilke, 2010, S. 5). Das Aufbrechen des öffentlich-rechtlichen Monopols eröffnete der medialen Rechteverwertung im Sport vielfältige neue Möglichkeiten. Denn mit der steigenden Anzahl von Sendern/Medienunternehmen multiplizierte sich auch die Anzahl potenzieller Rechteverwerter.

Heute existieren neben den zwölf öffentlich-rechtlichen Rundfunkanstalten 188 private Fernseh- und 174 Hörfunkanbieter (vgl. Schröder, 2010, S. 25). Neben werbefinanzierten Fernsehsendern gibt es außerdem rund 25 Pay-TV-Anbieter, „die über Programmplattformen wie Sky, bei Kabelnetzbetreibern wie KDG, Unity Media, Kabel BW, sowie über Satelliten- (Astra, Eutelsat) und IPTV-Plattformen (wie T-Home Entertain) und im Internet direkt verbreitet werden" (Goldhammer, 2010, S. 33). Die in jüngerer Zeit massiv greifende Digitalisierung der Massenmedien steigert die Übertragungskapazitäten enorm, z. B. werden heute dank DVB-T (*Digital Video Broadcast – Terrestrial*) im gleichen Frequenzbereich z. T. mehr als 30 Hörfunk- und Fernsehprogramme übertragen (vgl. Schröder, 2010, S. 26).

Wichtigstes Medium für die massenmediale Verwertung von Sportereignissen ist nach wie vor das *Fernsehen*, wobei hier eine ausgeprägte Hinwendung zum Fußball erkennbar ist. Während im Fußball Liga-, Pokal- und Länderspiele übertragen werden, gelingt es anderen Teamsportarten wie Handball oder Basketball kaum, ihre Wettbewerbe in vergleichbarer Weise als Inhalte von Fernsehprogrammen zu verankern. Unter den – gemessen an der Zuschauerzahl – Top 50-Fernsehsendungen 2010 belegen z. B. Übertragungen der Fußball-WM in Südafrika und die Übertragung des Fußball-EM Qualifikationsspiels Deutschland gegen Türkei die ersten zehn Plätze. Auf Platz 11 folgt die Übertragung des Eurovision Song Contests (vgl. Sportfive, 2011c, o. S.; 2011d, o. S.). Von den Top 50-*Sport*sendungen im Fernsehen hatten 2010 nur sechs (!) Sendungen keinen Bezug zum Fußball (vgl. Tab. 35).

Ungeachtet dieser Dominanz des Profifußballs und der wenigen anderen, im Fernsehen abgebildeten massenattraktiven Sportarten (Boxen, Formel 1, Biathlon), spielt die Verwertung medialer Rechte für alle Ligen der Teamsportarten sowie für einzelne herausragende Sportereignisse wie Olympische Spiele oder Leichtathletik-Weltmeisterschaften grundsätzlich eine wichtige Rolle.

Tab. 35: Die zehn Sportsendungen im Fernsehen mit den meisten Zuschauern 2010 und die sechs Sportsendungen der sportbezogenen Top 50-Sendungen, die nicht Fußball zum Inhalt hatten (vgl. Sportfive, 2011c, o. S.; 2011d, o. S.).

Platz	Sender	Titel der Sendung	Zuschauer (in Mio.)	Marktanteil (in %)
1	ARD	Fußball-WM 2010 live: Deutschland vs. Spanien	31,10	83,0
2	ARD	Fußball-WM 2010 live: Ghana vs. Deutschland	29,30	79,6
3	ZDF	Fußball-WM live: Deutschland vs. Australien	28,03	74,4
4	ZDF	Fußball-WM live: Argentinien vs. Deutschland	26,01	89,0
5	ARD	Fußball-WM 2010 live: Deutschland vs. England	25,67	87,2
6	ZDF	Fußball-WM live: Niederlande vs. Spanien	25,03	71,2
7	ARD	Fußball-WM 2010 live: Uruguay vs. Deutschland	23,67	77,0
8	ZDF	Fußball-WM live: Deutschland vs. Serbien	22,11	84,8
9	ZDF	Fußball-WM live: Uruguay vs. Niederlande	19,53	58,3
10	ZDF	ZDF Sport extra: Fußball EM-Quali Deutschland vs. Türkei	15,14	46,7
14	RTL	RTL Boxen: Der Kampf: V. Klitschko vs. Briggs	13,45	57,5
21	RTL	RTL Boxen: Der Kampf: W. Klitschko vs. Chambers	12,62	52,7
38	RTL	Formel 1: Bahrain, das Rennen	10,51	49,1
41	RTL	Formel 1: Abu Dhabi, das Rennen	10,24	51,9
44	ARD	Olympia live: Biathlon 4x6km Staffel Damen	10,03	29,3
48	ARD	Olympia live: Biathlon 12,5km Massenstart Damen	9,75	31,4

Live- vs. zeitversetzte Verwertung

Im Rahmen einer medialen Sportrechteverwertung ist insbesondere die Unterscheidung von Live- und zeitversetzten Übertragungen relevant.

Live-Übertragungen, also zeitgleiche und lineare Übertragungen von Sportereignissen in voller Länge, profitieren in besonderer Weise von den sportspezifischen Spannungsmomenten. Ihre Attraktivität und Werthaltigkeit hängt außerdem davon ab, wie viel Zeit nach Abschluss der Live-Übertragung vergehen muss, bis zeitversetzte Verwertungen zugelassen sind. Zum Beispiel darf die ARD-Sportschau von einem Spiel der Fußball-Bundesliga, das um 17.15 Uhr endet, erst nach 18.30 Uhr in Ausschnitten berichten.

Nach der Beendigung sportlicher Wettkämpfe ergeben sich vielfältige Möglichkeiten für weitere Verwertungen, etwa in Form von Highlights. Üblich ist dabei die Unterscheidung in eine *Erstverwertung* von Rechten, also die erstmalige Ausstrahlung von Spielszenen, sowie weitere *Zweit-, Dritt- oder Nachverwertungen* (vgl. Elter, 2003, S. 25; Duvinage, 2006, S. 32; Summerer, 2007b, S. 352–353; Kuhn, 2012, S. 151).

Massenmediale Verwertungsformen von Sportereignissen – Fernsehen

Mit Blick auf die massenmediale Verwertung von Sportereignissen sind verschiedene Verwertungsformen erkennbar. Eine nach wie vor dominante Rolle nimmt dabei das Fernsehen ein, wobei Übertragungen der öffentlich-rechtlichen Sender (ARD, ZDF, Dritte Programme) und der werbetreibenden Privatsender auch als *Free TV* bezeichnet werden. Für Rezipienten sind diese Programme frei zugänglich und ohne Zusatzkosten – zur Rundfunkgebühr und zur

Grundgebühr für den Kabelanschluss – verfügbar. Die Möglichkeiten der Free TV-Sender zur Re-Finanzierung ihrer Sportrechtekosten sind dabei unterschiedlich, was sich auch auf ihre Verhandlungsoptionen und damit die Preisbildung von Sportrechten auswirken kann:

- Die öffentlich-rechtlichen Sender verfügen über rund 7 Mrd. Euro jährliche Einnahmen aus *Rundfunkgebühren*, was ihnen für den Erwerb teurer Sportrechte eine vergleichsweise gute Ausgangslage verschafft. Darüber hinaus generieren ARD und ZDF jährlich rund 200 Mio. Euro Werbeeinnahmen (vgl. KEF, 2011, S. 168; 194; 196). Im Gegenzug unterliegen die öffentlich-rechtlichen Sender einigen Werbebeschränkungen, insbesondere einem Werbeverbot nach 20 Uhr.
- Die privaten Free TV-Sender sind hingegen *ausschließlich* auf Werbeeinnahmen angewiesen. Massenattraktive Sportrechte werden dabei vor allem unter dem Gesichtspunkt einer Senderprofilierung und Attraktivitätssteigerung für Werbepartner gesehen. Ungeachtet hoher Werbeeinnahmen im Umfeld einzelner attraktiver Sportsendungen sind Sportrechte, auch und gerade im Fußball, für die Fernsehsender aber selten refinanzierbar.

Neben Free TV existieren auch *Pay TV*-Angebote, deren Nutzung den Abschluss expliziter Nutzungsverträge voraussetzt, um die verschlüsselten Signale der Programmanbieter mittels spezifischer Dekoder nutzen zu können. Für Rezipienten bedeutet dies zusätzlich zur Rundfunkgebühr weitere (Fix-) Kosten, da entsprechende Abonnements meist mit mehrmonatiger Laufzeit abgeschlossen werden müssen. Um ihre mit z. T. erheblichen Zusatzkosten verbundenen Angebote für potenzielle Nutzer attraktiv machen zu können, sind Pay TV-Sender insbesondere auf exklusive (Live-) Sportrechte von Fußball, Formel 1 und Boxen angewiesen. Setzen sie ausreichend gebührenpflichtige Abonnements ab, stehen Pay TV-Sendern für den Erwerb und die Verwertung medialer Sportrechte aber mitunter hohe finanzielle Mittel zur Verfügung.

Eine Abwandlung des Pay TV ist *Pay per View*, bei dem das verschlüsselte Signal nach Zahlung eines besonderen Entgelts zu einem definierten Sendetermin für die Nutzung ausgewählter Inhalte, z. B. Live-Übertragungen eines einzelnen Sportwettkampfs, dekodiert wird (vgl. Eilers, 2006, S. 223).

**Massenmediale Verwertungsformen von Sportereignissen –
Internet, Mobil- und Hörfunk**

Neben das Fernsehen sind mittlerweile „weitere Verwertungsformen für Sportrechte getreten, die aufgrund der technischen Entwicklung immer mehr an Bedeutung gewinnen. Dies sind vor allem das Internet, Breitband und ‚Mobile Devices'. Die einzelnen Verwertungsformen verschwimmen, wie beispielsweise die Entwicklung von ‚Mobil-TV' zeigt" (Duvinage, 2006, S. 32).

Auch im *Internet* haben sich heute Live-Verwertungen von Sportrechten etabliert, insbesondere in Form von *Live-Streamings*, z. B. auf Homepages von Wettkampfveranstaltern. Ebenso sind Zweit-/Nachverwertungen von Highlights im Internet zu finden, wobei je nach Sportart und Sportereignis beide Formen als unentgeltliche (Free) sowie als entgeltliche (Pay) Angebote existieren. Auf Basis der Breitbandtechnologie ist die Übertragungsqualität der Inhalte mittlerweile dem Fernsehen mindestens ebenbürtig. Außerdem haben die Nutzer parallel vielfältige Möglichkeiten netzbasierter Interaktion mit anderen Nutzern und können meist auch auf zusätzliche Text- und Bildinformationen, etwa Statistiken, zugreifen – was die Attraktivität dieser Angebote teilweise deutlich steigert (vgl. Eilers, 2006, S. 222–223).

- Live-Übertragungen im Internet und im Fernsehen unterscheiden sich folglich kaum, „da einzig der Übertragungsweg ein anderer ist, das Bild als solches und seine Relevanz für die Meinungsbildung aber identisch" (Eilers, 2006, S. 226) sind. Aus diesem Grund ist tendenziell zu beobachten, dass TV-Rechte durch neue Medien sukzessive kannibalisiert und in ihrem wirtschaftlichen Wert beeinträchtigt werden. Beispielsweise hat die Deutsche Telekom in den letzten Jahren von ihr erworbene Internetrechte der Fußball Bundesliga genutzt, in Konkurrenz zum Pay-TV ein Bezahlangebot von Live-Übertragungen der Bundesliga anzubieten – und damit dessen Exklusivität untergraben. Insofern dürfte zukünftig eine Trennung in Fernsehen und Internet kaum mehr angemessen sein (vgl. Eilers, 2006, S. 222).
- Mit- und Ausschnitte von Sportübertragungen sind mittlerweile auch in großer Zahl über das zu Google gehörende Internet-Videoportal *Youtube* zu sehen. Dabei könnte Youtube zukünftig die etablierte Sportrechteverwertung auf den Kopf stellen, wenn hier auch Live-Übertragungen verfügbar gemacht werden. Übertragungsrechte der indischen Cricket Premier League hat Youtube bereits erworben, der Aufbau von Live-Streams zur Übertragung weiterer Sportarten ist deshalb zumindest denkbar. Allerdings sind die von den Fernsehsendern heute garantierten Qualitätsstandards gerade hinsichtlich der Kameratechnik und (mit Abstrichen) der Kommentierung nicht ohne weiteres zu gewährleisten – was im Rahmen zukünftiger Rechtevergaben aber eine wichtige Rolle spielen dürfte.

Insbesondere infolge der rasanten Entwicklung mobiler Endgeräte – 2011 wurden weltweit 487,7 Mio. Smartphones verkauft, 62,7% mehr als 2010 (vgl. Canalys, 2012, S. 3) – werden für die mediale Verwertung von Sportrechten auch *Mobilfunkrechte* mehr und mehr relevant. Ohne dass die Nutzer an einen bestimmten örtlichen Standort gebunden sind, bieten sich ihnen mit mobilen Endgeräten praktisch dieselben Möglichkeiten wie im Internet, sodass hier folglich auch ähnliche Ansatzpunkte für die Verwertung von Bewegtbildern sportlicher Ereignisse existieren.

Hörfunkberichterstattung in Form von Live-Reportagen hat sich außerdem insbesondere im Zusammenhang mit der Fußball-Bundesliga etabliert, z. B. durch die ARD-Konferenzschaltung am Samstagnachmittag. Wirtschaftlich spielt sie aber eine eher nachgeordnete Rolle (vgl. Kuhn, 2012, S. 114–115). Dabei ist es heute herrschende Praxis, auch *Hörfunkrechten* explizite Verwertbarkeit zuzugestehen, wenngleich dies mitunter deshalb streitig bleibt, weil Hörfunk-Reporter bei ihren akustischen Schilderungen des Spielgeschehens ohne Bilder auskommen und höchstens akustische Hintergrundgeräusche zur emotionalen Untermalung verwenden (vgl. Elter, 2003, S. 26–28). Dem wird allerdings entgegen gehalten, „dass Hörfunkveranstalter das Stadion und dessen Infrastruktur intensiver nutzen als normale Zuschauer, etwa durch Nutzung eines bestimmten Arbeitsplatzes im bevorzugten Tribünenbereich einschließlich der ... zum Signaltransport erforderlichen technischen Dienstleistungen" (Kuhn, 2012, S. 115–116). Im Zuge der Digitalisierung des Hörfunks entstehen über Internetradio und mobile Hörfunkangebote mittlerweile neue Nutzungsgelegenheiten und damit u. U. auch neue Verwertungsmöglichkeiten von Spitzensportereignissen.

Allgemeines Hausrecht als Basis medialer Sportrechte und Veranstalterbegriff

Offensichtlich haben Veranstalter von Sportereignissen also Möglichkeiten, die audiovisuelle mediale Verwertung ihrer Veranstaltungen zu kanalisieren, d. h., nur bestimmten Partnern zu erlauben und von bestimmten Bedingungen – etwa der Zahlung eines Entgelts – abhängig zu machen. Da es sich bei Sportereignissen jedoch faktisch um „öffentliche Aufführungen" handelt, muss dieser Schutz vor fremder, eigenmächtiger Verwertung rechtlich abgesichert sein (vgl. Laier, 2007, S. 126). Allerdings stellen mediale Sportrechte keine dinglichen, also wie Eigentumsrechte gegenüber allen Dritten wirkenden Rechtspositionen dar.

„Anders als beispielsweise die Urheberschaft an einem Musikstück oder einem Buch gibt es für Sportrechte kein gesetzlich verankertes Leistungsschutzrecht" (Duvinage, 2006, S. 33). Vor diesem Hintergrund leitet man deshalb „das Recht, Aufnahmen von einer Sportveranstaltung zu machen und zu verbreiten, aus dem allgemeinen Hausrecht des Veranstalters eines Sportereignisses" (Duvinage, 2006, S. 33) ab. Dieses basiert auf „den Abwehrrechten und Ausschlussansprüchen des Eigentümers oder Besitzers der §§ 903, 1004 BGB bzw. §§ 862, 859 BGB gegenüber Dritten" (Jungheim, 2008, S. 90). Jeder Sportveranstalter kann also grundsätzlich entscheiden, wer zu welchem Zweck Zugang zu seiner Sportstätte und damit auch die Möglichkeit erhält, das Sportereignis mittels Kameratechnik aufzunehmen. Über privatrechtliche, vertragliche Regelungen kann er ausgewählten Berechtigten Zutritt zum Veranstaltungsort, z. B. dem Stadion oder der Sporthalle, gewähren und ihnen über Allgemeine Geschäftsbedingungen oder Haus- und Betriebsordnungen die Herstellung und die Verbreitung von Bild- sowie Tonaufnahmen gestatten (vgl. Elter, 2003, S. 96–97; Summerer, 2007b, S. 355–357; Jungheim, 2008, S. 90; Kuhn, 2012, S. 112–113).

Erschwert wird dies allerdings dadurch, dass gesetzlich nicht explizit geklärt ist, wer als *Veranstalter* eines Sportereignisses gilt. Grundsätzlich wird zunächst derjenige als Veranstalter angesehen, der Vorbereitung und Durchführung des Sportereignisses übernimmt und damit einhergehende organisatorische und finanzielle Risiken trägt. Dies ist regelmäßig der jeweilige Heimverein, auf dessen Platz oder in dessen Stadion das Sportereignis stattfindet. Jedoch braucht es zwingend eine gegnerische Mannschaft – die folglich zumindest als Mitveranstalter des Ereignisses gilt. Spieler, Zuschauer und praktisch alle weiteren Anspruchsgruppen messen den im Rahmen eines Ligawettbewerbs stattfindenden Spielen typischerweise mehr Bedeutung bei als Freundschaftsspielen derselben Teams. Deshalb bestimmt auch der von der jeweiligen Ligaorganisation – also DFL, BBL oder HBL – organisierte und öffentlichkeitswirksam als *Gesamtwettbewerb Bundesliga* beworbene Kampf um die Platzierungen am Saisonende maßgeblich die Werthaltigkeit des sportlichen Wettstreits. Insofern wird heute beim Veranstalterbegriff üblicherweise von einer *Rechtsgemeinschaft* zwischen Heim-, Gastverein und Ligaorganisation ausgegangen (vgl. Elter, 2003, S. 57; Duvinage, 2006, S. 34; Summerer, 2007b, S. 357–364; Jungheim, 2008, S. 91).

Für die Fußball Bundesliga ergeben sich aufgrund der fußballspezifischen Organisationskontexte (vgl. Kapitel 2.3.2) besondere rechtliche Verhältnisse der medialen Verwertung. Denn Sportcast als Tochterunternehmen der DFL produziert in deren Auftrag das Basissignal aller Bundesligapartien mit eigenen Kameras und stellt diese redaktionell unbearbeiteten Bewegtbilder den Vertragspartnern in voller Länge zur weiteren Verwertung zur Verfügung. Aufgrund dieser „unechten" Auftragsproduktion im Verhältnis DFL/Sportcast gilt die DFL rechtlich als Filmhersteller. Solange es nicht um Live-Übertragungen, sondern um die Vermarktung aller zeitversetzten Verwertungsrechte geht, stehen der DFL deshalb an diesen Laufbildern durchaus originäre Leistungsschutzrechte aus §§ 94, 95 UrhG zu (vgl. Jungheim, 2008, S. 90–91).

5.2.2 Zentralvermarktung medialer Rechte

Die Verwertung medialer Rechte ist für den professionellen Spitzensport sehr bedeutsam. Ein Blick in die Management-Praxis der Vereine und Kapitalgesellschaften des professionellen Teamsports zeigt jedoch, dass dieses Thema nur bei wenigen Verantwortlichen auf der Agenda steht. Wesentliche Ursache hierfür ist die *Zentralvermarktung* medialer Rechte. Mit Ausnahme weniger Nachverwertungs- und New Media-Rechte werden in den großen Teamsportarten praktisch alle medialen Rechte der Bundesligen von den jeweiligen Ligaorganisationen zentral vermarktet. Im Fußball vermarktet außerdem der DFB die medialen Rechte am DFB-Pokal zentral, während die UEFA praktisch alle medialen Rechte an der Europa League, der Champions League und zukünftig auch der Euro-Qualifikationsspiele zentral vermarktet. Fragen der medialen Rechteverwertung sind folglich vor allem für die Ligaverantwortlichen und die Zuständigen der Dachverbände (DFB, UEFA etc.) von hoher praktischer Relevanz.

Bei einer Einzelvermarktung ihrer Heimspiele wären die Bundesligisten hingegen in der Lage, selbst über Verwertungsformen, -zeiträume und weitere Konditionen zu verhandeln. Gerade sportlich erfolgreiche Bundesligisten mit großem Fanpotenzial könnten dabei möglicherweise höhere Erlöse erzielen. Auch gilt die Befugnis von Ligaorganisationen und Sportverbänden, mediale Rechte an einer Vielzahl einzelner Spiele eines Liga- oder Pokalwettbewerbs zentral und exklusiv zu vermarkten, *kartellrechtlich als kritisch* – weil dies „einen der Wettbewerbsfreiheit zuwiderlaufenden Ausschluss von Preis- und Konditionenwettbewerb bedingt" (Elter, 2003, S. 59). Aus ökonomischer Sicht handelt es sich bei der Zentralvermarktung also um eine prinzipiell unzulässige *Wettbewerbsbeschränkung*. „Das wesentliche Instrument ist dabei die Minimierung von Live-Übertragungen im Free-TV. Daraus entstehen die üblichen Folgen [von Monopolen; M. F.], nämlich höhere Preise, geringere Mengen und höhere ... Erlöse ... als unter Konkurrenzbedingungen. Es bedeutet insbesondere auch eine gravierende Benachteiligung der Nachfrageseite und eine erhebliche Beeinträchtigung der Konsummöglichkeiten des interessierten Publikums" (Kruse & Quitzau, 2002, S. 17).

Ungeachtet dieser ökonomischen Argumentation sprechen jedoch gerade vor dem Hintergrund des Veranstalterbegriffs und der dabei angenommenen Rechtsgemeinschaft von Heim-, Gastverein und Ligaorganisation wichtige Argumente *für* die grundsätzliche Zulässigkeit der Zentralvermarktung (vgl. Duvinage, 2000, S. 5–6; Elter, 2003, S. 62–64; Duvinage, 2006, S. 34):

- Entscheidend für die Werthaltigkeit der medialen Rechte ist nicht das einzelne Spiel zweier Mannschaften, sondern dessen Einbindung in einen Ligawettbewerb. „Es wird also über den Ligakontext ein Mehrwert geschaffen, der nur bei zentraler Vermarktung tatsächlich realisiert werden kann" (Duvinage, 2006, S. 34). Denn dies setzt u. a. eine einheitliche Präsentation gegenüber der Öffentlichkeit voraus. Nicht zuletzt deshalb werden die *Ligawettbewerbe* von den Ligaorganisationen auch offensiv *als Gesamtprodukt* beworben.

- Die für ein Gesamtprodukt Ligawettbewerb unabdingbare koordinierte Terminplanung und Gesamtorganisation ist nur in Form einer Zentralvermarktung medialer Rechte möglich. Denn bei der Einzelvermarktung durch die jeweiligen Heimmannschaften wären die audiovisuellen Verwertungsketten von den Ligaorganisationen nicht kontrollierbar und es „wäre denkbar und sogar wahrscheinlich, dass Live-Spiele im Free-TV gegen Live-Spiele im Pay-TV programmiert würden. Wirtschaftlich gesehen, wäre damit weder Pay-TV noch Pay-per-View möglich" (Duvinage, 2006, S. 34).
- Eine zentrale Vermarktung medialer Rechte durch die Ligaorganisationen erlaubt außerdem die Abdeckung des gesamten Ligageschehens in einer einheitlichen Live-Konferenz oder einer zeitnahen, zusammenfassenden Highlight-Berichterstattung, z. B. der ARD-Sportschau. Bei dezentraler Einzelvermarktung der medialen Rechte wären hingegen konkurrierende Sportsendungen mit jeweils nur wenigen Spielpaarungen nicht ausgeschlossen. Dabei benötigte z. B. ein Pay-TV-Sender wohl lediglich die Rechte weniger sportlich erfolgreicher und massenattraktiver Klubs wie FC Bayern München oder Borussia Dortmund, um seinen Abonnenten ein attraktives Fernsehprogramm bieten zu können.
- Die Zentralvermarktung der medialen Rechte ermöglicht ferner ein wirtschaftliches Ausgleichmodell zwischen großen und kleinen Klubs sowie zwischen Bundesliga und 2. Bundesliga. Grundlage hierfür ist die Umverteilung der zentral erlösten finanziellen Mittel gemäß eines gemeinsamen Verteilungsschlüssels, der u. a. sportliche Erfolge der vorangegangenen Spielzeiten berücksichtigt. Auf diese Weise gelingt es, den wirtschaftlichen Wettbewerb der Ligateilnehmer hinter den sportlichen Wettbewerb zurücktreten zu lassen und zu verhindern, dass wenige massenattraktive Klubs hohe Erlöse generieren, während die Ligakonkurrenten praktisch keine oder vergleichsweise geringe Erlöse erzielen können – wie dies etwa in Spanien mit der Dominanz von FC Barcelona und Real Madrid zu beobachten ist.

Territoriale Exklusivitätsvereinbarungen im Rahmen der Zentralvermarktung medialer Sportrechte

Neben der Zentralvermarktung sind auch die Vergabe *exklusiver Verwertungsrechte* und deren *territoriale Beschränkung* weitere Grundpfeiler der Fernsehvermarktung von Liga- und Pokalwettbewerben. „Um die gebietsabhängigen Exklusivitäten zu schützen, verpflichten sich die (Sub-)Lizenznehmer, das Signal nur verschlüsselt auszustrahlen und sicherzustellen, dass es grundsätzlich nicht außerhalb des Lizenzgebietes empfangen werden kann" (Kuhn & Lentze, 2011, S. 222).

Gleichwohl hatte jüngst eine englische Pubbesitzerin in ihrer Gaststätte Spiele der englischen Premier League mittels eines – im Vergleich zum englischen billigeren – griechischen Dekoders gezeigt – und wurde folglich von der englischen Ligaorganisation verklagt. Vor diesem Hintergrund musste der Europäische Gerichtshof (EuGH) über die *exklusive Rechtevermarktung* nach nationalstaatlichen Gebietsgrenzen befinden. Mit seinem Urteil vom Oktober 2011 hat der EuGH „die Einräumung territorialer Exklusivvereinbarungen für die Übertragung von Spielen der Premier League nicht in Frage gestellt" (Kuhn & Lentze, 2011, S. 225). Allerdings darf diese nach Ansicht des EuGH „nicht, wie im vorliegenden Fall angenommen, durch Abschottung nationaler Märkte zu künstlichen Preisunterschieden in der Gemeinschaft" (Kuhn & Lentze, 2011, S. 224) führen.

Mit der Verpflichtung der Lizenznehmer, „keine Decoder für den Empfang der geschützten Inhalte außerhalb des von der exklusiven territorialen Lizenz erfassten Gebiets zur Verfügung zu stellen ... wird nach Ansicht des EuGH jedem Lizenznehmer eine absolute gebietsabhängige Exklusivität gewährt und jeder Wettbewerb ... im Bereich dieser Dienste ausgeschaltet" (Kuhn & Lentze, 2011, S. 225). Eine solche Wettbewerbsbeschränkung ist aber nach Artikel 101, Absatz 3 des Vertrags über die Arbeitsweise der Europäischen Union (AEUV) unzulässig, da sie der Verwirklichung des EU-Binnenmarkts entgegen steht (vgl. Kahlert, 2011, S. 325).

Infolge dieses Urteils könnten die Ligaorganisationen zukünftig beispielsweise „Rechte, deren Verwertung im Schwerpunkt lediglich einen Mitgliedsstaat betreffen, ... exklusiv an einen Lizenznehmer für alle EU-Mitgliedsstaaten vergeben" (Kuhn & Lentze, 2011, S. 225). Ebenso ist auch der „Verzicht auf die Vergabe einiger Rechte bzw. Verwertungsformen zum Schutz anderer Rechte und deren Werterhalt ... zu bedenken" (Kuhn & Lentze, 2011, S. 225). Dies könnte zukünftig also europaweite Ausschreibungen der Ligaorganisationen zur Folge haben und in der medialen Rechteverwertung das Entstehen EU-weiter Verwertungsmonopole begünstigen. Für die jeweiligen Pay-TV-Anbieter und deren Abonnenten dürften sich die wirtschaftlichen Auswirkungen des Urteils folglich in eher engen Grenzen halten (vgl. Kahlert, 2011, S. 332–333).

5.2.3 Ausschreibungen medialer Rechte

Die wettbewerbsbeschränkenden Charakteristika der Zentralvermarktung medialer Sportrechte und die jeweils mehrjährigen Vertragslaufzeiten der Verwertungsverträge wirken gegenüber potenziellen neuen Rechteverwertern als Marktzutrittsbarrieren. Deshalb – und auch angesichts der regelmäßig hohen Vermarktungserlöse in mehrstelliger Millionenhöhe – sind die Ligaorganisationen dazu übergegangen, die medialen Verwertungsrechte im Rahmen öffentlicher Ausschreibungen, d. h., über Wettbewerbsverfahren auszuschreiben. Dabei ist eine Ausschreibung „die öffentliche Bekanntgabe von Bedingungen, zu denen ein Vertragsangebot erwartet wird ... dargestellt mit der Aufforderung an Interessenten, sich durch Vorlage von Offerten zu bewerben" (Elter, 2003, S. 52). Seitens der Sportligen werden hier detaillierte Rechtekategorien/-pakete, Vermarktungsmodelle und Leistungserwartungen für mehrere Spielzeiten beschrieben und mit der Aufforderung an interessierte Rechteverwerter verbunden, innerhalb einer bestimmten Frist ihre – rechtlich bindenden – Angebote zu unterbreiten (Request for Proposal/Aufforderung zur Angebotsabgabe).

Vor Beginn der Ausschreibungen bietet es sich für die Verantwortlichen der originären Rechteinhaber – also Sportligen oder Sportverbände – an, eine Abstimmung mit den Kartellbehörden zu suchen. Um Klarheit für das spätere Wettbewerbsverfahren erhalten zu können, sind insbesondere der jeweilige Umfang potenzieller Rechtekategorien und Rechtepakete zu diskutieren und alternative Vergabeschemata abzustimmen. Im Rahmen von Ausschreibungen medialer Sportrechte geht es insbesondere darum,

- mögliche strategische Optionen auf Basis verschiedener *Verwertungsformen*, also Live- und zeitlich versetzten Verwertungen, verschiedener *Übertragungswege* wie Fernsehen, Internet oder Mobilfunk, Free- oder Pay-Angeboten, sowie verschiedener Formen von *Exklusivität* auszuarbeiten. Beispielsweise ist festzulegen, ob Live-Verwertungen über alle technischen Plattformen erfolgen sollen, oder ob man eine gesonderte Verwertung von Fernsehen, IP-TV, Web-TV und Mobile-TV anstrebt. Aktuell wird etwa von der DEL eine reine Pay TV-Verwertung praktiziert, während die HBL eine reine Free TV-Verwertung aufweist und die DFL Pay TV- und Free TV-Verwertung kombiniert.
- *Spielmodus* und *Rahmenterminkalender* der Ligawettbewerbe – u. a. Anzahl der teilnehmenden Mannschaften, Spieltage, Anstoßzeiten – vor dem Hintergrund der Sendeschemata potenzieller Fernsehsender und weiterer Rechteverwerter so festzulegen, dass ausgeschriebene Rechtepakete und Vermarktungsmodelle potenziellen Rechteverwertern möglichst attraktiv erscheinen (vgl. Abb. 20).
- die *Laufzeit* von Verwertungsverträgen so zu definieren, dass Marktzutrittsschranken für potenzielle Rechteverwerter nicht zu hoch sind. Üblicherweise laufen die Verträge deshalb jeweils drei Jahre.
- eine gewisse *technische Reichweite* abzusichern und von den Bietern eine *Sendeverpflichtung* zu verlangen. Denn auch die Wertigkeit werblicher Rechte, z. B. von Trikotsponsorships, hängt nicht zuletzt von der tatsächlichen Ausstrahlung der Bewegtbilder und dem Zugang einer möglichst breiten Öffentlichkeit ab.
- bestimmte *Produktionsstandards* für das zu erstellende Signal einzufordern, u. a. Anzahl und Art der Kameras, Qualitätsstandards der eingesetzten Objektive. Gerade die Produktion von Bewegtbildangeboten ist nach wie vor ein kritischer Aspekt in der Verwertungskette medialer Rechte (vgl. Röttgermann, 2008, S. 263).
- Informationen über das von den Bietern geplante Sendeschema, ihr *Berichterstattungskonzept* sowie die finanzielle *Vergütung* einzufordern.

5.2 Verwertung medialer Rechte

	Freitag		Samstag		Sonntag		Montag	
	Free-TV	Pay-TV	Free-TV	Pay-TV	Free-TV	Pay-TV	Free-TV	Pay-TV
12:00				Sky 12:30 2. BL *Live* 2 Spiele		Sky 12:30 2. BL *Live* 3 Spiele		
13:00								
14:00								
15:00				Sky 15:00 BL *Live* 5 Spiele		Sky 15:00 BL *Live* 1 Spiel		
16:00								
17:00		Sky 17:30 2. BL *Live* 3 Spiele	ARD 18:30 BL, 2. BL Highlights	Sky 18:00 BL *Live* 1 Spiel		Sky 17:00 BL *Live* 1 Spiel		
18:00								
19:00					DSF 19:30 2. BL Highlights	Sky 19:30 BL, 2. BL Highlights	DSF 19:45 2. BL *Live* 1 Spiel	Sky 19:45 2. BL *Live* 1 Spiel
20:00		Sky 20:00 BL *Live* 1 Spiel						
21:00					ARD 21:45 BL Highlights			
22:00	DSF 22:30 2. BL Highlights		ZDF 22:00 BL, 2. BL Highlights					
23:00								

Abb. 20: Rahmenterminkalender der Fußball-Bundesliga (BL) und 2. Fußball-Bundesliga (2. BL) mit Sendeschemata relevanter Fernsehsender in der Spielzeit 2010/2011.

Praxisbeispiel

Die Ausschreibung des Ligaverbands und der Deutschen Fußball Liga (DFL) vom Frühjahr 2012 zur Vergabe der nationalen audiovisuellen/medialen Verwertungsrechte für die vier Spielzeiten ab 2013/14 basiert auf dem bisherigen Spielplan (vgl. Abb. 20), der beibehalten werden soll. Die Planungen zur Vergabe dieser Verwertungsrechte sehen mehrere Rechtepakete für Live-Übertragungen und zusammenfassende Highlight-Berichterstattungen vor. Unterschieden werden dabei *drei Verbreitungsarten*: (a) *Broadcast*, d. h. Kabel, Satellit, Terrestrik, (b) *Netcast I*, d. h. IP-TV, (c) *Netcast II*, d. h. Web-TV und Mobile-TV. Für die Live-Übertragungen sind folgende Rechtepakete ausgeschrieben:

Paket A (Goldpaket) umfasst das Recht zur Live-Übertragung mehrerer Spiele der Bundesliga je Spieltag in voller Länge sowie das Recht, alle Parallelspiele eines Spieltags ausschnittsweise als Live-Konferenz zu zeigen (je Spielzeit ca. 200 Spiele). Außerdem enthält dieses Paket das Recht zur zusammenfassenden Highlight-Berichterstattung – wobei Spiele, für die keine Live-Rechte erworben werden, am Samstag und am Sonntag erst zu einem späteren Zeitpunkt gezeigt werden dürfen. Anstelle des Gesamtpakets können auch nur Teilpakete – in Abhängigkeit der angestrebten Verbreitungsart – erworben werden. Diese dürfen dann allerdings ausschließlich als Bezahlangebote verwertet werden.

Paket B (Silberpaket) umfasst das Recht zur Live-Übertragung mehrerer Spiele der Bundesliga je Spieltag in voller Länge (je Spielzeit ca. 70 Spiele). Außerdem enthält dieses Paket das Recht zur zusammenfassenden Highlight-Berichterstattung über sämtliche Spiele eines Spieltags, wobei zu Ausstrahlungszeitpunkten und zu Teilpaketen dieselben Regelungen wie bei Paket A gelten.

Paket C (Bronzepaket) umfasst das Recht zur Live-Übertragung von einem Spiel der Bundesliga je Spieltag sowie von einem weiteren Spiel an Spieltagen ohne Spiel am Samstagabend in voller Länge (je Spielzeit ca. 36 Spiele). Außerdem enthält dieses Paket das Recht zur zusammenfassenden Highlight-Berichterstattung über sämtliche Spiele eines Spieltags, wobei zu Ausstrahlungszeitpunkten und Teilpaketen dieselben Regelungen wie bei Paket A gelten.

Paket D (2. Bundesliga Pay) umfasst das Recht zur Live-Übertragung sämtlicher Spiele der 2. Bundesliga in voller Länge sowie das Recht zu ausschnittsweisen Live-Konferenzen sämtlicher Spiele der 2. Bundesliga. Das Recht zur Live-Übertragung des Spiels am Montagabend ist auf nicht-exklusiver Basis mit enthalten. Dieses Paket wird ausschließlich als Bezahlangebot ausgeschrieben.

Paket E (2. Bundesliga Free) umfasst das Recht zur nicht-exklusiven Live-Übertragung des Montagsspiels der 2. Bundesliga sowie das Recht zur erstmaligen Highlight-Berichterstattung über die Spiele der 2. Bundesliga von Freitag und Sonntag.

Paket F (Bundesliga Free) umfasst das Recht zur Live-Übertragung von sieben Spielen: das Saisoneröffnungs- und das Rückrundeneröffnungsspiel, die jeweiligen Relegationsspiele Bundesliga/2. Bundesliga und 2. Bundesliga/3. Liga sowie das Spiel um den Supercup. Dieses Paket wird ausschließlich als Free-Angebot ausgeschrieben.

In Kombination mit diesen Live-Rechtepaketen sind in zwei Alternativszenarien weitere Rechtepakete für die Highlight-Berichterstattung (Free) ausgeschrieben: (1) Szenario I/Klassik mit fünf Teilpaketen für unterschiedliche Auswertungszeiträume, z. B. Samstag ab 18.30h oder ab 21.45h, Sonntagvormittag oder für die Sonntagspiele am Sonntagabend ab 21.15h. (2) Szenario II/Neue Medien mit vier Teilpaketen und verschiedenen Auswertungszeiträumen, z. B. Samstag ab 19.00h oder 21.45h, Sonntagvormittag oder für die Sonntagspiele am Sonntagabend ab 19.00h oder ab 21.15h (vgl. Deutsche Fußball Liga & Ligaverband, 2011, S. 4–11).

Nach Abschluss des Bieterverfahrens im April 2012 wird auch zukünftig der Pay TV-Sender Sky alle Spiele der Bundesliga und 2. Bundesliga live übertragen. Er sicherte sich die Rechte für die Übertragungswege Kabel, Satellit und Terrestrik sowie IPTV, Web-TV und Mobilfunk. Die Rechte für eine weiterhin frühe Samstagszusammenfassung der Spiele erwarb erneut die ARD, die diese parallel auch im Internet und auf mobilen Endgeräten ausstrahlen darf. Der Ligaverband erlöst damit für die vier Spielzeiten ab 2013/14 insgesamt rund 2,5 Mrd. Euro, also durchschnittlich rund 628 Mio. Euro pro Jahr – eine Steigerung um 52% gegenüber den aktuellen Verwertungsverträgen (vgl. Deutsche Fußball Liga, 2012c, o. S.).

Kontrollfragen

1. Audiovisuelle Massenmedien eröffnen vielfältige Möglichkeiten der medialen Verwertung von Spitzensportereignissen. Welche massenmedialen Verwertungsformen existieren und welche ökonomische Relevanz haben sie jeweils?
2. Mangels gesetzlich verankerter Leistungsschutzrechte für mediale Sportrechte leitet man diese aus dem allgemeinen Hausrecht ab. Was ist darunter zu verstehen und welche Befugnisse sind damit für die originären Rechteinhaber verbunden?
3. Im Rahmen von Sportereignissen steht das Hausrecht typischerweise dem Veranstalter des sportlichen Wettbewerbs zu. Wer wird im Rahmen von Ligawettbewerben als Veranstalter von Sportereignissen verstanden?
4. Mediale Sportrechte aller Liga- und Pokalwettbewerbe unterliegen einer Zentralvermarktung durch die Ligaorganisationen und Sportverbände. Inwiefern ist dieses Verfahren kartellrechtlich problematisch und welche Argumente sprechen dafür, trotzdem daran festzuhalten?
5. Mediale Verwertungsrechte der Sportligen werden regelmäßig über öffentliche Ausschreibungen vergeben. Was ist darunter zu verstehen und welche zentralen Aspekte sind dabei aus Sicht der Ligaorganisationen zu regeln?

5.3 Verwertung werblicher Rechte

Die werbetreibende Wirtschaft fungiert heute als wichtiger Finanzier des professionellen Spitzensports, sei es durch direkte Geldzahlungen z. B. an Sportler, Mannschaften und Verbände, sei es durch privilegierte Verfügbarkeit von Dienstleistungen und Produkten, etwa zur Durchführung von Sportveranstaltungen. Werbliche Aktivitäten von Wirtschaftsunternehmen bei Spitzensportereignissen gehören dabei mittlerweile ebenso zum Alltag wie die Einbindung von Spitzensportpersonal in Werbemaßnahmen und unternehmensbezogene Öffentlichkeitsarbeit. Dies sichert dem Spitzensport neben sachlichen und finanziellen Ressourcen hohe gesellschaftliche Aufmerksamkeit – auch außerhalb der Wettkampfstätten und über seine originären Adressatengruppen hinaus. Die ökonomische Verwertung von Spitzensport wird dabei mitunter schnell auf das Schlagwort „Sponsoring" reduziert, ohne rechtliche Grundlagen werblicher Sportrechte und daraus überhaupt erst resultierende Möglichkeiten und Grenzen kontrollierter Verwertungsketten in den Blick zu nehmen. Eine solche Auseinandersetzung mit grundlegenden Bedingungen der Funktionsweise von Sportsponsoring ist für ein Sportmanagement jedoch elementar.

Lernziele des Kapitels

> Die Leser erhalten einen Überblick über typische werbliche Verwertungsformen des Spitzensports.
> Sie setzen sich mit der rechtlichen Basis werblicher Sportrechte auseinander und lernen diesbezüglich relevante Schutzrechte kennen.
> Sie lernen Sportsponsoring als zentrale Verwertungsform werblicher Rechte im Sport kennen und setzen sich mit dessen grundlegender Funktionsweise auseinander.
> Sie erkennen die typischerweise mit Sportsponsoring verfolgten Zielsetzungen und reflektieren, von welchen Bedingungen eine Zielerreichung abhängt und inwiefern das Management Sponsoringeffekte kontrollieren kann.

5.3.1 Werbliche Rechte

Seit dem Olympischen Kongress 1981 in Baden-Baden und der Abwendung vom Amateurideal im Olympischen Sport haben sich zwischen Spitzensport und Wirtschaft umfassende Austauschbeziehungen etabliert, die im Wesentlichen auf der kommunikativen Verwertung werblicher Rechte basieren. Die Werthaltigkeit dieser Sportrechte ergibt sich dabei vor allem dadurch, dass die Wirtschaft im und mit Spitzensport Möglichkeiten erhält, ein großes Publikum für ihre Werbebotschaften erreichen und diese zum Konsum ihrer Dienstleistungen oder Produkte – und damit zu Geldzahlungen – motivieren zu können. Gesellschaftlich hoch angesehene und mit Spitzensport verbundene Werte wie Leistungswille, Zielstrebigkeit, Jugendlichkeit, Spannung, Emotion bieten der Wirtschaft überaus attraktive thematische Anknüpfungspunkte für werbliche Aktivitäten.

Anders als mediale Verwertungsrechte (vgl. Kapitel 5.2.1), basieren werbliche Verwertungsrechte des Spitzensports auf absoluten *Schutzrechten*, die ihrem Inhaber erlauben, Dritte von ihrer Verwertung auszuschließen. Auch deshalb ist die werbliche Nutzung von Spitzensport durch eine *dezentrale Vermarktung* und vielfältige Verwertungsformen charakterisiert – jeweils abhängig von den konkreten Einzelfallbedingungen, von der Kreativität und der Innovationskraft der Beteiligten, und insbesondere von den jeweils verfolgten kommunikativen Zielsetzungen. Für eine Systematisierung genereller Bedingungen der werblichen Verwertung von Spitzensport ist vor allem die Unterscheidung in *personen-, organisations-, veranstaltungs- und stadiongeborene Rechte* hilfreich.

Werbliche Verwertungsformen von Spitzensport – Personengeborene Rechte

> Ein wichtiger Bezugspunkt für spitzensportbezogene Werbemaßnahmen von Wirtschaftsunternehmen sind konkrete *Einzelpersonen des Spitzensports*, z. B. Spieler, Trainer, Schiedsrichter, Funktionäre. Diese als *Testimonials* bezeichneten Einzelpersonen berechtigen die Unternehmen typischerweise, mit ihnen „zu werben und sich so zu Werbezwecken an das Image und den Ruf des Testimonials anzulehnen" (Lentze, 2012, S. 75), z. B. Boris Becker/AOL, Jürgen Klinsmann/Hyundai, Magdalena Neuner/Erdinger Alkoholfrei.

Konkrete Maßnahmen basieren dabei regelmäßig auf einer *Verwertung des Namens* des Geförderten. Denn der Name „fungiert gewissermaßen als Aushängeschild, weil sich ein Name sehr leicht erkennen, einprägen und merken lässt" (Hellmann, 2003, S. 283). Zwar ist die Verwendung von Namen anderer Personen gängiger und zulässiger Bestandteil der Alltagskommunikation, jedoch ist „der Name keiner unbeschränkten Kommerzialisierung zugänglich" (Schaub, 2008, S. 347). Die Nutzung von *Namensrechten* muss jeweils explizit eingeräumt werden, denn „§ 12 BGB schützt Namen von natürlichen Personen, juristischen Personen und nicht rechtsfähigen Personenmehrheiten gegen ... unbefugten Gebrauch. Der Anwendungsbereich dieser Vorschrift ist von der Rechtssprechung in der Vergangenheit sehr weit gefaßt worden" (Schaub, 2008, S. 351).

Darüber hinaus sind werbetreibende Unternehmen regelmäßig daran interessiert, *Fotos/Bilder* und andere auf Testimonials hinweisende Initialien, Unterschriften oder persönliche Merkmale zu Werbezwecken zu nutzen (vgl. Lentze, 2012, S. 79). Zur Anfertigung und Veröffentlichung von Fotos/Bildern, etwa in Werbematerialien, bedarf es jeweils der expliziten Einräumung von *Rechten am Bild des Geförderten*. Denn Bildnisse dürfen „nur mit Einwilligung des Abgebildeten verbreitet oder öffentlich zur Schau gestellt werden" (§ 22 KUG[23]). Das Recht am eigenen Bild als besondere Ausprägung des allgemeinen Persönlichkeitsrechts (vgl. Art 1 und Art. 2 Grundgesetz) „genießt insbesondere Schutz gegen nichtautorisierte, werbliche Nutzungen Dritter" (Lentze, 2012, S. 75). Im Fall bekannter Persönlichkeiten wie nationalen Sportstars, die als *Personen der Zeitgeschichte* dauerhaft im Blickpunkt und im Interesse der Öffentlichkeit stehen, können Bilder allerdings auch ohne Einwilligung publiziert werden – aber nur, wenn dies für die öffentliche Meinungsbildung wichtig ist und nicht werblichen Zwecken dient.

Eine häufige Variante der werblichen Zusammenarbeit mit Testimonials ist deren *Ausrüstung* mit Produkten der werbetreibenden Unternehmen, z. B. mit Kleidung, Schuhen oder Sportgeräten – verbunden mit der Verpflichtung zur exklusiven Nutzung in bestimmten Situationen. Im Spitzensport häufig kostenfrei oder zu reduzierten Preisen verfügbar gemachte Sachleistungen (*Value in Kind*) sind z. B. Sportgeräte, Fahrzeuge, Computer, Getränke. Bei Mannschaftssportarten oder Nationalmannschaften von Einzelsportarten werden in den Ausrüsterverträgen meist Sonderregelungen verankert, so dass Athleten trotz anderweitiger Exklusivvereinbarungen ihrer Vereine oder Verbände, in Wettkämpfen die Ausrüstungsgegenstände ihrer persönlichen Partner nutzen können, z. B. Fußballschuhe oder Schwimmanzüge.

Werbliche Verwertungsformen von Spitzensport – Organisationsgeborene Rechte

Ein weiterer attraktiver Bezugspunkt für werbetreibende Unternehmen sind *Organisationen des Spitzensports*, z. B. Sportvereine, Sportverbände, Kapitalgesellschaften des Spitzensports, deren Namensrechte ebenfalls werblich genutzt werden können. Neben Vereins-/Verbandsnamen greifen Werbemaßnahmen außerdem auch auf spezifische Zeichen, Embleme, Wappen oder Logos mit hoher Unterscheidungs- und Kennzeichnungskraft zu, die etwa zum Zweck der Verkaufsförderung direkt auf Produktverpackungen gedruckt werden.

---

[23] Kunsturhebergesetz in der Fassung vom 16. Februar 2001.

Diese Zeichen sind häufig spezialgesetzlich geschützt, z. B. als *Marken* im Markengesetz. Umgekehrt werden regelmäßig auch *Trikots* und *Ausrüstungsgegenstände* der jeweiligen Mannschaften oder *Infrastrukturen* der Vereine und Verbände, wie Trainingsstätten oder Verwaltungsgebäude, in Abstimmung mit dem Corporate Design der werbetreibenden Unternehmen farblich gestaltet und mit deren – ebenfalls geschützten – Logos oder Markenzeichen versehen.

Werbliche Verwertungsformen von Spitzensport – Veranstaltungsgeborene Rechte

Des weiteren stellen auch *Veranstalter von Spitzensportereignissen* und insbesondere *deren Veranstaltungen* selbst, z. B. Bundesligen, Welt- und Europameisterschaften oder Olympische Spiele, attraktive Bezugspunkte für werbetreibende Unternehmen dar. Auch hier geht es im Kern um eine werbliche Nutzung von Namen und Markenzeichen (Wort-/Bild-Marken) der Veranstaltungen, z. B. charakteristische Erkennungsmerkmale wie „der offizielle Name bzw. Titel der Veranstaltung, das offizielle Logo, gegebenenfalls das Maskottchen sowie die offizielle Musik" (Lentze, 2012, S. 81).

Im Rahmen von Sportveranstaltungen können außerdem Werbematerialien oder Produkte der Partner exklusiv als Standups/Getups vor Ort dargestellt oder Werbebotschaften und Logos auf Banden am Spielfeldrand platziert werden. Häufig ist damit auch das Recht zur exklusiven Namensgebung der Veranstaltungen verbunden, etwa durch die Einbindung des Firmennamens im Veranstaltungstitel, z. B. Beko BBL, Toyota HBL. Schließlich bieten solche Partnerschaften werbetreibenden Unternehmen auch attraktive Möglichkeiten, ausgewählte Kunden, Händler, Meinungsbildner oder Mitarbeiter in exklusiver Weise zu den Sportveranstaltungen einzuladen (*Hospitality*).

Werbliche Verwertungsformen von Spitzensport – Stadiongeborene Rechte

Auch die Nutzung *stadiongeborener Rechte* kann für werbetreibende Unternehmen interessant sein. In solchen direkten Partnerschaften mit den Eigentümern, z. B. Kommunen oder Betriebsgesellschaften, geht es folglich um Werbeflächen der Sportstätte selbst, die dann bei allen Veranstaltungen etwaiger Mieter/Pächter für deren Publikum sichtbar sind, etwa auf den Sitzen oder Tribünen. Auch eine exklusive Einbindung des Firmennamens in die offizielle Bezeichnung der Stadien/Sportstätten (*Naming Right*) ist möglich, z. B. Mercedes-Benz Arena Stuttgart, Signal Iduna Park Dortmund.

In praktisch allen Partnerschaften lassen sich werbetreibende Unternehmen das Recht einräumen, sich mit offiziellen Prädikaten, z. B. als „Offizieller Ausrüster", „Offizieller Lieferant", „Offizieller Partner" oder „Offizieller Förderer" bezeichnen zu dürfen, um dies in Werbemaßnahmen nutzen oder direkt auf ihren Produkten zum Zweck der Verkaufsförderung anbringen zu können.

5.3 Verwertung werblicher Rechte

Exklusivität werblicher Verwertungsrechte

Um die mit der Rechteverwertung beabsichtigten Werbeeffekte erzielen zu können, sind werbetreibende Unternehmen regelmäßig an *ausschließlichen*, also *exklusiven* Werbe- und Lizenzrechten interessiert. Denn die Vorteilhaftigkeit eines spitzensportbezogenen Engagements ergibt sich für sie gerade auch daraus, dass „Wettbewerber nicht dieselben Rechte ausüben können" (Lentze, 2012, S. 85). In der Managementpraxis wird die exakte Reichweite der Exklusivität jeweils bestimmt nach

- *räumlichen* Gesichtspunkten. Hier ist zu klären, für welches geografische Gebiet die Nutzungsrechte gelten, z. B. Norddeutschland, Südeuropa, global.
- *zeitlichen* Aspekten. Die Nutzungsrechte werden meist nur für einen festgelegten Zeitraum gewährt, z. B. angelehnt an die Spielzeiten der jeweiligen Sportarten.
- *sachlichen* Überlegungen. In diesem Zusammenhang erfolgt häufig die Definition expliziter Branchen- oder Produktkategorien, innerhalb derer Exklusivität garantiert wird. „Diese Abgrenzung der Produktkategorien kann in der Praxis jedoch zu erheblichen Definitions- und Abgrenzungsproblemen führen" (Lentze, 2012, S. 85), z. B. wenn typische Bereiche wie Datenverarbeitung, Mobilfunk, Sportgeräte, alkoholfreie Getränke oder Fahrzeuge für die Zuordnung von Produkten, Marken oder Unternehmen Auslegungsspielräume eröffnen (vgl. Körber, 2012a, S. 559).

Um den Umfang der jeweils eingeräumten Nutzungsrechte zu verdeutlichen, werden meist „Rechtepakete" mit unterschiedlichen Verwertungsmöglichkeiten geschnürt und mittels *hierarchisch* gestufter Bezeichnungen gekennzeichnet, z. B. „Gold-, Silber- oder Bronzepartner". Im Gegenzug sind hierfür entsprechend gestaffelte (finanzielle) Gegenleistungen zu erbringen. Aus der Forderung nach exklusiven Werbe- und Lizenzrechten ergeben sich insbesondere bei der werblichen *Verwertung internationaler Sportgroßveranstaltungen* folgende generelle Entwicklungstendenzen:

- Die äußerst attraktiven werblichen Verwertungsrechte mit internationalem oder globalem Geltungsbereich sind für die werbetreibenden Unternehmen mit enorm hohen Kosten verbunden. Insofern kommen hierfür praktisch nur ausgewiesene „Global Player" als Partnerunter in Betracht.
- Um den exklusiven Partnerunternehmen eine den hohen Rechtekosten angemessene öffentliche Sichtbarkeit gewährleisten zu können, gestehen die originären Rechteinhaber nur wenigen Unternehmen diese Nutzungsrechte zu.
- Die Branchenexklusivitäten dieser wenigen exklusiven Partner blockieren folglich eine ganze Reihe von Wettbewerbern bei der werblichen Nutzung dieser Sportereignisse, was gerade auch angesichts der meist langfristigen, mehrjährigen Verträge die Werthaltigkeit dieser Rechte enorm steigert.

Beispielsweise hatte das IOC für die Olympiade 2001 bis 2004 inklusive der Olympischen Spiele in Salt Lake City (2002) und Athen (2004) lediglich elf globale Partnerunternehmen (The Olympic Partners), z. B. Coca-Cola, McDonald's, Samsung, die für weltweite Branchenexklusivitäten in der werblichen Verwertung der Olympischen Symbole zusammen 663 Mio. US-Dollar zahlten. Für die Olympiade 2005 bis 2008 mit den Spielen in Turin (2006) und Peking (2008) zahlten die nunmehr zwölf Partner insgesamt 866 Mio. US-Dollar (vgl. International Olympic Comittee, 2011, S. 11). Die Organisationskomitees der jeweiligen Olympischen Spiele vergeben unter Beachtung dieser Exklusivitäten weitere, räumlich eingeschränkte werbliche Rechte. Bei den Spielen in Peking (2008) war dies 51 Partnerunternehmen insgesamt 1,2 Mrd. US-Dollar wert, bei den Vancouver-Spielen (2010) zahlten 57 Unternehmen insgesamt 688 Mio. US-Dollar (vgl. International Olympic Comittee, 2011, S. 17). Ähnlich stellt sich dies für die Fußball Weltmeisterschaften der FIFA dar.

Angesichts der enormen wirtschaftlichen Werthaltigkeit von exklusiven Verwertungsrechten bei Top-Sportereignissen ist es beinahe folgerichtig, dass Unternehmen – meist direkte Wettbewerber der offiziellen Partnerunternehmen – Möglichkeiten suchen, auch ohne Werbe- oder Lizenzrechte von diesen Sportereignissen werblich profitieren zu können. Dafür suchen sie häufig eine kreative thematische Anlehnung ihrer Werbeaktivitäten an das Sportereignis, etwa in TV-Spots und Werbeanzeigen oder über Produktdifferenzierungen, z. B. Pepsi mit seinen limitierten „Pepsi Gold" und „Pepsi Cheer" zu den Fußball-Weltmeisterschaften 2006 und 2010, oder VW mit seinen Sondermodellen „Match" zur Fußball Europameisterschaft 2012. In den Stadien/Sportstätten und auf den Veranstaltungsgeländen selbst sind werbliche Aktivitäten jeder Form auf der Grundlage des Hausrechts der Veranstalter meist grundsätzlich ausgeschlossen (vgl. Kapitel 5.2.1).

Um die Werthaltigkeit ihrer werblichen Rechte nicht durch solche „Trittbrettfahrer" (*Ambusher*) beschädigen zu lassen, sind die Veranstalter von gesellschaftlich relevanten Sportereignissen gezwungen, gegen solche Aktivitäten vorzugehen. Nur dann können sie darauf hoffen, zur Finanzierung ihrer Veranstaltungen weiterhin exklusive Partner zu finden, die bereit sind, solch hohe Geldsummen zu investieren (vgl. Nufer & Bühler, 2011, S. 205–218). Hingenommen werden müssen grundsätzlich nur solche Aktivitäten, die auf subtile Art rechtliche Grauzonen ausnutzen. Sind beispielsweise die charakteristischen Erkennungsmerkmale der Veranstaltung *markenrechtlich* geschützt, ist deren unautorisierte Verwendung verboten. Gleichwohl lassen die jeweiligen Schutzbereiche meist sprachliche Anlehnungen zu. Zum Beispiel war die Marke „Fußball WM 2010" umfassend geschützt, während die werbliche Nutzung der Bezeichnung „WM 2010" nur in direktem Bezug zu Fußball ausgeschlossen war. Entfernte Bezüge zu Sportart-typischen Verhaltensweisen oder zu allgemeinen sportlichen Werten sind typischerweise ebenfalls möglich. *Wettbewerbsrechtlich* problematisch ist hingegen eine Rufschädigung des exklusiven Partnerunternehmens oder eine Irreführung der Konsumenten durch Ambusher-Aktivitäten (vgl. Nufer, Cherkeh & Banke, 2012, S. 38–47).

- Allerdings ist Ambush Marketing insofern ambivalent, als die meist umfangreichen massenmedialen Aktivitäten der Ambusher – meist schon Monate vor der eigentlichen Veranstaltung – zu einer insgesamt erhöhten Aufmerksamkeit für das Sportereignis im Sinne einer Event-bezogenen Dauererregung der Massenmedien führen. Dies wiederum lässt das Sportereignis häufig in der gesellschaftlichen Wahrnehmung präsenter werden, was sich auch positiv auf dessen Stellenwert und damit auch auf die ökonomische Werthaltigkeit der exklusiven Rechte der offiziellen Partnerunternehmen auswirken kann.
- Dem gegenüber stehen aufgrund des insgesamt hohen Werbedrucks möglicherweise reduzierte Sichtbarkeiten der exklusiven Partner, deren Status als offizielle Sponsoren verwischen kann.
- Jedoch können sich auch negative Auswirkungen für die Ambusher ergeben, nämlich wenn die erhöhte massenmediale Aufmerksamkeit als störend empfunden wird oder sie als eigennützige „Trittbrettfahrer" erkennbar werden, die zwar auf werbliche Vorteile durch das Sportereignis aus sind, aber keinen Beitrag zu dessen Finanzierung leisten

(vgl. Cornwell, 2008, S. 52; Nufer & Bühler, 2011, S. 218–223; Nufer, Cherkeh & Banke, 2012, S. 54).

5.3.2 Sportsponsoring

Die ökonomische Verwertung von Spitzensport durch die Wirtschaft wird in der Managementpraxis überwiegend und pauschal als Sponsoring bezeichnet. Damit verbundene Leistungsbeziehungen von Wirtschaft und Spitzensport sind jedoch abzugrenzen von

- *mäzenatischen Zuwendungen* durch Förderer (Mäzene), die aus altruistischen Motiven heraus und häufig diskret im Verborgenen agieren. Sie erwarten vom Geförderten auch „keine Bekanntgabe der Förderung oder sonstige ‚Gegenleistung'" (Schaub, 2008, S. 89). Beispielsweise unterstützen regionale Unternehmer oder Persönlichkeiten mitunter Einzelsportler, Sportmannschaften oder Vereine – meist aufgrund persönlicher Bekanntschaften oder aus regionaler Verbundenheit. Rechtlich handelt es sich dabei um Schenkungen.
- *Spenden*, die ebenfalls nicht auf eine werbliche Verwertung zielen und vor allem aus altruistischen Motiven heraus erfolgen. Im Gegensatz zum Mäzenatentum kann die steuerliche Absetzbarkeit von Spenden an gemeinnützige Zuwendungsempfänger (vgl. § 10b EStG) für den Spender aber durchaus eine attraktive Gegenleistung darstellen (vgl. Bruhn, 2003, S. 3–4).

Ungeachtet seiner hohen praktischen Relevanz ist der Sponsoringbegriff gerade im Alltag recht unscharf. Im allgemeinen Sprachgebrauch wird mittlerweile nahezu jede Form der Zuwendung als Sponsoring bezeichnet – auch die Taschengeldzahlung der Großeltern an ihre Enkelkinder.

Im Kontext der werblichen Rechteverwertung ist unter *Sponsoring* jedoch eine vertraglich fixierte Verbindung zu verstehen, bei der „eine Partei (Sponsor) der anderen Partei (Gesponserter) Geld, Sachzuwendungen oder Dienstleistungen zur Verfügung stellt, um eine Aktivität des Gesponserten (Sponsoringobjekt) zu fördern, und … der Gesponserte zur Erreichung kommunikativer Ziele des Sponsors beiträgt, indem er die geförderte Aktivität entfaltet und dem Sponsor Nutzungs- oder Verwertungsrechte oder andere Werbemöglichkeiten, insbesondere mit Hilfe der Medien, zur Verfügung stellt bzw. ihre Nutzung duldet" (Schaub, 2008, S. 18).

Die Attraktivität potenzieller Sponsoringobjekte ergibt sich aus Unternehmenssicht vor allem aus einer attraktiven Persönlichkeit oder Organisationsidentität, aus besonderen sportlichen Erfolgen oder Leistungen, sowie aus Bekanntheit und Attraktivität bei den für das Unternehmen relevanten Zielgruppen. Nur unter diesen Bedingungen sind z. B. Bekenntnisse von Testimonials zugunsten eines Sponsors und seiner Produkte, aktive Einbindungen der Gesponserten in Werbemaßnahmen des Sponsors oder thematische Bezugnahmen von Werbeplakaten, Anzeigen und Werbefilmen auf spitzensportliche Ereignisse überhaupt interessant (vgl. Abb. 21).

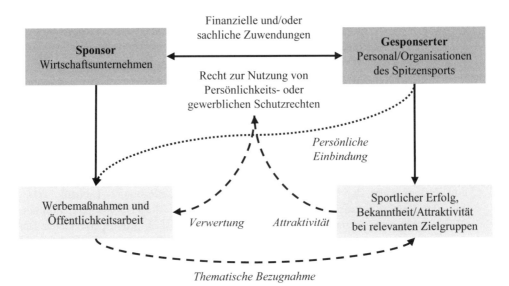

Abb. 21:   Grundlegende Funktionsweise von Sportsponsoring.

Abbildung 21 verdeutlicht, dass allein der Erwerb von Nutzungsrechten für eine werbliche Verwertung des Spitzensports kaum ausreicht. Ein Gelingen von Sportsponsoring erfordert vielmehr „aktivierende" Kommunikations-/Werbemaßnahmen des Sponsors, die vom Unternehmen gesponserte Personen oder Ereignisse thematisch aufgreifen und in produkt- oder markenbezogene Botschaften integrieren, z. B. in Form von

- *Printmaterialien*, also Anzeigen, Broschüren, Plakaten oder Flyern.
- *audiovisuellen Materialien* für Fernsehen, Internet oder mobile Anwendungen.
- *Ansagen* oder *Einblendungen* im Stadion oder in der Sporthalle.
- *begleitenden Aktivitäten* in sozialen Netzwerken, Blogs etc.
- *Produktvariationen/-differenzierungen* mit Bezug auf das Sponsoringobjekt, z. B. Sondermodelle wie die „Champions Edition" von Ford in Anlehnung an die Fußball Champions League.

Auf Deutschland bezogene Zahlen des Bundesministeriums für Wirtschaft und Technologie verdeutlichen beispielhaft das Verhältnis von Rechtekosten zu Aktivierungskosten im Sportsponsoring und zeigen, dass auch originäre Rechteinhaber mit eigenen Aktivierungsmaßnahmen zum Erfolg von Sportsponsoring beitragen, etwa in Form von Roadshows oder Botschafter-Aktionen im Vorfeld von Sportereignissen (vgl. Tab. 36). Erhebung und Zuordnung solcher Daten sind jedoch faktisch mit einigen Schwierigkeiten konfrontiert, weshalb diese generalisierenden Zahlenbeispiele vorsichtig zu interpretieren sind. In Einzelfällen der Sponsoringpraxis kann das Verhältnis durchaus anders ausfallen und mitunter auch in Richtung Parität gehen.

5.3 Verwertung werblicher Rechte

Tab. 36: Volumina von Sportsponsoring in Deutschland (ohne Mehrwertsteuer), differenziert nach Kosten für Nutzungsrechte (Sponsoring an Sportorganisationen) und Aktivierungskosten (vgl. Bundesministerium für Wirtschaft und Technologie, 2012, S. 21).

	Mio. Euro (2008)	Mio. Euro (2010)
Sponsoring an Sportorganisationen	2.733,9	2.485,4
Aktivierung Sponsoring gesamt	1.215,6	1.124,5
> davon Aktivierung Unternehmen/sportbezogene Werbung im Rahmen von Sponsoring	778,8	708,0
> davon Aktivierung Vereine	323,0	286,3
> davon Aktivierung Verbände	41,9	48,6
> davon Aktivierung Profi-Ligen	71,9	81,6

Mit Sponsoring verbundene Zielsetzungen auf Seiten des Spitzensports (Gesponserte)

Die Leistungsbeziehungen zwischen Wirtschaft und Spitzensport und deren grundlegende Bedingungen wurden bereits in Kapitel 5.1.1 verdeutlicht. Mit Blick auf das Verhältnis von Sponsoren (Wirtschaft) und Gesponserten (Spitzensport) lassen sich typische Erwartungen und Zielsetzungen weiter konkretisieren. Auf Seiten des *Spitzensports* – und damit aus Sicht der *Gesponserten* – geht es in erster Linie

- um den Zugriff auf *finanzielle und sachliche Ressourcen*, die meist als einmalige oder regelmäßige Zahlungen sowie in Form von Geld- und Sachprämien der Aufrechterhaltung ihrer sportlichen Aktivitäten und Leistungsfähigkeiten dienen, z. B. zur Finanzierung von Trainingslagern, zum Kauf neuer Spieler oder zur Anstellung von medizinischem Betreuungspersonal (vgl. Bruhn, 2003, S. 16–17).
- um die *Steigerung* der eigenen *Bekanntheitsgrade* und die *Aufwertung ihres gesellschaftlichen Ansehens* durch positiv besetzte und massenmedial einer breiten Öffentlichkeit vermittelte Werbebotschaften, z. B. als erfolgreicher, leistungsstarker Sportler, als gesellschaftspolitisch relevanter Sportverband oder als *die* sozial-integrative Sportart.

Mit Sponsoring verbundene Zielsetzungen auf Seiten der Wirtschaft (Sponsoren)

Auch auf Seiten der *Wirtschaft* – und damit aus Sicht der *Sponsoren* – sind mit Sportsponsoring spezifische Interessen verbunden, die ganz generell in der „Vermittlung von Botschaften mit dem Ziel der Verhaltensbeeinflussung" (Hellmann, 2003, S. 241) liegen, d. h., relevante Zielgruppen zu Kaufhandlungen – und damit zu Geldzahlungen – zu veranlassen. Jedem Kaufakt gehen dabei unterschiedlich lange und intensive persönliche *Kaufentscheidungsprozesse* voraus, in denen Konsumenten mögliche Alternativen gegeneinander abwägen – denn nicht zuletzt aufgrund begrenzter finanzieller Mittel kann meist nur eine von mehreren Entscheidungsmöglichkeiten realisiert werden. Der jeweilige *Kaufentscheidungsprozess*, also die persönliche Auseinandersetzung mit Unsicherheiten einer „richtigen" Alternativenwahl lässt sich idealtypisch in verschiedene Phasen unterteilen (vgl. Abb. 22):

- Ausgangspunkt jedes Kaufentscheidungsprozesses ist die *Wahrnehmung eines Bedürfnisses*, z. B. Durst, Mobilität, Zugehörigkeit zu bestimmten Gruppen/Freundeskreisen. Konkrete Bedarfe ergeben sich dabei aus verschiedenen persönlichen und sozialen Beobachtungen, etwa wenn im Bekanntenkreis die neuesten Smartphones diskutiert werden oder man beim Surfen im Internet mit Werbebotschaften konfrontiert wird.
- Für die konkrete Bedürfnisbefriedigung stehen regelmäßig mehrere *Alternativen* zur Verfügung, z. B. Mobilität mittels Zug- oder Autofahrten. Je nach Involvement und Größe der zur Bedürfnisbefriedigung notwendigen Investitionen verschaffen sich Konsumenten umfassende Überblicke über potenzielle Alternativen und *bewerten* diese vor dem Hintergrund ihrer *persönlichen Relevanzkriterien*. Auf diese Weise sollen die mit der Alternativenwahl verbundenen Unsicherheiten – also die Risiken eines Fehlkaufs – möglichst minimiert werden, z. B. durch Nachfragen bei Fachhändlern, Lesen entsprechender Websites, Austausch mit Freunden und Bekannten. Typischerweise werden dabei aus Konsumentensicht wichtige Produkte/Kaufentscheidungen (High-Involvement), etwa der Kauf eines Autos, umfassender vorbereitet als weniger relevante Entscheidungen (Low-Involvement), z. B. solche des alltäglichen Bedarfs (vgl. Schlesinger, 2010, S. 19).
- Kaufentscheidungen wirken beim Konsumenten außerdem insofern nach, dass er sich nicht gewiss sein kann, die richtige Alternative – sprich das richtige Produkt oder den richtigen Anbieter – gewählt zu haben. Insofern müssen sich Konsumenten im Anschluss an den eigentlichen Kaufakt mit möglichen *Zweifeln* an der „Richtigkeit" ihrer Alternativenwahl auseinandersetzen und z. B. entgangene Vorzüge anderer zur Auswahl gestandener Produkte ins Verhältnis zu der von ihnen konkret gewählten Leistungen setzen (vgl. Kotler, Armstrong, Wong & Saunders, 2011, S. 298–305; 807).

Bei größeren Investitionen, z. B. langlebigen Konsumgütern, sind solche Entscheidungsprozesse mitunter durch mehrmalige Rückkopplungen zwischen den Phasen gekennzeichnet. Bei Routine- oder Gewohnheitskäufen des täglichen Bedarfs werden manche Phasen hingegen auch übersprungen oder sehr schnell durchlaufen.

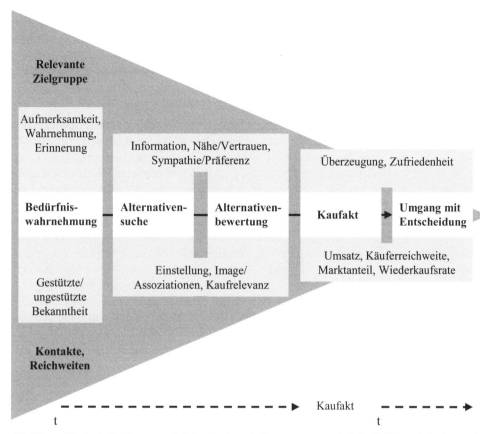

Abb. 22: Idealtypische Phasen persönlicher Kaufentscheidungsprozesse und diesbezüglich typische Sponsoringzielsetzungen und -kontrollgrößen (vgl. Marwitz, 2008, S. 46–50; Kotler, Armstrong, Wong & Saunders, 2011, S. 298–305).

Bei der Beeinflussung von Konsumentenentscheidungen zugunsten ihrer Produkte oder Dienstleistungen verfolgen Sponsoren situations- und organisationsabhängig verschiedene Zielsetzungen, die folglich nicht generell hierarchisiert werden können.

Zielsetzung 1: Steigerung von Bekanntheitsgraden

Grundsätzlich zielen Unternehmen mittels Sportsponsoring auf eine *Steigerung von Bekanntheitsgraden* bei den für sie relevanten Zielgruppen. Konsumenten sollen also von Produkten und Marken der Sponsoren wissen und diese bei potenziellen Kaufentscheidungen als Teil ihres persönlichen Möglichkeitsraums in Betracht ziehen können. Bekanntheit verringert z. B. vor dem Einkaufsregal die Distanz zwischen Konsument und Produkt, was grundsätzlich die Wahrscheinlichkeit erhöht, dass entsprechend zugegriffen wird.

Im Rahmen von Sportsponsoring lassen sich Bekanntheitsgrade insofern erhöhen, dass Marken und Produkte während eines Sportereignisses vor Ort für das Sportpublikum beobachtbar sind, z. B. auf Banden, Trikots, Sportkleidung/-geräten der Athleten.

> Darüber hinaus ermöglichen massenmediale Übertragungen von Sportereignissen über den eigentlichen Veranstaltungsort hinausgehende Sichtbarkeit von Werbebotschaften auf Banden, Trikots oder Sportgeräten. Dies gilt auch für die Thematisierung von Sponsoringbeziehungen in Werbeanzeigen oder Werbespots, z. B. wenn Testimonials auf Produkte oder Marken ihrer Sponsoren hinweisen.

Die Attraktivität des Spitzensports für Sponsoring ist dabei vor allem in seinem zahlenmäßig großen Publikum zu sehen, das bundesweite oder weltweite Aufmerksamkeit ermöglichen, oder bestimmte geografische – auch lokale und regionale – Personengruppen ansprechen kann. Nicht nur im Fußball, auch im Eishockey, Handball und Basketball finden viele Liga-Spiele regelmäßig vor mehr als zehntausend Zuschauern statt. Aus Sponsorensicht gilt dabei generell als vorteilhaft, „dass das Publikum eine gewisse Affinität zum Sport und dessen Werten, Images und Erlebnisqualitäten hat, so dass der Konsument keine ‚Black Box' darstellt" (Riedl, 2006, S. 69). Das gemeinsame Erleben vor Ort und die Affinität zum Sport insgesamt oder zu einer bestimmten Sportart, schaffen dabei ähnlich gerichtete Verstehensmuster – auch von Werbung. Überschneiden sich die Zielgruppen von Sponsoren mit dem Sportpublikum, liegen bei Sportsponsoring folglich meist weniger Streuverluste vor als bei Werbung in Zeitungen, Zeitschriften oder im Internet – gerade auch weil gegenüber solchen Maßnahmen mittlerweile eine gewisse Unempfindlichkeit besteht (Reaktanz), die sich vor allem bei Fernsehwerbung durch „Zapping" zeigt (vgl. Schaub, 2008, S. 22).

> Doch wenngleich mit Sportsponsoring hohe Bekanntheitsgrade beim Publikum erzielt werden können, lassen sich daraus nur bedingt Rückschlüsse auf Kaufbereitschaften/-absichten ziehen. „Die Marken- bzw. Produktbekanntheit stellt lediglich eine notwendige, jedoch keine hinreichende Bedingung für das Kaufverhalten dar. Im Gegensatz dazu ist der Einfluss von bestimmten marken- bzw. produktspezifischen Assoziationen oder Images auf das Kaufverhalten ausschlaggebender, denn Einstellungs- und Imagewirkungen verfügen über eine höhere (Kauf-) Verhaltensrelevanz als Erinnerungswirkungen" (Schlesinger, 2010, S. 4–5).

Zielsetzung 2: Verbesserung von (Marken-) Imagewerten

Als zweite mit Sportsponsoring verbundene Zielsetzung gilt deshalb die *Verbesserung von Imagewerten*, insbesondere die Emotionalisierung von Marken-Images. Mit Spitzensport verbundene positive Assoziationen sollen auf Produkte und Marken der Sponsoren – oder die Sponsoren selbst – übertragen und damit relevante Zielgruppen in ihrer Bewertung potenzieller Kauf-Entscheidungsalternativen beeinflusst werden.

Zwar geben in wirtschaftlichen Kommunikationszusammenhängen insbesondere Preise Auskunft „über zu erwartende Geldzahlungen … als Gegenleistung für den Zugriff auf knappe Güter" (Luhmann, 1983, S. 156), etwa wenn hohe Transferangebote für einen Spieler auf seine Spielklasse und auf potenzielle andere Kaufinteressenten verweisen; oder wenn eine hohe Zahlungsbereitschaft von TV-Sendern auf die Attraktivität medialer Rechte hindeutet. Allerdings werden Preise von den Beteiligten häufig *unterschiedlich eingeschätzt* – dem einen erscheinen sie zu hoch, dem anderen zu niedrig – und sie halten außerdem selten *alle*

Informationen bereit, die für Kaufentscheidungen erforderlich sind. Beispielsweise *können* Preisdifferenzen auf Qualitätsunterschiede hinweisen, sie spiegeln aber *nicht per se* die Qualität einer Leistung wider. Ferner sind auf Nachfragerseite oftmals weitere, nicht unbedingt im Preis abgebildete Informationen relevant, etwa Fragen der Umweltbelastung bei der Produktion oder soziale Bedingungen des Herstellungsprozesses, z. B. Kinderarbeit in der Sportartikelbranche (vgl. Hellmann, 2003, S. 220).

Mit Blick auf Kaufentscheidungsprozesse ergibt sich folglich aus Unternehmenssicht die Notwendigkeit, potenziellen Kunden Gefühle von Vertrautheit, Produktkenntnis, Erwartungssicherheit und Handlungskontrolle zu vermitteln. Diese Funktion übernehmen Markenzeichen/Gütesiegel, indem sie garantieren, dass die geforderten Preise auch dem Wert ihrer Waren entsprechen (vgl. Hellmann, 2003, S. 85; 221; Hüllemann, 2007, S. 87–88).

- Eine eindeutige Markierung von Produkten oder Dienstleistungen z. B. durch Buchstaben (Namen, Logos), Zahlen, Hörzeichen, Formen/Verpackungen, Farben (vgl. §§ 4; 14, MarkenG[24]), ermöglicht *Unterscheidungen* von konkurrierenden Produkten/Leistungen, was Konsumenten gerade bei großer Angebots-/Alternativenvielfalt die Orientierung erleichtert (vgl. Hüllemann, 2007, S. 116–117; 134–135; 186). Beispielsweise stehen „drei Streifen" für einen konkreten Hersteller von Laufschuhen mit ganz spezifischen Eigenschaften, ebenso werden Autos mit „Stern" einem bestimmten deutschen Unternehmen zugeordnet.
- Marken offerieren außerdem *zusätzliche Informationen* in Form charakteristischer Botschaften (Claims/Slogans), die wesentlich dazu beitragen, den Preismechanismus zu *entlasten*, z. B. „Freude am Fahren" oder „Vorsprung durch Technik". Gerade wenn Konsumenten konkreten Markenzeichen automatisiert bestimmte Leistungsmerkmale zuschreiben und diese mit Assoziationen verknüpfen, kann dies – bei ausreichendem Vertrauen in die Qualitätsversprechen – helfen, den Vergleich von Alternativen „möglichst abzukürzen und zu einer schnellen Entscheidung zu führen, also Zeit zu sparen und den Rechercheaufwand gering zu halten" (Hellmann, 2003, S. 130). Damit wird auch das Problem von Glaubwürdigkeit und Verlässlichkeit verfügbarer Informationsquellen entschärft, das ansonsten bei einer vergleichenden Alternativenbewertung zwangsläufig besteht (vgl. Hellmann, 2003, S. 126–128). „Je lebendiger, emotionaler und eigenständiger produktspezifische Assoziationen im Bewusstsein der Konsumenten verankert sind, desto größer ist deren Einfluss auf das Kaufverhalten" (Schlesinger, 2010, S. 9).
- Markenbotschaften sind außerdem vorzügliche Produzenten von Kaufmotiven. Durch den Erwerb und die Nutzung von Markenartikeln, denen spezifische Eigenschaften zugeordnet werden, können Konsumenten Abgrenzungen gegenüber anderen und Zuordnungen zu eigenen Bezugsgruppen – etwa zu Freundes-/Bekanntenkreisen – vornehmen. Auf diese Weise werden ihnen *Identitäts- und Prestigebildungen* möglich, z. B. durch das Tragen von Markenkleidung oder das Benutzen bestimmter elektronischer Geräte wie Smartphones (vgl. Paetow, 2004, S. 472–473).

---

[24] Markengesetz in der Fassung vom 24. November 2011.

Damit können Marken in wirtschaftlichen Kontexten bei einer Überlastung des Preismechanismus komplementäre Funktion übernehmen. Sie treten folglich „nicht an die Stelle, sondern an die Seite von Geld. Insofern kann man sagen, daß Marken ein symbolisch generalisiertes Komplementärmedium zu Geld als Hauptmedium darstellen" (Hellmann, 2003, S. 228).

Sportsponsoring bietet Unternehmen vielfältige Möglichkeiten, bei der inhaltlichen Ausrichtung und *Formulierung ihrer Markenbotschaften* thematisch an die Leistungsversprechen ihrer Sponsoringobjekte anzuknüpfen und mit ihnen verbundene attraktive Assoziationen aufzugreifen. Durch die Bezugnahme auf gesellschaftlich anerkannte Werte des Sports wie Leistungsfähigkeit, Jugendlichkeit und Dynamik kann es beispielsweise gelingen, die eigene Identitätskonstruktion in sachlicher oder sozialer Hinsicht zu lenken – etwa bezogen auf bestimmte Qualitätsmerkmale oder Zielgruppen (vgl. Hellmann, 2003, S. 288–307):

- In der *Sachdimension* geht es dabei um Verlässlichkeit und Zuverlässigkeit der Problemlösungskompetenz, also die Markenqualität. Sie suggeriert ein geringes Enttäuschungsrisiko, „weil das Nutzenbündel, das mit diesem Produkt verknüpft ist, von keinem anderen Produkt in dieser Weise offeriert wird" (Hellmann, 2003, S. 305), z. B. postuliert Mercedes-Benz: „Das Beste oder nichts."
- Für die *Sozialdimension* hingegen ist das Kriterium Zugehörigkeit relevant. Denn „der Besitz einer bestimmten Marke eröffnet gewissermaßen den Zutritt zu bestimmten sozialen Kreisen, weil sie als Erkennungs- und Zugehörigkeitszeichen gilt und kommuniziert wird" (Hellmann, 2003, S. 299), wie TaylorMade mit „I am a Golfer."
- In der *Zeitdimension* geht es schließlich um Kontinuität in der Verwendung bestimmter Markenzeichen und langfristig konsistente Botschaften hinsichtlich der jeweiligen Eigenschaften, Merkmale und Funktionen des Leistungsangebots.

Sportsponsoring-bezogene Maßnahmen zielen deshalb darauf ab, dass Markenbotschaften vom Konsumenten möglichst im Sinne der Sponsoren aufgefasst, interpretiert und verstanden werden: Die thematische Nähe der Werbeaktivitäten zu dem aus Konsumentensicht emotional positiv besetzten Lebensumfeld/-ausschnitt „Sport" soll möglichst *positive Einschätzungen* des Sponsors oder der von ihm beworbenen Produkte/Marken ermöglichen und damit Präferenzen gegenüber anderen – für den Konsumenten grundsätzlich ebenfalls wählbaren – Alternativen der Bedürfnisbefriedigung schaffen. Positive, dem Sport zugeschriebene Werte, sollen also im Zeitverlauf auf den Sponsor und dessen Produkte/Marken „abfärben" und so Distanz abbauen, Nähe suggerieren – um schließlich den Kauf der Produkte wahrscheinlicher zu machen. Auch im Anschluss an den Kaufakt suggerieren Markenbotschaften den Konsumenten die Richtigkeit ihrer Alternativenwahl und unterstützen sie somit im Umgang mit möglichen Zweifeln.

Die kommunikative Einheit von Marke wird allerdings erst mit dem *Verstehen* der spezifischen Markenaussagen/-botschaften *auf Seiten der Konsumenten vervollständigt*, weshalb sich die kommunikative „Wirksamkeit" einer Marke nicht determinieren lässt. Denn was dem Einzelnen jeweils in den Blick gerät und wie er dies interpretiert und beurteilt, hängt z. B. ganz wesentlich von persönlichen Annahmen und Überzeugungen ab (vgl. Kim, 1993, S. 41; Willke, 2001a, S. 48; Senge, 2003, S. 17).

Vor diesem Hintergrund ist es eher unwahrscheinlich, dass „von den Beobachtern erkannt wird, was die Marke mitteilen ‚will', welche Versprechen das Unternehmen mit ihr abgibt und wie sie sich als Wert in das Leben der Kunden integrieren soll" (Paetow, 2004, S. 459). Sponsoren können folglich nicht bestimmen, wie Markenbotschaften von den Zielgruppen verstanden werden und welche Fremdbilder – *Images* – einer Marke entstehen (vgl. Hüllemann, 2007, S. 123). Der Besuch von Sportveranstaltungen schafft aber z. B. einen sportspezifischen Erlebnisraum und damit einen *gemeinsamen Verstehenskontext*, der auf Seiten des Sportpublikums nicht nur automatisierte sportart-/sporteventspezifische Assoziationen fördert, sondern durch das gemeinsame Erleben auch eine weitgehend einheitliche Interpretation damit verbundener Werbebotschaften unterstützt.

Imagebezogene Sponsoringaktivitäten werden in jüngerer Zeit auch dahingehend konstruiert, sie als *Demonstration gesellschaftlicher Verantwortung* und Unterstützung von Gemeinschaft und Zusammenleben zu verstehen. Der Verweis auf die Übernahme gesellschaftlicher Verantwortung (Corporate Social Responsibility) erfolgt dabei häufig im Zusammenhang mit Sponsoringmaßnahmen von stark lokalem und regionalem Bezug oder von Breitensportveranstaltungen, z. B. beim DOSB-Festival des Sports.

Zielsetzung 3: Kontaktpflege mit wichtigen Ziel-/Bezugsgruppen

Eine weitere, ebenfalls vor allem imagebezogene Sportsponsoring-Zielsetzung ist auf die *Kontaktpflege mit wichtigen Ziel-/Bezugsgruppen* gerichtet, z. B. mit Geschäftspartnern, Kunden, Mitarbeitern oder politischen Meinungsbildnern. Gerade die Fußballstadien der Bundesligisten verfügen seit der Fußball WM 2006 über eine große Zahl attraktiver Business Seats und Logen. Aber auch in den anderen großen Teamsportarten sind diese mittlerweile fester Bestandteil der Stadioninfrastruktur, insbesondere in den jüngst entstandenen Arenen und Sporthallen für Basketball, Handball oder Eishockey, z. B. der SAP-Arena in Mannheim, der Lanxess-Arena in Köln oder der O2 World in Hamburg. In der Fußball-Bundesliga werden je Spieltag „bis zu 30.000 sog. VIP-Gäste in den Premium-Bereichen der Stadien bewirtet. Die Kapazitäten der Premium-Bereiche machen mittlerweile rund 5% der gesamten Kapazität der deutschen Stadien aus" (von Appen, 2012a, S. 168).

Auf Einladung von Sponsoren soll das gemeinsame Erleben von Sportveranstaltungen Möglichkeiten bieten, „Verbundenheit über die rein geschäftliche Beziehung hinaus zu entwickeln und zu pflegen ... Insbesondere das gemeinsame und emotionale Erlebnis einer Sportveranstaltung ist geeignet, Kooperationen und Verbundenheit zu verfestigen" (Deutsche Fußball Liga & Deutscher Fußball-Bund, 2011, S. 1). Mit Hospitality verfolgte Sponsoring-*Teilziele* sind folglich insbesondere die

- *gesellschaftliche Aufwertung sportlicher Ereignisse.* Dies wird vor allem durch Einladungen von Personen des öffentlichen Lebens, z. B. TV-Stars oder Persönlichkeiten aus Sport, Wissenschaft und Musik angestrebt. Auf diese Weise soll der öffentliche, massenmediale Fokus auf das Sportereignis gelenkt und dessen gesellschaftliche Wertigkeit gesteigert werden.
- *Ansprache und Bindung externer Ziel-/Bezugsgruppen.* Das gemeinsame Erleben besonderer Sportereignisse eröffnet vielfältige Kommunikationsgelegenheiten mit wichtigen Bezugsgruppen außerhalb eines unmittelbar ökonomischen Kontexts und lässt zwischen den Beteiligten Nähe und Vertrautheit entstehen – wichtige Voraussetzungen für ge-

schäftliche Beziehungen. Aus Sicht von Sponsoren sind dabei relevante Bezugsgruppen üblicherweise
- *Endverbraucher*, die z. B. über Gewinnspiele in Verbindung mit Werbemaßnahmen des Sponsors situativ den Status eines VIP erhalten.
- Groß-/Zwischenhändler, Lieferanten und weitere *Geschäftspartner*, die entweder für zurückliegende Erfolge der Zusammenarbeit belohnt oder für etwaige neue Geschäftsbeziehungen und Projekte gewonnen werden sollen.
- *Entscheidungsträger* in *Politik und Massenmedien*, z. B. Regierungsvertreter, Mitarbeiter der öffentlichen Verwaltung, Verantwortliche von Medienverlagen oder Journalisten. Mit solchen Einladungen wird häufig eine gewisse politische „Klimapflege" verbunden oder eine gewogene Berichterstattung über das Sportereignis und dessen Sponsoren angestrebt.
- *Ansprache und Bindung interner Ziel-/Bezugsgruppen*. Beispielsweise können Mitarbeiter im Rahmen betrieblicher *Incentives* zu Sportveranstaltungen eingeladen werden. Dies eröffnet attraktive Möglichkeiten, sie für Fleiß und Treue zu belohnen, zukünftige Arbeitsmotivation zu stärken, betriebliches Zugehörigkeitsgefühl zu erhöhen und Loyalitäten gegenüber dem Unternehmen zu fördern (vgl. Digel & Fahrner, 2011, S. 331–333).

Typische *Leistungsbestandteile* von Sport-Hospitality lassen sich dabei wie folgt unterscheiden (vgl. Digel & Fahrner, 2011, S. 328; von Appen, 2012a, S. 168–169): *On-Site-Hospitality* findet direkt im Stadion oder in der Sportstätte statt und ist typischerweise gekennzeichnet durch

- exklusive Parkmöglichkeiten.
- privilegierte Zutrittsberechtigungen zu den Hospitality-Bereichen im Stadion, also Business Seats und Logen, die häufig im „Look and feel" des einladenden Unternehmens (Sponsors) gestaltet sind.
- exklusives Catering und Betreuung durch Serviceteams.
- Unterhaltungsgelegenheiten mit prominenten Gästen aus Politik, Wirtschaft und Sport, mit Live-Musik/Bands oder künstlerischen Darbietungen.
- exklusive Information mittels Printmaterialien und Stadion-TV oder Einblicken „hinter die Kulissen", z. B. Umkleideräume der Mannschaften im Stadion.
- Souvenirs und Geschenke als Erinnerung an ein besonderes Erlebnis.

Über diese Services im Stadion hinaus gehende Zusatzleistungen außerhalb der eigentlichen Sportstätte werden als *Off-Site-Hospitality* bezeichnet. Dabei handelt es sich meist um organisierte An- und Abreisen sowie Hotelaufenthalte inklusive weiterer exklusiver Veranstaltungen, z. B. Ausflügen in der Region des Sportereignisses (vgl. Digel & Fahrner, 2011, S. 342–345).

Wenngleich sich Hospitality mittlerweile zu einem wesentlichen Bestandteil des Sportsponsoring entwickelt hat, besteht in Deutschland nach wie vor Verunsicherung über mögliche strafbare Einladungspraktiken. Denn Einladungen von Sponsoren gegenüber Vertretern der Privatwirtschaft, Regierungsmitgliedern, Behördenmitarbeitern oder Angestellten von Unternehmen der öffentlichen Hand stehen immer wieder unter Korruptionsverdacht. Für die Managementpraxis sind mögliche Risiken aber durchaus beherrschbar, wenn einige Grundregeln beachtet werden (vgl. S 20 The Sponsor's Voice, 2011; Deutsche Fußball Liga & Deutscher Fußball-Bund, 2011):

5.3 Verwertung werblicher Rechte

Hospitality-Einladungen für Beamte oder Mitarbeiter des öffentlichen Sektors, sog. *Amtsträger*, können sehr leicht den „bösen Anschein" von Käuflichkeit erwecken und sind in folgenden Hinsichten strafrechtlich sanktioniert:

- Lassen sich Amtsträger für ihre Dienstausübung einen Vorteil anbieten oder versprechen, oder nehmen sie einen solchen Vorteil an, spricht man von *Vorteilsnahme* (vgl. § 331 StGB[25]). Für den Einladenden gilt dies als *Vorteilsgewährung* (vgl. §333 StGB). Beides „wird mit Freiheitsstrafe bis zu drei Jahren oder mit Geldstrafe bestraft" (§ 331 StGB). Dabei muss der Amtsträger seine Dienstpflichten nicht verletzen, denn bereits das Anbieten eines Vorteils „ist strafbar, wenn die Einladung subjektiv für die zulässige Dienstausübung des Amtsträgers ausgesprochen wird" (von Appen, 2012a, S. 180).
- *Bestechlichkeit* (vgl. § 332 StGB) und *Bestechung* (vgl. § 334 StGB) liegen hingegen vor, wenn ein Amtsträger für eine bereits erfolgte oder noch ausstehende Diensthandlung einen Vorteil fordert, sich versprechen lässt oder annimmt, die „seine Dienstpflichten verletzt hat oder verletzen würde" (§ 332 StGB). Der bestechliche Amtsträger kann hierfür „mit Freiheitsstrafe von sechs Monaten bis zu fünf Jahren bestraft" (§ 332 StGB) werden. Dem bestechenden Sponsor drohen drei Monate bis fünf Jahre Haft (vgl. § 334 StGB). Kernpunkt der strafrechtlichen Bewertung ist dabei die Beeinflussung einer konkretisierbaren Amtshandlung, also der inhaltliche Bezug zwischen der Dienstausübung des Amtsträgers und der Vorteilsgewährung durch den Sponsor.
- Gerade „die kostenlose oder ermäßigte Überlassung von Eintrittskarten für regulär entgeltpflichtige Veranstaltungen oder die Einladung zum Essen oder einem Getränk stellen einen Vorteil dar, da solche Leistungen einen *Vermögenswert* verkörpern ... Ein Vorteil ... kann [aber; M. F.] auch dann vorliegen, wenn einem Amtsträger *bevorzugt* eine Eintrittskarte für angemessenes Entgelt verkauft wird" (Deutsche Fußball Liga & Deutscher Fußball-Bund, 2011, S. 5–6; weitere Hervorhebungen im Original).

Für die Managementpraxis bedeutet dies, Amtsträger „dürfen niemals eingeladen werden, wenn durch die Einladung oder das Angebot der Einladung eine konkretisierbare Diensthandlung des Amtsträgers beeinflusst werden soll" (Deutsche Fußball Liga & Deutscher Fußball-Bund, 2011, S. 20). Vielmehr ist die Einladung möglichst unter Vorbehalt der Genehmigung durch die zuständige Behörde zu stellen. Für hochrangige Politiker zählt die Teilnahme an Sportereignissen im Rahmen öffentlicher Repräsentationspflichten jedoch zu den originären Dienstaufgaben, weshalb in solchen Fällen keine Vorteilsnahme oder -gewährung vorliegt (vgl. Deutsche Fußball Liga & Deutscher Fußball-Bund, 2011, S. 3; von Appen, 2012a, S. 182).

Hospitality-Einladungen im privatwirtschaftlichen Verkehr gelten dann als *Bestechlichkeit* und *Bestechung*, wenn sie der Eingeladene als Gegenleistung dafür erhält, dass er „einen anderen bei dem Bezug von Waren oder gewerblichen Leistungen im Wettbewerb in unlauterer Weise bevorzuge" (§ 299 StGB). Einladungen zu Sportveranstaltungen, die subjektiv als Gegenleistung für eine Bevorteilung gegenüber Wettbewerbern ausgesprochen oder verstanden werden können, werden „mit Freiheitsstrafe bis zu drei Jahren oder mit Geldstrafe be-

---

[25] Strafgesetzbuch in der Fassung vom 24. Februar 2012.

straft" (§ 299 StGB). Solange sie nicht der Ausschaltung des Wettbewerbs dienen, sind Einladungen in der Privatwirtschaft hingegen „als anerkanntes Mittel der Beziehungspflege zulässig" (Deutsche Fußball Liga & Deutscher Fußball-Bund, 2011, S. 15).

Von den genannten Regelungen sind die Betriebsinhaber von Wirtschaftsunternehmen nicht persönlich erfasst. Allerdings gelten wohl auch geschäftsführende GmbH-Gesellschafter oder Vorstände und Aufsichtsräte von Aktiengesellschaften als „Beauftragte" im Sinne des § 299 StGB (vgl. Deutsche Fußball Liga & Deutscher Fußball-Bund, 2011, S. 16–17). Letztlich bedarf es deshalb immer einer Gesamtbetrachtung aller Umstände.

In der Praxis sind Hospitality-Einladungen möglichst offen und sichtbar auszusprechen, indem sie z. B. an die Dienstadresse des Eingeladenen geschickt werden. Außerdem dürfen Einladungen unter keinen Umständen in einem inhaltlichen oder zeitlichen Zusammenhang mit Auftragsvergaben stehen oder den Anschein erwecken, es seien Erwartungen damit verknüpft, die die Integrität der Beteiligten in Zweifel ziehen könnten (vgl. Deutsche Fußball Liga & Deutscher Fußball-Bund, 2011, S. 20; von Appen, 2012a, S. 183).

Zielsetzung 4: Steigerung von Absatz/Umsatz

In wirtschaftlichen Kontexten ist schließlich auch die *Steigerung von Absatz/Umsatz*, also die Verkaufsförderung im engeren Sinne, ein wichtiges Ziel von Sportsponsoring. Zwar sind die meisten Sponsoring-Effekte zeitlich der konkreten Kaufentscheidung vorgelagert, z. B. dass Konsumenten als Fans der gesponserten Sportler oder Mannschaften eine tendenziell bessere Einstellung gegenüber Produkten der Sponsoren entwickeln und eine erhöhte Kaufbereitschaft zeigen. Dennoch kann Sportsponsoring auch direkte Vertriebswirkungen entfalten, etwa wenn Sponsoren

- am Veranstaltungsort *direkte Kontaktmöglichkeiten* zum Sportpublikum erhalten oder ihnen der Zugriff auf Adressen von Fans oder Vereins-/Verbandsmitgliedern gewährt wird, z. B. für direkte Werbeansprachen oder Vertragsangebote vor Ort.
- in der Sportstätte selbst oder am Veranstaltungsort ihre *Produkte direkt* dem Sportpublikum *offerieren*, z. B. Brauereien mit exklusivem Getränkeausschank im Stadion.

Bedingungen der Zielerreichung von Sportsponsoring

Das Erreichen der genannten Zielsetzungen gelingt typischerweise nicht automatisch, sondern ist an jeweils spezifische Bedingungen gebunden. Diese sind generell gegeben, wenn Sponsor und Gesponserter zueinander passen. Man spricht deshalb im Sportsponsoring auch von „Passgenauigkeit" und „Strategischem Fit" als wichtigen Entscheidungsgrößen (vgl. Fahrner, 2006, S. 134–137). Für beide Seiten, Wirtschaft und Spitzensport, ist folglich bereits die *Auswahl geeigneter Sponsoringpartner* bedeutsam. „Einerseits ist von Sponsorenseite zu prüfen, inwieweit die eigenen Markenkernwerte inhaltliche Bezüge zu den Werten bzw. dem Image des … [potenziellen Sponsoringobjekts; M. F.] aufweisen. Andererseits ist von … [diesen; M. F.] zu reflektieren, inwieweit bestimmte Sponsorships mit der eigenen (distinktiven) Identität vereinbar sind" (Schlesinger, 2010, S. 21).

Aus *Sicht der Wirtschaft* sind potenzielle Sponsoringobjekte zunächst aus der Vielzahl von Sportarten und Sportereignissen, z. B. Ligen oder nationalen und internationalen Meisterschaften, auszuwählen. Ferner sind Einzelsportler verschiedener Leistungsniveaus und Altersklassen als Testimonials denkbar, also hoffnungsvolle Nachwuchsathleten ebenso wie (inter-) nationale Sportstars. Gleiches gilt für Spitzensportorganisationen, z. B. Vereine oder Verbände, mit ihren jeweiligen Ligamannschaften oder Nationalteams. Allein schon die vergleichende Bewertung potenzieller Sportarten kann sich aus Sponsorensicht an einer Vielzahl von Kriterien festmachen (vgl. Tab. 37). Aus *Sicht des Sports* geht es insbesondere darum, alternative Branchen (Industrie, Handel, Dienstleistungen) sowie Organisations-, Produkt- und Markenidentitäten mit den eigenen Werthaltungen abzugleichen und – falls möglich – eine entsprechende Auswahl zu treffen.

Tab. 37: Potenzielle Bewertungskriterien von Sportarten, die aus Sicht von Wirtschaftsunternehmen für oder gegen ein Sponsoringengagement in einer Sportart sprechen können.

Potenzielle Bewertungskriterien	Sportart 1	Sportart 2	Sportart 3
Affinität/Schnittmenge des Publikums der Sportart mit Zielgruppen des Sponsors	++	+	0
Generelles Interesse der Bevölkerung/Zielgruppen an der Sportart	+	0	++
Beliebtheit der Sportart im Breitensport, z. B. sportartspezifische Aktivitäten der Bevölkerung/Zielgruppen	0	+	++
Massenmediale Abdeckung der Sportart und ihrer Wettbewerbe (u. a. TV, Print, Internet)	--	0	--
Transparenz von Wettbewerben und Wettkampfregeln der Sportart	+	+	+
Nachvollziehbarkeit von Wettkampfleistungen in der Sportart für Außenstehende	0	--	+
Existenz nationaler Stars der Sportart mit hohen Aufmerksamkeits- und Sympathiewerten in der Bevölkerung/bei den Zielgruppen	0	--	+
Ausstrahlungswirkungen ausländischer/internationaler Wettbewerbe, Teams, Sportstars auf die nationale Situation der Sportart	+	0	0
Möglichkeiten der Namensgebung bei Vereinen oder Teams der Sportart durch Sponsoren	+	--	--
Abgrenzungsmöglichkeiten zur Wettbewerbern der eigenen Branche durch ein Sponsoringengagement in der Sportart	0	++	--
Risiken negativer (imagesensibler) Ereignisse, z. B. Aufdecken systematischen Dopings in der Sportart	0	0	0

Passgenauigkeit und Strategischer Fit lassen sich nicht abschließend definieren. Relevante Entscheidungsbereiche, die bei „der Gestaltung des Sponsoringportfolios und bei der Auswahl des Sponsoringpartners auf Konsistenz und gegenseitige Anschlussfähigkeit" (Schlesinger, 2010, S. 21) regelmäßig geprüft werden, sind jedoch

- *sachliche Affinitäten* von Produkten/Leistungen des Sponsors mit dem Sponsoringobjekt. Diese können darin bestehen, dass der Gesponserte Produkte/Leistungen des Sponsors direkt für seine sportliche Aktivität nutzen kann, etwa Sportartikel, Computer und Fahrzeuge, oder dass die Branche des Sponsors und dessen Produkte eine gewisse sachliche Nähe zum Sponsoringobjekt aufweisen, etwa Sportartikel, Uhren, Nahrungsmittel.
- *soziale Affinitäten* zwischen den Zielgruppen des Sponsors und dem Publikum des Sponsoringobjekts. Hier können insbesondere soziodemographische Merkmale wie Alter, Geschlecht, Bildung, verfügbares Einkommen oder typische Merkmale der Lebensführung, z. B. Einstellungen/Werthaltungen, persönliche Interessen und Vorlieben herangezogen werden.

- *regionale Affinitäten* zwischen dem Wirkungsbereich/Markt des Sponsors und dem Spiel-/Wettkampf- und Publikumseinzugsbereich des Sponsoringobjekts.

Passgenauigkeit heißt jedoch *nicht unbedingt Deckungsgleichheit*. Denn auch geringe Affinitäten zwischen Sponsor und Gesponsertem können interessante Entwicklungspotenziale eröffnen, gerade hinsichtlich Marken-Images oder Zielgruppenerweiterungen, etwa wenn sich alkoholfreie Biergetränke den Status von Nahrungsergänzung im Ausdauersport erarbeiten oder sich Frauen und Jugendliche als neue Zielgruppen erschließen (vgl. Fahrner, 2006, S. 136).

Für das Erreichen von Sponsoring-Zielsetzungen ist ferner bedeutsam, dass werbliche/kommunikative Maßnahmen aus Sicht des Sportpublikums authentisch und glaubwürdig gestaltet sind. Dies macht es konzeptionell u. a. erforderlich, nicht nur den Sponsor, sondern auch das jeweilige Sponsoringobjekt in Szene zu setzen. Vor allem aber ist der Anschein zu vermeiden, den Beteiligten gehe es nur „ums ‚Geld verdienen' ... [Sonst; M. F.] besteht die Gefahr, dass unter den Anhängern der Eindruck entsteht, zum Vehikel bei der Beschaffung finanzieller Ressourcen degradiert zu werden ... In solchen Fällen ist es dann auch unwahrscheinlich, dass Fans positive Einstellungen gegenüber Sponsoren entwickeln" (Schlesinger, 2010, S. 19–20).

Kontrolle der Zielerreichung von Sportsponsoring

Angesichts der teilweise enormen Geldsummen, die Sponsoren in werbliche Sportrechte und deren Aktivierung investieren, werden in vielen Unternehmen mittlerweile hohe Anforderungen an Kontrollen der Zielerreichung gestellt. Aus diesem Grund ist „die Standardisierung der Messung von Sponsoring, mit dem Ziel, intersubjektiv gültige Standards für die Bewertung unterschiedlicher Engagements ex ante und ex post festzulegen" (S 20 The Sponsor's Voice, 2008, S. 1) ein zentrales Managementthema geworden. Allerdings sind dabei nach wie vor Defizite und Inkonsistenzen beobachtbar, wobei gerade bei praxisbezogenen Auftragsarbeiten „im Zweifel nicht so gemessen wird, wie es objektiv richtig bzw. normiert ist, sondern wie es gewünscht wird" (S 20 The Sponsor's Voice, 2008, S. 3).

Grundsätzlich ist unter methodischen Gesichtspunkten problematisch, dass für Sponsoringwirkungen selten eindeutige kommunikative Kausalbeziehungen festgemacht werden können. Dies liegt darin begründet, dass die Verwertung werblicher Sportrechte eine massenmediale Begleitung und Aktivierung erfordert, die im Sinne eines *Kommunikations-Mix* verschiedene Kommunikationsmaßnahmen/-kanäle integriert, z. B. Werbeanzeigen, Internet-Spots, PR-Aktivitäten. Damit gehen aber verschiedene zeitliche Ausstrahlungseffekte und thematische Überschneidungen einher, die eine differenzierte Einschätzung kommunikativer Ursache-Wirkungs-Zusammenhänge deutlich erschweren (vgl. Cornwell, 2008, S. 51; Marwitz, 2008, S. 46).

Ferner können außerhalb der Sponsoringsphäre liegende *gesellschaftliche Ereignisse* als Störgrößen Einfluss auf Bekanntheitsgrade und Imagewerte nehmen, z. B. wenn aufgrund eines Atomunfalls Unternehmen der Energiebranche exponiert in den Massenmedien erscheinen und unter Verweis auf deren atomgestützte Geschäftsmodelle bestimmten negativen Assoziationen ausgesetzt sind. Solche gesellschaftliche Stimmungslagen beeinflussen jedoch individuelle Einstellungen und Werthaltungen – und damit auch persönliches Konsum-/Kaufverhalten.

Hinsichtlich einer angestrebten *Steigerung von Bekanntheitsgraden* mittels Sponsoring wird regelmäßig auf hohe *Kontaktwahrscheinlichkeiten* mit dem Sportpublikum vor Ort oder via Massenmedien abgestellt. Die Anzahl der Sportzuschauer vor Ort, die Reichweiten massenmedialer Übertragungen der Sportereignisse sowie die „Sichtbarkeit" der Sponsoren, z. B. ihrer Stadionbanden, fließen dabei in entsprechende (Medien-) Analysen ein. Auf dieser Basis erfolgt häufig eine Kontaktwertberechnung bezogen auf *Tausender-Kontaktpreise*, die – angelehnt an die „klassische" Mediaplanung – über die relativen Kosten informiert, Kontakt zu tausend Personen (Zuschauern, Lesern) erhalten zu können. Gerade bei zahlenmäßig großen Sportpublika sind Sportsponsoring-bezogene Tausender-Kontaktpreise im Vergleich zu anderen betrieblichen Kommunikationsinstrumenten, etwa Werbespots im Fernsehen, eher niedrig.

Über Kontakte allein geraten Sponsoren und ihre Produkte bei potenziellen Konsumenten aber nicht als Alternativen in den Blick. Dies setzt vielmehr bewusste Aufmerksamkeit, Wahrnehmung und Erinnerung voraus. Ein Sponsorship-Controlling erfasst deshalb häufig Sponsoren-bezogene *Erinnerungsleistungen* des Sportpublikums über gestützte und ungestützte Bekanntheitsgrade. Als *Sponsor Recall* versteht man dabei z. B. die Fähigkeit eines Sportzuschauers, sich nach einem Stadionbesuch an Sponsoren oder deren Logos erinnern und diese (ungestützt) nennen zu können. Hingegen bezeichnet *Sponsor Recognition* die Fähigkeit, gestützt z. B. auf eine schriftliche Vorlage, Sponsoren oder deren Logos wieder zu erkennen (vgl. Lardinoit & Derbaix, 2001, S. 171). Beide Formen der Sponsoren-/Produktbekanntheit allein sind für das Kaufverhalten nicht ausschlaggebend, stellen aber notwendige Voraussetzungen z. B. für weitere imagerelevante Sponsoringwirkungen dar.

Auch die *Verbesserung von (Marken-) Imagewerten* ist mit Blick auf Kaufentscheidungsprozesse potenzieller Konsumenten von Bedeutung, jedoch erfordern diesbezügliche Erfolgskontrollen von Sportsponsoring gerade methodisch sehr viel mehr Aufwand als die Erfassung von Bekanntheitsgraden. Da imagebezogene Untersuchungen zur Wirkung von Sportsponsoring regelmäßig als vertrauliche Auftragsarbeiten der Management-/Beratungspraxis erfolgen, sind deren Ergebnisse auch nur selten öffentlich zugänglich.

- Das Erreichen imagebezogener Zielsetzungen mittels Sportsponsoring wird meist über die Ermittlung *stereotyper Sichtweisen* und *Einstellungen* relevanter Zielgruppen gegenüber Marken/Produkten der Sponsoren kontrolliert, z. B. in Form von Assoziationstests. Auf diese Weise sollen die inneren Vorstellungen der Befragten über den Sponsor und seine Produkte/Marken aufgedeckt werden. Die als „Markenwissen" mental repräsentierten Vorstellungen von Konsumenten über eine Marke (einen Sponsor und dessen Produkte) basieren dabei generell auf *verbalen* – eher bewussten, faktenorientierten und vom Kontext unabhängigen – Aspekten, sowie *nonverbalen* – eher unbewussten, episodischen, auf persönlichen Erlebnissen basierenden – Aspekten (vgl. Cornwell, 2008, S. 48; Koll, von Wallpach & Kreuzer, 2010, S. 586–588).

- Methodisch wird bei Marken-Imageanalysen häufig auf die *Freie Assoziation* zurückgegriffen. Dabei nennen die Befragten spontan, was ihnen in Verbindung zur Marke/zum Produkt einfällt (u. a. Geschichten, Bilder, Farben), oder sie teilen ihre Zustimmung zu vorgegebenen imagebezogenen Aussagen mit. Auf diese Weise werden vor allem *verbalisierbare*, dem Konsumenten *bewusste* Image-Aspekte thematisiert. Weniger leicht zugängliche, eher implizite Markenaspekte lassen sich aufdecken, wenn Konsumenten ihre in Form von Geschichten gespeicherten markenbezogenen Erinnerungen erzählen, im Sinne eines *Storytelling* – was allerdings deutlich mehr Aufwand erfordert (vgl. Koll, von Wallpach & Kreuzer, 2010, S. 588–589).

Ungeachtet der methodischen Schwierigkeiten ist die Verbesserung von Marken-Imagewerten durch Sportsponsoring auch theoretisch sehr voraussetzungsvoll. Dass in der Konsumentenwahrnehmung aufgrund von Sportsponsoring *assoziative Verknüpfungen* zwischen Sponsor und Gesponsertem – im Sinne positiver Ausstrahlungseffekte – gelingen können, setzt generell voraus, dass

- das Sportpublikum/die Konsumenten mit dem Sponsoringobjekt *positive Assoziationen* verbinden, z. B. als sympathischer Athlet, erfolgreiche Mannschaft oder emotionales Sportereignis.
- Sponsor und Gesponserter im Zeitverlauf der Sponsoringpartnerschaft für das Sportpublikum/die Konsumenten *häufig* und vor allem *gemeinsam* beobachtbar und erlebbar sind, z. B. durch gemeinsame Aktivitäten/Auftritte oder Fotos/Bilder, und dass dabei zentrale, aus Sponsorensicht wünschenswerte assoziative Verbindungen – Einstellungen, Werte – thematisiert werden.
- über bloße Kontakte hinaus auf Seiten des Sportpublikums/der Konsumenten *Aufmerksamkeit* für die Verbindung von Sponsor und Gesponsertem erregt werden kann, was regelmäßig gerade bei einem hohen *Involvement* des Publikums hinsichtlich des Sponsoringobjekts sowie des Sponsors und dessen Produkten gelingen kann (vgl. Cornwell, 2008, S. 47).

In gleicher Weise besteht allerdings auch das Risiko einer Übertragung *negativer Assoziationen* vom einen auf den anderen Partner, z. B. bei Dopingfällen im Spitzensport oder bei negativen Konsumenteneinstellungen gegenüber Sponsoren, etwa Unternehmen der Atom- oder Finanzbranche.

Letztlich sind für die Wirtschaft aber vor allem Kaufhandlungen und Geldzahlungen entscheidende Fixpunkte. Insofern ist unternehmensseitig auch im Sportsponsoring häufig eine *Steigerung von Absatz/Umsatz* die „ultima ratio". Als Kontrollkriterien dieser Zielerreichung werden typischerweise Absätze/Umsätze, Marktanteile, Käuferreichweiten und Wiederkaufsraten herangezogen (vgl. Abb. 22). Weitgehend offen ist jedoch, inwieweit potenzielle Konsumenten durch Sponsoringstimuli nicht nur positive Einstellungen und Kaufabsichten gegenüber den Produkten der Sponsoren entwickeln, sondern diese auch tatsächlich *kausal* zu Kaufakten und Geldzahlungen führen (vgl. Schlesinger, 2010, S. 5).

Der häufig beklagte Mangel an präzisen Daten und Erkenntnissen zu Wirkungszusammenhängen im Sportsponsoring kann für die im Management Verantwortlichen allerdings auch positiv gewendet werden. Denn potenzielle Gegenargumente sind theoretisch und empirisch kaum besser fundiert. Gerade auch angesichts der vielfältigen, außergewöhnlichen Anknüpfungsmöglichkeiten unterschiedlicher Kommunikationsmaßnahmen haben sich werbliche

Sportrechte deshalb mittlerweile in vielen Fällen als praktisch unverzichtbare thematische „Aufhänger" der Unternehmenskommunikation etabliert.

Praxisbeispiel

Unter der Überschrift „Ein Feuerwerk für Ihre Marke" bietet Fußball Bundesligist Hertha BSC Berlin potenziellen Sponsoren der Spielzeit 2011/2012 vielfältige werbliche Nutzungs- und Verwertungsrechte im Umfeld von Hertha BSC, sowie alle zwei Wochen im Olympiastadion Berlin. Zu den 17 Bundesliga-Heimspielen zählt Hertha BSC insgesamt fast 900.000 Stadionbesucher, davon sind pro Saison rund 42.000 VIP-Kunden. Potenziellen Sponsoren stehen dabei unterschiedlich umfangreiche Rechtepakete zur Verfügung, die über verschiedene Partnerebenen verdeutlicht werden: Neben Hauptsponsoren und Ausrüstern gibt es offizielle Titel für „Hertha BSC ExklusivPartner", „Berliner Freunde" (als exklusive Plattform für Corporate Social Responsibility), „Hertha Partner" und den „Hertha VIP.Club".

In der Spielzeit 2009/2010 umfasste die Fernseh-Berichterstattung über Hertha BSC mehr als 230 Stunden, somit zählten die Werbebanden im Stadion rund 250 Mio. TV-Kontakte. Daraus ergibt sich ein Tausender-Kontaktpreis der Stadionbanden von unter einem Euro. TV-relevante Werbemöglichkeiten bieten im Stadion insbesondere die Premium TV-Video-Banden sowie eine zweite TV-Bandenreihe, TV-Video-Eck-Banden und Cam Carpets neben den Toren. Die Nutzung einer komplett rotierenden Premium TV-Video-Bande (230m auf 90cm) mit garantierter Sichtbarkeit von 12 Animationen pro Spiel kostet dabei 180 Tsd. Euro (netto, ohne Produktion).

Aktivierungsmöglichkeiten im Stadion ermöglicht z. B. das Stadion-TV auf zwei LED-Leinwänden. Die Buchung von 30 Sekunden-Werbespots vor dem Spiel, in der Halbzeit und nach dem Spiel kostet pro Saison 40 Tsd. Euro (netto). Auch sind im Stadion werbliche Aktionen mit unmittelbarem Kontakt zum Publikum möglich, z. B. Promotionaktivitäten an Ständen oder auf kleinen Showbühnen im Stadionumfeld (3.500 Euro, netto). Darüber hinaus stehen die Stadion-, Saison- und Jugendmagazine der Hertha, oder multimediale Werbeformen auf der Vereinshomepage www.herthabsc.de und dem Business-to-Business Portal für VIP-Kunden www.hertha-vip.de zur Wahl.

Knapp 6% des Platzangebots im Stadion machen die Hospitality/VIP-Bereiche aus, in denen Stadion-TV und Live-Berichterstattung auf Flatscreens Standard sind und darüber hinaus weitere Serviceleistungen angeboten werden. Die im Folgenden aufgeführten Preise gelten jeweils netto für 17 Heimspiele/Saison, bei mindestens zwei Jahren Laufzeit:

Zum Beispiel wird in der im gesamten Stadionumlauf hinter den Logen verlaufenden Business Lounge an reservierten Unternehmenstischen ein umfangreiches kaltes und warmes Buffet serviert (3.000 Euro/Person). Der Carlsberg Champions Club in unmittelbarer Nähe zur Heimfan-/Ostkurve ermöglicht durch Panoramafenster eine direkte Sicht auf das Spielfeld. Dazu gibt es hochwertiges Catering am kalten und warmen Buffet (3.500 Euro/Person). Das Atrium wiederum befindet sich auf vier Ebenen direkt hinter der Ehrentribüne und fungiert als zentraler VIP-Treffpunkt für über 300 Unternehmen. Hier ist auch direkter Kontakt zu den Spielern möglich (4.000 Euro/Person).

> In der Executive Lounge bietet Sternekoch Tim Raue hochwertige Gourmetküche, außerdem sind hier VIP-Parkplätze in der Tiefgarage inklusive (5.000 Euro/Person). Eine noch exklusivere Atmosphäre bieten die Logen, z. B. ist der VIP-Bereich Executive Club lediglich max. fünf Unternehmen vorbehalten. Bei Fünf-Gänge-Menüs von Sternekoch Tim Raue ist hier auch ein direkter Blick vom Tisch ins Stadion möglich, dazu gibt es komfortable Logensitze und VIP-Parkplätze in der Tiefgarage (35.000 Euro/4 Personen).
> Darüber hinaus gibt es im Stadion insgesamt 58 Logen mit exklusivem Ambiente für jeweils 10 bis 20 Personen. Hier ermöglichen Panoramafenster den Blick zum Stadioninneren, außerdem gibt es Zugang zu eigenen Terrassen mit Komfortsitzen, individuelle Betreuung durch persönliche Logenhostessen und VIP-Parkplätze (ab 65.000 Euro/10er Loge) (vgl. Sportfive, 2011a; Sportfive, 2011b).

Kontrollfragen

1. Zwischen Spitzensport und Wirtschaft existieren heute umfassende Austauschbeziehungen. Welche werblichen Verwertungsformen von Spitzensport sind dabei zu beobachten?
2. Im Gegensatz zu medialen, basieren werbliche Verwertungsrechte auf absoluten Schutzrechten. Welche personen-, organisations-, veranstaltungs- und stadiongeborenen Rechte bilden das rechtliche Fundament einer werblichen Verwertung von Spitzensport?
3. Um die mit der Rechteverwertung beabsichtigten Werbeeffekte erzielen zu können, werden regelmäßig ausschließliche, also exklusive Werbe- und Lizenzrechte eingeräumt. Nach welchen Gesichtspunkten wird die Reichweite der Exklusivität üblicherweise bestimmt und mit welchen Schwierigkeiten ist das Management dabei typischerweise konfrontiert?
4. Gerade im Zusammenhang mit internationalen Sportgroßveranstaltungen entsteht in Folge der Vereinbarung exklusiver Verwertungsrechte auch das Phänomen Ambush-Marketing. Was wird damit bezeichnet und inwiefern kann dies für alle Beteiligten positive und negative Effekte haben?
5. Die ökonomische Verwertung von Spitzensport durch die Wirtschaft wird meist pauschal als Sponsoring bezeichnet. Wie kann Sponsoring im Kontext der werblichen Rechteverwertung im Sport definiert werden und wie lässt sich seine grundlegende Funktionsweise beschreiben?
6. Auf Seiten des Spitzensports und der Wirtschaft werden mit Sponsoring jeweils verschiedene Zielsetzungen verfolgt. Welche sind dies?
7. (Marken-) Images können in wirtschaftlichen Kontexten eine wichtige Ergänzung des Preismechanismus übernehmen. Welche konkreten Funktionen werden Marken mit Blick auf Kaufentscheidungsprozesse zugeschrieben und inwiefern bieten sich gerade im Sportsponsoring attraktive Möglichkeiten, (Marken-) Imagewerte zu verbessern?
8. Im Rahmen von Sportsponsoring ist die als Hospitality bezeichnete Kontaktpflege mit wichtigen Ziel-/Bezugsgruppen mittlerweile enorm bedeutsam. Welche Leistungen werden darunter typischerweise erfasst und worin gründet die besondere Attraktivität von Spitzensportereignissen für Hospitality? Was muss das Management beachten, um die hiermit verbundenen strafrechtlichen Risiken zu minimieren?

9. Die von Sponsoren und Gesponserten verfolgten Ziele werden insbesondere dann erreichbar, wenn sie authentisch und glaubwürdig umgesetzt werden. Dabei gilt es vor allem, zwischen Sponsor und Sponsoringobjekt einen passgenauen strategischen Fit herzustellen. Was ist damit gemeint und welche Überlegungen sind vom Management diesbezüglich anzustellen?
10. Angesichts der teilweise enormen Geldsummen, die Sponsoren in werbliche Sportrechte und deren Aktivierung investieren, werden in vielen Unternehmen mittlerweile hohe Anforderungen an die Kontrolle der Sponsoring-Zielerreichung gestellt. Mit welchen Schwierigkeiten muss das Management bei der Evaluation von Sponsoringeffekten umgehen können?

5.4 Netzwerke und Geschäftsmodelle der Rechteverwertung

Für den professionellen Spitzensport ist eine gelingende Rechteverwertung enorm bedeutsam, denn sie ermöglicht ihm kaum verzichtbare Ressourcenzuflüsse. Aber auch Massenmedien und Wirtschaft haben Interesse an einer Verwertung medialer und werblicher Rechte (vgl. Kapitel 5.1.1). Ein Gelingen der Rechteverwertung ist dabei sehr voraussetzungsvoll und erfordert insbesondere fachspezifische Expertise und Kontakte zu Partnern verschiedener teilsystemischer Kontexte – die nicht ohne weiteres bestehen und für eine Zusammenarbeit mobilisiert werden können.

Lernziele des Kapitels

Die Leser setzen sich mit systemübergreifenden Schnittstellenproblemen auseinander, die sich bei der Verwertung medialer und werblicher Rechte typischerweise ergeben.
Sie erkennen die generelle Notwendigkeit von „Vermittlern" im Rahmen der Verwertung medialer und werblicher Rechte im Spitzensport und sie reflektieren aus Sicht der Beteiligten idealtypische Geschäftsmodelle der Managementpraxis.

Netzwerke der Rechteverwertung – Systemübergreifende Brücken

Die Verwertung medialer und werblicher Rechte setzt einen intersystemischen Leistungsaustausch von Spitzensport, Massenmedien und Wirtschaft voraus, der in der Managementpraxis nicht ohne weiteres gelingt. Denn die originären Rechteinhaber des Spitzensports – Spitzenathleten, Trainer und Funktionäre als potenzielle Testimonials, oder Sportvereine, Sportverbände und Kapitalgesellschaften mit ihren Mannschaften und Sportereignissen – sind jeweils auf ihre sportfachlichen Aufgaben- und Problemstellungen fokussiert, z. B. das Training zur Leistungssteigerung, die Überwachung von Statuten, die Bekämpfung von Doping. Spezifische Expertise für die Verwertung medialer und werblicher Rechte gehört in den Spitzensportorganisationen folglich selten zu den Kernkompetenzen, zumal dies keine routinemäßigen Alltagsaufgaben sind und es sich folglich auch kaum lohnt, hierfür eigenes Fachpersonal zu bezahlen und fortzubilden. Dies ist jedoch erforderlich, um z. B. für eine angemessene Preisgestaltung die wirtschaftliche Werthaltigkeit von Rechten einschätzen, konzeptionell-strategische Planungen erarbeiten, sie als Angebote der Rechteverwertung verhandlungsfähig machen oder neueste technische Entwicklungen hinsichtlich damit verbundener Verwertungspotenziale analysieren zu können.

Ganz ähnlich stellt sich die Situation auf Seiten der Massenmedien und der Wirtschaft dar. Auch hier ist eine *Fokussierung auf* die jeweils fachlichen, *systemspezifischen Aufgaben* beobachtbar: auf die Herstellung und Verbreitung von Medienprodukten, Wirtschaftsgütern und Dienstleistungen. Medienorganisationen wie Wirtschaftsunternehmen verfügen deshalb ebenfalls nicht *per se* über notwendige Expertise für die Verwertung medialer und werblicher Sportrechte.

Zwischen den sachlich getrennten Kommunikationsbereichen Spitzensport, Massenmedien und Wirtschaft besteht folglich enormer Bedarf an *Vermittlern*, die einerseits über notwendige fachliche Expertise verfügen, andererseits aber auch in der Lage sind, eine *Brückenfunktion* zwischen den ansonsten nicht erschließbaren gesellschaftlichen Kontexten zu erfüllen (vgl. Bommes & Tacke, 2006, S. 42; Holzer, 2010, S. 88). Anknüpfungspunkte bieten sich dabei insbesondere „an den *Grenzstellen* von Organisationen oder … zwischen gesellschaftlichen Teilsystemen" (Holzer, 2006, S. 105; Hervorhebungen im Original).

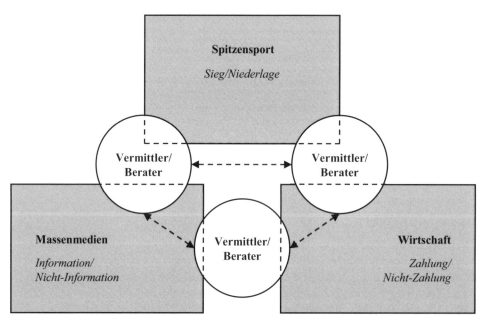

Abb. 23: Schnittstellen des intersystemischen Leistungsaustauschs bei der Verwertung medialer und werblicher Rechte und „Vermittlerfunktion" von Agenturen und/oder Beratern.

5.4 Netzwerke und Geschäftsmodelle der Rechteverwertung

Solche gesellschaftlichen Verknüpfungsmöglichkeiten (vgl. Abb. 23) ergeben sich aus der grundsätzlichen Kombinierbarkeit sozialer Adressen. Als solche Zurechnungspunkte in der Kommunikation können Personen und Organisationen fungieren, weshalb generell *Organisationsnetzwerke*, z. B. zwischen Sportverbänden, Agenturen und Medienunternehmen, von *persönlichen Netzwerken* in Organisationskontexten unterschieden werden, etwa wenn ein Sportvereinspräsident aufgrund seiner beruflichen Tätigkeit über Kontakte zum Geschäftsführer eines mittelständischen Unternehmens verfügt, den er zwecks Sponsoring der Vereinsmannschaften ansprechen kann (vgl. Tacke, 2000, S. 301).

„Jede Adresse bündelt in einer Person (oder auch Organisation) ein- und ausgehende Verweisungen in unterschiedliche Rollensegmente und Funktionsbereiche und kann so auch genutzt werden, um zwischen diesen zu vermitteln. Indem Adressen an mehreren gesellschaftlichen Teilsystemen partizipieren können, interferieren in ihnen unterschiedliche Kommunikationszusammenhänge und Funktionsbereiche … Weil Adressen in mehr als einer Kontextur bedeutsam sind, werden sie als Vermittlungskanäle interessant" (Holzer, 2006, S. 103).

Für die Vermittlung zwischen Spitzensport, Massenmedien und Wirtschaft im Rahmen der Verwertung medialer und werblicher Rechte haben sich folglich *Agenturen und Berater* spezialisiert, die relevante Adressen kontextübergreifend in Form von Netzwerken *systematisch* und *auf Dauer* gesetzt verbinden und daraus resultierende Kontaktmöglichkeiten verwalten (vgl. Holzer, 2006, S. 96).

Die spezifische Expertise der Agenturen und Berater ergibt sich u. a. daraus, dass sie relevante Adressen inklusive deren fachlichen Kompetenzen und Erwartungen kennen und außerdem wissen, wie diese mobilisiert werden können, z. B. über spezifische Formen persönlicher Ansprache, Verhandlungsführung und strategisches Geschick im Aufbau kontrollierter Verwertungsketten (vgl. Dinkel, 2002, S. 83–84; Elter, 2003, S. 163). „Zwischen zwei anderen Kontakten vermitteln zu können, also eine *Brokerposition* zu besetzen, ist aufgrund der Informationsvorteile und möglicher Vermittlungsprämien von Vorteil" (Holzer, 2006, S. 20; Hervorhebungen im Original). In Gang bringen, Aufrechterhalten und zielgerichtetes Fördern von Geschäftsbeziehungen zum Zweck der Rechteverwertung eröffnet folglich attraktive Vergütungschancen – je nach Umfang, Exklusivität und Werthaltigkeit der Rechtepakete.

Geschäftsmodelle der Rechteverwertung

Vor diesem Hintergrund sind mittlerweile zahlreiche Sportvermarktungsagenturen mit teilweise globaler Vernetzung und umfassenden Dienstleistungs-Portfolios in die Vermarktung medialer und werblicher Rechte vieler Sportarten, Sportereignisse und Sportler involviert. Im Verhältnis zwischen originären Rechteinhabern – Personen oder Organisationen des Spitzensports – und potenziellen Verwertern medialer und werblicher Rechte – Medienorganisationen und Wirtschaftsunternehmen – haben sich in Verbindung mit an den Schnittstellen vermittelnden Agenturen/Beratern verschiedene strategische Geschäftsmodelle etabliert (vgl. Abb. 24). Diese typischen strategischen Geschäftsmodelle sind für die jeweiligen Beteiligten mit unterschiedlichen Vor- oder Nachteilen verbunden (vgl. Elter, 2003, S. 165–166):

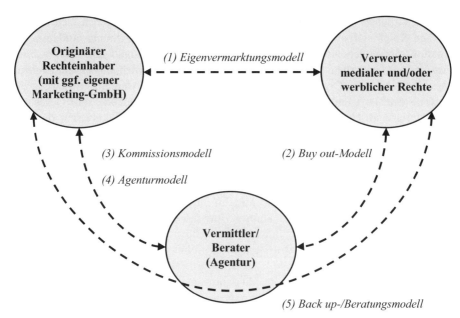

Abb. 24: Idealtypische Geschäftsmodelle der Rechteverwertung im Verhältnis zwischen originären Rechteinhabern, potenziellen Verwertern medialer und werblicher Rechte und vermittelnden Beratern/Agenturen.

1. Das *Eigenvermarktungsmodell* ist dadurch charakterisiert, dass originäre Rechteinhaber des Spitzensports die Verwertung ihrer medialen und werblichen Rechte selbst in Eigenregie vornehmen, z. B. wenn ein Sportverband über die Verwertung der werblichen und medialen Rechte seiner Europameisterschaft direkt mit Sponsoren und Fernsehanstalten verhandelt.
   – Ein solches Vorgehen ermöglicht den originären Rechteinhabern eine umfassende strategische und operative Kontrolle der Verwertung, ohne hierfür Absprachen mit Dritten treffen zu müssen. Insofern sind auch schnelle situative Anpassungen an aktuelle Gegebenheiten möglich. Vorteilhaft ist ferner, dass Verwertungserlöse direkt und ausschließlich an den Rechteinhaber, also den Verein/Verband oder den Veranstalter des Sportereignisses, fließen. Außerdem können interne Informationen z. B. über Verhandlungs- oder Preisstrategien vor Dritten leicht geheim gehalten werden.
   – Nachteilig ist die Eigenvermarktung für die originären Rechteinhaber des Spitzensports vor allem, wenn sie nicht über ausreichend Personal und Fachwissen verfügen und folglich die eigene verwertungsspezifische Expertise zu schwach ausgeprägt ist. Hinzu kommt, dass z. B. die Lizenzierungsvorschriften der Ligaorganisationen zu bestimmten Fixterminen Nachweise über vertraglich abgesicherte Budgets einfordern (vgl. Kapitel 3.4.2). Dies setzt die Bundesligisten unter Umständen einem hohen Erwartungsdruck aus, Verwertungsverträge termingenau abzuschließen – und dann möglicherweise Einbußen beim Erlös in Kauf nehmen zu müssen.
2. Der Gegenentwurf zur Eigenvermarktung sind *Buy-out-Modelle*, bei denen originäre Rechteinhaber ihre Rechte komplett an eine Agentur verkaufen, die dann wiederum *in eigenem Namen* und *auf eigene Rechnung* agiert.
   – Vorteilhaft ist dabei für originäre Rechteinhaber des Spitzensports, dass sie keine eigene Expertise benötigen und bei ihnen folglich in diesem Geschäftsbereich mi-

nimale eigene Kosten anfallen. Auch können sie sich ausschließlich auf die strategische Planung und operative Gestaltung ihres Spielbetriebs konzentrieren. Im Gegenzug erhalten sie von der Agentur meist finanzielle Garantien in Form fester Geldbeträge oder prozentualer Beteiligungen an den Vermarktungserlösen, was ihnen je nach Vertragslaufzeit längerfristig finanzielle Planungssicherheiten bietet (vgl. von Appen, 2012b, S. 616).
– Allerdings begeben sich originäre Rechteinhaber auf diese Weise in starke Abhängigkeiten von der Agentur: sie können dann nämlich nicht kontrollieren oder beeinflussen, mit welchen Dritten und zu welchen Bedingungen Verwertungsverträge abgeschlossen werden. Außerdem gehen typischerweise alle – möglicherweise deutlich über der vereinbarten Garantiesumme liegende – Vermarktungserlöse allein auf Rechnung der Agentur (vgl. Elter, 2003, S. 309).

„Der Nachteil der Einschaltung der Rechteagenturen, die sämtliche Verwertungsrechte ‚uno actu' von den originären Rechteinhabern erwarben, bestand darin, dass die Verbände und Ligen es versäumten, eigenes Know-how ... aufzubauen ... Es hat sich gezeigt, dass diese Entwicklung für die betroffenen Sportverbände und -ligen gefährlich ist; denn die Rechteverwertungsagenturen alter Prägung, die aus politischen Gründen bereit waren, mit hohem eigenen Wirtschaftsrisiko über dem Marktwert liegende Lizenzvergütungen zu garantieren, existieren nicht mehr" (Duvinage, 2006, S. 33).

3. *Kommissionsmodelle* wiederum sind dadurch charakterisiert, dass eine Agentur bei der Vermarktung medialer und werblicher Rechte *in eigenem Namen auf fremde Rechnung* handelt. Das bedeutet, die Rechte bleiben Eigentum des originären Rechteinhabers, z. B. des Vereins, die Agentur tritt aber gegenüber potenziellen Rechteverwertern im eigenen Namen als Intermediär auf und erhält für ihre Leistungen eine Provision (vgl. Elter, 2003, S. 311).
– Für den originären Rechteinhaber ist dabei vorteilhaft, dass er gewisse Kontrollmöglichkeiten behält und sich vor allem Expertise und Kontakte der Agentur zu Nutze macht. Je nach vertraglicher Vereinbarung ermöglicht ihm dieses Geschäftsmodell dennoch eine relativ sichere Budgetplanung (vgl. von Appen, 2012b, S. 617).
– Abgesehen davon, dass solche Modelle für Vermarktungsagenturen generell recht unattraktiv sind und sie sich somit eher selten darauf einlassen, kann es sich aus Sicht originärer Rechteinhaber vor allem als problematisch erweisen, wenn Agenturen gleichzeitig mehrere Spitzensportorganisationen vertreten. Dann nehmen sie gegenüber potenziellen Rechteverwertern, etwa Sponsoren, sehr starke Verhandlungspositionen ein, die sie im Extremfall zu Paketebildungen nutzen können – die selten zum Vorteil der originären Rechteinhaber sind.
4. Bei *Agenturmodellen* wiederum agieren Agenturen *im fremden Namen* und *auf fremde Rechnung*. Das bedeutet, sie verhandeln mit potenziellen Rechteverwertern lediglich im Namen eines originären Rechteinhabers, der aber die abschließende Entscheidungshoheit behält und seitens der Agentur ausgehandelte Verwertungsverträge prüfen kann, bevor er sie unterschreibt.

- Der originäre Rechteinhaber macht sich folglich Expertise und Kontakte der Agentur zu nutze, tritt aber gegenüber potenziellen Rechteverwertern prominenter in Erscheinung und „behält die volle Kontrolle über seine Rechte" (von Appen, 2012b, S. 617).
- Nachteilig können aber auch hier Interessenkollisionen zwischen Agentur und originärem Rechteinhaber sein, die – etwa bei Absprachen zu Lasten des Rechteinhabers – von diesem kaum erkennbar und auflösbar sind.

5. In der Managementpraxis sind mittlerweile verstärkt *Backup-/Beratungsmodelle* zu beobachten, bei denen Agenturen reine Beratungsmandate übernehmen und die originären Rechteinhaber in Fragen der Rechteverwertung – intern oder extern – „coachen". Mitunter treten die Agenturen hierbei gar nicht gegenüber potenziellen Rechteverwertern in Erscheinung, sondern ihr Personal agiert entweder „im Verborgenen" oder wird gegenüber Dritten nicht als „extern" erkenntlich (z. T. Visitenkarten vom originären Rechteinhaber). Diese Variante des Agenturmodells stärkt den Auftritt originärer Rechteinhaber gegenüber potenziellen Vertragspartnern nochmals, während für sie gleichzeitig durch den zugrunde liegenden Agentur-/Beratungsvertrag gewisse finanzielle Planungssicherheiten bestehen.

Praxisbeispiel

Seit den 1990er Jahren entstand um die Verwertung medialer und werblicher Sportrechte eine sehr erfolgreiche, profitträchtige Branche. Unter Vermittlung spezialisierter Agenturen entwickelte sich die Zusammenarbeit von originären Rechteinhabern, Medienunternehmen und Sponsoren immer weiter. Auch deshalb ist professioneller Spitzensport heute mehr denn je ein gesellschaftlich relevantes Thema.

Die langjährige Erfahrung der an diesen Prozessen beteiligten Unternehmen und Führungskräfte sowie die Digitalisierungstrends in den Massenmedien mit ihren Auswirkungen auf die Mediennutzung der Konsumenten, bringen jedoch die etablierte Statik auf dem Markt der Sportrechte ins Wanken. Während es noch zu Beginn des 21. Jahrhunderts üblich war, dass originäre Rechteinhaber – Sportverbände, Sportligen – die Verwertung ihrer Rechte über Jahre in die Hand von Vermarktungsagenturen legten, streben die Verantwortlichen des Spitzensports mittlerweile verstärkt danach, ihre Rechte selbst vermarkten und deren Verwertung auch kontrollieren zu können. Damit zeigt sich im Verhältnis von originären Rechteinhabern und Agenturen ein Trend hin zu „Back up-/Beratungsmodellen".

Eine der explizit auf Betreuung und Beratung originärer Sportrechteinhaber spezialisierten Agenturen ist Profile Partners, die neben ihrem Hauptsitz in London noch weitere Büros in München, Stockholm und Oslo unterhält. Als „Full Service"-Agentur begleitet Profile Partners ausgehend von Medien- und Marktanalysen den gesamten Verwertungsprozess – Entwicklung von Rechtepaketen und Spielformaten, Vorbereitung und Durchführung von Ausschreibungen, Verhandlung und Ausgestaltung von Werbe-/Lizenzverträgen. Dabei erwirbt Profile Partners die Rechte allerdings nicht selbst, sondern analysiert und bearbeitet alle mit der Verwertung der Rechte verbundenen Fragestellungen *gemeinsam* mit dem originären Rechteinhaber, z. B. über gemeinsame Arbeitsgruppen. Damit behält dieser alle Entscheidungskompetenzen und kann folglich den gesamten Vergabeprozess vollumfänglich kontrollieren.

> Im Innenverhältnis zum originären Rechteinhaber versteht sich Profile Partners gewissermaßen als „Coach"; im Außenverhältnis zu potenziellen Rechteverwertern nutzt die Agentur ihre Expertise, um im Namen des originären Rechteinhabers maßgeschneiderte Ausschreibungen zu erarbeiten und dann die potenziellen Abnehmer zielgerichtet anzusprechen. Die Vergütung von Profile Partners wird schließlich vom Erreichen vorab gemeinsam festgelegter Zielsetzungen abhängig gemacht. Diese zielen insbesondere in finanzieller Hinsicht auf eine Optimierung der Rechteverwertung.

Kontrollfragen

1. Im Kontext der Verwertung medialer und werblicher Rechte sind umfangreiche, hoch spezialisierte Agentur-/Beraternetzwerke beobachtbar. Wie lässt sich dies erklären?
2. Im Verhältnis zwischen originären Rechteinhabern, potenziellen Rechteverwertern und vermittelnden Agenturen/Beratern haben sich verschiedene strategische Geschäftsmodelle etabliert. Welche sind dies und welche Vor-/Nachteile sind damit jeweils aus Sicht der originären Rechteinhaber verbunden?

5.5 Vertragsrechtliche Gestaltung der Rechteverwertung

Der Leistungsaustausch von Spitzensport, Massenmedien und Wirtschaft in Form der Verwertung medialer und werblicher Rechte basiert auf vielfältigen Kooperationen, also personen- und organisationsübergreifenden Aktivitäten, z. B. zwischen Spielerberatern, Profisportlern, Fernsehanstalten und werbetreibenden Wirtschaftsunternehmen. Damit die jeweils wechselseitigen Erwartungen der Beteiligten eine verlässliche Basis erhalten, müssen sie vertragsrechtlich abgesichert sein. Nur wenn klar ist, wer von wem zu welchem Zeitpunkt welche Leistung erwarten kann und sich im Gegenzug zu welcher Gegenleistung verpflichtet, kann eine Verwertung medialer und werblicher Rechte gelingen. Vertragliche Regelungen bieten außerdem im Fall von Erwartungsenttäuschungen, sog. Leistungsstörungen, die Grundlage für eine Klärung strittiger Sachverhalte. Für Sportmanager ist es dabei nicht erstrebenswert, vertragliche Regelungen selbst „wasserdicht" formulieren zu können. Vielmehr geht es in erster Linie darum, für *juristisch geregelte Bereiche* ausreichend s*ensibilisiert* zu sein, d. h., ein Gefühl für potenzielle Chancen und Risiken der Vertragsgestaltung entwickeln und entsprechende Situationen der Managementpraxis angemessen interpretieren zu können.

Lernziele des Kapitels

> Die Leser lernen Grundlagen des Vertragsrechts kennen und setzen sich damit auseinander, wie Verträge zustande kommen.
> Sie lernen zentrale vertragliche Eckwerte kennen, über die im Rahmen einer Verwertung werblicher und medialer Rechte typischerweise Konsens zu erzielen ist.

Für das Sportmanagement sind insbesondere die im Bürgerlichen Gesetzbuch (BGB) getroffenen zivilrechtlichen Regelungen des *Bürgerlichen Rechts* relevant. Deren Grundsatz der

Privatautonomie – und damit verbunden Vertragsfreiheit, Eigentumsfreiheit und freie Entfaltung der Persönlichkeit – ermöglicht eine eigenverantwortliche Gestaltung der privaten Lebensverhältnisse und geschäftlichen Beziehungen (vgl. Brox, 1997, S. 17–24). Darüber hinaus bestehen im Sportmanagement wichtige Bezüge zu spezifischen privatrechtlichen Regelungen, u. a. dem

- *Handelsrecht* als Sonderprivatrecht für Kaufleute, geregelt im Handelsgesetzbuch.
- *Wirtschaftsrecht* als Sonderprivatrecht der gewerblichen Wirtschaft mit dem Gesetz gegen unlauteren Wettbewerb und dem Gesetz gegen Wettbewerbsbeschränkungen.
- *Immaterialgüterrecht* als Sonderprivatrecht u. a. für Urheberrechte und gewerbliche Schutzrechte, geregelt im Urheberrechtsgesetz, im Patentgesetz und im Markengesetz.
- *Arbeitsrecht* als Sonderprivatrecht der abhängigen, unselbständigen Arbeitnehmer, u. a. mit dem Arbeitszeitgesetz.

Im Rahmen der Verwertung medialer und werblicher Rechte haben insbesondere folgende vertragsrechtliche Grundlagen enorme praktische Relevanz.

5.5.1 Vertragsrechtliche Grundlagen

Verträge fixieren zwischen den Vertragsparteien wechselseitige Leistungs- und Gegenleistungsversprechen und ermöglichen damit Verlässlichkeit – gerade auch im Rahmen der Verwertung medialer und werblicher Rechte. Verträge sind dabei eine spezifische Form von *Rechtsgeschäften*, die von den Beteiligten angestrebte und von der Rechtsordnung prinzipiell gebilligte rechtliche Folgen herbeiführen, etwa zur Miete von Sportstätten oder zur Nutzung von Persönlichkeitsrechten in Werbemaßnahmen.

Wesentlicher Kern jedes Rechtsgeschäfts sind die auf einen Rechtserfolg gerichteten *Willenserklärungen* der Beteiligten. Ob ein Verhalten als Willenserklärung gilt, entscheidet sich im Kern danach, ob der – vermeintlich – Erklärende in der konkreten Situation

- bewusst handelt und ihm somit z. B. beim Sprechen, Nicken oder Schreiben ein *Handlungswille* unterstellt werden kann.
- sich darüber im Klaren ist, etwas rechtlich Relevantes zu erklären, ob er z. B. beim Unterschreiben eines Vertragsentwurfs ein entsprechendes *Erklärungsbewusstsein* hat.
- eine bestimmte Rechtsfolge herbeiführen will, z. B. dem Sponsor eine *konkrete* Werbebande verkaufen möchte. Bei Vorliegen der beiden anderen Voraussetzungen ist ein solcher *Geschäftswille* allerdings meist nur nachgeordnet von Bedeutung (vgl. Brox, 1997, S. 50–52).

Unterschreibt beispielsweise ein Vereinsgeschäftsführer in seiner Geschäftspost einen Brief mit einem Angebot für den neuen Ausrüstervertrag seiner 1. Mannschaft – und schickt er ihn in dem Bewusstsein ab, dass sein Handeln rechtlich bedeutsam ist – liegt eine Willenserklärung vor. Dies gilt auch dann, wenn er beim Unterschreiben davon ausgeht, es handle sich bei dem Papier um die Kündigungserklärung für seine Sekretärin.

Abgabe und Zugang von Willenserklärungen

Die *Wirksamkeit* von Willenserklärungen hängt grundsätzlich davon ab, dass sie von der einen Seite abgegeben werden und der anderen Seite zugehen (vgl. §§ 130ff. BGB). Allerdings sind Abgabe und Zugang von Willenserklärungen in der Managementpraxis je nach Form der Erklärung durchaus klärungsbedürftig.

Als *Abgabe* einer Willenserklärung gilt, wenn die Erklärung in Richtung des Empfängers abgesetzt ist und unter normalen Umständen mit ihrem Zugang beim Empfänger gerechnet werden kann (vgl. Brox, 1997, S. 79–81).

- Unter Anwesenden gelten z. B. *schriftliche Erklärungen* als abgegeben, wenn ein entsprechendes Schriftstück, etwa ein Angebot für das Trikotsponsoring der 1. Mannschaft, dem potenziellen Vertragspartner überreicht ist. Können schriftliche Erklärungen nicht unmittelbar und persönlich übergeben werden, reicht es für deren Abgabe regelmäßig aus, wenn der Erklärende – z. B. der Geschäftsführer eines potenziellen Sponsors – sein schriftliches Dokument so auf den Weg bringt, dass er unter normalen Umständen mit dessen Zugang beim Empfänger, etwa dem Vereinsgeschäftsführer, rechnen kann. Hierfür reicht es aus, das Schreiben in den Briefkasten zu geben oder einen seiner Angestellten mit der Übermittlung zu beauftragen.
- Die besondere Schwierigkeit *mündlicher Erklärungen* liegt darin, dass sie unmittelbar nach ihrer Artikulation nicht mehr existieren und somit keine greifbaren Anhaltspunkte für spätere Auslegungen/Interpretationen bieten. Im persönlichen oder telefonischen Kontakt gelten Erklärungen deshalb grundsätzlich als abgeben, wenn sie gegenüber dem Anwesenden so geäußert sind, dass dieser sie akustisch verstehen kann, z. B. im Rahmen einer gemeinsamen Besprechung. Setzt der Erklärende hingegen eine Mittelsperson als Boten, z. B. einen Praktikanten, gilt seine Erklärung bereits mit der Mitteilung an den Boten (*Erklärungsbote*) als abgeben.

Für den *Zugang* einer Willenserklärung muss sie in den Bereich des Empfängers gelangen, damit dieser vom Inhalt der Erklärung Kenntnis nehmen kann – und unter normalen Umständen auch mit der Kenntnisnahme gerechnet werden darf (vgl. Brox, 1997, S. 81–84).

- Bei der persönlichen Übergabe schriftlicher Erklärungen erfolgt der Zugang der Erklärung direkt zu diesem Zeitpunkt. Im persönlichen oder telefonischen Gespräch gelten mündliche Erklärungen als zugegangen, wenn der anwesende Empfänger sie akustisch vernimmt.
- Einem räumlich abwesenden Empfänger gehen schriftliche Erklärungen hingegen dann zu, wenn entsprechende Schriftstücke z. B. seine Geschäftsräume erreichen und ihm deshalb Kenntnisnahme möglich ist. Bei mündlichen Erklärungen unter Abwesenden wiederum richten sich Zugang und Risikoverteilung danach, ob
  - der Erklärende eine Mittelsperson einschaltet, z. B. einen seiner Angestellten. Dann geht die Erklärung dem Empfänger mit der Übermittlung durch den Angestellten zu. Fehlerhafte oder verspätete Mitteilungen dieses *Erklärungsboten* muss sich der Erklärende anrechnen lassen.
  - die Erklärung auf Seiten des eigentlichen Empfängers einem als geeignet und als ermächtigt angesehenen Dritten übermittelt wird, z. B. dessen Praktikanten oder Ehefrau. Dann geht dem Empfänger die Erklärung zu, wenn unter normalen Umständen mit einer Weitergabe der Erklärung an ihn persönlich zu rechnen ist. Das Risiko einer falschen oder verspäteten Übermittlung durch den *Empfangsboten* trägt dann allerdings der eigentliche Erklärungsempfänger.

– auf Seiten des Empfängers ein *Empfangsvertreter* agiert, z. B. ein explizit beauftragter Mitarbeiter. Dann gilt die Erklärung bereits unmittelbar mit der Übermittlung an den Vertreter als dem – vertretenen – Erklärungsempfänger zugegangen.

Ausdrückliche Erklärungen sind meist unkritisch, z. B. wenn ein Verhandlungspartner sagt: „Hiermit nehme ich Ihr Angebot an." Erschwerend kann in der Managementpraxis aber jederzeit hinzukommen, dass gar keine ausdrückliche Erklärung vorliegt, sondern unter den situativen Umständen lediglich indirekt/mittelbar (*konkludent*) zum Ausdruck gebracht wird – etwa wenn im Rahmen von Vertragsgesprächen die von Kopfnicken begleitete Äußerung „Das ist ja sehr interessant, das können wir uns gut vorstellen." als Einwilligung in eine entsprechende Vertragsklausel verstanden wird. Die in solchen Situationen notwendige *Auslegung* vermeintlicher Willenserklärungen richtet sich in erster Linie nach der Perspektive desjenigen, an den die (vermeintliche) Erklärung gerichtet ist (*Empfängerhorizont*). Im Einzelfall ist dabei zu prüfen, wie die Handlungen unter gängigen Umständen vom jeweiligen Gegenüber, dem Erklärungsempfänger, verstanden werden können oder müssen. Abgabe und Zugang von Willenserklärungen sind gerade in Managementkontexten besonders relevant, weil hier regelmäßig konkrete Fristen gelten, bis zu denen man z. B. auf eine Ausschreibung medialer Rechte reagieren muss oder bis zu denen man bestehende Vermarktungsverträge kündigen kann.

Verträge – Spezifische Formen von Rechtsgeschäften

Verträge, z. B. Kauf- oder Mietverträge, umfassen *mindestens zwei* mit Bezug aufeinander abgegebene, *inhaltlich übereinstimmende*/deckungsgleiche Willenserklärungen – Angebot und Annahme (vgl. §§ 150; 151 BGB). Verträge sind dabei grundsätzlich formlos wirksam, müssen also nicht schriftlich fixiert sein, sondern können beispielsweise auch „per Handschlag" zustande kommen. Dennoch verringert Schriftlichkeit den Einfluss situativer und sozialer Plausibilitätsbedingungen und erleichtert im Konfliktfall die inhaltliche Auslegung und Klärung. Gerade im Kontext der Rechteverwertung sind vertragliche Regelungen deshalb möglichst exakt schriftlich zu fixieren.

Zunächst muss ein *Vertragsangebot* (vgl. §§ 145ff. BGB) alle wesentlichen Vertragseckwerte umfassen, also die Vertragsparteien, den Vertragsgegenstand und die jeweilige Gegenleistung so konkret formulieren, dass ihnen die Gegenseite für einen Vertragsschluss vorbehaltlos zustimmen kann. Zeitungsannoncen, Kataloge oder öffentliche Ausschreibungen gelten typischerweise nicht als Vertragsangebote, da hier zum einen der Geschäftswille des vermeintlichen Anbieters fehlt und zum anderen auch gegen seinen Willen eine ggf. unbegrenzte Zahl an Verträgen zustande kommen würde, die er gar nicht alle erfüllen könnte. Vielmehr handelt es sich hierbei um Aufforderungen zur Abgabe eines Angebots durch den jeweiligen Leser oder Betrachter (*Invitatio ad offerendum*).

Außerdem braucht es zum Vertragsabschluss eine vorbehaltlose *Annahme* als Einverständniserklärung mit dem Angebot. Verspätete oder modifizierte Annahmen gelten – auch wenn nur geringfügige Verspätungen oder Änderungen vorliegen – als neue Angebote (vgl. § 150 BGB).

- Die Möglichkeit zur Annahme von Vertragsangeboten ist dabei nur innerhalb bestimmter *zeitlicher Fristen* gegeben, die vom Antragenden im Angebot definiert sein können. Ist dies nicht der Fall, muss dem potenziellen Vertragspartner Zeit zur Kenntnisnahme, Abwägung und Antwort eingeräumt werden. Ungeachtet jeder Einzelfallprüfung darf dies meist wenige Tage in Anspruch nehmen. Mündliche Vertragsangebote wiederum können nur sofort angenommen werden (vgl. § 147 BGB).

- Schweigen wird grundsätzlich nicht als Willenserklärung gewertet. Hält jedoch z. B. einer von zwei Geschäftsleuten zwischen ihnen mündlich getroffene Vereinbarungen schriftlich fest und stellt diese dem anderen zu, etwa: „Ich bestätige folgenden Inhalt unseres Telefonats.", handelt es sich dabei um ein *kaufmännisches Bestätigungsschreiben*. Diesem muss der Empfänger unverzüglich widersprechen, wenn er mit Inhalten oder Formulierungen nicht einverstanden ist. Ansonsten gelten darin festgehaltene Eckwerte als von ihm akzeptiert – und Schweigen ausnahmsweise als Annahmeerklärung.

Erhält ein Sportmanagementstudent beispielsweise von einem Fernsehsender ein mündliches Praktikumsangebot für die Zeit vom 01.01.2013 bis 30.06.2013, kann er dieses nur sofort mündlich annehmen. Hat er das Angebot schriftlich vorliegen, muss er es innerhalb einer angemessenen Frist annehmen, die grundsätzlich wenige Tage umfasst. Sagt der Student hingegen für die Zeit vom 01.01.2013 bis zum 31.03.2013 zu, kommt damit kein Vertrag zustande, denn diese modifizierte Annahme wird als neues Angebot gewertet (vgl. Brox, 1997, S. 89–98).

5.5.2 Eckwerte von Verwertungsverträgen

Diese allgemeinen vertragsrechtlichen Grundlagen sind auch bei Vertragsgestaltungen im Rahmen der Verwertung werblicher und medialer Sportrechte zu beachten. Zwar eröffnet der Grundsatz der Privatautonomie einer konkreten Ausgestaltung von Verträgen vielfältige Regelungsfreiheiten. Dennoch sind in Verwertungsverträgen typische Eckwerte als zentrale Vertragsbestandteile zu regeln – über die folglich bei Vertragsverhandlungen zwischen beiden Vertragsparteien Konsens zu erzielen ist. Im Zweifels- oder Konfliktfall ist zu klären, ob von den Vertragsparteien auf diese inhaltlichen Eckwerte bezogene wirksame Willenserklärungen vorliegen.

Eckwerte von Verwertungsverträgen medialer Rechte

Die massenattraktive Übertragung von Sportereignissen ist eine grundlegende Bedingung der wirtschaftlichen Verwertung des Spitzensports (vgl. Kapitel 5.1.1). Originäre Rechteinhaber des Sports, z. B. Ligaorganisationen oder Sportverbände, können diesbezüglich direkte vertragliche Verbindungen zu Medienunternehmen eingehen oder die Nutzungsrechte an Agenturen abtreten, die dann ihrerseits Verwertungsrechte weiter veräußern (vgl. Kapitel 5.4).

Mit Fernsehen, Hörfunk, Internet und Mobilfunk existieren heute vielfältige massenmediale Übertragungsformen. Aufgrund dieser Komplexitäten der Medienlandschaft ist der jeweilige Umfang medialer Nutzungsrechte möglichst exakt vertraglich zu regeln. Regelungsbedürftige Inhalte von Lizenzverträgen zur Verwertung medialer Sportrechte lassen sich dabei insbesondere an folgenden Eckwerten festmachen (vgl. Körber, 2012b, S. 613–621):

- Insbesondere bei umfangreichen Verträgen bietet es sich an, vorweg eine *Präambel* mit Hinweisen auf die vertraglich geregelten Sachverhalte und die beiderseitigen Motive der Vertragsparteien zu formulieren. Dies eröffnet gerade in Konfliktfällen und Auslegungsfragen wichtige inhaltliche Anhaltspunkte.

- Der Vertrag selbst hat zunächst die *Vertragspartner* zu definieren, z. B. die Ligaorganisation und einen Fernsehsender, oder eine Sportrechteagentur.
- Des Weiteren ist der *Vertragsgegenstand* – also die eingeräumten Verwertungsrechte – möglichst eindeutig zu bestimmen. Hierbei handelt es sich meist um Rechte zur Erstellung von Bewegtbild- und Tonaufnahmen im Stadion/in der Spielstätte selbst sowie zu deren Übertragung mittels bestimmter Medientechniken.
  - Zu klären ist, auf welches *Sportereignis* oder auf welche Anzahl von Sportereignissen, z. B. eines Ligawettbewerbs, sich die eingeräumten Rechte beziehen. Konkret ist festzulegen, für welche Spiele und an welchen Veranstaltungsorten der Lizenznehmer akkreditiert ist und ihm gestattet wird, Bild- sowie Tonaufnahmen zu machen und diese technisch vervielfältigt auszustrahlen.
  - Festzulegen sind der jeweils eingeräumte *Rechteumfang*, z. B. Fernsehen (Free-TV, Pay-TV, terrestrisch, Kabel, Satellit), Internet, Mobilfunk oder plattformunabhängige Rechte (vgl. Kapitel 5.2.1) sowie *Qualitätsstandards* der Bewegtbilder. Insbesondere die Abgrenzung von Fernsehen und Internet ist mittlerweile enorm wichtig, da aufgrund der heutigen technischen Bedingungen beide Übertragungsformen in direkter Konkurrenz stehen können. Die Übertragungsform „Internet" unterscheidet zwischen IPTV, der Übertragung von Inhalten über digitale Datennetze mit einem definierten „Maß an Qualität, Sicherheit, Interaktivität und Zuverlässigkeit" (Körber, 2012b, S. 600), und Web-TV, frei zugänglichen Video-Streams ohne technische Qualitätsgarantien. Empfehlenswert ist deshalb eine möglichst klare Beschreibung der jeweils beabsichtigten wirtschaftlich Rechtenutzung, um etwa bei technischen Weiterentwicklungen während der Vertragslaufzeit Anhaltspunkte für eine Vertragsauslegung zu haben (vgl. Körber, 2012b, S. 599–602).
  - Relevant ist auch die Konkretisierung des jeweiligen räumlichen *Ausstrahlungsgebiets*, für welches der Vertragspartner Verwertungsrechte erwirbt, z. B. eines Nationalstaats. Ein sog. „Geoblocking" ist auch im Internet möglich und insbesondere mit Blick auf einzuräumende geografische Exklusivitäten relevant (vgl. Kapitel 5.2.2).
  - Aufgrund der mittlerweile fortgeschrittenen Möglichkeiten sind auch vertragliche Regelungen zu treffen, inwiefern über digitale Bildbearbeitung *virtuelle*, also nur auf dem Bildschirm sichtbare *Werbung* eingeblendet werden darf. Originäre Rechteinhaber haben dabei ein generelles Interesse, virtuelle Werbung ganz auszuschließen, da ansonsten die ökonomische Werthaltigkeit ihrer werblichen Rechte im Stadion und auf den Trikots stark beeinträchtigt werden kann, z. B. wenn ihre Sponsoren im Fernsehen überblendet werden oder dort Werbung von Konkurrenzunternehmen zu sehen ist. Wenigstens sollten sie sich deshalb einen Zustimmungsvorbehalt einräumen lassen (vgl. Körber, 2012b, S. 606). Dies kann auch mit Blick auf ein Programmsponsoring im Rahmen der Fernsehübertragungen von Interesse sein, sodass sich originäre Rechteinhaber z. B. Vorkaufsrechte für ihre Sponsoren einräumen lassen oder diese direkt zum Gegenstand ihrer werblichen Verwertungsverträge machen.
- Regelmäßig erwarten Medienunternehmen außerdem *Exklusivität der Rechteeinräumung*, d. h., dass sie jeweils alleiniger Rechteinhaber für Live-Übertragungen der Sportereignisse sind oder ihnen exklusiv zeitlich versetzte Erst-, Zweit- oder Nachverwertungsrechte eingeräumt werden (vgl. Kapitel 5.2).

- Auch ist zu regeln, wer das *Basissignal produziert* und dem Lizenznehmer zur Verfügung stellt – oder ob der Lizenznehmer das Signal selbst herstellt. Wichtig ist festzuhalten, dass der Veranstaltungsablauf von der Signalherstellung des Medienrechteverwerters nicht beeinträchtigt werden darf.
- Bei Verträgen zwischen originären Rechteinhabern und Medienunternehmen ist es aus Sicht der Rechteinhaber erstrebenswert, *Rechte zur Sublizenzierung* – also zur Verwertung der Rechte durch Dritte – auszuschließen oder sich zumindest einen Zustimmungsvorbehalt einräumen zu lassen. Nur dann ist eine möglichst weitgehende Kontrolle über die Verwertung der Rechte realisierbar. In Verträgen mit Agenturen ist dies allerdings faktisch nicht möglich, da eine Sublizenzierung der Rechte die geschäftliche Basis der Agentur darstellt, z. B. Sublizenzierungen in verschiedenen Ländern. Möglicherweise können originäre Rechteinhaber jedoch Bedingungen der Sublizenzierung definieren, oder wichtige Vertragsklauseln zwischen Agentur und potenziellen Verwertern vorgeben.
- Für die ökonomische Werthaltigkeit der medialen und insbesondere auch der werblichen Rechte sind *Ausstrahlungsgarantien* äußerst relevant. Originäre Rechteinhaber müssen nach Möglichkeit ausschließen, dass Rechte ganz oder teilweise ungenutzt bleiben. Solche Garantien verbessern dann auch ihre Verhandlungspositionen gegenüber potenziellen Sponsoren.
- Als Gegenleistungen der Rechteverwerter werden meist pauschale *finanzielle Vergütungen* vereinbart.
- Grundsätzlich sind *Vertragslaufzeiten* über mehrere Jahre zulässig, gerade bei Exklusivvereinbarungen stellen sich jedoch kartellrechtliche Fragen (vgl. Kapitel 5.2.2), weshalb solche Verträge meist für Zeiträume von max. drei Jahren abgeschlossen werden.
- Sind Rechteverwerter z. B. bei internationalen Sportgroßveranstaltungen an längerfristigen Übertragungsmöglichkeiten interessiert, streben sie häufig die Aufnahme von *Optionsrechten* in die Lizenzverträge an, z. B. Erstverhandlungs- oder Vorkaufsrechte. Damit werden jedoch zukünftige Spielräume der originären Rechteinhaber nach Ablauf der Vertragslaufzeit eingeschränkt, weshalb sie diesen meist ablehnend begegnen.
- Zu klären ist außerdem, inwiefern der originäre Rechteinhaber nach Ablauf der Vertragslaufzeit *Zugriff auf* das vom Rechteverwerter erstellte *Bild- und Tonmaterial* erhält. Für ihn ist erstrebenswert, in einer Klausel umfassende Zugriffsrechte auf das Material festzuhalten – um später nicht selbst Nutzungsgebühren für Bewegtbilder der „eigenen" Sportereignisse entrichten zu müssen.
- Auch sind mögliche *Kündigungsgründe* zu definieren, also Umstände, unter denen ein Festhalten am Vertrag für eine der Vertragsparteien unzumutbar ist, z. B. Verstöße gegen Exklusivität oder schlechte Qualität des Sendematerials.
- Schließlich gibt es regelmäßig *weitere Bestimmungen*, z. B. Vertraulichkeit zwischen den Vertragsparteien auch über die Vertragslaufzeit hinaus, Ausschluss von Nebenabreden, Schriftform für Vertragsänderungen, Haftungseinschränkungen, Gerichtsstandsvereinbarungen und Salvatorische Klauseln.

Eckwerte von Verwertungsverträgen werblicher Rechte

Die als Sponsoring bezeichnete Verwertung werblicher Rechte ist sehr facettenreich und kennt in der Praxis vielfältige Erscheinungsformen, etwa in Form von Trikotsponsoring, Stadion-Namensrechten oder Ausrüsterverträgen (vgl. Kapitel 5.3.1). Vor diesem Hintergrund liegt es nahe, dass vertragliche Regelungen jeweils den situativen Umständen und

Interessen der Beteiligten angepasst sind. Insofern gibt es auch keine allgemeingültige „Blaupause" für Sponsoring-Verträge. Regelungsbedürftige Inhalte von Sponsoringverträgen zur Verwertung werblicher Sportrechte lassen sich jedoch grundsätzlich an folgenden Eckwerten eines Trikotsponsorships festmachen (vgl. Lentze, 2012, S. 79–80; Körber, 2012a, S. 556–576):

- Insbesondere bei umfangreichen Verträgen bieten es sich an, vorweg eine *Präambel* mit Hinweisen auf die vertraglich geregelten Sacherhalte und die beiderseitigen Motive der Vertragsparteien zu formulieren. Dies eröffnet gerade in Konfliktfällen und Auslegungsfragen wichtige inhaltliche Anhaltspunkte.
- Der Vertrag selbst hat zunächst die *Vertragspartner* zu definieren, z. B. das Wirtschaftsunternehmen als Haupt-/Trikotsponsor und den Verein/die Spielbetriebsgesellschaft als Gesponserten und originären Inhaber aller werblichen Rechte, über die im Vertrag Vereinbarungen getroffen werden.
- Die zwischen den Vertragsparteien wechselseitig versprochenen Leistungen stellen den eigentlichen *Vertragsgegenstand* dar und sind deshalb möglichst exakt zu definieren:
  - *Leistungen des Sponsors* sind typischerweise Zuwendungen in Form von Geld-, Sach- und/oder Dienstleistungen zur Unterstützung des Gesponserten und insbesondere seiner sportlichen Zielsetzungen (vgl. Kapitel 5.3.2). Neben pauschalen Einmalzahlungen sind dabei auch leistungs-/erfolgsabhängige Prämien oder Abstufungen in Abhängigkeit der Zuschauerzahlen vor Ort/via Massenmedien üblich.
  - *Leistungen des Gesponserten* zielen auf eine Unterstützung des Sponsors bei der Verfolgung seiner werblichen/kommunikativen Zielsetzungen und können je nach Umfang der Rechteeinräumung sehr vielschichtig sein, z. B.
    - Berechtigung des Sponsors, die offizielle Bezeichnung „Haupt-/Topsponsor" zu führen und diese werblich zu nutzen, etwa unter Einbezug von Namens-, Bild- und Markenrechten des Gesponserten.
    - Berechtigung des Sponsors, gemäß den jeweils gültigen Statuten der Ligaorganisation/des Sportverbands sein Logo (Wortbild-Marke) auf Trikots und Trainingsanzügen der Mannschaft des Gesponserten zu platzieren und ggf. auch Trikots und Sportkleidung seinem „Look and feel" entsprechend zu gestalten, u. a. über die Farbgebung der Auswärtstrikots.
    - Berechtigung des Sponsors zur jederzeitigen Nutzung einer eigenen Loge im Stadion des Gesponserten.
    - Berechtigung des Sponsors zur Nutzung einer bestimmten Anzahl TV-relevanter Banden und Camcarpets neben dem Tor sowie zur Namensgebung einer Tribünenseite.
    - Berechtigung des Sponsors zur Nutzung werblicher Darstellungsmöglichkeiten in der Mixed-Zone, bei Pressekonferenzen, auf dem Mannschaftsbus und auf Athletenfahrzeugen, am Trainingsgelände, in Printmaterialien (u. a. Plakaten, Eintrittskarten, Stadionzeitungen) sowie auf der Homepage des Gesponserten.
    - Berechtigung des Sponsors zur Nutzung reservierter Eintrittskarten bei Heim- und Auswärtsspielen der Mannschaft des Gesponserten.
    - Anspruch des Sponsors auf Mitwirkung einer bestimmten Anzahl von Spielern der gesponserten Mannschaft bei seinen Werbeaktionen/PR-Terminen, etwa Autogrammstunden oder Empfängen – jeweils in Abstimmung mit den sportlichen Belangen und Terminen der Spieler.

5.5 Vertragsrechtliche Gestaltung der Rechteverwertung

- Durchführung eines jährlichen Freundschaftsspiels der gesponserten Mannschaft im Rahmen von Betriebsveranstaltungen des Sponsors.
- Ausschluss virtueller Werbung in medialen Verwertungsverträgen des Gesponserten, oder Einräumung eines Zustimmungsrechts des Sponsors bei etwaigen Anfragen von Medienrechteverwertern.

- Um das Erreichen der werblichen Zielsetzungen wahrscheinlicher zu machen, wird zwischen den Vertragsparteien regelmäßig *Branchenexklusivität* vereinbart, d. h., der Gesponserte verpflichtet sich, in zeitlicher, räumlicher und sachlicher Hinsicht mit keinem anderen Unternehmen vergleichbare Vereinbarungen zu treffen. Gerade bei Mannschaftssportarten sind außerdem Öffnungsklauseln wichtig, etwa wenn Spieler des Gesponserten bei Nationalmannschaftseinsätzen zur Nutzung von Konkurrenzprodukten einer vergleichbaren Produktkategorie verpflichtet sein können.
- Praktische Relevanz haben insbesondere auch *Abstimmungsklauseln*, die möglichst exakt festlegen, inwiefern der Sponsor beispielsweise berechtigt ist, eigene Film- und Fotoaufnahmen des Gesponserten zu machen, um diese zu Werbezwecken zu verwenden. Häufig strebt der Gesponserte ein Freigaberecht der mit ihm gemachten Film- und Fotoaufnahmen an. Auch ist festzuhalten, wie häufig und in welchem Umfang die Testimonials für Werbeaufnahmen zur Verfügung stehen müssen und wie Reisezeit vergütet wird. Der Gesponserte hat dabei grundsätzlich Interesse an einer Kostenübernahme durch den Sponsor, z. B. Reisekosten, Produktionskosten für Werbematerialien, Kosten für Branding und Ausstattung von Logen.
- Da gerade aus Sponsorensicht relevante imagebezogene Effekte eines Sponsorships zeitintensive Lernprozesse der Zielgruppen erfordern, werden meist mehrjährige *Vertragslaufzeiten* vereinbart.
- Gerade wenn Sponsoren an längerfristigen Werbemöglichkeiten interessiert sind, streben sie häufig auch die Aufnahme von *Optionsrechten* in die Sponsoringverträge an. Solche Erstverhandlungs- oder Vorkaufsrechte nach Ablauf der Vertragslaufzeit schränken jedoch zukünftige Spielräume der originären Rechteinhaber ein, da der Sponsor dann u. U. den Vertrag durch einseitige Erklärung verlängern kann.
- Vertraglich festgehalten werden meist auch beispielhafte *Kündigungsgründe*, etwa imageschädigendes Verhalten des Gesponserten, positive Dopingproben, Beteiligungen an Wettmanipulationen, sportlicher Abstieg in eine niedrigere Liga.
- Schließlich gibt es regelmäßig *weitere Bestimmungen*, z. B. Vertraulichkeit zwischen den Vertragsparteien auch über die Vertragslaufzeit hinaus, Ausschluss von Nebenabreden, Schriftform für Vertragsänderungen, Haftungseinschränkungen, Gerichtsstandsvereinbarungen und Salvatorische Klauseln.

Vor dem Hintergrund der vorab vom originären Rechteinhaber geschnürten Rechtepakete sind die skizzierten Eckwerte in der Managementpraxis – je nach situativen Bedingungen und Interessenlagen der Beteiligten – in differenzierten Einzelheiten zu klären und vertraglich zu regeln. Da Sponsoren und Gesponserte naturgemäß unterschiedliche Interessen verfolgen, liegt die praktische Herausforderung des Sportmanagements insbesondere darin, für beide Vertragspartner zustimmungsfähige Angebote zu verhandeln und Einigkeit über die zentralen Vertragsinhalte zu erzielen. Dies erfordert nicht nur fachliche Expertise, um kreative werbliche Lösungen zu finden, sondern vor allem auch Erfahrung in der Gesprächs- und Verhandlungsführung – um gegenläufige Interessen der Beteiligten ausgleichend moderieren zu können.

Kontrollfragen

1. Willenserklärungen sind der Kern jedes Rechtsgeschäfts und damit auch von Verträgen. Ob ein Verhalten im Rechtssinn als Willenserklärung gilt, wird generell an drei Kriterien festgemacht. Welche sind dies?
2. Abgabe und Zugang von Willenserklärungen sind gerade in Managementkontexten relevant, etwa wenn konkrete Kündigungsfristen oder fixe Abgabetermine für Sponsoringgebote definiert sind. Inwiefern können Abgabe und Zugang von Willenserklärungen klärungsbedürftig sein und woran orientiert sich üblicherweise eine Auslegung strittiger Sachverhalte?
3. Angebot und Annahme als zwei mit Bezug aufeinander abgegebene und inhaltlich übereinstimmende Willenserklärungen sind Kernbestandteile jedes Vertrags. Welche inhaltlichen Eckpunkte müssen Vertragsangebote generell umfassen und unter welchen Bedingungen kommt durch die Annahmeerklärung typischerweise ein Vertrag zustande?
4. Verwertungsverträge medialer Rechte sind die Basis für massenattraktive Übertragungen von Sportereignissen. Welche zentralen inhaltlichen Eckwerte müssen Verträge zur Verwertung medialer Rechte regeln und welche Interessen verfolgen die Vertragspartner typischerweise bei den einzelnen Punkten?
5. Verwertungsverträge werblicher Rechte sind die Basis einer werblichen Nutzung von Spitzensportlern, Sportorganisationen oder Sportereignissen durch Wirtschaftsunternehmen. Welche zentralen inhaltlichen Eckwerte müssen Verträge zur Verwertung werblicher Rechte regeln und welche Interessen verfolgen die Vertragspartner typischerweise bei den einzelnen Punkten?

6 Zusammenfassung und Ausblick

In diesem Lehrbuch wurden ausgewählte Themen des Sportmanagements aufgearbeitet, die aus Autorensicht für eine umfassende Hinführung an grundlegende Zusammenhänge des Managements in organisierten Kontexten des Sports und eine Reflexion aktueller Entwicklungen der Sportmanagementpraxis von Bedeutung sind.

- Zentraler Ausgangspunkt der gewählten Vorgehensweise war das Verständnis von Management als organisationsbezogener Funktion, aus dem heraus generelle Managementdimensionen, -aufgaben und -instrumente abgeleitet und beschrieben wurden. Daran anknüpfend folgte eine Kennzeichnung von Sportvereinen und Sportverbänden sowie von Spielbetriebsgesellschaften und Sportligen des professionellen Spitzensports als relevanten Organisationskontexten des Sports.
- Auf dieser Basis wurden charakteristische Bedingungen und Spannungsfelder des Sportmanagements beschrieben: ausgehend von spezifischen Strukturbedingungen des Managements in Freiwilligenvereinigungen des Sports, über steuerrechtliche Bedingungen des Sportvereinsmanagements, bis hin zu Spannungsfeldern des Vereins- und Verbandsmanagements zwischen Mitglieder-/Marktorientierung und des Managements professionellen Teamsports zwischen sportlichem/wirtschaftlichem Erfolg.
- Als generell bedeutsame Einzelthemen des Sports wurden dann staatliche Sportförderung sowie Finanzierungsquellen und -prinzipien des organisierten Sports beschrieben, bevor abschließend ausführlich auf Bedingungen und Mechanismen der Verwertung medialer und werblicher Rechte des Spitzensports eingegangen wurde.

Auf diese Weise konnten Grundlagen und Charakteristika eines Sportmanagements erkennbar gemacht sowie Möglichkeiten und Grenzen einer Übertragbarkeit ökonomischer Prinzipien und betriebswirtschaftlicher Instrumente auf organisierte Kontexte des Sports verdeutlicht werden. Die zahlreichen Kontrollfragen am Ende der Teilkapitel ermöglichen den Lesern jeweils differenzierte Zusammenfassungen der im Einzelnen dargestellten Inhalte.

Richtet man den Blick über dieses ausgewählte Themenspektrum hinaus, zeigt sich gleichwohl eine ganze Reihe bislang nicht ausgeleuchteter Aufgaben- und Anwendungsfelder der Sportmanagementpraxis. Ungeachtet ihrer jeweiligen problem- und aufgabenspezifischen Besonderheiten, handelt es sich dabei um fachspezifische Ausprägungen der in Kapitel 1 beschriebenen generellen Managementaufgaben. Beispielsweise

- erfolgt in allen Sportorganisationen ein mehr oder weniger ausdifferenziertes *Personalmanagement*, das u. a. die Ermittlung von Personalbedarf, die Personalrekrutierung mittels Ausschreibungen, persönlicher Ansprachen oder Assessment-Verfahren, das organisationsinterne Stellendesign für einen möglichst effektiven Personaleinsatz sowie die Personalentwicklung der Mitarbeiter (off and on the Job) umfasst (vgl. von Eckardstein, 2002, S. 309–336; Schlesinger & Nagel, 2010, S. 194–200).

- umfasst ein *Athletenmanagement* insbesondere die duale Karriereplanung von Spitzensportlern, d. h., eine Abstimmung von Schule, Studium/Ausbildung und Training zum Zweck einer parallelen, miteinander möglichst abgestimmten beruflichen und spitzensportlichen Karriere. Hierfür sind u. a. notwendige Kontakte zu Schulen/Lehrern, Hochschulen/Dozenten, Wirtschaftsunternehmen/Geschäftsführern, Vereinen/Trainern und Sportverbänden/Funktionären zu knüpfen und zu pflegen – sowie hierfür geeignete Maßnahmen zu planen, umzusetzen und zu kontrollieren (vgl. Riedl, Borggrefe & Cachay, 2007, S. 159–189). Darüber hinaus umfasst ein Athletenmanagement regelmäßig eine Schärfung der Sportleridentität mit dem Ziel, auf Seiten des Sportpublikums wünschenswerte Einschätzungen/Assoziationen im Sinne eines positiven Images zu provozieren. Dies dient vor allem einer Attraktivitätssteigerung der Athleten mit Blick auf potenzielle Sponsoren, mit denen wiederum Kontakte geknüpft, Verträge verhandelt und operative Umsetzungen vereinbarter Maßnahmen getroffen werden müssen.
- geht es im Rahmen eines *Team-Managements* vor allem um ein Scouting von (Nachwuchs-) Spielern, d. h., die gezielte Beobachtung potenzieller Talente sowie die Vorbereitung und die Durchführung von Spielertransfers – inklusive der hierfür notwendigen Kontakte zu Vereinen, Verbänden, Spielerberatern und Eltern. Zu diesem Aufgabengebiet zählen aber auch die Saison-/Turnierplanung, die Rekrutierung von Trainern und Betreuern im Team-Umfeld, die Entwicklung von Anreiz- und Prämiensystemen für Spieler und Mitarbeiter sowie die vielfältigen Aufgaben im Rahmen von Lizenzierungsverfahren der Ligaorganisationen.
- wird in Abhängigkeit jeweils situativer und organisationaler Bedingungen in Sportkontexten ein *Finanzmanagement* umgesetzt, basierend auf Budgetanalysen, Investitionsrechnungen und Anwendungen lang-/kurzfristiger Finanzierungsinstrumente. Damit sollen vor allem finanzielle Gewinne und Verluste beobachtbar gemacht, Vermögenswerte bilanziert und Liquidität für die jeweilige Organisation gesichert werden können (vgl. Sigloch, 2009, S. 203–223).
- ist gerade bei Sportvereinen mit mehreren Sportarten/Abteilungen oder Kursprogrammen ein umfassendes *Angebotsmanagement* notwendig. Dieses trägt vor allem über eine Zeit-, Personaleinsatz- und Hallenplanung dafür Sorge, dass Mitglieder und/oder Kunden die von ihnen erwarteten Leistungen der Sportvereine, Sportverbände oder gewerblichen Sportanbieter – etwa Fitnessunternehmen – in Anspruch nehmen können. Vor diesem Hintergrund sind außerdem auch sportspezifische Facetten von *Marktforschung* (vgl. Bühler & Nufer, 2011a, S. 75–81) und *Marktsegmentierung* (vgl. Nagel & Schlesinger, 2011, S. 99–107), ebenso wie Fragen von *Qualitätsmanagement* (vgl. Breuer & Erdtel, 2009, S. 172–187) und *Kundenzufriedenheit* (vgl. Hänsel, 2009, S. 351–370) bedeutsam.
- erfordert organisiertes Sporttreiben in Sportvereinen oder gewerblichen Sportanbietern häufig auch ein explizites *Sportstättenmanagement*. Über explizite Hallenbelegungsplanungen hinaus sind gerade bei Sportorganisationen mit eigenen Liegenschaften immer wieder Fragen von Neu- oder Umbauten der Sportstätten aktuell. Dies ist etwa dann der Fall, wenn die bestehende Bausubstanz angesichts neuer Umwelt- oder Energievorschriften nicht mehr zeitgemäß oder renovierungsbedürftig ist, wenn sich gängige Motive des Sporttreibens ändern, wenn neue Zielgruppen spezifische Erwartungen an die Sportstätten richten oder wenn Sport-Infrastruktur den Anforderungen bislang nicht berücksichtigter Sportarten gerecht werden soll. Neben architektonischen Fragestellungen

6 Zusammenfassung und Ausblick

sind dabei vor allem auch Wirtschaftlichkeitsrechnungen, Ausschreibungs- und Antragsverfahren der Sportbünde, sowie Finanzierungsplanungen von Bedeutung (vgl. Breuer & Schlesinger, 2009, S. 188–202; DOSB, 2010c).

- setzen praktisch alle Sportereignisse – gleich welcher Sportart oder welchen Leistungsniveaus – ein *Veranstaltungsmanagement* voraus. Dieses umfasst mitunter umfangreiche Bewerbungsverfahren in Abstimmung mit den betreffenden Sportverbänden und setzt strategische Konzeptionen, Zeit-/Ressourcenplanungen sowie spezifische Projekt- und Organisationsstrukturen voraus. Je nach Größe und Art der Veranstaltungen sind dabei neben sportfachlichen/-technischen Aspekten insbesondere Ticketing, Verkehr/Transport, Sicherheit und ehrenamtliche Helfer/Volunteers relevante Managementthemen.
- erfordert gerade eine ökonomische Verwertung des Sports auch ein *Markenmanagement*. Dabei geht es insbesondere um die Entwicklung und den Schutz von Markennamen/-zeichen, die Erfassung und die Konstruktion von Markenidentitäten im Sinne einer strategischen Positionierung von Sportlern, Sportorganisationen oder Sportveranstaltungen als Marken sowie deren operative Umsetzung in Maßnahmen mit werbetreibenden Wirtschaftsunternehmen (vgl. Esch, 2010, S. 90–186; Schilhaneck, 2011, S. 129–133).

Zur Gestaltung ihrer gesellschaftlichen Rolle und Funktion sind für Sportorganisationen gerade im Verhältnis zu ihren jeweils relevanten Umfeldern weitere Praxisbereiche des Managements relevant. Als solche gelten insbesondere

- ein *Stakeholdermanagement*. Dieses nimmt interne Abteilungen, Stellen und Mitarbeiter sowie relevante Personen und Organisationen im gesellschaftlichen Umfeld in den Blick, reflektiert deren Verhältnis zur Sportorganisation und gestaltet dann in Abstimmung mit den zentralen Organisationszwecken/-zielen Formen einer angemessenen – internen wie externen – Öffentlichkeitsarbeit. Unter Einsatz verschiedener massenmedialer Instrumente (inkl. sozialer Medien) gilt es insbesondere, die jeweils bestehenden personalen und organisationalen Erwartungen miteinander in Einklang zu bringen und darauf bezogen organisationsinterne Strukturen und Aktivitäten abzustimmen (vgl. Bühler & Nufer, 2011b, S. 303–316).
- ein *Veränderungsmanagement*. In regelmäßigen Abständen sind außerhalb des eigentlichen Tagesgeschäfts interne Stärken/Schwächen- und Chancen/Risiken-Analysen relevanter Umfeldentwicklungen durchzuführen, aus denen heraus organisationsspezifische Leitbilder und Entwicklungsziele erarbeitet und Wege der Zielerreichung strategisch geplant werden können. Später durchgeführte operative Umsetzungsmaßnahmen sind wiederum in ihren Effekten zu reflektieren und entsprechende Schlussfolgerungen zum Thema nachfolgender Managementprozesse zu machen (vgl. Fahrner, 2009b, S. 24–42; 2010, S. 493–499; Nagel & Schlesinger, 2012).

Die aufmerksame Lektüre und kritische Auseinandersetzung mit den in diesem Lehrbuch dargestellten Themen ermöglicht eine umfassende Einführung in „Grundlagen des Sportmanagements". Angesichts der hierbei zwangsläufig notwendigen inhaltlich-konzeptionellen Richtungsentscheidungen mussten einige durchaus praxisrelevante Themen des Sportmanagements ausgeklammert werden. Doch nicht nur deshalb stellen Studium und Fachwissen nur *eine* notwendige Bedingung guter Managementpraxis in organisierten Kontexten des Sports dar. Eine *weitere* wesentliche Bedingung auf personaler Ebene ist ferner angemessene Sensibilität für situative Gegebenheiten, insbesondere in der direkten Interaktion mit anderen Führungskräften des Sports, mit Geschäftspartnern oder mit Vereinsmitgliedern – etwa bei öffentlichen Auftritten oder bei der Gesprächsführung/Moderation strittiger Sachthemen.

Für den Managementalltag unabdingbare soziale, kommunikative Kompetenzen können über die Auseinandersetzung mit Fachliteratur jedoch nur bedingt erworben werden. Vielmehr braucht es dazu vor allem auch eine reflektierte praktische Erprobung in Berufsfeldern des Managements, am besten unter Anleitung und Beobachtung bereits erfahrener Sportmanager. Bleibt den Lesern zu wünschen, dass sie in ihrer Berufspraxis in diesem Sinne „gute" Lehrer finden, die fachliches Wissen schätzen und dessen Umsetzung und Weiterentwicklung fördern.

Literatur

Amt für Sport und Bewegung Stuttgart, Richtlinien zur Förderung von Sport und Bewegung, Stuttgart 2012a.

Amt für Sport und Bewegung Stuttgart, Sporthaushalt in Stuttgart in Zahlen 2012, Stuttgart 2012b.

Appen von, Jörg, Hospitality-Rechte, in: Stopper, Martin und Gregor Lentze (Hrsg.), Handbuch Fußball-Recht. Rechte – Vermarktung – Organisation, Berlin 2012a, S. 167–184.

Appen von, Jörg, Vermarktungsagenturen, in: Stopper, Martin und Gregor Lentze (Hrsg.), Handbuch Fußball-Recht. Rechte – Vermarktung – Organisation, Berlin 2012b, S. 605–627.

Baecker, Dirk, Organisation als System, Frankfurt 1999.

Baecker, Dirk, Vom Kultivieren des Managements durch die Organisation – und umgekehrt, in: Bardmann, Theodor M. und Torsten Groth (Hrsg.), Zirkuläre Positionen 3. Organisation, Management und Beratung, Wiesbaden 2001, S. 43–66.

Baecker, Dirk, Organisation und Management, Frankfurt 2003.

Baecker, Dirk, Welchen Unterschied macht das Management? Zugriff am 23. Mai 2007 unter http://homepage.mac.com/baecker auf den Beitrag vom September 2004.

Bardenz, Alexander, Sportvereins- und Sportgesellschaftsrecht, Berlin 2004.

Basketball Bundesliga, Beko BBL – Teams-Übersicht, Zugriff am 12. März 2012 unter http://www.beko-bbl.de/teams/teams.html.

Baumgraß, Anne und Lukas Birn, Ein Wiki als Intranetablösung. Praktische Einsatzpotenziale im Wissensmanagement, in: Müller, Claudia und Norbert Gronau (Hrsg.), Analyse sozialer Netzwerke und Social Software – Grundlagen und Anwendungsbeispiele, Berlin 2007, S. 303–318.

Baur, Jürgen und Sebastian Braun, Freiwilliges Engagement und Partizipation in ostdeutschen Sportvereinen. Köln 2000.

Bette, Karl-Heinrich, Zum Verhältnis von Spitzensport und Wirtschaft in modernen Industriegesellschaften – das Beispiel der Sponsorenschaft, in: Heinemann, Klaus (Hrsg.), Texte zur Ökonomie des Sports, Schorndorf 1984, S. 72–90.

Bette, Karl-Heinrich und Uwe Schimank, Doping im Hochleistungssport. Anpassung durch Abweichung, 2. Aufl., Frankfurt 2006.

Bezold, Thomas, Vermarktung und Management von Zugangsrechten im Sport, in: Hermanns, Arnold und Florian Riedmüller (Hrsg.), Management-Handbuch Sport-Marketing, 2. Aufl., München 2008, S. 243–255.

Bommes, Michael & Veronika Tacke, Das Allgemeine und das Besondere des Netzwerkes, in: Hollstein, Betina und Florian Straus (Hrsg.), Qualitative Netzwerkanalyse: Konzepte, Methoden, Anwendungen, Wiesbaden 2006, S. 37–62.

Borggrefe, Carmen, Kommunikation im Spitzensport. Theoretische Reflexionen zu kommunikativen Erfolgsstrategien von Trainern, Schorndorf 2008.

Borggrefe, Carmen, Klaus Cachay und Ansgar Thiel, Der Sportverein als Organisation, in: Apelt, Maja und Veronika Tacke (Hrsg.), Handbuch Organisationstypen, Wiesbaden 2012, S. 307–325.

Borussia Dortmund GmbH & Co. KGaA, Geschäftsbericht 2009/10, Dortmund 2010.

Borussia Dortmund GmbH & Co. KGaA, Geschäftsbericht 2010/11, Dortmund 2011.

Breuer, Christoph und Mandy Erdtel, Qualitätsmanagement in Sportorganisationen, in: Breuer, Christoph und Ansgar Thiel (Hrsg.), Handbuch Sportmanagement, 2. Aufl., Schorndorf 2009, S. 172–187.

Breuer, Christoph und Antje Haase, Methode, in: Breuer, Christoph (Hrsg.), Sportentwicklungsbericht 2005/2006. Analyse zur Situation der Sportvereine in Deutschland, Köln 2007, S. 641–663.

Breuer, Christoph und Torsten Schlesinger, Sportstättenmanagement, in: Breuer Christoph und Ansgar Thiel (Hrsg.), Handbuch Sportmanagement, 2. Aufl., Schorndorf 2009, S. 188–202.

Breuer, Christoph und Pamela Wicker, Sportvereine in Deutschland – ein Überblick, in: Breuer, Christoph (Hrsg.), Sportentwicklungsbericht 2009/2010. Analyse zur Situation der Sportvereine in Deutschland, Köln 2011, S. 15–36.

Breuer, Christoph, Pamela Wicker und Tim Pawlowski, Der Wirtschafts- und Wachstumsmarkt Sport, in: Nufer, Gerd und André Bühler (Hrsg.), Management im Sport. Betriebswirtschaftliche Grundlagen und Anwendungen der modernen Sportökonomie, 2. Aufl., Berlin 2010, S. 27–52.

Brose, Hanns-Georg, Ursula Holtgrewe und Gabriele Wagner, Organisationen, Personen und Biographien: Entwicklungsvarianten von Inklusionsverhältnissen, in: Zeitschrift für Soziologie 23 (1994), S. 255–274.

Brox, Hans, Allgemeiner Teil des BGB, 21. Aufl., Köln u. a. 1997.

Bruhn, Manfred, Sponsoring: systematische Planung und integrativer Einsatz (4. Aufl.), Wiesbaden 2003.

Bundesinstitut für Sportwissenschaft (BISp), Aufgaben und Arbeitsschwerpunkte des Bundesinstituts für Sportwissenschaft, Zugriff am 03. April 2012 unter http://www.bisp.de/cln_090/nn_15924/DE/ Ueber__uns/Aufgaben/aufgaben__node.html?__nnn=true.

Bundesministerium der Finanzen, Steuer, Zugriff am 07. Dezember 2011 unter http://www.bundesfinanzministerium.de/nn_39848/DE/BMF__Startseite/Service/Glossar/S/008__Steuer.html.

Bundesministerium für Wirtschaft und Technologie, Checkliste Geschäftsplan, Zugriff am 02. Mai 2011 unter http://www.gruenderleitfaden.de/strategie/checkliste auf das Dokument von 2006.

Bundesministerium für Wirtschaft und Technologie, Schlaglichter der Wirtschaftspolitik. Monatsbericht Februar 2012, Berlin 2012.

Bundespolizei, Bundespolizeisportschule Bad Endorf, Zugriff am 25. November 2011a unter http://www.bundespolizei.de/DE/04Spitzensport/02_Wintersport/winter_node.html.

Bundespolizei, Bundespolizeileistungssportprojekt in Kienbaum, Zugriff am 25. November 2011b unter http://www.bundespolizei.de/DE/04Spitzensport/01_Sommersport/sommer_node.html.

Bundesregierung, 11. Sportbericht der Bundesregierung, Berlin 2007.

Bundesrat, Entwurf eines Gesetzes zur Besteuerung von Sportwetten, Drucksache 761/11 vom 16. Dezember 2011, Berlin 2011.

Bundesregierung, Bundeshaushaltsplan für das Haushaltsjahr 2010, Berlin 2009.

Bundesregierung, 12. Sportbericht der Bundesregierung, Berlin 2010a.

Bundesregierung, Bundeshaushaltsplan für das Haushaltsjahr 2011, Berlin 2010b.

Bundesregierung, Bundeshaushaltsplan für das Haushaltsjahr 2012, Berlin 2011a.

Bundesregierung, Antwort der Bundesregierung auf die Kleine Anfrage der Abgeordneten Martin Gerster, Sabine Bätzing-Lichtenthäler, Petra Ernstberger, weiterer Abgeordneter und der Fraktion der SPD, Berlin 2011b.

Bühler, André und Gerd Nufer, Marktforschung im Sport, in: Nufer, Gerd und André Bühler (Hrsg.), Marketing im Sport. Grundlagen, Trends und internationale Perspektiven des modernen Sportmarketing, 2. Aufl., Berlin 2011a, S. 63–91.

Bühler, André und Gerd Nufer, Relationship Marketing im Sport, in: Nufer, Gerd und André Bühler (Hrsg.), Marketing im Sport. Grundlagen, Trends und internationale Perspektiven des modernen Sportmarketing, 2. Aufl., Berlin 2011b, S. 293–322.

Cachay, Klaus, Perspektiven der künftigen Entwicklung von Sportvereinen und Sportverbänden, in: Digel, Helmut (Hrsg.), Sport im Verein und im Verband, Schorndorf 1988, S. 219–233.

Cachay, Klaus, Ansgar Thiel und Heiko Meier, Der organisierte Sport als Arbeitsmarkt. Eine Studie zu Erwerbsarbeitspotenzialen in Sportvereinen und Sportverbänden. Schorndorf 2001.

Canalys, Smart phones overtake client PCs in 2011. Presseinformation 021 vom 03. Februar 2012, Palo Alto/Shanghai/Singapore/Reading 2012.

Cornwell, Bettina T., State of the Art and Science in Sponsorship-linked Marketing, in: Journal of Advertising 37 (2008) 3, S. 41–55.

Cuhls, Kerstin, Delphi-Befragungen in der Zukunftsforschung, in: Popp, Reinhold und Elmar Schüll (Hrsg.), Zukunftsforschung und Zukunftsgestaltung, Berlin/Heidelberg, 2009, S. 207–221.

Daumann, Frank, Grundlagen der Sportökonomie, Konstanz/München 2011.

Daumann, Frank, Mathias Langer & Markus Breuer, Planung im Sport, in: Nufer, Gerd und André Bühler (Hrsg.), Management im Sport. Betriebswirtschaftliche Grundlagen und Anwendungen der modernen Sportökonomie, 2. Aufl., Berlin 2010, S. 121–154.

Deloitte Sports Business Group, Abstract zum Finanzreport deutscher Profisportligen, Düsseldorf 2010.

Deloitte Sports Business Group, The untouchables. Football Money League, Manchester 2011.

Deutsche Fußball Liga (DFL), Bundesliga Report 2011. Die wirtschaftliche Situation im Lizenzfußball, Frankfurt 2011.

Deutsche Fußball Liga (DFL), Bundesliga Report 2012. Die wirtschaftliche Situation im Lizenzfußball, Frankfurt 2012a.

Deutsche Fußball Liga (DFL), Die Kernaufgaben der DFL, Zugriff am 23. März 2012b unter http://www.bundesliga.de/de/dfl/profil/35442.php.

Deutsche Fußball Liga (DFL), Rekord-Erlöse für die Bundesliga: 2,5 Milliarden Euro durch neue Medienverträge, Zugriff am 20. April 2012c unter http://www.bundesliga.de/de/liga/news/2011/0000210138.php.

Deutsche Fußball Liga (DFL) und Deutscher Fußball-Bund (DFB), Handhabung von Hospitality-Paketen bei Fußballveranstaltungen vor dem Hintergrund gesetzlicher Anforderungen, Frankfurt 2011.

Deutsche Fußball Liga (DFL) und Ligaverband, Angebot von Verpflichtungszusagen des Ligaverbandes und der DFL für die Vergabe von medialen Verwertungsrechten an Fußballspielen der Bundesliga und der 2. Bundesliga für die Spielzeiten von 2013/2014 bis 2016/2017, Frankfurt/Berlin 2011.

Deutscher Fußball-Bund (DFB), 50+1-Regel bleibt bestehen, Zugriff am 28. März 2012 unter http://www.dfb.de/index.php?id=500014&tx_dfbnews_pi1[showUid]=28925&tx_dfbnews_pi4[cat]=71 auf den Beitrag vom 30. August 2011.

Deutscher Leichtathletik-Verband (DLV), Einnahmen Ordentlicher Haushalt, unveröffentlichtes Dokument, Darmstadt 2011.

Deutscher Olympischer Sportbund (DOSB), DOSB Bestandserhebung 2006, Frankfurt 2006a.

Deutscher Olympischer Sportbund (DOSB), Aufnahmeordnung des Deutschen Olympischen Sportbundes, Frankfurt 2006b.

Deutscher Olympischer Sportbund (DOSB), Verbandsförderung im olympischen Spitzensport, Frankfurt 2007.

Deutscher Olympischer Sportbund (DOSB), XXIXX. Olympische Spiele in Peking 2008. Analysen – Bilanzen – Auswirkungen, Frankfurt 2008.

Deutscher Olympischer Sportbund (DOSB), Deutscher Dart-Verband neues Mitglied im DOSB, Zugriff am 22. März 2012 unter http://www.dosb.de/de/organisation/verbands-news/detail/news/deutscher_dart_verband_neues_mitglied_im_dosb/ auf das Dokument von 2010a.

Deutscher Olympischer Sportbund (DOSB), Vorlage für die 6. DOSB-Mitgliederversammlung am 4. Dezember 2010, TOP 12 Finanzen und Haushalt, Frankfurt 2010b.

Deutscher Olympischer Sportbund (DOSB), Nachhaltiges Sportstättenmanagement. Dokumentation des 17. Symposiums zur nachhaltigen Entwicklung des Sports vom 10.–11. Dezember 2009 in Bodenheim/Rhein, Frankfurt 2010c.

Deutscher Olympischer Sportbund (DOSB), DOSB Bestandserhebung 2011, Frankfurt 2011a.

Deutscher Olympischer Sportbund (DOSB), Arbeitsprogramm des Präsidiums des DOSB für 2011 bis 2014, Frankfurt 2011b.

Deutscher Olympischer Sportbund (DOSB), Geschäftsstelle des DOSB, Zugriff am 22. März 2012a unter http://www.dosb.de/de/organisation/organisation/geschaeftsstelle/.

Deutscher Olympischer Sportbund (DOSB), Beiräte im DOSB, Zugriff am 22. März 2012b unter http://www.dosb.de/de/organisation/organisation/beiraete/.

Deutscher Sportbund (DSB), DSB Bestandserhebung 2001, Frankfurt 2001.

Deutscher Sportbund (DSB), Sport in Deutschland, Frankfurt 2003.

Dierkes, Ekkehard, Die Mitarbeiterstruktur in den Organisationen des Sports, in: Sportwissenschaft 19 (1989), S. 9–35.

Digel, Helmut, Zu Strukturproblemen und zur Organisationsentwicklung des deutschen Sports, in: Digel, Helmut (Hrsg.), Probleme und Perspektiven der Sportentwicklung, Aachen 1997, S. 43–57.

Digel, Helmut, Zur Zusammenarbeit von Haupt- und Ehrenamt in Sportverbänden, in: Friederici, Markus, Heinz-Dieter Horch und Manfred Schubert (Hrsg.), Sport, Wirtschaft und Gesellschaft, Schorndorf 2003, S. 153–160.

Digel, Helmut, Sind Turn- und Sportvereine zukunftsfähig? Zwischen traditioneller Aufgabenstellung und zeitgemäßem Anforderungsprofil muss kein Widerspruch bestehen, in: Olympisches Feuer 59 (2009) 2, S. 36–41.

Digel, Helmut, Vergabe internationaler Sportevents: Kräfteverhältnisse im internationalen Sport, in: Leistungssport 40 (2010) 6, S. 5–7.

Digel, Helmut, Verena Burk und Marcel Fahrner, Die Organisation des Hochleistungssports – ein internationaler Vergleich, Schorndorf 2006.

Digel, Helmut und Marcel Fahrner, Hospitality Marketing im Sport, in Nufer, Gerd und André Bühler (Hrsg.), Marketing im Sport. Grundlagen, Trends und internationale Perspektiven des modernen Sportmarketing, 2. Aufl., Berlin 2011, S. 323–347.

Dinkel, Michael, Neues Marketing und Management von Sportvereinen, Butzbach-Griedel 2002.

dpa-AFX, Streit um Glücksspielstaatsvertrag – Brüssel sieht Fortschritte, Zugriff am 18. April 2012 unter http://www.wallstreet-online.de/nachricht/4887728-roundup-streit-gluecksspielstaatsvertrag-bruessel-fortschritte.

Duvinage, Peter, Der Sport im Fernsehen. Die Sicht der Rechteagenturen. Arbeitspapiere des Instituts für Rundfunkökonomie an der Universität zu Köln, Heft 130, Köln 2000.

Duvinage, Peter, Das Verhältnis von Sport und Medien aus juristischer Sicht, in: Leistungssport 36 (2006) 4, S. 32–37.

Eckardstein, Dudo von, Personalmanagement in NPOs, in: Badelt, Christoph (Hrsg.), Handbuch der Nonprofit Organisation. Strukturen und Management, 3. Aufl, Stuttgart 2002, S. 309–336.

Eilers, Tom, Fußballübertragungsrechte für Internet und Mobilfunktechnik – Abgegrenzte Gebiete oder Doppelvergabe der Fernsehrechte? in: SpuRt. Zeitschrift für Sport und Recht 13 (2006), S. 221–227.

Elmshorner MTV, Jahresrechnung 2011 und Etat 2012, unveröffentlichtes Dokument, Elmshorn 2012.

Elter, Vera-Carina, Verwertung medialer Rechte der Fußballunternehmen – Vermarktung und Refinanzierung im Sport, Berlin 2003.

Esch, Franz-Rudolf, Strategie und Technik der Markenführung, 6. Aufl., München 2010.

Fahrner, Marcel, Zur Entwicklung strategischer Sportsponsoring-Konzeptionen – Eine Systematik als methodische Hilfestellung für Lehre und Praxis, in: Sport und Gesellschaft 3 (2006), S. 130–140.

Fahrner, Marcel, Sportverbände und Veränderungsdruck, Schorndorf 2008.

Fahrner, Marcel, Strukturänderung von Sportverbänden. Eine Analyse veränderungsbezogener Entscheidungs- und Steuerungsprozesse, in: Sport und Gesellschaft 6 (2009a), S. 122–147.

Fahrner, Marcel, Entscheidungsprozesse von Sportverbänden. Eine Analyse unter Bezug auf organisationales Wissen und Lernen, in: Spectrum der Sportwissenschaften 21 (2009b) 2, S. 24–42.

Fahrner, Marcel, Veränderungsmanagement im Sport, in: Nufer, Gerd und André Bühler (Hrsg.), Management im Sport. Betriebswirtschaftliche Grundlagen und Anwendungen der modernen Sportökonomie, 2. Aufl., Berlin 2010, S. 489–514.

FC Bayern München AG, Jahresabschluss der Saison 2009/2010. Die FC Bayern München AG erneut mit Gewinn. Presserklärung vom 30. November, München 2010.

FC Bayern München AG, Jahresabschluss der FC Bayern München AG, Geschäftsjahr 2010/2011, Zugriff am 07. Dezember 2011 unter http://www.fcbayern.telekom.de/media/native/ pressemitteilungen/jahresabschluss_ag_10_11.pdf.

Finanzamt für Körperschaften I Berlin, Der Berliner Ratgeber „Vereine und Steuern", Berlin 2010.

Finanzministerium Baden-Württemberg, Staatshaushaltsplan Baden-Württemberg für 2010/11, Stuttgart 2010.

Freiburger Kreis, Gesamtübersicht Mitgliedsvereine des Freiburger Kreises, Zugriff am 22. März 2012 unter http://www.freiburger-kreis.de/mitgliedsvereine/index.php.

Frick, Bernd, „... und Geld schießt eben doch Tore". Die Voraussetzungen sportlichen und wirtschaftlichen Erfolges in der Fußball-Bundesliga, in: Sportwissenschaft 35 (2005), S. 250–270.

Fritzweiler, Jochen und Christian von Coelln, Sport und Staat, in: Fritzweiler, Jochen, Bernhard Pfister und Thomas Summerer, Praxishandbuch Sportrecht, 2. Aufl., München 2007, S. 28–56.

Galli, Albert, Finanzielles Fairplay – Die neuen Regelungen der UEFA zur Klub-Lizenzierung und zum Klub-Monitoring, in: SpuRt. Zeitschrift für Sport und Recht 17 (2010), S. 182–187.

Goldhammer, Klaus, Entwicklung des privaten Rundfunks, in: Bundeszentrale für politische Bildung (Hrsg.), Informationen zur politischen Bildung Nr. 4, Massenmedien, Bonn 2010, S. 30–36.

Handball-Bundesliga, Toyota Handball-Bundesliga Clubs, Zugriff am 12. März 2012 unter http://www.toyota-handball-bundesliga.de/handball/clubs.php?liga=1&menuid=62&topmenu=41.

Haring, Merten, Sportförderung in Deutschland: eine vergleichende Analyse der Bundesländer, Wiesbaden 2010.

Hänsel, Frank, Kundenzufriedenheit, in: Breuer Christoph und Ansgar Thiel (Hrsg.), Handbuch Sportmanagement, 2. Aufl., Schorndorf 2009, S. 351–370.

Heim, Gerhard, Steuerrecht im Sport, in: Adolphsen, Jens, Martin Nolte, Michael Lehner und Michael Gerlinger (Hrsg.), Sportrecht in der Praxis, Stuttgart 2012, S. 475–550.

Heinemann, Klaus, Zum Problem ehrenamtlicher und hauptamtlicher Mitarbeiter im Verein, in: Digel, Helmut (Hrsg.), Sport im Verein und im Verband, Schorndorf 1988, S. 123–137.

Heinemann, Klaus, Staatliche Sportpolitik und Autonomie des Sports, in: Rütten, Alfred, Sportpolitik – sozialwissenschaftliche Analysen, Stuttgart 1996, S. 177–197.

Heinemann, Klaus und Heinz-Dieter Horch, Strukturbesonderheiten des Sportvereins, in: Digel, Helmut (Hrsg.), Sport im Verein und im Verband, Schorndorf 1988, S. 108–122.

Heinemann, Klaus und Manfred Schubert, Der Sportverein. Ergebnisse einer repräsentativen Untersuchung, Schorndorf 1994.

Hellmann, Kai-Uwe, Soziologie der Marke, Frankfurt 2003.

Holzer, Boris, Netzwerke, Bielefeld 2006.

Holzer, Boris, Vom Graphen zur Gesellschaft. Analyse und Theorie sozialer Netzwerke, in: Gamper, Markus und Linda Reschke (Hrsg.), Knoten und Kanten. Soziale Netzwerkanalyse in Wirtschafts- und Migrationsforschung, Bielefeld 2010, S. 77–94.

Holzhäuser, Felix, Der strukturelle Aufbau professioneller deutscher Sportligen nach Ausgliederung aus Bundesfachsportverbänden – Teil 1, in: SpuRt. Zeitschrift für Sport und Recht 11 (2004a), S. 144–148.

Holzhäuser, Felix, Der strukturelle Aufbau professioneller deutscher Sportligen nach Ausgliederung aus Bundesfachsportverbänden – Teil 2, in: SpuRt. Zeitschrift für Sport und Recht 11 (2004b), S. 243–247.

Holzhäuser, Felix, Das Lizenzierungsverfahren des Ligaverbandes in: Stopper, Martin und Gregor Lentze (Hrsg.), Handbuch Fußball-Recht. Rechte – Vermarktung – Organisation, Berlin 2012, S. 665–794.

Horch, Heinz-Dieter, Strukturbesonderheiten freiwilliger Vereinigungen. Analyse und Untersuchung einer alternativen Form menschlichen Zusammenarbeitens. Frankfurt/New York 1983.

Horch, Heinz-Dieter, Personalisierung und Ambivalenz. Strukturbesonderheiten freiwilliger Vereinigungen, in: Kölner Zeitschrift für Soziologie und Sozialpsychologie 37 (1985), S. 257–276.

Horch, Heinz-Dieter, Gregor Hovemann und Manfred Schubert, Bezahlte Mitarbeit im Sportverein, in: Breuer, Christoph (Hrsg.), Sportentwicklungsbericht 2005/2006. Analyse zur Situation der Sportvereine in Deutschland, Köln 2007, S. 166–195.

Hovemann, Gregor, Heinz-Dieter Horch und Manfred Schubert, Sportvereine und Finanzen, in: Breuer, Christoph (Hrsg.), Sportentwicklungsbericht 2005/2006, Köln 2007, S. 144–165.

Hüllemann, Niko M.O., Vertrauen ist gut – Marke ist besser. Eine Einführung in die Systemtheorie der Marke, Heidelberg 2007.

International Olympic Comittee (IOC), Olympic Marketing Fact File, Lausanne 2011.

Jost, Andrea, Warum der TV Großwallstadt jetzt keine AG mehr ist, Zugriff am 14. März 2012 unter http://www.main-netz.de/nachrichten/sport/handball/tvg/handballbundesliga/art62023,1989732.

Jungheim, Stephanie, Auswirkungen der Produktion des Basissignals durch die DFL auf die Bundesliga-Fernsehrechte, in: SpuRt. Zeitschrift für Sport und Recht 15 (2008), S. 89–92.

Kahlert, Heiner, Das „Murphy/Premier League"-Urteil des EuGH – Kein Debakel für Inhaber von Sportübertragungsrechten, in: Causa Sport. Die Sport-Zeitschrift für nationales und internationales Rechte sowie für Wirtschaft o. J. (2011), S. 323–333.

Keller, Christian, Steuerung von Fußballunternehmen. Finanziellen und sportlichen Erfolg langfristig gestalten, Berlin 2008.

Keller, Christian, Strategisches Management im Sport, in: Nufer, Gerd und André Bühler (Hrsg.), Management im Sport. Betriebswirtschaftliche Grundlagen und Anwendungen der modernen Sportökonomie, 2. Aufl., Berlin 2010, S. 85–119.

Kieserling, André, Kommunikation unter Anwesenden: Studien über Interaktionssysteme, Frankfurt 1999.

Kim, Daniel H., The Link between Individual and Organizational Learning, in: Sloan Management Review 35 (1993) 1, S. 37–50.

Kleffmann, Gerald, Folgen eines Geburtsfehlers, Zugriff am 15. März 2012 unter http://www.sueddeutsche.de/sport/zweitligist-muenchen-folgen-eines-geburtsfehlers-1.1195307 auf den Beitrag vom 21. November 2011.

Kleffmann, Gerald und Markus Schäflein, „Dann wäre das Kapitel 1860 beendet", Zugriff am 15. März 2012 unter http://www.sueddeutsche.de/sport/finanzkrise-bei-muenchen-dann-waere-das-kapitel-beendet-1.1036339 auf den Beitrag vom 15. Dezember 2010.

Kleffmann, Gerald und Philipp Schneider, Spiel auf Zeit, Zugriff am 15. März 2012 unter http://www.sueddeutsche.de/sport/streit-bei-muenchen-spiel-auf-zeit-1.1220419 auf den Beitrag vom 28. November 2011.

Koll, Oliver, Sylvia von Wallpach und Maria Kreuzer, Multi-Method Research on Consumer-Brand Associations: Comparing Free Associations, Storytelling, and Collages, in: Psychology & Marketing 27 (2010), S. 584–602.

Kommission zur Ermittlung des Finanzbedarfs der Rundfunkanstalten (KEF), 18. KEF-Bericht vom Dezember 2011, Mainz 2011.

Kotler, Philip, Gary Armstrong, Veronica Wong und John Saunders, Grundlagen des Marketing, 5. Aufl., München 2011.

Körber, Thomas C., Sponsoring, in: Adolphsen, Jens, Martin Nolte, Michael Lehner und Michael Gerlinger (Hrsg.), Sportrecht in der Praxis, Stuttgart 2012a, S. 551–591.

Körber, Thomas C., Verträge mit Medien, in: Adolphsen, Jens, Martin Nolte, Michael Lehner und Michael Gerlinger (Hrsg.), Sportrecht in der Praxis, Stuttgart 2012b, S. 593–633.

Krainz, Ewald E. und Ruth Simsa, Gute Menschen. Zur Beratung von Freiwilligen-Organisationen, in: Grossmann, Ralph, Ewald E. Krainz und Margit Oswald (Hrsg.), Veränderung in Organisationen. Management und Beratung, Wiesbaden 1995, S. 255–269.

Kruse, Jörn und Jörn Quitzau, Zentralvermarktung der Fernsehrechte an der Fußball-Bundesliga. Diskussionsbeiträge zur Wirtschaftspolitik Nr. 113, Institut für Wirtschaftspolitik, Hamburg 2002.

Kuhn, Bernd, Medienrechte, in: Stopper, Martin und Gregor Lentze (Hrsg.), Handbuch Fußball-Recht. Rechte – Vermarktung – Organisation, Berlin 2012, S. 107–166.

Kuhn, Bernd und Gregor Lentze, Territoriale Exklusivitätsvereinbarungen bei der Vergabe von Medienrechten in der EU, in: SpuRt. Zeitschrift für Sport und Recht 18 (2011), S. 222–226.

Kühl, Stefan, Rationalitätslücken als Ansatzpunkt einer soziologischen Beratung. Überlegungen zu einem „Quellcode" für einen sozialwissenschaftlichen Beratungsansatz. Zugriff am 13. November 2004 unter http://www.arbeitskulturen.de/ down/06kuehl_p.htm.

Laier, Matthias, Die Berichterstattung über Sportereignisse: eine rechtsvergleichende Untersuchung zur Existenz und Vermarktung von medialen Verwertungsrechten für den Hörfunk und die Neuen Medien, Tübingen 2007.

Landessportverband Baden-Württemberg (LSV), Berichtsheft zur Ordentlichen Mitgliederversammlung am 3. Juli 2010, Stuttgart 2010.

Landessportverband Baden-Württemberg (LSV), Förderkonzept Leistungssport Baden-Württemberg, Fortschreibung 2010, Stuttgart 2011.

Landessportverband Baden-Württemberg (LSV), Aktuelle Daten zur LSV-Finanzierung, unveröffentlichtes Dokument, Stuttgart 2012.

Lardinoit, Thierry und Christian Derbaix, Sponsorship and Recall of Sponsors, in: Psychology & Marketing 18 (2001), S. 167–190.

Lentze, Gregor, Marketing-Rechte, in: Stopper, Martin und Gregor Lentze (Hrsg.), Handbuch Fußball-Recht. Rechte – Vermarktung – Organisation, Berlin 2012, S. 71–106.

Lienig, Horst, Vereinsbesteuerung: Richtiges Anwenden hilft Sparen, in: Wolf, Jochen (Hrsg.), Kursbuch Vereinsmanagement: alles, was Ehren- und Hauptamtliche wissen müssen, Wien 1999, S. 202–233.

Lienig, Horst, Steuerarten und -pflichten, in: Müller, Joachim (Hrsg.), Handbuch für den Vereinsvorsitzenden, Bonn u. a. 2003, S. 87/1–87/20.

Lorz, Rainer, Rechtsformwahl für Clubs, in: Stopper, Martin und Gregor Lentze (Hrsg.), Handbuch Fußball-Recht. Rechte – Vermarktung – Organisation, Berlin 2012, S. 795–832.

Lotto Hessen, Geschäftsbericht 2010, Wiesbaden 2011.

Luhmann, Niklas, Interaktion, Organisation, Gesellschaft. Anwendungen der Systemtheorie, in: Luhmann, Niklas (Hrsg.), Soziologische Aufklärung 2. Aufsätze zur Theorie der Gesellschaft, Opladen 1975, S. 9–20.

Luhmann, Niklas, Das sind Preise. Ein soziologisch-systemtheoretischer Klärungsversuch, in: Soziale Welt 34 (1983), S. 153–170.

Luhmann, Niklas, Die Wirtschaft der Gesellschaft als autopoietisches System, in: Zeitschrift für Soziologie 13 (1984), S. 308–327.

Luhmann, Niklas, Organisation, in: Küpper, Willi und Günther Ortmann (Hrsg.), Mikropolitik: Rationalität, Macht und Spiele in Organisationen, 2. Aufl., Opladen 1992, S. 165–185.

Luhmann, Niklas, Organisation und Entscheidung, Opladen/Wiesbaden 2000.

Marwitz, Christian, Wirkungen des Sponsoring, in: Bagusat, Ariane, Christian Marwitz und Maria Vogl (Hrsg.), Handbuch Sponsoring. Erfolgreiche Marketing- und Markenkommunikation, Berlin 2008, S. 39–51.

Malik, Fredmund, Systemisches Management, Evolution, Selbstorganisation. Grundprobleme, Funktionsmechanismen und Lösungsansätze für komplexe Systeme, 4. Aufl., Bern 2004.

Malik, Fredmund, Führen. Leisten. Leben. Wirksames Management für eine neue Zeit, 13. Aufl., München 2006.

Mayer, Florian L. und Dennis Schoeneborn, Wikiwebs in der Organisationskommunikation, in: Raabe, Johannes, Rudolph Stöber, Anna M. Theis-Berglmair und Kristina Wied (Hrsg.), Medien und Kommunikation in der Wissensgesellschaft, Konstanz 2008, S. 159–172.

Meier, Heiko, Mitarbeit im Sport. Bausteine zur Entwicklung einer Theorie des Sportvereins, dargelegt am Beispiel der Mitarbeitsverhältnisse und den strukturellen Bedingungen ihres Wandels, Dissertation Universität Bielefeld, Bielefeld 2003.

Meyer, Bernd und Gerd Ahlert, Die ökonomischen Perspektiven des Sports: eine empirische Analyse für die Bundesrepublik Deutschland, Schorndorf 2000.

Ministerium für Finanzen und Wirtschaft Baden-Württemberg, Staatshaushaltsplan Baden-Württemberg für 2010/11, Zugriff am 11. Februar 2012 unter http://www.statistik-bw.de/shp/2010-11/ auf das Dokument vom 01. März 2010.

Ministerium für Kultus, Jugend und Sport Baden-Württemberg, 21. Landessportplan Baden-Württemberg 2010/2011, Stuttgart 2009.

Mißler-Behr, Magdalena, Methoden der Szenarioanalyse, Wiesbaden 1993.

Nagel, Reinhart und Rudolf Wimmer, Systemische Strategieentwicklung. Modelle und Instrumente für Berater und Entscheider, 4. Aufl., Stuttgart 2008.

Nagel, Siegfried, Mitgliederzufriedenheit in Sportvereinen: Methoden und Analysen, in: Horch, Heinz-Dieter, Gregor Hovemann und Sebastian Kaiser (Hrsg.), Perspektiven des Sportmarketing: Besonderheiten, Herausforderungen, Tendenzen, Köln 2005, S. 188–195.

Nagel, Siegfried, Sportvereine im Wandel. Akteurtheoretische Analysen zur Entwicklung von Sportvereinen, Schorndorf 2006.

Nagel, Siegfried, Achim Conzelmann und Hartmut Gabler, Sportvereine. Auslaufmodell oder Hoffnungsträger? Die WLSB-Vereinsstudie, Tübingen 2004.

Nagel, Siegfried und Torsten Schlesinger, Marktsegmentierung im Sport, in: Nufer, Gerd und André Bühler (Hrsg.), Marketing im Sport. Grundlagen, Trends und internationale Perspektiven des modernen Sportmarketing, 2. Aufl., Berlin 2011, S. 93–114.

Nagel, Siegfried und Torsten Schlesinger, Sportvereinsentwicklung. Ein Leitfaden zur Planung von Veränderungsprozessen, Bern 2012.

Nufer, Gerd und André Bühler, Ambush Marketing im Sport, in: Nufer, Gerd und André Bühler (Hrsg.), Marketing im Sport. Grundlagen, Trends und internationale Perspektiven des modernen Sportmarketing, 2. Aufl., Berlin 2011, S. 203–231.

Nufer, Gerd, Rainer Cherkeh und Bernd Banke, Ambush Marketing im Sport – eine interdisziplinäre Betrachtung, in: Causa Sport. Die Sport-Zeitschrift für nationales und internationales Rechte sowie für Wirtschaft o. J. (2012), S. 37–54.

Paetow, Kai, Organisationsidentität: eine systemtheoretische Analyse der Konstruktion von Identität in der Organisation und ihrer internen wie externen Kommunikation, Dissertation Universität Hamburg, Hamburg 2004.

Pfister, Bernhard, Einführung, in: Fritzweiler, Jochen, Bernhard Pfister und Thomas Summerer, Praxishandbuch Sportrecht, 2. Aufl., München 2007, S. 1–27.

Probst, Gilbert und Bettina Büchel, Organisationales Lernen: Wettbewerbsvorteil der Zukunft, 2. Aufl., Wiesbaden 1998.

Riedl, Lars, Spitzensport und Publikum. Überlegungen zu einer Theorie der Publikumsbindung, Schorndorf 2006.

Riedl, Lars, „Und dann jubelte das ganze Stadion!" Zur Entstehung und Steuerung kollektiver Emotionen im Spitzensport, in: Sport und Gesellschaft 5 (2008), S. 221–250.

Riedl, Lars, Carmen Borggrefe und Klaus Cachay, Spitzensport versus Studium? Organisationswandel und Netzwerkbildung als strukturelle Lösungen des Inklusionsproblems studierender Spitzensportler, in: Sport und Gesellschaft 4 (2007), S. 159–189.

Röttgermann, Thomas, Vermarktung und Management von Übertragungs- und Werberechten im Sport, in: Hermanns, Arnold und Florian Riedmüller (Hrsg.), Management-Handbuch Sport-Marketing, 2. Aufl., München 2008, S. 257–272.

Sauer, Otto und Franz Luger, Vereine und Steuern. Rechnungslegung, Besteuerungsverfahren, Gemeinnützigkeit, 5. Aufl., München 2004.

Schack, Thomas und Ansgar Thiel, Gesprächsführung in Sportorganisationen, in: Breuer, Christoph und Ansgar Thiel (Hrsg.), Handbuch Sportmanagement, Schorndorf 2009, S. 37–54.

Schaub, Renate, Sponsoring und andere Verträge zur Förderung überindividueller Zwecke, Tübingen 2008.

Schilhaneck, Michael, Markenmanagement im Sport, in: Nufer, Gerd und André Bühler (Hrsg.), Marketing im Sport. Grundlagen, Trends und internationale Perspektiven des modernen Sportmarketing, 2. Aufl., Berlin 2011, S. 117–141.

Schimank, Uwe, Die Entwicklung des Sports zum gesellschaftlichen Teilsystem, in: Mayntz, Renate, Bernd Rosewitz, Uwe Schimank und Rudolf Stichweh (Hrsg.), Differenzierung und Verselbständigung. Zur Entwicklung gesellschaftlicher Teilsysteme, Frankfurt/New York 1988, S. 181–232.

Schimank, Uwe, Die Autonomie des Sports in der modernen Gesellschaft. Eine differenzierungstheoretische Problemperspektive, in: Winkler, Joachim und Kurt Weis (Hrsg.), Soziologie des Sports, Opladen 1995, S. 59–71.

Schimank, Uwe, Die gesellschaftliche Entbehrlichkeit des Spitzensports und das Dopingproblem, in: Digel, Helmut (Hrsg.), Spitzensport. Chancen und Probleme, Schorndorf 2001, S. 12–25.

Schimank, Uwe, Organisationen: Akteurkonstellationen – korporative Akteure – Sozialsysteme, in: Allmendinger, Jutta und Thomas Hinz (Hrsg.), Organisationssoziologie, Wiesbaden 2002, S. 29–54.

Schimank, Uwe, Das Wechselspiel von Intentionalität und Transintentionalität im Institutionalismus und in der Organisationsforschung, in: Greshoff, Rainer, Georg Kneer und Uwe Schimank (Hrsg.), Die Transintentionalität des Sozialen, Wiesbaden 2003, S. 246–277.

Schimank, Uwe, Der Vereinssport in der Organisationsgesellschaft: organisationssoziologische Perspektiven auf ein spannungsreiches Verhältnis, in: Alkemeyer, Thomas, Bero Rigauer und Gabriele Sobiech (Hrsg.), Organisationsentwicklungen und De-Institutionalisierungsprozesse im Sport, Schorndorf 2005, S. 21–44.

Schimank, Uwe und Ute Volkmann, Gesellschaftliche Differenzierung, Bielefeld 1999.

Schimank, Uwe und Ute Volkmann, Ökonomisierung der Gesellschaft, in: Maurer, Andrea (Hrsg.), Handbuch der Wirtschaftssoziologie, Wiesbaden 2008, S. 382–393.

Schlesinger, Torsten, „Wa(h)re Leidenschaft!" Zum Einfluss der Fanidentität auf Einstellung und Kaufabsicht gegenüber Produkten von Sponsoren, in: Sport und Gesellschaft 7 (2010), S. 3–26.

Schlesinger, Torsten und Siegfried Nagel, Personalmanagement im Sport, in: Nufer, Gerd und André Bühler (Hrsg.), Management im Sport. Betriebswirtschaftliche Grundlagen und Anwendungen der modernen Sportökonomie, 2. Aufl., Berlin 2010, S. 189–223.

Schneider, Philipp, Schneider schlägt zurück. Zugriff am 15. März 2012 unter http://www.sueddeutsche.de/sport/delegiertenversammlung-bei-muenchen-schneider-schlaegt-zurueck-1.1189162 auf den Beitrag vom 14. November 2011.

Scholz, Werner, Uni-Riesen Leipzig auf dem Weg in die Basketball Bundesliga, unveröffentlichtes Dokument, Leipzig 2012.

Schröder, Hermann-Dieter, Geschichte und System des Rundfunks in der Bundesrepublik Deutschland, in: Bundeszentrale für politische Bildung (Hrsg.), Informationen zur politischen Bildung Nr. 4, Massenmedien, Bonn 2010, S. 24–26.

Schubert, Manfred, Heinz-Dieter Horch und Gregor Hovemann, Ehrenamtliches Engagement in Sportvereinen, in: Breuer, Christoph (Hrsg.), Sportentwicklungsbericht 2005/2006. Analyse zur Situation der Sportvereine in Deutschland, Köln 2007, S. 196–225.

Schweitzer, Marcell, Planung und Steuerung, in: Bea, Franz Xaver, Erwin Dichtl und Marcell Schweitzer, Allgemeine Betriebswirtschaftslehre. Band 2: Führung, 7. Aufl., Stuttgart 1997, S. 21–131.

Schwimmverband Württemberg (SVW), Haushaltsplan 2011, Stuttgart 2011.

Senge, Peter, Die fünfte Disziplin, Stuttgart 2003.

Sigloch, Jochen, Rechnungslegung, in: Breuer Christoph und Ansgar Thiel (Hrsg.), Handbuch Sportmanagement, 2. Aufl., Schorndorf 2009, S. 203–223.

Siemes, Christof, Hopp und Ex. Kinoreif: Der neueste Dreh im Hoffenheimer Fußballmärchen, Zugriff am 16. September 2011 unter http://www.zeit.de/2011/02/Fussball-Verein-Hoffenheim.

Sportfive, Werbliche Möglichkeiten. Ihre Bausteine zum Erfolg, Saison 2011/12, Hamburg/Berlin 2011a.

Sportfive, VIP-Hospitality Hertha BSC, Saison 2011/12, Hamburg/Berlin 2011b.

Sportfive, 2010 Top 50 – Sport (01.01.–31.12.2010), Zugriff am 02. April 2012 unter http://www.sportfive.de/index.php?id=540 auf den Beitrag von 2011c.

Sportfive, 2010 Top 50 – Overall (01.01.–31.12.2010), Zugriff am 02. April 2012 unter http://www.sportfive.de/index.php?id=638 auf den Beitrag von 2011d.

Sportministerkonferenz, Sportminister der Länder. Übersicht der Sportminister der Länder und des Bundes, Zugriff am 07. Mai 2012 unter http://www.sportministerkonferenz.de/sportminister.asp.

Statistisches Bundesamt, Finanzen und Steuern. Rechnungsergebnisse der öffentlichen Haushalte für soziale Sicherung und für Gesundheit, Sport, Erholung, Wiesbaden 2010.

Statistisches Bundesamt, Bevölkerung und Erwerbstätigkeit. Bevölkerungsfortschreibung, Wiesbaden 2012.

Staudt, Erwin, Strategische Ausrichtung des VfB Stuttgart 1893 e. V., unveröffentlichte Präsentation zum Vortrag vom 20. Januar 2009.

Stein, Marcel, Wie die Toten Hosen die Düsseldorfer EG retten wollen, Zugriff am 14. März 2012 unter http://www.welt.de/sport/wintersport/article13819931/Wie-die-Toten-Hosen-die-Duesseldorfer-EG-retten-wollen.html.

Stichweh, Rudolf, Sport – Ausdifferenzierung, Funktion, Code, in: Sportwissenschaft 20 (1990), S. 373–389.

Stolzenberg, Kerstin und Krischan Heberle, Change Management. Veränderungsprozesse erfolgreich gestalten – Mitarbeiter mobilisieren, 2. Aufl., Heidelberg 2009.

Summerer, Thomas, Sport, Vereine und Verbände, in: Fritzweiler, Jochen, Bernhard Pfister und Thomas Summerer, Praxishandbuch Sportrecht, 2. Aufl., München 2007a, S. 93–235.

Summerer, Thomas, Sport und Medien, in: Fritzweiler, Jochen, Bernhard Pfister und Thomas Summerer, Praxishandbuch Sportrecht, 2. Aufl., München 2007b, S. 333–397.

Summerer, Thomas, Sportwetten vor der Liberalisierung? – Zum aktuellen Stand der Gesetzgebung, in: SpuRt. Zeitschrift für Sport und Recht 18 (2011), S. 58–59.

Swiss Olympic, Ratgeber für Verbände: Transparenz im organisierten Sport, Bern 2010.

S 20 – The Sponsor's Voice, Standardisierte Messung und Bewertung von Sportsponsoring für Planung und Kontrolle im Sportbusiness. Ausschreibung eines Forschungsprojekts, Köln 2008.

S 20 – The Sponsor's Voice, Hospitality und Strafrecht – ein Leitfaden, Bonn 2011.

Tacke, Veronicka, Netzwerk und Adresse, in: Soziale Systeme 6 (2000) 2, S. 291–320.

Thiel, Ansgar, Steuerung im organisierten Sport. Ansätze und Perspektiven, Stuttgart 1997.

Thiel, Ansgar und Sebastian Braun, Steuerung des Sportsystems, in: Balz, Eckart und Detlef Kuhlmann (Hrsg.), Sportentwicklung, Aachen 2009, S. 77–88.

Thiel, Ansgar und Jochen Mayer, Besonderheiten des Managements von Sportvereinen, in: Braun, Sebastian und Stefan Hansen (Hrsg.), Steuerung im organisierten Sport, Hamburg 2008, S. 130–149.

Thiel, Ansgar und Heiko Meier, Überleben durch Abwehr. Zur Lernfähigkeit des Sportvereins, in: Sport und Gesellschaft 1 (2004), S. 103–122.

Thiel, Ansgar, Heiko Meier und Klaus Cachay, Hauptberuflichkeit im Sportverein: Voraussetzungen und Hindernisse, Schorndorf 2006.

Thieme, Lutz, Zur Konstitution des Sportmanagements als Betriebswirtschaftslehre des Sports – Entwicklung eines Forschungsprogramms, Berlin 2011.

TV Grosswallstadt Handball GmbH, TV Grosswallstadt Handball GmbH, Zugriff am 14. März 2012 unter http://www.tvgrosswallstadt.de/tvggmbh/unternehmen/art88,485.

Union des Associations Européennes de Football (UEFA), Die europäische Klubfussballlandschaft. Benchmarking-Bericht zur Klublizenzierung für das Finanzjahr 2008, Nyon 2009.

Union des Associations Européennes de Football (UEFA), Die europäische Klubfussballlandschaft. Benchmarking-Bericht zur Klublizenzierung für das Finanzjahr 2009, Nyon 2010.

Union des Associations Européennes de Football (UEFA), Die europäische Klubfussballlandschaft. Benchmarking-Bericht zur Klublizenzierung für das Finanzjahr 2010, Nyon 2011.

Vetter, Claus, Geld ist wichtiger als Liebe, Zugriff am 14. März 2012 unter http://www.tagesspiegel.de/sport/geld-ist-wichtiger-als-liebe/6225124.html.

VfB Stuttgart, Vereinsporträt, Zugriff am 22. März 2012 unter http://www.vfb.de/de/verein/vereinsportrait/page/40-0-8-1330008478.html.

Weiler, Simon, Mehrfachbeteiligungen an Sportkapitalgesellschaften. Verbote von „Multi-Club Shareholding" und deren Grenzen aus der Sicht des europäischen Rechts unter besonderer Berücksichtigung des Profifußballs in Deutschland, Berlin 2006.

Weinreich, Jens, Die globale Spezialdemokratie. Korruption als strukturelles Problem des Sportsystems, in: Weinreich, Jens (Hrsg.), Korruption im Sport: Mafiose Dribblings. Organisiertes Schweigen, Leipzig 2006, S. 22–66.

WestLotto, Geschäftsbericht 2010, Münster 2011.

Wicker, Pamela, Perspektiven und Grenzen der Beitragsfinanzierung von Sportvereinen. Eine Analyse zur Theorie und Empirie der Beitragselastizität im Sportverein, Dissertation aus dem Institut für Sportökonomie und Sportmanagement der Deutschen Sporthochschule Köln, Köln 2009.

Wilke, Jürgen, Vom Barden zum Blogger: die Entwicklung der Massenmedien, in: Bundeszentrale für politische Bildung (Hrsg.), Informationen zur politischen Bildung Nr. 4, Massenmedien, Bonn 2010, S. 4–5.

Willke, Helmut, Systemisches Wissensmanagement, 2. Aufl., Stuttgart 2001a.

Willke, Helmut, Systemtheorie III: Steuerungstheorie, 3. Aufl., Stuttgart 2001b.

Wimmer, Rudolf, Organisation und Beratung: Systemtheoretische Perspektiven für die Praxis, Heidelberg 2004.

Wissenschaftlicher Beirat beim Bundesministerium der Finanzen, Die abgabenrechtliche Privilegierung gemeinnütziger Zwecke auf dem Prüfstand, Berlin 2006.

Württembergischer Landessportbund (WLSB), Überarbeitete Mustersatzung für Sportvereine, Stuttgart 2010.

Württembergischer Landessportbund (WLSB), Haushalt 2010, Zahlen und Fakten, Stuttgart 2011.

Württembergischer Landessportbund (WLSB), Mitglied im WLSB werden, Zugriff am 07. Mai 2012a unter http://www.wlsb.de/cms/iwebs/default.aspx?mmid=1129&smid=3297.

Württembergischer Landessportbund (WLSB), Zuschüsse und Förderung im Baden-Württembergischen Sport, unveröffentlichtes Dokument, Stuttgart, 2012b.

Wöhe, Günter, Einführung in die Allgemeine Betriebswirtschaftslehre, 19. Aufl., München 1996.

Index

50+1-Regel 137, 138, 140

A
Abgabenordnung 42, 67, 100, 101, 115
Ambusher 216
Arbeitsgemeinschaft der Basketball-Bundesliga 79
Arbeitsgemeinschaft Deutscher Sportämter 161
Ausschreibung 207, 240, 244
Autonomie des Sports 145, 152

B
Basketball Bundesliga 79
Beitragselastizität 179
Bekanntheit 219, 221, 222, 231
Bestechlichkeit 96, 227
Bestechung 227
Break-even-Vorschrift 130, 131
Budget 21, 26, 27, 31, 33, 155, 183
Bundesinstitut für Sportwissenschaft 150
Business Plan 29

C
Customer Relationship Management 186

D
Deutsche Eishockey Liga Betriebsgesellschaft 81
Deutsche Fußball Liga 77, 78, 120
Deutscher Olympischer Sportbund 45, 57, 60, 61, 62, 65, 146, 156, 163, 164, 165, 172
Die Liga - Fußballverband 75, 76, 77

E
Effektivität 5, 6, 27, 32, 88, 111
Effizienz 5, 6, 44, 88, 89, 111
Ehrenamt 24, 39, 44, 50, 88, 89, 90, 91, 96, 115, 178, 181

Ehrenamtsfreibetrag 39
Ehrenamtspauschale 107
Ein-Platz-Prinzip 52
Eishockeyspielbetriebsgesellschaft 80
Empfängerhorizont 29, 244
Exklusivitätsvereinbarung 164, 206, 208, 215, 246, 249

F
Financial Fairplay 119, 128, 129, 132, 138
Finanzierung 31, 44, 143, 162, 163, 165, 170, 175, 177, 182, 202
Freiburger Kreis 49
Freiwilligenvereinigung 43, 57, 83, 109, 112, 113

G
Gemeinnützigkeit 39, 100, 101, 115, 116
Geschäftsstelle 40, 55, 64, 66, 91
Gesellschaft 35, 189, 190, 191
    Massenmedien 191, 194, 200, 245
    Spitzensport 123, 124, 191, 192, 193, 194
    Wirtschaft 192, 193, 194, 222
Gesellschafterversammlung 72, 78
Gesellschaftsvertrag 41, 72
Glücksspiel 155, 157
Glücksspielstaatsvertrag 156, 157
Glücksspirale 156, 163, 164, 171, 172, 173, 175

H
Handball-Bundesliga 120
Hauptberuflichkeit 40, 91, 92, 93, 111
Haushalt 130, 147, 152, 158, 163, 170, 173, 175, 182
    Außerordentlicher 165
    Ordentlicher 167
Hospitality 183, 184, 214, 225, 226, 228

I

Image 118, 212, 222, 225, 230, 231, 232, 249
Interessengemeinschaft der Nichtolympischen Verbände 56
Internationales Olympisches Komittee 65, 164, 216

J

Juristische Person 37, 69

K

Kapitalgesellschaft 68, 69, 70, 74, 80, 102, 116, 117, 127, 135, 136, 137, 139
   Aktiengesellschaft 70, 82
   Gesellschaft mit beschränkter Haftung 70, 71, 72, 74
   Kommanditgesellschaft auf Aktien 71
Kaufentscheidungsprozess 219, 221, 223, 224, 231
Kaufmännisches Bestätigungsschreiben 245
Kaufverhalten 15, 222, 223, 231
Kontrolle 12, 22, 26, 29, 38, 73, 84, 86, 93, 130, 152, 230, 232, 239
Korruption 95, 96, 146, 195, 226

L

Landessportbund 58, 155, 164, 170, 173
Leitbild 7, 12, 16, 89, 97
Ligaorganisation 74, 77, 80, 81, 139, 204, 206
Lizenzierung 75, 76, 80, 119, 126, 127, 128, 129, 136, 138, 139

M

Management
   Aufgaben 5, 11
   Begriff 2, 4
   Dimensionen 11
   Funktion 5, 6, 8
   Instrumente 25, 26, 27, 29, 31
   Normatives 11, 12, 13, 15, 84, 85, 87, 94
   Operatives 21
   Strategisches 16, 20, 84, 94
Marke 214, 216, 222, 223, 224, 225, 228, 230, 231, 232, 248
Marketing 111
Masterplan 22
Mäzenatentum 217

Mediale Rechte 183, 184, 185, 192, 199, 200, 204, 205, 207, 235, 245
Mehrfachbeteiligung 138
Meilenstein 21, 33, 166
Merchandising 184, 185
Mitgliederversammlung 37, 38, 39, 44, 61, 63, 66, 75, 84, 85, 86, 89, 109, 112, 169, 171
Mitgliederzufriedenheit 180
Mitgliedsbeitrag 42, 43, 49, 102, 109, 164, 168, 169, 171, 174, 178, 179, 181

N

Netzwerk 33, 117, 236, 237

O

Organisationskultur 7
Organisationsstruktur 6, 8

P

Passgenauigkeit 228
Personal 6, 14, 26, 35, 50, 89, 91, 93
Planung 11, 21, 26, 29, 148, 159, 166
Preis 111, 180, 186, 205, 206, 222, 223, 224
Publikumsbindung 195, 197, 198

R

Rechtsgeschäft 39, 41, 242
Ressourcenpooling 178

S

Satzung 37, 38, 39, 40, 41, 42, 43, 52, 53, 85, 87, 89, 100, 101
Sitzung 27, 28, 39, 88, 91
Soziale Medien 97, 114
Spende 101, 115, 132, 169, 176, 178, 183, 217
Sponsoring 102, 105, 168, 183, 217, 218, 219, 221, 222, 224, 225, 228, 229, 230, 231, 246, 247
Sportförderung
   der Kommunen 158
   der Länder 151, 152, 155
   des Bundes 146, 148, 150, 165
Sportökonomie 2
Sportverband 51, 52, 94
   mit besonderen Aufgaben 60

sportartspezifischer 53, 55, 57
sportartübergreifender 57, 58, 60, 65
Sportverein 35, 36, 37, 41, 43, 45, 53, 57, 65
   Gründung 36
   Vereinsregister 37, 41, 42, 100
Sportverein und Steuern 99, 100, 101, 106, 115
   Ideeller Tätigkeitsbereich 101
   Vermögensverwaltung 102, 103
   Wirtschaftlicher Geschäftsbetrieb 104, 106
   Zweckbetrieb 103, 104
Stakeholder 15
Ständige Konferenz
   der Landessportbünde 60
   der Spitzenverbände 56
   der Sportminister der Länder 151
   der Verbände mit besonderen Aufgaben 60
Stelle 7, 14, 25, 26, 50
Steuerung 11, 22, 26, 61, 94, 160, 166
Strategie 11, 20, 21, 24, 88, 94
   Implementierung 21, 22
Subsidiarität 145, 146, 152
SWOT-Analyse 13
Szenario 16, 17, 18, 20, 21, 31, 210
   Mikrowelt 19

T

Tausender-Kontaktpreis 231
Testimonial 193, 212, 222, 249
Ticketing 183, 184, 185, 186

U

Überinvestition 124, 125
Übungsleiterfreibetrag 106

V

Veranstalter 204
Vereinskarriere 90
Vertrag 76, 79, 81, 96, 126, 207, 217, 242, 244, 245, 247
Vorstand 36, 38, 39, 40, 70, 72, 75, 84, 86, 87, 93
Vorteilsgewährung 227
Vorteilsnahme 227

W

Werbliche Rechte 102, 105, 168, 183, 184, 185, 193, 211, 212, 214, 216, 235, 247
Willenserklärung 242, 243, 245

Z

Zahlungsbereitschaft 111, 179
Zentralvermarktung 205, 206
Zielsetzung 5, 11, 12, 14, 16, 44, 94, 124, 129, 219, 221
Zielvereinbarung 61, 166